게임: 행위성의 예술

C. 티 응우옌 지음
이동휘 옮김

워크룸 프레스

PART TWO

행위성과 예술

PART THREE
사회적 그리고 도덕적 변화

1장
행위성이라는 예술

게임은 정말 미련하게 시간을 버리는 일 같다. 애를 쓰고, 긴장하고, 진땀도 흘리지만, 대체 뭘 위해서 그러는가? 게임의 목표라는 것들은 보면 얼토당토않다. 플레이어가 에너지와 노력을 쏟아부어 기껏 한다는 것이, 암을 치료하거나 환경을 살리는 일이 아니라 고작 불필요하고 조작된 활동에서 서로를 이겨 먹는 일이다. 그 시간에 좀 현실적인 일을 할 수는 없나?

그런데 게임의 목표가 정말로 얼토당토않은 것은 아니다. 엉뚱한 곳에서 바라볼 때만 그래 보이는 것뿐이다. 게임 바깥 세상에서라면 목표 자체를 보아서 혹은 그 뒤에 무엇이 따라올지를 내다보고서 목표를 정당화하는 것이 당연하겠지만, 게임 속 목표의 경우 '거꾸로' 봐야 한다. 목표를 추구하는 활동의 가치를 주목해야 한다는 뜻이다. 일상의 현실 세계에서는 결과를 위해 수단을 취하는 것이 보통이지만, 게임에서라면 수단을 위해 결과를 지정받는다.[1] 게임 플레이에서는 일상 세계로부터의 '동기 역전'(**motivational inversion**)이 일어날 수 있다.

이 동기 구조를 살펴보면 게임의 본질을 이해하는 데도 도움이 된다. 게임은 특정한 목표를 받아들이라 말하며, 그 목표를 향해 나아갈 때 사용할 능력들을 지정한다. 게임은 이 목표와 능력에 알맞게 고안된 일군의 장애물까지 함께 제시한다. 게임은 어떤 활동 형식을 빚어내기 위해 이 모든 요소를 사용한다. 그리고 게임을 할 때 우리는

---

1   역주: 이 책에서 **goal**은 '목표', **end**는 '목표' 또는 '결과'라고 옮겼다. 목표와 결과는 모두 플레이어가 게임 속에서 가치를 두고 추구하는 대상을 가리킨다. 이 두 용어는 목적(**purpose**)과 뚜렷이 구별된다. 목적은 게임 외적인 맥락에서 보다 장기적인 가치를 갖는 대상을 가리킨다.

새로운 행위성 형식〈**form of agency**〉을 받아들인다. 새로운
목표를 받아들이고, 서로 다른 능력들을 수용한다. 우리의 행위성을
채워 주는 다양한, 그리고 압축적인 방법들에 스스로를 내맡기는
것이다. 목표, 능력, 환경 등이야말로 게임 디자이너가 자신의 예술을
실천하는 수단이고, 우리는 자기 행위성을 이리저리 끼워 맞추며 게임
디자이너의 예술을 경험한다.

　　게임은 그러므로, 고유한 사회적 기술이다. 게임은 여러
형식의 행위성을 기록하고 보존하며 나눠주기 위해 인공
기체〈**artifactual vessels**〉에 기입하는 한 가지
방법이다. 그리고 우리는 특별한 능력을 가지고 있다. 행위성에 있어
유연해질 수 있으며, 다른 사람이 디자인한 서로 다른 행위성에 이입할
수 있는 것이다. 달리 말해, 우리는 게임을 이용하여 행위성 형식을
주고받을 수 있다.

　　그러니까 게임이란 기입〈**inscription**〉이라는 인간적
관행의 일부인 셈이다. 회화가 시각을, 음악이 소리를, 이야기가 서사를
기록하게 해 준다면, 게임은 행위성을 기록한다. 이는 우리가 성장하는
데 일정 부분 도움이 될 것이다. 마치 소설이 살아 보지 못한 삶을
경험하게 해 주듯, 게임은 혼자서라면 발견하지 못했을 여러 행위성
형식을 경험하게 해 준다. 다만 그렇게 형성된 행위성 경험들은 그
자체로 가치가 있다. 마치 예술처럼 말이다.

　　디자이너 캐서린 하임즈와 하칸 세야리오글루가 만든 전위적인
게임 「수화」〈**Sign**〉를 살펴보자. 실화를 바탕으로 제작된 이 게임은
언어를 고안하는 실제 행위에 기반한 롤플레잉 게임이다. **1970**년대
니카라과에는 수어가 없었기에 청각 장애 아동들은 철저한 고립 속에
살았다. 정부가 전국의 청각 장애 아동들을 모아 실험 학교를 열었는데,
이때 목표는 이 아동들에게 입술을 보고 말을 알아듣는 법을 가르치는
것이었다. 하지만 그 대신 아동들은 똘똘 뭉쳐 자발적으로 자신들만의
수어를 고안했다. 게임 「수화」에서 플레이어들은 이 아동들의 역할을

맡는다. 게임은 각 플레이어에게 다른 사람과 공유하고 싶은 사연과 내면의 비밀을 지정해 준다. 예컨대, "나도 언젠가 내 부모처럼 될까 봐 두렵다"라거나, "[내 고양이] 위스커스가 자기를 버렸다고 생각할까 봐 두렵다"라는 식이다.

게임은 완전한 침묵 속에 진행된다. 유일한 의사소통 방법은 플레이어들이 게임을 하는 동안 고안하는 새로운 수어뿐이다. 총 세 라운드가 진행되는데, 매 라운드마다 각 플레이어는 한 가지 수화를 만들고 이를 다른 플레이어들에게 가르친다. 그 직후 자유로운 형식으로 대화를 시도할 수 있으며, 이때 플레이어들은 아직 몇 개 없는 수화를 가지고 의사소통하기 위해 절박하게 애쓴다. 만들어진 수화들은 사용되는 와중에 수정되고, 기존의 수화가 새로운 수화로 자연스레 진화하기도 한다. 의사소통은 아주 가끔씩 발견되는 번뜩이는 돌파구를 거치며 고통스럽고 느리게 진행된다. 자기 말이 잘 전달되지 않는 듯하거나 다른 사람 말을 이해하지 못하겠다고 느낄 때마다 마커로 손에 '조정 표시'(compromise mark)를 남겨야 한다.

이 게임의 경험은 굉장하다. 강렬하고 흡인력 있으며 좌절을 맛보게 하지만 또 놀랍도록 감동적이다. 하지만 이런 경험을 하기 위해서는 플레이어가 내면의 특별한 비밀을 공유하겠다는 목표에 일시적으로 몰입해야 한다. 바로 이 몰입이 게임의 특정 규칙들과 결합되면 아주 진한 실천적 경험에 도달한다. 「수화」를 플레이하는 것은 곧 언어를 발명하고 의미를 수립하는 구체적인 실천에 완전히 빠져 보는 것이다.

바로 여기에서 내가 탐구하려는 게임 플레이의 독특한 동기 상태가 나타난다. 게임의 규칙이 무언가를 추구하라고 하면 우리는 그것을 추구하기 시작한다. 가령 어떤 보드게임은 같은 색의 토큰을 모으는 데 관심을 쏟으라고 지시한다. 어떤 비디오게임은 조그만 버섯 인간들 위로 뛰어올라 짓밟는 일에 관심을 쏟으라고 지시한다. 어떤 스포츠는 공을 그물에 넣으라고 지시한다. 우리는 플레이에 몰입하게 되는 그 귀중한 상태에 이르고자 이러한 목표가 잠시 의식을 사로잡도록 허락한다. 그리고 플레이어가 받아들일 목표와 능력을 게임 디자이너가 특정한다는 사실이야말로 게임을 독자적인 예술 형식으로 만드는 요인이다.[2]

논의 체계와 접근 방식

이 책은 게임이 가진 고유한 잠재력과 특별한 가치를 밝히는 데 관심을 둔다. 최근 몇 년 동안 게임의 가치와 중요성에 관한 많은 주장이 제시되어 왔다. 하지만 많은 경우 게임이 가진 고유한 특성들을 이야기하기보다, 게임을 인류의 관습 중 보다 잘 알려진 다른 범주에 빗대곤 했다. 가령, 게임이 일종의 픽션이기 때문에 예술에 해당한다고 보는 주장이 있다.(Tavinor 2009) 게임이 영화 기법이라는 친숙한 바탕에 새로운 기법, 즉 상호작용을 추가한 것이므로 영화의 일종에 해당한다는 주장도 찾아볼 수 있다.(Gaut 2010) 사회 비판을 제기할 때 가치를 갖게 되는 일종의 개념 미술이라는 주장도 있다.(Flanagan 2013) 또한, 게임이 경제적, 정치적 체계를 시뮬레이션하여 그것들을 비판할 수 있게 해 주는 특별한 논변의 방식이라고 보는 주장도 있다.(Frasca 2003; Bogost 2010) 그리고 당연히 게임이 위와 같은 방식으로 작동하기도 한다. 오늘날의 여러 비디오게임은 실제로 일종의 픽션이며 일종의 인터랙티브 영화이다. 이언 보고스트가 말하기를, 게임은 세계 속 인과적 체계를 모델링하여 모종의 주장을 제기하는 절차적 수사법으로 기능할 수 있다. 그러나 나는 이러한 접근 방식을 지나치게 강조하다 보면 게임이 가진 정말 고유한 잠재력을 감상하고 이해하는 데 지장이

---

[2] 현실에서는 게임이 큰 규모의 팀에 의해 디자인되는 일이 흔하지만, 나는 논의의 단순성을 위해 게임 디자이너가 한 명인 것처럼 이야기하도록 하겠다.

생길 수 있다고 생각한다.[3+4]

스포츠 철학 전반에서는 게임 플레이의 가치를 기술, 실력, 성취에 입각하여 설명한다. 하지만 이 또한 게임의 가치를 매우 친숙한 척도로 환원한다는 점에 주목하자. 예를 들어, 토머스 허카는 게임이 달성하기 어려운 성취를 해 볼 수 있게 하므로 가치 있다고 주장한다. 하지만 당연하게도 어려운 성취를 게임에서만 해 볼 수 있는 것은 아니다. 암을 치료하는 일이나 좋은 쥐덫을 발명하는 일도 달성하기 어려운 성취에 해당하고, 게다가 이런 일들은 우리에게 유용하기까지 하다. 이 때문에 허카는 게임을 하는 것이 그보다 유용한 비(非)게임 활동에 참여하는 것에 비해 일반적으로 낮은 가치를 지닌다는 결론을 내리기에 이른다. 과학과 철학은 달성하기 어려운 성취를 실현한다는 점에서 게임과 똑같이 가치를 지니지만, 그것들은 다른 측면에서도 가치가 있다. 과학과 철학은 어려운 성취 이외에도, 진리와 이해를 가져오거나 그러지 않더라도 최소한 여러 유용한 도구를 선사한다. 반면 게임은 그냥 어려운 성취만 맛보게 해 줄 뿐이다.(Hurka 2006) 허카가 말하기를, 우리가 실생활의 모든 문제를 해결해서 일종의 테크노-미래파적 유토피아에 진입하고 나면 게임의 시대가 도래할 테지만, 그 전까지는 좀 더 우리 삶에 유용한 일들을 하는 게

---

3   나의 설명 방식은 게임이란 고유한 범주이므로 그에 맞게 연구되어야 한다고 주장하며 스스로를 '루돌로지스트'(ludologists, 유희론자)라고 일컫는 학자들과 취지에 있어서 어느 정도 합치한다. 루돌로지(ludology, 유희론)의 연구 및 내러톨로지(narra-tology, 서사론)와 루돌로지 사이에 벌어진 논쟁에 관한 연구로는 Nguyen(2017c)과 Kirkpatrick(2011, 48-86)을 보라. 루돌로지의 핵심 문헌으로는 Aarseth(1997), Frasca(1999), Eskelinen(2001)을 보라. 나의 관점은 루돌로지의 고전적 입장과는 여러 세부 내용에서 일부 다르다. 구체적으로는 3-6장을 참조하라.
4   이 장의 나머지 내용은 상당 부분 이전 논의(Nguyen 2019d)를 가져와 고쳐 썼다.

아마 나을 것이다. 여기서 유념할 점은, 허카의 결론이 다름 아니라 게임이 어떤 고유한 이유가 아닌 좀 일상적인 이유로 인해, 즉 어려운 성취를 해 볼 수 있도록 해 준다는 점으로 인해 가치 있다고 생각하는 데서 비롯되었다는 점이다. 결국 이로 인해서 게임의 가치는, 게임만큼 어렵지만 그보다 실용적인 활동들이 갖는 가치와 비교하여 쉽게 평가절하된다.

앞선 여러 접근 방식은 게임이 가진 고유한 면모를 많이 놓치고 있다. 내가 할 주장에 따르자면, 게임은 독자적인 예술 형식이다. 게임을 통해서 우리는 고유한 예술 지평과 일군의 독자적인 사회적 가치에 접근할 수 있게 된다. 게임은 인간의 실천성(practicality), 즉 결정하고 행위하는 능력과 관계한다는 점에서 하나의 고유한 예술이다. 그리고 게임이 하나의 예술이라는 바로 그 점 때문에 그것은 하나의 고유한 실천적 활동이기도 하다. 일상 세계에서 우리는 세상이 우리에게 던져 대는 모든 것에 대응하기 위해 가지고 있는 모든 수단을 닥치는 대로 동원하여 싸워야 한다. 일상 세계에서 우리가 고투하는 방식은 대개 무심하고 제멋대로인 세계에 따라 강제로 정해진다. 반면 게임에서 우리의 실천적 참여 형식은 게임 디자이너들에 의해 의도적, 창의적으로 설정된다. 일상 세계에서는 우리가 세계의 실천적 요구에 허겁지겁 맞추기 바빴다면, 게임에서는 게임의 세계와 우리가 채택할 행위성을 우리 자신과 우리의 욕구에 맞추어 설계할 수 있다. 게임에서 고투(struggles)는 고투하는 플레이어(struggler)에게 흥미롭고, 재미있고 혹은 심지어 아름답게 느껴지도록 세심하게 조형될 수 있다.

이것이 가능해지는 이유는 상당 부분 게임 내 목표들이 갖는 독특성 때문이다. 게임의 목표는 우리가 일상 세계에서 견지하는 여러 목표들과는 전혀 다르다. 일상 생활에서 우리 가치는 거의 경직되어 있다. 우리가 가치 있다고 생각하는 것의 대부분은 보편적이며 고정되어 있다. 우리는 생명, 자유, 행복 등을 가치 있다고 생각한다. 심지어 개인적인 가치에 관해서도, 대개 단기적인 변동의 여지가 거의 없다. 나의 경우 예술, 창의성, 철학을 중요하게 여기는데, 나의 이런 핵심 가치를 바꾸기 위해서는 적어도 많은 시간과 노력이 필요할 것이다. 나의 핵심 가치는 단단하며 경직되어 있다. 하지만 게임 활동은 다르다. 우리는 게임 내 목표를 쉽고 유동적으로 바꿀 수 있다. 게임을 하는 동안 어느 행동을 취할지 안내해 줄 새로운 목표를 채택할 수도 있고, 그 목표를 단박에 폐기할 수도 있다. 게임을 할 때 우리는 일시적 목표와 함께 일시적인 능력과 제약의 집합, 즉 일시적 행위성을 받아들인다. 우리는 행위적 유동성〈**agential fluidity**〉이라는 중요한 역량을 지니며, 게임은 그 역량을 최대치로 활용한다.

슈츠와 분투

왜 우리가 행위적 유동성이라는 이 이상한 역량을 가진다고 생각해야 할까? 가장 좋은 출발점은 버나드 슈츠의 게임 분석이다. 슈츠가 내린 정의의 이른바 "휴대용 버전"부터 살펴보자.

> **게임을 플레이하는 일은 불필요한 장애물을 극복하려는 자발적인 시도이다. 〈Suits [1978] 2014, 43〉**

마라톤의 경우, 단순히 결승선에 도달하는 것은 요점이 아니다. 그 특정한 장소에 있다는 사실이 그 자체만으로는 대개 별로 중요하지 않다. 우리가 그 장소에 최대한 효율적으로 도달하려고 하지 않는다는 점을 생각해 보면 알 수 있다. 우리는 지름길을 이용한다거나 택시를 탄다거나 하지 않는다. 중요한 것은 특정 제약 아래 그곳에 도달하는 것이다. 슈츠는 게임 플레이를 이른바 "기술적 활동"과 대비한다. 기술적 활동의 경우, 우리가 가치를 두는 목표가 존재하고 그 목표가 갖는 가치 때문에 그것을 추구한다. 그 목표는 진정으로 가치 있기 때문에 우리는 최대한 효율적으로 그에 도달하려 노력한다. 그러나 게임에서 우리는 게임 내 목표에 이르는 가장 효율적인 경로를 택하지 않는다. 게임 플레이에서는 특정 목표를 특정 비효율성 속에서 성취하고자 한다. 목표는 그런 제약 내에서 성취되었을 때에만 큰 가치를 지닌다. 이는 우리의 동기 구조라고 할 수 있는데, 왜냐하면 바로 우리 스스로가 그 목표로 향하는 길목에 방해물을 설치하고자 하기 때문이다. 작은 바구니에 공 넣는 일 따위가 그 자체로 독립된 가치를 갖지는 못한다. 내가 오밤중에 사다리를 가지고 농구장에 나가 골대에 공을 통과시키며 시간을 보내지는 않는다. 또 나는 혼자 「모노폴리」〈Monopoly〉 세트를 꺼내서 장난감 돈을 끌어안고 의기양양해 하지도 않는다. 농구 골대에 공을 넣거나 「모노폴리」에서 돈을 손에 쥐는 것은 게임의 제약과 구조 바깥에서라면 아무런 가치가 없다.

우리는 게임의 '목표'〈goals〉와 게임을 플레이하는 '목적'〈purpose〉을 섬세하게 구분해야 한다. 게임의 목표란, 맨 먼저 결승선에 도달하거나, 공을 바구니에 더 많이 넣거나, 점수를 가장 많이 따는 등 게임을 하는 동안 이루고자 겨냥하는 목표물〈target〉이다. 반면, 게임에 대해 우리가 가지는 목적이란 애초에 게임을 플레이하게 되는 이유이다. 게임 플레이의 목적에는 재미를 느끼거나, 운동을 한다거나, 스트레스를 푼다거나, 능력치를 향상시킨다거나, 상대팀을 이긴다거나, 어려운 과제를 달성한다거나, 심지어는 스스로의 능수능란한 행위가 지닌 아름다움을 경험하는 일 등이 있을 수 있다.

어떤 게임 플레이어들에게는 목표와 목적이 같을 수도 있다. 프로 포커 플레이어는 단지 돈을 위해 포커를 치고, 올림픽 육상 선수는 그저 승리를 원할 뿐이다. 이러한 플레이어들에게는 목표가 곧 목적이다. 그들에게는 승리가 진정으로 가치 있다. 또 다른 게임 플레이어들의 경우, 목적과 목표가 구분되기는 하지만 목표를 달성하면 목적의 달성이 곧장 뒤따라온다. 이러한 부류의 농구 선수는 유명세와 지위를 얻을 수 있기에 이기고 싶어 한다. 이러한 부류의 「스타크래프트 2」〈StarCraft II〉 프로 게이머는 상금을 탈 수 있기에 토너먼트에서 이기고 싶어 한다. 이러한 유형의 플레이어들에게 승리란 진짜 목적을 위한 수단일 뿐이지만, 이들에게도 승리는 진정으로 가치 있다.

그러나 슈츠가 드러내는 것은 또 다른, 전혀 새로운 동기 구조이다. 그것은 바로 게임 속에서 목표와 목적이 서로 완전히 어긋나는 경우이다. 내가 친구들과 파티 게임〈party game〉을 하는 경우, 나의 목표는 이기는 것이지만 나의 목적은 즐기는 것이다. 즐거움을 얻기 위해서는 게임을 하는 동안 이기려고 노력해야 한다. 하지만 사실 나는 이기건 지건, 어떠한 장기적인 관점에서도 전혀 상관이 없다. 나의 목적을 달성하려면 이기겠다는 목표를 '좇아야' 하지만, 사실 즐거움을 얻기 위해서 꼭 이겨야만 하는 것은 아니다. 이 경우, 승리는 나의 진정한 목적에 있어서 다소 부차적이다. 거꾸로, 만약 재미로 '몸으로 말해요'라는 게임을 하게 되었는데 내가 지나친 의욕과 경쟁심에 휩싸여 다른 모든 사람을 당혹스럽게 했다면, 게임의 목표를 달성하는 데에는 성공했을지 모르지만 목적에 있어서 나는 완전히 실패한 셈이다.

슈츠는 게임과 게임 플레이에 대한 완전한 설명을 제시했다고 자신했다. 그 때문에 그는 엄청난 비판에 시달려 왔다. 많이들 지적했듯이, 슈츠의 이론에 들어맞지 않는 게임 플레이의 여러 측면이 존재한다. 가령 아이들이 하는 '믿는 체하기 놀이'〈games of make-believe〉와 같이, 어떤 게임은 장애물에 맞선 고투를 아예 포함하지 않는다. 또 「피아스코」〈Fiasco〉와 같이 내러티브에 기초한 롤플레잉 보드게임이나, 「스탠리 패러블」〈Stanley Parable〉과 같은 내러티브 컴퓨터게임도 마찬가지로 고투와 장애물로 이루어져 있지는 않다. 나는 이러한 비판에 동의한다. 슈츠가 모든 형태의 게임 플레이에 대한 완전한 설명을 제시했다고 나는 생각하지 않는다.[5] 하지만 단지 슈츠가 그가 말한 목표에 실패했다고 해서 그의 분석을 완전히 내버려서는 안 된다. 슈츠의 분석을 조정하여, 이를 한 가지 특정한, 그러면서도 매우 중요한 형식의 게임 플레이에 대한 뛰어난 통찰력을 가진 설명으로 취급해 보자. 이 책 나머지 부분에서 나는 슈츠의 정의에 알맞는 게임과 플레이를 이해하는 데 주력할 것이다.[6] 논의의 간결함을 위해서, 내가 간단히 '게임'이라는 짧은 단어를 사용하는 경우에는 슈츠적 게임(Suitsian games)을 지칭하는 것이라고 여겨 주기 바란다.

더 주목해야 할 비판은, 슈츠적 플레이가 언제나 유치하고 진지한 관심을 기울일 만한 대상이 아니라는 쪽이다. 슈츠적 게임은 언제나 실천적 고투를 수반한다. 우리는 장애물을 넘거나 아무 이유 없어 보이는 목표들을 성취하는 도구적인 활동에 몰두하게 된다. 게임 플레이를 하찮은 활동처럼 보이게 만드는 것이 바로 이러한 면모들이다. 예를 들어, 미디어 비평가 앤드루 달리는

---

5   이러한 측면에서 슈츠를 비판하는 것은 이제 흔한 레퍼토리이다. 대표적인 예로 Upton(2015, 2016) 참조. 또 나는 Nguyen(2019b)에서 믿는-체하기 게임과 분투형 플레이의 관계에 대한 심화 분석과, 게임에 대한 슈츠의 설명이 완전하다는 견해에 대한 반론을 제시한다.

6   일부 독자들은 슈츠의 설명에 맞는 게임이 오직 한 종류의 게임이라는 점에 동의할 테지만, 다른 독자들은 모든 게임이 슈츠의 설명에 맞는 게임이라고 생각할 수도 있다. 나의 주장은 양측 모두에게 합당해야 할 것이다. 심지어 '게임'이라는 용어가 본질적으로 정의 불가능하다고 주장하는 비트겐슈타인주의자들의 입장에서도 '슈츠적 게임'(Suitsian games)이라는 범주를 인위적인 약속으로 여김으로써 나의 분석을 합당하게 받아들일 수 있을 것이다. 슈츠적 게임이라는 범주가 자연언어의 일부분과 합치하는지 여부를 두고 논쟁하는 것에 나는 흥미가 없다. 오히려 나는 이 범주가 명확히 특정되어 있고 유용하며 넓은 범위의 인간 활동에 적용된다는 사실에 관심이 있다.

"피상적 플레이"와 "직접적인 감각 자극"만을 제공한다는 이유로 비디오게임을 비난한다. 달리가 말하기를, "컴퓨터게임은 기계와 같다. 컴퓨터게임은 그것의 메커니즘에 사로잡힌 플레이어로부터 강렬한 집중을 쥐어짜고, 게임 자체의 작동 방식과 거의 다름 없는 도구적 사고방식 이외에는 별 성찰의 여지를 남겨 놓지 않는다."(Darley 2000; Lopes 2010, 117에서 재인용) 이와 똑같은 비판이 게임 연구의 새로운 조류 속에서, 심지어는 게임의 가장 열렬한 옹호자들 일부에게서도 다시 나타난다. 이 학자들은 게임이 한갓 도구적 과제를 넘어서 풍부한 내용을 제공할 수 있다는 점을 보임으로써 게임의 가치를 주장하곤 한다. 이러한 논변들은 게임이 가진 재현(represent)의 역량을 강조하곤 한다. 예를 들어, 이언 보고스트는 게임이 세계를 시뮬레이션하는 능력을 활용하여 주장을 펼치는 수사법의 형식이 될 수 있다며 게임의 가치를 주장한다. 보고스트는 「맥도날드 비디오게임」(McDonald's Video Game) 같은 게임을 언급한다. 이 게임에서 플레이어는 맥도날드 회사를 운영한다. 환경을 보호하는 동시에 이윤을 극대화하는 것이 플레이어의 목표이다. 하지만 게임을 하다 보면, 이 두 목표를 사실상 함께 달성할 수는 없음을 금방 알게 된다. 이 게임은 이러한 시뮬레이션을 통해 자본주의의 목표와 환경보호론의 목표가 본질적으로 상충함을 주장한다.(Bogost 2010, 28-31) 존 샤프는 단순히 게임을 클리어하는 "밀폐된" 경험 너머로 나아가 세계를 재현하고 세계에 대한 견해를 피력하는 게임들에게 최상의 찬사를 던진다. 샤프는 메리 플래너건의 게임 「커리어 무브」(Career Moves)를 중요하게 언급한다. 「커리어 무브」는 오래된 가족 게임 「인생 게임」(Game of Life)과 유사한데, 다만 플레이어로 하여금 여성 캐릭터의 커리어에 있어서 젠더 고정관념에 갇힌 선택을 내리도록 강제함으로써 직장 생활에 만연한 젠더 편견에 대한 고찰을 촉발한다.(Sharp 2015, 77-97) 플래너건 자신은 곤살로 프라스카의 게임 「**9월 12일: 장난감 세계**」(**September 12th: A Toy World**)를 높이 산다. 이 게임은 신랄한 정치적 게임으로서, 여기서 플레이어는 미국의 역할을 맡아 중동의 모 지역에 드론으로 폭탄을 투하하고 테러리스트를 제거하려 시도하지만, 결국 모든 노력 끝에 무고한 시민들을 살상하고 테러리스트의 수만 늘리게 된다.(**Flanagan 2013, 239-240**)

위와 같은 종류의 설명 방식은 아주 특수한 유형의 게임을 진정 훌륭한 것이라고 선정한다는 점을 주목해 보자. 「**9월 12일**」, 「**커리어 무브**」, 「**맥도날드 비디오게임**」 등이 대단히 재미있는 도구적 과제를 제시한다고 할 수는 없겠지만, 이 단점은 위에서 말한 장점에 비해 사소하다. 이 게임들은 그것이 주장하는 내용 덕분에 좋은 게임인 것이다. 이러한 접근 방식들의 기저에는, 슈츠적 플레이 즉 여러 능력과 명확히 정의된 목표로 이루어진 플레이는 진정 심오하고 생산적이라는 의미에서 가치 있다고 할 수 없다는 가정이 놓여 있는 것으로 보인다. 이러한 설명 방식은 게임의 가치를 확립시켜 줄 별도의 디딤돌을 찾아야 한다는 필요를 동력으로 삼는다.

하지만 나는 도구적 플레이를 그토록 쉽게 기각하지 말아야 한다고 생각한다. 그것을 기각하려는 경향은, 내 생각에 게임 플레이에서 찾을 수 있는 풍부하고 다양한 동기 구조를 오해하는 데서 기인한다. 목표와 목적의 구분으로 돌아가 보자. 이 구분은 전혀 다른 두 가지 양상의 플레이가 있음을 보여 준다. 첫째는, 승리를 위해서 플레이를 하는 것이다. 플레이어는 승리 자체를 위해서 혹은 재화와 돈 등 승리에 따라오는 결과물을 위해서 승리하고 싶어 할 수 있다.[7]

---

[7]   여기서 '승리'(**winning**)라는 용어가 약간 부정확하다는 점을 언급해 두어야겠다. 게임에는 우리가 추구할 수 있는 여러 종류의 상태가 존재한다. 예를 들면 특정 체스 경기에서 이길 기회는 놓쳤더라도, 곧장 패배하는 대신 스테일메이트[교착 상태에 따른 무승부―역주]를 발생시키기 위해 여전히 플레이를 계속할 수가 있다. 게다가, 슈츠가 지적하듯이, 많은 게임들이

이것을 '성취형 플레이'(**achievement play**)라고 부르자. 돈을 위해 플레이하는 프로 포커 플레이어, 명예를 위해 플레이하는 올림픽 운동선수, 단순히 승리를 위해서 플레이하는 사람 등은 성취형 플레이어에 해당한다. 성취형 플레이에서는 목표와 목적이 함께 간다. 반면, 고투(**struggle**)를 맛보기 위해 승리를 추구할 수도 있다. 이를 '분투형 플레이'(**striving play**)라고 부르자. 분투형 플레이에서는 목표와 목적이 어긋나 있다. 성취형 플레이어가 이기기 위해 플레이한다면, 분투형 플레이어는 고투를 맛보기 위해 일시적으로 승리에 대한 관심을 장착할 뿐이다. 그러므로 분투형 플레이는 일상적인 경우와 비교할 때 동기의 역전을 수반한다. 일상생활 중에는 우리가 결과를 얻기 위해 수단을 취한다면, 반대로 분투형 플레이에서는 수단을 취하기 위해서 결과를 추구한다. 목표를 달성하려 고투하는 활동을 위해서 그 목표를 받아들인다는 것이다.

이러한 동기의 역전은 내가 보기에 슈츠의 분석이 시사하는 가장 흥미로운 가능성이다. 나는 상당 부분 분투형 플레이에 대한 분석에 집중하겠지만, 이는 그것이 더 우월한 플레이 형태라고 생각하기

승리 요건은 없지만 패배 요건을 지니고 있다. 예를 들어, 공을 가급적 오래 주고받는 게임인 탁구 발리(**ping-pong volley**)의 경우 승리 조건이 없고 패배 조건만 있으며, 이에 따라 패배를 가급적 오래 지연하는 것이 이 활동의 목표가 된다. 엄밀히 말하자면, 여기서 내가 논의해야 하는 대상은 '승리'가 아니라 다양한 모습과 형식을 띠는 유희적 목표(**lusory goal**)의 추구이다. 하지만 나는 앞으로 '승리하다'라는 용어를 느슨하게 사용하여, 게임적 목표의 추구라는 더 큰 개념을 지칭할 것이고, 그보다 좁은 개념을 지칭할 때는 '승리를 거두다'(**achieving a victory**) 또는 '겨루어 이기다'(**winning proper**)라는 말을 사용할 것이다. '성공'(**success**)이라는 용어는 사용하지 않는데, 왜냐하면 이 용어의 일상적 용법이 승리에 관련된 개념을 말하는지 게임을 플레이하는 더 큰 목적을 말하는지 모호하기 때문이다. 가령 나의 배우자는 어떤 파티 게임이 모든 참여자에게 재미있었다면, 자신이 게임의 내적 기준에 비추어 잘했는지 여부와 상관없이, 그 게임이 '성공적'이었다고 말할 것이다.

때문이 아니라, 더 난해하고 매혹적이며 자주 오해받는 플레이 형태이기 때문이다. 분투형 플레이에 관해 사유하는 일은 앞서 말한 동기 역전에 진입할 역량을 지닌 합리적 행위자로서 우리 자신에 대한 놀라운 면모를 알려줄 것이다.

그런데 먼저 한발 물러서 보자. 분투형 플레이라는 것이 정말 존재하는가? 사실 나는 매우 흔하다고 생각한다. 예를 들어, 내 배우자와 나는 그럭저럭 즐겁게 체력을 단련하기 위해 라켓볼을 치기로 했다. 라켓볼을 칠 때, 나는 온 힘을 다해 이기고자 한다. 그리고 내가 이기려고 '노력한다는' 것, 즉 내가 게임 내내 승리하기를 '원한다는' 것은 꽤나 유용하다. 이기고 싶어 하는 것은 나로 하여금 게임을 하는 동안 더욱 열심히 노력하게 함으로써 내 체력을 단련하는 데 도움을 준다. 승부욕과 적극적인 태도를 갖는 것도 도움이 된다. 이러한 이득을 얻으려면 나는 나 자신에게 승리에의 관심을 주입해야 한다. 하지만 이 관심은 그저 일시적인 것일 뿐, 나의 더 크고 지속적인 목표와는 완전히 구분된다.

그러한 관심이 [지속적인 목표와는] 별개인, 단기적인 것이라는 점은, 내가 승리에 필요한 능력을 장기적인 관점에서 전략적으로 조절한다는 점을 생각해 본다면 알 수 있다. 누군가 나에게 무료 라켓볼 강습을 제안한다고 해 보자. 이 강습을 받으면 나는 기술적으로 내 배우자를 훌쩍 뛰어넘을 수 있다. 만약 내가 성취형 플레이어라면 당연히 강습을 받아야 한다. 하지만 나는 사실 강습을 받지 않을 것이다. 내 배우자 또는 내가 상대방보다 기술적으로 월등히 앞서 버린다면, 라켓볼 게임은 두 사람 모두에게 무척 재미없게 될 것이다. 경기는 흥미와 매력을 잃을 테고, 아마 우리가 라켓볼 자체를 그만둘 수도 있다. 달리 말해, 나는 장기적인 관점에서 기술을 그대로 유지하여 너무 많은 게임을 이겨 버리지 않도록 전략적 결정을 내린다. 나는 바람직한 종류의 고투를 유지하는 데 초점을 두고 승리의 역량을 조절한다. 하지만 게임 자체가 지속되는 동안에는 이기기 위해 온 힘을 다한다. 만약 앞서 말한 강습을 받지 않기로 한 나의 결정이 이해가 된다면, 분투형 플레이는 실제로 성립 가능한 동기인 것이다.

또 이른바 '바보 게임'(stupid games)에 관해서도 생각해 보자. 바보 게임은 다음과 같은 특징을 갖는다. 첫째, 이 게임은 여러분이 이기려고 노력할 때에만 재미있다. 둘째, 여러분이 실패할 때 비로소 재미가 발생한다. 여러 술자리 게임과 파티 게임을 포함하여 정말 많은 바보 게임이 있다. 가령 「트위스터」(Twister) 게임을 보자. 이 게임에서 여러분은 할 수 있는 한 균형을 유지하려 노력해야 하지만, 웃음 포인트는 모두가 와르르 넘어져 버리는 데 있다. 내가 가장 좋아하는 바보 게임은 '머리에 봉투 쓰기'(Bag on Your Head)라고 하는, 모두가 시장용 갈색 종이봉투를 머리에 뒤집어쓰는 말도 안 되는 파티 게임이다. 게임의 목표는 다른 사람의 머리에 씌어진 봉투를 벗기는 것이다. 누군가 여러분의 봉투를 벗기면 여러분은 탈락하고 게임을 떠나 방 한쪽으로 가 있어야 한다. 당연하게도 이 게임을 하는 동안에는 머리에 봉투를 뒤집어쓴 사람들 때문에 자빠지고 걸려 넘어지며 난장판이 된다. 이 모두를 관찰하기에 가장 좋은 곳은 옆에서 지켜보는 탈락자들의 자리이다. 그리고 어느 순간에는 한 사람만 남아서 뒤집어쓴 봉투에 아무것도 못 보는 채로 방 안을 비틀거리며, 더 이상 남아 있지도 않은 다른 사람들을 찾아 더듬거리며 돌아다니게 된다. 나머지 사람들은 있는 힘껏 웃음을 참으며 이를 지켜볼 것이다. 이 마지막 사람이 승자인데, 이 게임이 주는 가장 큰 즐거움은, 정작 이 사람이 자기가 이겼음을 정말 뒤늦게 알게 되는 것을 구경하는 데에 있다.

아이들이 하는 전화(Telephone) 게임도 바보 게임에 해당한다. 당신이 어린 시절 이 게임을 했던 것을 기억할지도 모르겠다. 이 게임을 하려면, 모두가 둥그렇게 둘러 앉아야 한다. 맨 첫 번째 사람이 어떤 메시지를 떠올리고, 옆에 앉은 사람에게 귓속말로 전달한다. 한 바퀴를 모두 돌 때까지 각 플레이어는 옆 사람에게 귓속말로 메시지를 전달한다. 그리고 맨 처음 전달한 것과 마지막으로 도착한 것을 다 같이 비교한다. 마지막으로 도착한 메시지는 십중팔구 완전히 뒤바뀌어서 모두를 즐겁게 할 것이다. 우리는 이 게임이 웃기기 때문에 이 게임을 한다. 웃음 포인트는 실패하는 데 있는데, 모든 전달의 시도가 진짜로 실패한 것이어야만 웃기다고 할 수 있다. 그 실패는 모든 플레이어들이 메시지를 명확히 전달하려고 진심으로 노력했을 경우에만 진짜이다. 우리가 전화 게임을 하는데, 일부러 메시지를 왜곡한다고 생각해 보자. 그러면 진짜 실패란 없을 테고, 웃음이 터질 일도 없을 것이다. 「트위스터」와 전화 게임에서 원하는 경험 즉, 웃기는 실패의 경험을 얻기 위해서는, 플레이어가 성공을 추구해야 한다. 하지만 성공하는 것 자체는 핵심이 아니다. 바보 게임은 성취형 플레이어가 아닌 분투형 플레이어만이 알맞게 플레이할 수 있다. 바보 게임은 분투형 플레이가 가능해야지만 성립할 수 있는 것이다.

그리고 만약 분투형 플레이가 가능하다면, 우리에게 그 이상의 역량이 있다는 것 또한 틀림이 없다. 우리는 게임이 제시하는 일시적 행위성에 우리 자신을 '이입할'(submerge) 능력을 지녀야 한다. 분투형 플레이에 참여하기 위해서는 '일회용 목표'(disposable end)를 받아들일 수 있어야 한다. 다시 말해, 나 자신이 일시적으로 어떤 목표에 이르고 싶어 하도록, 그리고 그 목표가 나에게 '최종적인 것으로' 다가오도록 유도할 수 있어야 한다. 하지만 그 이후에는 그 목표를 폐기할 수도 있어야 한다. 어떤 일시적 행위성에 이입하는 것이 왜 가능해야 할까? 우리는 왜 일회용 목표들을 받아들일 수 있어야 할까?

만약 우리가 이런 식으로 이입을 할 줄 모른다면 어떨지 상상해 보자. 오직 정상적인, 투명하게 도구적인 방식으로만 게임 목표를 추구할 수 있는, 즉 새로운 행위성에 이입할 수 없는 분투형 플레이어를 상상해 보자. 이러한 플레이어가 게임 플레이에 대해 갖는 목적은 고투를 맛보는 것인데, 이 목적이 계속해서 이 사람의 정신을 사로잡아 추론 과정에 영향을 끼칠 것이다. 이럴 경우, 이 분투형 플레이어는 게임의 목표를 정말 온 마음을 다해서 추구할 수가 없게 된다. 분투형 플레이에서의 보다 큰 목적을 계속해서 상기하고 오직 그것으로부터만 동기를 받는다면, 승리를 향해 나아가는 고투는 왠지 모르게 김빠질 것이다. 가령 시간 제한이 없는 어떤 게임을 하는 와중에 승리가 손에 쥘 듯 가까워지는 경우, 더 많은 고투 활동을 맛보기 위해서라면 승리를 지연하는 것이 가장 합리적이다.[8] 하지만 이것은 매우 이상한 행동일 테고, 분투형 플레이의 핵심을 상당 부분 놓치는 셈이다.

내 친구 중 하나가 이런 이야기를 들려주었다. 그의 열 살짜리 아들이 「모노폴리」에서 이 친구를 흠씬 이기고 있었다. 아들은 이 경험을 매우 즐거워했다. 그런데 내 친구는 자신이 지려고 할 때마다 게임이 계속될 수 있도록 아들이 몰래 돈을 건네주는 것을 발견했다. 이 아들은 이 경험을 연장해서 영원히 자기 아빠를 이겨 먹고 싶었던 것이다. 이 이야기가 웃긴 이유는 바로 이 아들이 게임 플레이가 작동하는 데 중요한 무언가를 놓치고 있기 때문이다. 우리가 게임에 몰두할 수 있으려면, 이기는 것이 최종 목표인 것처럼 행동해야만 한다. 게임이 우리를 깊이 사로잡고 게임 속 스릴과 위기감이 우리에게 감정적인 여파를 주기 위해서는, 이 목표가 우리 마음을 홀딱 빼앗아 가야 한다. 우리는 더 큰 목적을 머릿속에서 지운 채로, 온 마음을 다해 게임의 목표를 추구해야 한다. 달리 말해, 우리는 반드시 일시적 행위성에 이입해야 한다.

스스로의 활동에서 오는 미적 경험

바보 게임은 우리 논의의 핵심이라기보다는 분투형 플레이가 가능함을

8   이러한 훌륭한 지적을 처음 나에게 해 준 것은 크리스토퍼 요크(Christopher Yorke)였다.

보이기 위한 한 가지 과감한 사례일 뿐이다. 나의 관심은 게임이 하나의 예술 형식임을 보여 주는 것이다. 그러니 이제 게임이 어떻게 미적 경험을 제공할 수 있는지를 생각해 보도록 하자. (나는 미적 경험을 제공하는 것이 예술의 유일한 목표라고 말하는 것이 아니라, 그것이 예술의 여러 가지 특징적인 기능 중 하나라고 말하는 것이다.) 최근 게임 미학의 논의는 게임을 픽션의 한 형식으로 여기는 데 집중해 왔다.(Tavinor 2017, 2009; Robson and Meskin 2016) 여기서 놓치게 되는 것이 바로 슈츠적 플레이의 미학이다.

그러니 이제, '미적인 분투형 플레이'(aesthetic striving play)라는 범주, 즉 플레이어의 고투가 만들어 내는 미적인 요소를 경험하고자 참여하는 게임 플레이의 범주에 대해 생각해 보자. 분투 행위가 미적인 요소를 만들어 낼 수 있을까? 그럴 수 있다면 과연 그 요소에는 어떤 것들이 있을까? 먼저 대표적인 미적 요소들, 가령 우아함과 근사함 등을 생각해 보자. 우리는 분명 특정 게임 플레이에 이러한 미적 요소가 들어 있다고 생각하며, 특히 관람자의 관점에서 그렇게 생각한다. 예를 들어 스포츠 경기를 관람하는 일은 운동선수 움직임의 아름다움과 근사함에 관한 말로 가득하다. 하지만 관람자의 관점에서 보는 것이 전부는 아니다. 인과적으로 행위하는 게임 플레이어의 위치에서 가장 잘 느낄 수 있는 독자적인 미적 요소도 있다. 바로 행위하고, 결정하고, 해결하는 데서 오는 미적 요소가 그것이다.

이러한 미적 요소들은 다른 것과 동떨어진 행위들에서뿐 아니라 실천적 기능을 담당하는 행위들에서도 생겨날 수 있다. 어떤 행위는 그 행위가 해내는 것 때문에 아름다워지기도 한다. 막춤 추기와 암벽등반이라는 표면상 유사한 두 가지 활동의 차이를 생각해 보자. 내가 혼자 헤드폰을 쓰고 추는 막춤은 미적 경험일 수 있다. 나 자신의 움직임은 나에게 표현적이고, 극적이며, 심지어 아주 가끔은 좀 우아하게 느껴질 수도 있다. 나는 또 암벽등반도 하는데, 암벽등반 또한 미적 경험으로 가득하다. 암벽등반가들은 특정 등반에 흥미로운 동작 또는 아름다운 흐름이 보이면 감탄하곤 한다. 하지만 춤의 여러 전통적 형식들과는 달리, 암벽등반은 장애물을 넘어서기를 목표로 삼는다. 내 마음에 가장 뚜렷하게 남는 암벽등반의 경험은, '문제 해결로서' 무브먼트의 경험들, 즉 까다로운 홀드(holds)의 연쇄를 통과해 낸 나의 신중함과 우아함의 경험들이다.(Nguyen 2017a) 춤추기 또한 간혹 게임이 될 수도 있으나, 암벽등반은 본질적으로 게임이다. 장애물을 넘어서는 활동을 하기 위해 불필요한 장애물을 받아들이는 것이다.

또 다른 대표적인 미적 요소로 조화로움을 생각해 보자. 체스 플레이어가 함정을 근사하게 빠져나가는 수를 발견한다면, 그 수의 조화로움 즉 과제와 해결책 사이의 멋진 어울림을 플레이어 자신과 관찰자 모두가 느낄 수 있다. 하지만 플레이어는 특히나 더 많은 것을 느낄 수 있다. 자신의 능력과 과제 사이의 조화라는 특별한 경험이 바로 그것이다. 능력을 최대치로 밀고 나간다거나, 정신 혹은 신체가 필요한 일을 간신히 해낸다거나, 혹은 닥쳐 온 상황을 자기 능력으로 아슬아슬하게 헤쳐 나가는 등의 경험은 플레이어 자신에게만 허락되는 조화로움의 경험이다. 그것은 자신과 과제 사이의 조화이자, 실천적 자아(practical self)와 세계 속 장애물 사이의 조화이다. 이는 바로 나 자신과 세계 사이의 실천적 어울림에서 오는 조화이다.

내가 보기에 이것은 게임 플레이가 주는 대표적인 미적 경험이다. 이렇게 한번 보고 나면, 그와 비슷한 성격의 미적 경험이 게임 바깥에도 존재함을 알게 될 것이다. 내가 철학을 가치 있다고 하는 것은 물론 진리를 가치 있게 여기기 때문이지만, 찾아 헤매던 논변을 결국 찾아냈을 때 발생하는 아름다운 지적 깨달음의 순간이 주는 느낌을 즐기기도 한다. 게임은 이러한 일상적 경험들을 의식적으로 조형해 낸 여러 가지 버전을 제시할 수 있다. 어려운 수학적 증명을 해내는 데서 자연스럽게 발생하는 미적 쾌감이 있는 반면, 체스는 적어도 어떤 면에서는 그러한 쾌감 자체를 위해 그것을 농축하고 정제하도록 디자인된다고 할 수 있다. 일상 세계에서 운이 좋을 경우에는 우리의 능력이 과제에 딱 들어맞는 순간을 마주하기도 한다. 하지만 그런 조화란 대개 존재하지 않는다. 우리의 능력이 과제를 해결하기에 한참 부족하거나, 과제가 끔찍하리만치 지루한 경우가 대부분이다.

하지만 게임은 우리가 앞서 말한 실천적 어울림에서 오는 조화를 경험할 수 있도록 디자인하는 일이 가능하다. 게임에서 장애물은, 가령 암을 치료하거나 채점을 하는 등의 과제에서와는 달리, 인간의 정신과 신체로써 해결 가능하도록 디자인할 수 있다. 존 듀이는 여러 종류의 예술이 일상적인 경험의 결정체라고 주장했다.〈Dewey[1934] 2005〉 픽션은 무슨 일이 있었는지를 이야기하는 경험의 결정체이고, 시각예술은 둘러보고 들여다보는 경험의 결정체이며, 음악은 듣는 경험의 결정체이다. 이에 나는 게임이 실천성〈practicality〉의 결정체라고 주장한다. 행위에서 오는 미적 경험은 자연적이며 게임 밖에서는 언제나 일어난다. 망가진 자동차 엔진을 고치고, 수학적 증명을 풀어내고, 기업을 경영하고, 심지어 술집 싸움에 뛰어드는 것까지, 이것들은 제각기 특수한 관심과 아름다움을 지닌다. 행정적 문제를 해결할 기똥찬 대책을 찾아내거나 예상치 못한 장애물을 완벽히 피해 가는 데서 오는 만족감도 여기에 포함된다. 이런 경험은 아주 멋지지만 현실에서는 너무나 드물다. 게임은 바로 이런 경험을 농축해 준다. 우리가 게임을 디자인할 때, 아름다운 행위가 더 쉽게 일어나도록 활동의 형태를 조형한다. 마치 회화가 현실 속 자연적인 시각과 청각에서 경험하는 미적 요소를 강화하고 정제하듯이, 게임은 그러한 미적 요소를 강화하고 정제한다.

그러니까 '미적인 분투형 게임'은 무엇보다도 플레이어에게 실천성에서 오는 미적 경험을 제공하려는 목적에서 디자인된 게임인 것이다. 미적인 분투형 게임과 미적인 분투형 플레이어라는 범주가 언제나 같이 가는 것은 아님을 기억하자. 어떤 게임이 원래는 성취를 중시하도록 디자인되었지만 플레이어는 미적 분투를 위한 게임으로 받아들일 수도 있다. 혹은 어떤 성취형 플레이어가 그저 이기기 위해서 미적인 분투형 게임을 시작했다가, 이내 게임의 디자인이 이끄는 대로 미적 경험을 하는 데 집중하게 될 수도 있다. 그래도 대부분의 경우, 미적인 분투형 게임은 미적 분투형 플레이어들을 위해서 만들어진 것으로 보인다.

다시 게임 「수화」로 돌아가 보자. 「수화」는 여러 측면에서 독특하다. 「피아스코」와 같은 롤플레잉 보드게임에서 플레이어가 캐릭터와 맺는 관계는 연극적이다.[9] 플레이어는 내러티브상 유의미하다면 캐릭터가 비생산적으로, 즉 자신의 목표에 반하게끔 행동하게 할 수 있다. 나라면 그와 같은 게임에서 내 캐릭터 '멍텅구리 사기꾼'이 술집에서 처음 만난 미인에게 범죄를 경솔히 누설하도록 만들 것이다. 내 캐릭터에게는 모든 목표에 반하는 멍청한 선택인데도 내가 그런 선택을 내리는 것은, 그것이 만족스러운 내러티브 흐름에 도움이 되리라 생각하기 때문이다. 반면, 「수화」는 분투형 게임이다. 각 플레이어는 내면의 비밀을 전달하겠다는 목표를 수용해야만 하고, 원하는 경험을 얻기 위해서는 그 목표를 온 마음을 다해 추구해야 한다. 하지만 플레이어들이 어떠한 장기적인 관점에서의 승리에도 진짜로 관심을 가지고 있지는 않다. 그들의 더 큰 목적은 의사소통을 위해 고투하고 허둥대며 애를 먹는 구체적인 감각을 체험하는 것이다. 단, 게임을 하는 동안 이기기 위해 진심으로 노력해야지만 그러한 경험을 맛볼 수 있다.

「수화」가 미적인 분투형 게임이라는 사실을 내가 특히 뚜렷하게 느끼게 된 것은 내가 우리 집 특유의 규칙을 추가한 이후였다. 내가

---

9   역주: 제이슨 모닝스타(Jason Morningstar)가 2009년 개발하고 불리 펄핏 게임즈에서 출시한 롤플레잉 보드게임. 한국어판은 제이슨 모닝스타, 『피아스코』, 김성일 옮김(서울: 초여명, 2015) 참조.

제안한 것은, 게임이 끝난 후 누구도 자신에게 할당된 내면의 비밀이 무엇인지 말하지 말자는 것과, 각자 생각하기에 다른 사람의 비밀이 무엇인지도 말하지 말자는 것이었다. 그러니까 아무리 게임 내내 서로와 소통하겠다는 목표를 향해 노력하더라도, 우리가 서로와 소통하는 데 정말로 성공한 것인지는 결국 아무도 알 수 없는 셈이다. 다른 참여자들과 나는 우리 집 규칙이 이 게임의 기이한 매력을 강화하고 게임의 원래 취지에도 잘 맞는다는 점에 모두 동의했다. 만일 우리가 진짜 원하는 것이 장기적인 관점에서의 승리였다면, 우리 집 규칙은 별로 말이 되지 않았을 것이다. 하지만 우리는 목표의 추구에서 오는 미적 요소를 경험하고자 일시적으로만 승리에 관심을 가졌을 뿐이므로, 그것은 완전히 납득할 수 있는 규칙이다.

게임의 예술적 매체

그렇다면 어떻게 게임 디자이너는 이처럼 미적인 측면에서 풍성한 고투를 고안해 내는가? 게임의 '예술적 매체'라는 관점에서 생각해 보는 것이 유용할 듯싶다. 조지프 마골리스의 주장을 따라서 물리적 매체와 예술적 매체를 구분하도록 하자.〈Margolis 1980, 1-42; Davies 2003, 183〉또는 도미닉 로페스를 따르자면, 예술적 매체는 그저 특정 재료가 아니라 "기술적 자원들"〈technical resources〉의 집합이다.〈Lopes 2014, 133-139〉예를 들어 회화에서 물리적 매체는 표면에 발라진 물감으로 이루어지지만, 예술적 매체에는 붓질을 포함한 다양한 기법들이 포함된다.

그러면, 모든 미적인 분투형 게임들에 공통되는 예술적 매체라는 것이 존재하는가? 게임의 매체는 무엇일까? 매체를 뭐라고 이해하든지 간에 다종다양한 슈츠적 게임들, 가령 비디오게임, 보드게임, 롤플레잉 게임, 카드 게임, 스포츠, 파티 게임 등을 포괄하고자 한다면 그것은 꽤나 추상적이어야 할 것이다. 그 매체란

가령 소프트웨어, 인터랙티브 비디오, 보드와 말과 같이 구체적인 것일 수는 없을 터이다.[10]

먼저, 게임의 매체가 제약과 장애물이라고 생각해 볼 수 있다. 확실히 그것들은 이 논의에 등장하는 요소이지만, 게임 디자이너가 하고 있는 다양한 작업 전체를 포괄하기에는 부족하다. 위와 같은 관점은 전통적 의미의 스포츠처럼 물리적인 게임으로 초점을 좁혀야지만 타당할 것이다. 전통적 의미의 스포츠는 물리적 세계에서 실제 신체를 사용하여 이루어진다. 때문에 스포츠의 규칙은 대개 물리적 신체, 즉 능력의 최대 범위를 허용하는 것에서부터 시작해서 그러한 능력을 선택적으로 제한해 나간다. 예컨대 축구에서는 손의 사용을, 농구에서는 주먹질과 발길질의 사용을 금지한다. 하지만 게임 디자이너는 언제나 새로운 종류의 행위와 가능성을 창조해 낸다.[11] 이것은 「포털」(Portal)과 같은 비디오게임에서 가장 명확히 드러난다. 이 게임에서는 플레이어에게 웜홀의 끝단을 세계 속으로 쏘아서 공간을 구부리는 통로를 만들어 낼 수 있는 총이 주어진다. 하지만 이렇게 극단적으로 새로운 능력만 떠올릴 필요는 없다. 대부분의 게임들은 새로운 행위를 창조한다. 체스에서 '말을 잡는 것'과 야구에서 '홈런'은 특정 규칙 집합이 만들어 내는 맥락 내에서만 발생하는 새로운 행위들이다.

그렇다면, 우리는 대신 게임의 예술적 매체는 바로 규칙이라고

---

10   만일 지금 말하고 있는 매체에 대하여 이와 같은 추상성을 허용하지 않는 특정 이론을 염두에 두고 있는 독자가 있다면, 리글(Riggle 2010)에게서 빌려 온 "예술적 자원"이라는 용어를 사용해 보기 바란다. 매체가 추상적이라는 것에 관한 유용한 논의로는, 개념 미술의 매체로서의 관념(ideas)에 관한 엘리사베트 셸레켄스(Elisabeth Schellekens)의 논의를 참조하라.(Schellekens 2007)
11   Cardona-Rivera and Young(2014)은 게임의 '행동 유도성'(affordances)에 관한 유용한 연구를 제공한다.

말해 볼 수 있다. 충분히 느슨한 '규칙' 개념을 이용한다면 아마 맞는 말일 것이다. 하지만 이 용어의 가장 표준적인 용법에 따르면, 위 제안도 마찬가지로 소용이 없다. '규칙'이라는 것이, 플레이어들이 정신적으로 견지하고 있는 명시적이고 언표된 행위 원칙을 의미한다고 해 보자. 첫째, 여러 컴퓨터게임 학자들이 지적했듯이, 컴퓨터게임 디자이너들이 하는 일 대부분은 소프트웨어 조작을 통해 가상 환경을 디자인하는 것이다. 그런데 소프트웨어 환경은 플레이어가 의식적으로 준수하는 규칙의 집합이 아니고, 보다 독립적인 실존에 해당한다.(Leino 2012) 소프트웨어 코드 자체가 규칙의 집합, 그저 인간의 뇌가 아닌 컴퓨터에서 동작하는 규칙들이라고 물론 생각할 수 있다. 그렇다고 해도, 게임 디자인에는 규칙 말고도 다른 많은 것이 포함된다. 이는 물리적 게임에 있어서 가장 명확하다. 예컨대 장애물 경주와 인공 암벽등반을 생각해 보자. 이 게임들의 경험을 구성하는 것은, 물질적 대상의 물리적 세부 사항들, 그리고 어떻게 이 특수한 물리성(physicality)이 게임의 특정 규칙들 및 목표들과 상호작용하는가이다. 게임의 물리성은 심지어 비디오게임에서도 발견된다. 어떤 규칙이 특정 게임-콘솔 컨트롤러를 사용하라고 정할 수는 있어도, 게임 경험을 일부 좌우하는 것은 컨트롤러의 물리성 자체이다.[12] 비디오게임 「퓨퓨퓨퓨퓨퓨퓨퓨」(PewPewPew PewPewPewPewPewPew)는 이 점을 아주 잘 보여 준다. 이 게임에서는 두 명의 플레이어가 하나의 아바타를 함께 조종한다. 이 아바타에게는 분사형 추진기와 광선총이 주어진다. 두 플레이어 모두 마이크를 드는데, 한 명은 마이크에 "쉬이이이♩" 하는 소리를 내어 분사형 추진기를 조종하고, 다른 한 명은 마이크에 "퓨♩ 퓨♩ 퓨♩" 하는 소리를 내어 광선총을 조종한다. 만약 이것이 버튼으로

12   비디오게임 컨트롤러와의 물리적 상호작용의 미학에 관한 연구로는 Kirkpatrick(2011, 87-116) 참조.

플레이하는 게임이었다면, 이 게임의 실천적 경험의 질감이 얼마나 달랐을지 상상해 보라. 또 마이크를 이용해 플레이할 때조차 마이크의 감도, 방의 음향 시설 등 물리적 세부 사항에 의해 너무나 많은 것이 달라질 수 있다. 이 모든 것들은 규칙이 아니라 환경적 특징에 해당한다. 소프트웨어 환경과 물리적 환경은 다름 아닌 도전 과제와의 관계로 인해 결합한다. 그러니까 바로 '실천적 환경'(practical environment), 즉 플레이어의 목표와 능력에 맞서서 구상된 환경이 게임의 매체 일부를 차지한다고 할 수 있다.

지금까지의 논의로써 우리는 게임 디자인의 마지막 주요 요인, 바로 목표(goal)에 이르게 된다. 독일 보드게임 디자인의 전설 라이너 크니치아는[13] 게임 디자인에 사용하는 도구함에서 중심적인 도구란 바로 점수 체계라고 말한 바 있다. 크니치아가 말하기를, 점수 체계는 동기를 만들어 낸다.(Knizia, Chalkey 2008에서 재인용) 점수 체계는 다른 플레이어와 협업해야 할지 혹은 경쟁해야 할지를 결정한다. 그리고 점수 체계는 그런 상호작용이 어떻게 흘러갈지를 설계하는 데 도움을 준다. 게임의 기제(mechanics)와 결합된 목표는 우리가 상대편을 조종해야 할지 또는 그와 협상해야 할지, 또 상대편의 행동에서 이득을 취할지 혹은 그냥 공격해 버릴지를 알려준다. 게임의 목표가 게임에서 무엇에 집중할지를 지시하는 것이다. 게임을 할 때, 우리는 게임이 지정하는 목표를 순순히 수용하고, 게임이 우리에게 주입하고자 하는 동기를 장착한다.

친구들과의 보드게임 모임을 떠올려 보자. 테이블에 모여 앉아

---

13   역주: 독일의 보드게임 디자이너로, 700종이 넘는 보드게임을 디자인하고 독일, 프랑스, 핀란드, 오스트리아, 스페인, 네덜란드, 일본, 등 여러 나라에서 국제적인 보드게임 상을 수상했다. 대표작으로는 「모던 아트」, 「반지의 제왕: 대결」, 「사무라이」 등이 있다. https://www.knizia.de/ 참조.

우편으로 도착한 새로운 보드게임의 비닐 포장을 뜯어 그것을 꺼낸다. 카드로 된 토큰들을 쏟아 테이블에 높이 쌓고, 초록 토큰, 파란 토큰, 황금 토큰 등을 깔끔한 뭉치로 분류한다. 이 토큰들이 무엇을 표시할지는 알지 못하며, 물리적 토큰이 그 자체로 특별한 중요성을 갖지는 않는다. 예를 들어 우리 집 강아지가 파란 토큰을 전부 먹어 버린다면, 그것을 동전으로 대신한 채로 그냥 플레이하면 된다. 이제 규칙서를 펼친다. 거기에 황금 토큰은 돈이고, 게임을 하는 동안 여러 자원을 구매하는 데 쓸 수 있지만 끝에 가서 누가 이겼는지를 계산할 때 고려되지는 않는다고 나와 있다. 가장 많은 초록 토큰을 모은 사람이 승리한다고 한다. 게임을 시작하기 전에는 초록 토큰을 모으는 데 아무런 관심이 없었다는 것에 주목하자. 하지만 게임을 하는 동안 우리는, 초록 토큰이 부족하면 겨드랑이에 땀이 나고 초조해지며, 그것을 더 얻을 막판의 계획을 감행할 생각에 아드레날린이 솟을 정도로 초록 토큰에 진심으로 관심을 가지게 된다. 그리고 게임이 끝나면, 초록 토큰에 대한 관심은 전부 내려놓고는, 모든 것을 무더기에 밀어 넣은 뒤 지퍼 백에 퍼 담는다.

    슈츠의 분석이 주장하는 것은, 게임이란 실천 이성, 실천 행위, 실천적 가능성의 구조로서, 그 실천성이 작용하는 특수한 세계와 결부되어 있다는 점이다. 게임 디자이너는 '이것'은 플레이어의 목표이고, 또 '저것들'은 플레이어에게 허락된 능력이며, 또 '그것'은 일군의 장애물이라고 지정한다. 디자이너는 플레이어가 행위할 세계뿐만 아니라 그 세계 속에서 플레이어가 가질 실천적 행위성의 골격까지도 창조한다. 디자이너는 게임 내 능력과 목표를 지정한다. 플레이어가 가지는 행위성의 본성을 제어하는 디자이너의 통제력은 게임 디자이너가 게임의 활동을 조형하는 방식의 일부이다. 우리가 게임을 통해 보다 세밀하게 조정된 실천적 조화를 체험할 수 있는 것은 디자이너가 세계와 행위자 모두에 대해 통제력을 지니는 덕분이다.

    이제 우리는 예술적 매체를 묻는 질문에 대한 대답을 확보했다.

미적인 분투형 게임들에 공통된 예술적 매체, 즉 게임 디자이너가 실천적 경험을 조형하는 데 사용하는 기술적 자원이란 목표와 규칙, 그리고 그러한 다양한 요소들이 하나의 제약 체계로 살아 움직이게 할 환경 등이다. 게임 디자이너는 플레이어를 위해 아주 특수한 고투 형식을 고안하며, 이를 위해서 플레이어가 취할 일시적인 실천적 행위성, 그리고 플레이어가 맞서 싸울 실천적 환경 등 두 가지를 모두 제작한다. 달리 말해, 게임 디자이너의 매체는 행위성이다. 하나의 표어로 만들어 보자면, 게임은 행위성의 예술(**the art of agency**)이다.

내가 행위성에 대한 정의를 따로 제시하지 않았음을 짚고 넘어가자. 이는 의도된 바이다. 나는 행위성 일반에 대한 합의된 설명이 있다고 생각하지 않으며, 관련 연구는 현재 여러 차례의 지각변동을 거치고 있다. 그러한 변화의 원인은, 기업이나 법인과 같은 집단 행위자와 집합적 행위자의 존재 가능성에 관련된 반론들, 그리고 동물 행위성, 로봇 행위성, 알고리듬의 행위성을 포함한 다른 주변적인 사례들에 있다.(**Barandiaran, Di Paolo, and Rohde 2009; List and Pettit 2011; Gilbert 2013**) 행위성을 논의할 때 나는 일반적으로 아주 전통적인 개념에 입각해서 생각하는 편인데, 여기서 행위성은 의도적 행위 혹은 이유를 가진 행위를 의미한다. 나는 결코 이것이 행위성에 관한 완전한 설명이라고 전제하고 있지 않다. 나는 종이접기가 종이를 접는 것을 매체로 삼고 있다는 유용한 이야기를 하기 위해서는 '종이'에 관한 온전한 정의 혹은 형이상학적 설명이 필요하다는 식으로 생각하지 않으며, 게임이 행위성의 매체를 사용한다는 유용한 이야기를 하기 위해 '행위성'에 관한 한 가지 특수한 철학적 설명을 정해 두어야 한다고 생각하지 않는다. 오히려 나는 게임이 행위성을 매체로 삼아 어떻게 작동하는지를 탐구하는 것이 행위성의 본성에 관해 무언가를 가르쳐 주리라 생각한다.

게임이 행위성을 매체로 삼아 작동한다는 이 기본적인 생각은 인간의 삶, 특히 사회 생활에 있어서 게임이 담당하는 역할에 관한 매우 심오한 면모를 드러낸다. 게임은 행위성 형식을 '적어 두는', 즉 그것을 인공물에 기입하는 하나의 방식인 것이다. 게임은 인간 경험의 일부를 기입하고 기록하는 기술이다. 우리는 소설, 시, 영화, 기타 내러티브 등 이야기를 기록할 여러 가지 방법을 개발해 왔다. 드로잉, 회화, 사진, 영화 등 우리가 보는 것을 포착할 여러 가지 방법도 개발해 왔다. 작곡된 음악, 녹음 기술, 나무 오리 피리[14] 등 소리를 포착할 여러 방법도 개발해 왔다. 심지어는 수행해야 하는 일련의 행동들을 포착할 방법들까지도 개발해 왔다. 요리책, 안무, 연극 연출 등이 그것이다. 게임은 행위성의 형식을 포착할 한 가지 방법이다. 그리고 게임이라는 기법과 기술은 온갖 상호작용과 수정을 가능케 한다. 무언가를 적을 수 있게 되면, 이제 그것을 쉽게 연구하고 다듬을 수 있게 된다.

이로써 또 다른 가능성이 제기된다. 즉, 게임은 행위성과 자율성의 개발이라는 프로젝트에 있어서 우리가 '협업'을 할 수 있는 방식이 되어 준다. 게임이 행위성의 여러 형식을 기록하고 전파할 수 있다면, 나는 게임으로부터 행위성의 새로운 양상들을 배울 수 있다. 그리고 당신은 게임에 유용한 행위성 형식을 적어 넣은 뒤 나에게 전달해 줄 수 있다. 언뜻 보면, 이건 약간 말이 안 되는 일 같기도 하다. 하지만 나는 사실 이것이 꽤 그럴듯하다고 생각한다. 특히 우리가 게임으로부터 실제로 배우는 것들을 생각해 본다면 말이다. 체스를 두면서 또렷하고 논리적이며 전략적인 정신 자세를 습득했다고 생각하는 것은 나 혼자만이 아니다. 암벽등반은 움직임에 있어서 균형과 정확성에 또렷이 집중하도록 나를 훈련시켰다. 「테트리스」(Tetris)는 여행에 알맞게 짐을 쌀 때 필요한

---

14   역주: 오리 등의 사냥을 위해 만들어진 나무로 된 피리 모양의 기구. 입과 손을 이용하여 오리의 여러 가지 울음소리를 흉내 낼 수 있다.

사고방식을 길러 주었다. 내가 말하는 것은, 게임이 기술을 가르치며 능력을 길러 준다는 익숙하고 낡은 격언을 넘어선다. 게임은 기술을 넘어서는 행위적 정신 자세(the agential mindsets), 즉 특정 종류의 관심과 특정 능력들의 조합을 가르칠 수 있다는 것이 나의 주장이다. 그리고 분투형 플레이의 실천 그 자체는 우리가 어떻게 행위성의 측면에서 유연해질 수 있는지, 즉 어떻게 다양한 관심을 잠시 받아들이기도 하고 치워 두기도 하는지를 가르쳐 준다. 그러한 유연성은 게임 바깥에서도 아주 유용하다. 우리는 부모, 직장인, 친구 등 다양한 역할을 오갈 때 행위적 유연성을 활용하고, 각 역할에 어울릴 서로 다른 정신적 틀을 장착하기 때문이다.

　　앞으로 살펴보겠지만, 행위성과 자율성을 계발하는 것은 혼자 할 수 있는 일이 아니다. 과학적 이해, 논리적 역량, 도덕성 등 여러 특징들이 그러하듯 개인적 자기 계발이라는 프로젝트에 있어서도 우리는 서로를 도울 수 있다. 이를 위해 우리는 다른 사람과 만나기도 하지만 인공 기체도 곧잘 이용한다. 게임이 바로 행위성의 양상을 주고받을 수 있게 해 주는 하나의 인공 기체이다. 우리가 만들어 온 게임은 행위성의 거대한 라이브러리를 이루고 있다. 우리는 그 안에 정말 다양한, 서로 다른 행위성의 형식들을 기록해 왔으며, 행위자가 되는 여러 가지 방식을 탐험하고자 할 때 이를 이용할 수 있다. 우리가 이 라이브러리를 이용할 수 있게끔 해 주는 것은 바로 다른 행위성에 이입하는 역량이다.

게임과 인공성

이에 더해 게임은 한 가지를 더 약속한다. 게임은 일상 세계의 팍팍함에서 도망칠 피신처로 기능할 수 있다. 실제 현실의 경우, 세계는 거의 고정되어 있고, 우리의 가치는 별로 유연하지 못하다. 우리 중 대부분은 친밀함, 음식, 성공 따위를 열망할 수밖에 없다. 완강한 세계와 경직된 가치관은 여러 장애물을 만들어 낸다. 그것은 우리가 맞서 싸우고 싶었던 장애물이 아니지만, 원하는 바를 얻기 위해서는 반드시 극복해야만 한다. 그래서 우리는 우리 자신과 우리 능력이 세계의 필요에 들어맞게끔 빚어내고자 노력한다. 세상이 우리에게 먹고살라고 시키니, 우리는 직업을 찾고 그걸 즐기는 척해야만 한다. 세상이 우리에게 애정을 나눌 파트너를 찾으라고 시키니, 우리는 재치를 갖추는 방법을, 아니면 적어도 그럴싸한 온라인 데이트 프로필을 작성하는 방법을 배우게 된다. 세상은 만약 철학으로 생계를 유지하려면 아무리 지겹더라도 끝없는 학생들의 과제를 채점하라고 시킨다. 그러니 우리는 고개를 처박고 일하며 견뎌 나간다.

반면 게임에서는, 우리가 참여하고자 하는 바로 그 종류의 실천적 활동을 스스로 조형한다. 우리는 목표, 능력, 세계를 골라잡는다. 게임에서 우리 능력은 우리가 맞닥뜨리는 과제에 정확히 들어맞는다. 「슈퍼마리오 형제」⟨Super Mario Brothers⟩의 경우 우리에게 달리고 점프하는 능력과 함께, 뛰어넘어야 하는 구덩이와 뛰어올라 밟아야 하는 몬스터로 가득한 세계가 주어진다. 게다가 「슈퍼마리오 형제」에서 점프 능력과 속도는 우리가 만나게 될 구덩이와 몬스터에 대응할 만큼만 주어진다. 체스에서 나이트의 기이한 이동 방식은 상대편 방어벽을 침투하는 데 딱 필요한 요인이다. 게임에서는 적절한 능력이 주어지지만 딱 필요한 만큼만 주어지기에 드라마와 재미가 빚어진다. 그리고 우리가 취향에 맞는 게임을 찾기만 한다면 그 능력들은 꼭 들어맞을 뿐 아니라 그 능력을 행사하는 일 자체가 즐겁고 흥미진진하며 신나는 일이 되곤 한다.

이것은 우리의 신물 나는 세계와는 매우 다른 셈이다! 현실에서도 가끔은 우리의 능력이 목표에 알맞을 때가 있지만, 그렇지 않을 때가 훨씬 잦다. 암 치료제를 발명하고 싶지만 그럴 역량이 없다. 학생들로 하여금 글을 더 잘 쓰게 하고 싶지만, 그 과정은 지루하고 지긋지긋하며, 콱 죽어 버리고 싶다는 생각이나 최소한 다 관두고 변호사나 되어 버리자는 생각을 하게 만든다. 우리는 이 세계에 편안히

들어맞지 않는다. 우리의 앞길에 놓인 장애물은 감당하기 어려울
정도이고 우리를 소진시키거나 비참하게 만든다. 게임은 세계와의
실천적 불화를 다독이는 실존적 위안이 되어 준다. 게임에서 문제는
역량에 꼭 알맞으며, 게임 내 자아는 문제에 꼭 알맞다. 자아와 세계의
어울림은 문제의 해결 과정을 즐겁고 만족스러우며 흥미롭고 아름답게
만들어 준다.

심지어는 적에 관해서도 어떤 조화로움이 있다. 좋은 게임에서는
적절한 상황만 갖춰진다면, 나를 공격하려는 적의 시도가 가치 있는
경험을 만들어 내게끔 흘러갈 수도 있다. 일상 세계에서 사회적
위기와 재정적 위기는 고통스럽고 불쾌하다. 견뎌 내고 극복할 수는
있을 망정 결코 이를 즐길 수는 없다. 하지만 게임은 보통 나에 대한
상대의 공격도 내가 극복해 봄직한 흥미진진한 장애물로 다가오게끔
디자인된다. 상대와 내가 서로의 숨통을 겨누고 있다고 하더라도
우리 둘의 동기가 묘한 조화를 이룰 수도 있다. 게임 바깥에서, 다른
사람들과의 사회 생활이 주는 고통과 어려움의 대부분은 골치 아플
정도로 다양한 가치관에서 비롯된다. 우리는 모두 서로 다른 것을
원한다. 서로 다른 복수의 가치들을 유지 가능한 공동체 안으로
수합하는 일은 상상을 초월할 정도로 어렵다.

게임에서는, 가치가 대개 단수이고 공유되어 있다. 게임에서 각
플레이어는 단순화된 행위자이다. 대개의 경우 경쟁하는 행위자들은
같은 목표를 추구한다. 테니스를 칠 때, 무엇이 좋은 일인지에 관한
상대와 나 사이의 미묘한 관점의 차이를 염두에 둘 필요가 없다.
상대와 나는 점수와 승리라는 정확히 똑같은 것을 바라고 있다. 이는
우리가 협력하고 있다는 이야기가 아니라, 동기의 측면에서 서로
상통한다는 뜻이다. 어떤 의미에서, 전통 경제학이 서술하는 동기적
세계관(motivational world), 즉 동일한 동기를 가진
합리적 행위자들이 서로와 경쟁한다는 동기적 세계관은 현실적으로는
거짓이지만 게임 세계에서라면 참이다. 게임이 돌아갈 때, 게임은 가끔

우리가 바라는 세계를 보여 줄 수도 있다. 게임의 세계는 조화롭고 흥미로우며, 여기서는 우리의 최악의 충동마저도 타인의 기쁨으로 변형될 수 있다. 일상 세계에서는 결코 들어맞지 않는 도구로써 실천적 활동과 관계를 쌓아 나가야 하는 반면, 게임에서는 애초에 모든 도구가 딱 들어맞게끔 제작할 수가 있다.

그리고 이것은 내 생각에 게임이 주는 엄청난 약속이자 동시에 엄청난 위협이다. 게임은, 복수의 가치가 공존하는 광대하고 복잡하며 계속해서 변화하는 사회적 세계에 대해서는 명료성이라는 위안을 주고, 우리의 가치가 손에 잡히지도 명확히 보이지도 않는다는 내적 감각에 대해서는 실존적 위안을 준다. 게임에서 가치들은 명료하고, 또렷이 제시되며, 모든 행위자에게 균일하게 부여된다. 그런데 이것은 상당한 도덕적 위험을 야기하기도 한다. 폭력적인 그래픽을 가진 게임만이 아니라 모든 게임을 말하는 것이다. 그것은 바로, 가치란 명료하고, 또렷이 드러나며, 어떤 상황에서든 균일해야 한다는 잘못된 기대를 거꾸로 현실에 끌어올 위험이다. 즉 게임은 도덕적 명료성이라는 환상으로 우리를 위협한다.

내 관점이 갖는 긍정적 함의는 꽤나 익숙할 것 같다. 제인 맥고니걸은 삶을 게임처럼 만들자고 주장할 때 이와 유사한 점을 지적하고 있다. 그녀에 따르면, 세계는 우리에게 알맞도록 만들어지지 않았으나, 게임은 알맞도록 만들 수 있다. 게임을 하는 것은 훨씬 즐겁고, 게임에서 우리의 동기는 훨씬 강력하다. 그러므로 맥고니걸은 업무, 가사, 교육 등을 게임화하여 삶을 게임처럼 만들어 보아야 한다고 결론 내린다. 업무와 교육을 더 즐길 수 있게 하려면, 우리의 삶을 득점 현황, 순위표, 훈장 등으로 채우고 우리의 일을 섬세하게 고안한 게임화된 체계로 채워야 한다는 것이다.(McGonigal 2011)

하지만 이는 게임 속 가치들이 얼마나 독특한지를 간과하고 있다. 우리가 게임 속에서 겪을 고투를 재단할 수 있는 것은 다름 아닌 게임 속 목표들이 일회용 목표이기 때문이다. 그런데 만약 삶의 다른 영역을 게임처럼 만들려 한다면, 우리가 하는 고투가 즐겁고 만족스러워지도록 장기적 목표들을 조절해야만 할 것이다. 만일 그렇게 하면, 그러니까 삶이 게임인 양 장기적인 목표를 도구화한다면 재앙을 초래하게 된다. 일상을 게임화할 때 우리는 고투 활동을 위해서 목표 자체를 바꾸고 단순화하려는 유혹에 빠질 것이다. 그러면 더 이상 이전과 같은 과녁을 조준하는 것이 아니게 된다. 게임을 안전하게 재단할 수 있는 것은 그것이 다름 아닌 게임이기 때문이다.

게임에서 우리는 일시적 목표를 수용하고 새로운 행위성에 이입한다. 다른 모든 예술 형식에서처럼, 게임을 가치 있게 만들어 주는 바로 그 특성들은 거꾸로 게임을 위험하게 만들기도 한다. 게임은 행위성의 예술 형식이고, 게임이 행위성을 사용하는 방식에 따라 커다란 희망도 심각한 위협도 생겨날 수 있다.

지금까지 내 관점의 큰 틀을 그려 보았다. 이 책의 남은 부분에서 이러한 주장과 가능성을 보다 세부적으로 탐구해 볼 것이다.

1부에서, 나는 게임 플레이의 동기 구조에 주목한다. 먼저 2장에서 분투형 플레이의 가능성을 회의론에 맞서 옹호해 볼 것이다. 3장에서는 게임이 지속되는 동안 새로운 행위성에 이입하는 역량과 장기적인 목표를 망각하는 능력을 탐구할 것이다. 그리고 우리가 게임을 할 수 있다는 사실로부터 철학적 행위성과 실천적 추론에 관한 지식을 도출해 볼 것이다. 이 두 장은 게임 플레이가 지닌 동기 구조에 관한 나의 이론의 핵심이다. 철학적으로 밀도가 가장 높은 장들이자 이 논의의 중심에 해당한다.

4장에서는 게임이 우리의 행위성과 자율성의 발전에 있어서 특별한 역할을 맡을 수 있다고 주장한다. 게임은 행위성의 여러 양상을 전달할 수 있다. 그리고 우리가 게임을 할 때, 우리는 새로운 행위성의 양상을 습득한다. 게임들은 '행위성의 라이브러리'를 구성하며, 우리는 성장하기 위해서 이 라이브러리를 이용할 수 있다.

2부에서는 게임이라는 예술 형식에 주목한다. 5장에서 나는 행위성의 미학을 탐구한다. 아름다움은 꼭 노을이나 교향곡에만 국한되지 않는다. 우리 자신의 행위, 선택, 결정 또한 각자의 아름다움을 지닐 수 있다. 또한 나는 미적 경험이 본질적으로 실천적, 도구적 정신 상태와 양립할 수 없다는 견해에 맞서서 행위성의 미학을 옹호한다.

6장에서는 게임이 여러 가지 아주 중요한 측면에서 전통적인 예술 작품과 같다고 주장한다. 가장 중요한 것은 게임이 주목〈attention〉과 관련하여 사회적으로 유지되는 규정을 포함한다는 점, 즉 게임이 세계의 특정 부분을 감상에 적합하도록 틀에 맞추는 방식이라는 점이다. 게임은 우리 자신의 실천적 활동을 미적으로 틀에 맞추는 방식이다.

7장에서는 게임이 독자적인 예술 형식이라는 점을 살펴본다. 대부분의 전통적 예술과 달리, 게임의 미적 요소는 인공물 자체가 아니라 플레이어의 활동으로부터 발생한다. 그러므로 게임의 미적 요소는 디자이너와 게임 자체로부터 뚜렷이 분리되어 있다. 게임 디자이너는 독특한 예술적 어려움을 마주해야만 한다. 플레이어의 행위성을 통해서 미적 효과를 달성해야만 한다는 점이 바로 그것이다.

3부에서, 나는 게임의 행위적 조종〈agential manipulations〉이 가져오는 사회적, 도덕적 결과에 주목한다. 8장에서는 게임이 행위성뿐 아니라 사회성까지도 매체로 삼아 작동한다고 주장한다. 게임은 행위적 매체를 이용함으로써 사회적 관계를 설정하고 사회적 패턴을 창조한다. 그 과정에서 게임은 경쟁 관계를 협력 관계로 변환하는 등의 여러 가지 놀라운 효과를 만들어 낸다.

9장에서 나는 행위적 매체만이 지니는 독특한 위험을 비판한다. 게임이 비〈非〉게임 세계로 옮겨오는 것을 적절히 처리하지 않는다면 게임은 우리의 자율성을 위협할 수 있다. 게임은 가치는 명료하고 단순하며 쉽게 제시되어야 한다는 기대, 그리고 목표는 명백하고 측정 가능해야 한다는 기대를 조장할 수 있다. 즉, 게임은 도덕적 명료성(**moral clarity**)의 환상을 만들어 낸다. 그리고 **10**장에서 나는 미적인 분투형 플레이가 도덕적 명료성의 환상에 맞설 방도를 제시한다고 주장한다.

마지막으로 당부하자면, 나의 논의는 여러 가지 특정 게임에 대한 심층적인 사례 연구를 아주 많이 포함하고 있다. 그 수는 보통 학술 철학 연구에서 혹은 심지어 미학 연구에서 언급하는 것보다도 훨씬 많다. 부분적으로 이는 광범위한 게임들을 포괄하는 이 예술 형식에 관해 통일된 설명을 제시하려는 시도가 비교적 새롭기 때문이라고 할 수 있다. 나의 설명은 컴퓨터게임, 팀 스포츠, 단독 스포츠, 보드게임, 카드 게임, 파티 게임, 테이블탑 롤플레잉 게임, 행위 기반 롤플레잉 게임 등을 포괄한다. 예술 형식으로서 게임에 관한 최근 논의는 상당 부분 아주 좁은 범위의 게임, 특히 뚜렷한 내러티브 요소를 가진 **1**인용 컴퓨터게임에만 주목해 왔다. 나는 이 범위를 넓혀 보고 싶다. 안타깝게도, 독자들이 친숙하리라고 전제할 수 있을 만큼 널리 유명한 게임은 존재하지 않는다. 그렇기에 나는 게임이 행위성 매체를 사용하는 굉장히 다양한 방식을 독자들이 살펴봐 주었으면 한다. 나는, 여러분이 양해해 준다면, 가급적 많은 종류의 게임을 아주 세부적으로 묘사하는 것이 매우 중요하다고 생각한다. 그리고 독자들이 흥미가 생긴다면 그 게임들을 찾아보고 플레이해 보기를 나는 바란다. 나는 여기서 언급하는 모든 게임을 해 보았고, 몇몇 예외 사례를 빼고는, 게임 디자인의 모범이라고 여겨지는 것들을 다루었다. 나의 바람은 게임이라는 매우 특별한 인공물이자 고유한 예술 형식에 관해 논변과 사례 모두를 이용하여 설득력 있는 그림을 그려 내는 것이다.

PART ONE

게임과 행위성

2장
분투형 플레이의 가능성

지금껏 이야기한 바를 정리하자면, 게임은 행위성의 예술 형식이다.
게임을 할 때면 우리는 새로운 행위성들을 채택할 수 있는데, 거기에는
미적인 이유가 있다. 어떤 목표들을 잠시 동안 받아들일 수 있는 것은
장기적인 관점에서 그 목표의 달성을 정말 원해서가 아니라 그저 특정
종류의 고투를 경험하고 싶기 때문이다. 또한 우리가 그렇게 하는 것은
분투에서 오는 미적인 경험, 즉 자신의 우아함, 지적 깨달음의 순간을
가져오는 달콤한 완벽함, 고투의 강렬함, 혹은 이 모든 것의 극적인
궤적에서 오는 미적인 경험을 위한 것이기도 하다. 그런데 확실히
하자면, 지금 말하는 것은 여러 게임 플레이 중 한 가지 형식일 뿐이다.
모든 분투형 플레이가 미적인 것(the aesthetic)을 지향하는
것은 아니다. 재미, 긴장 해소, 체력 단련, 사회 생활 등 분투형
플레이를 하는 다른 많은 이유가 있다. 그렇지만 나는 상당히 많은 게임
플레이가 사실은 미적인 분투형 플레이라고 생각한다.

　　분투형 플레이에서는 동기 상태가 역전되어 있다. 어떤 목표를
위해서라면 어쩔 수 없이 취해야 하는 수단 때문에 그 목표를 수용한다.
역전된 동기 상태라는 이러한 도식은 게임 활동이 시간 낭비가 아닌
이유를 잘 보여 준다. 그런 비난이 제기되는 것은 많은 게임 내 목표가
언뜻 아무 가치도 없어 보이기 때문이다. 그러나 분투형 플레이의 경우,
게임 활동의 목적은 사실 게임 내 목표들을 달성하는 것이 아니다.
게임 내 목표는 목표 추구의 활동을 조형하기 위해 일시적, 일회적으로
수용된다. 그러므로 게임의 목표를 정당화하는 구조는 보통의 경우와
반대된다. 현실에서는 대개 목표가 지닌 내재적 가치 또는 목표에
뒤따르는 가치 있는 것에 입각하여 목표를 정당화한다. 게임에서라면,
해당 목표가 어떤 종류의 활동을 촉발하는지를 보고 목표를
정당화한다. 그러니까 게임 목표의 정당화가 정방향이 아닌 역방향으로

이루어지는 것이다. 이러한 역방향 설명 방식을 따라가 보면 여러 가지 가치 있는 미적 특질을 발견하게 된다. 분투형 플레이가 쓸모도 없고 별 이유도 없다고 비난하는 이들은 분투형 플레이가 가진 이러한 역전된 가치 구조를 심각하게 간과하고 있는 셈이다.

하지만 분투형 플레이가 정말 가능한 것인지 의심스러울 수도 있다. 분투형 플레이의 뒤엉킨 동기 구조가 어쩌면 성립할 수 없어 보일 수 있다. 그런데 결정적으로, 나는 슈츠의 설명이 '일회용 목표'(disposable ends)의 존재를 내포한다고 주장한 바 있다. 일회용 목표란 일시적으로만 받아들이는 목표로서, 장기적인 목표와 흔히 생각하듯이 결합되어 있지 않다. 게임에 들어 있는 특수한 목표들은 언제건 아주 간단히 폐기될 수 있다. 나는 보드게임을 하는 동안에만 노란색 토큰을 모으는 데 관심을 기울이다가, 끝난 뒤에는 그 노란색 토큰에 아무런 관심도 두지 않는다. 이러한 간단한 일회성은 분투형 플레이어와 성취형 플레이어 모두에게 해당하는 현상이다. 하지만 내 말대로 분투형 플레이가 존재하는 것이 맞다면, 우리는 아주 심오한 형태의 일회용 목표를 발견하게 된다. 분투형 플레이어에게는 승리 자체에 대한 관심이 일회용 목표이다. 이는 고투를 체험하고 싶어서 취했다가, 게임이 끝난 뒤에는 놓아 버리는 종류의 관심인 것이다.

그런데 분투형 플레이는 정말 가능한가? 그리고 일회용 목표를 정말 가질 수 있는가? 회의론자는 분투형 플레이의 가능성을 부정하고, 그 대신 성취형 플레이만이 성립 가능한 동기 유형이라고 주장할 수도 있다. 달리 표현하면, 승리를 진심으로, 장기적으로 원하는 것만이 게임을 플레이하는 유일한 방식이다. 그러니까 회의론자는 내가 설명했던 동기 역전의 가능성을 기각하고, 모든 게임 플레이어가 더 순리적인 동기 구조를 갖는다고 보는 편을 선호한다.

이 장에서 나는 이 회의론에 답변하고 분투형 플레이의 진정한 가능성을 주장한다. 우리가 '동기가 역전된 상태'에 진입할 역량을 지닌다고, 그러니까 일회용 목표를 수용하여 그에 뒤따르는 활동을 경험하고자 일시적으로 승리를 원하게 될 수 있는 능력이 있다고 나는 주장할 것이다. 그 시작으로, 나는 슈츠의 논의에 대한 더 섬세한 분석을 제시한다. 이는 분투형 플레이의 동기에 관한 도식을 채워 줄 것이다. 그러고 나서 나는 우리가 정말 분투형 플레이에 참여하며 일회용 목표를 받아들일 수 있다고 할 경우에만 게임과 관련된 여러 가지 일상적인 현상이 제대로 설명될 것이라고 주장한다. 게임 플레이의 기본적인 현상들을 설명하기 위해서는, 우리의 행위성이 어느 정도 유동적임을 인정해야만 한다.

다음 세 장은 게임 플레이에서 나타나는 동기 및 행위성의 구조와, 그리고 우리가 게임을 할 수 있다는 사실로부터 우리 자신의 행위적 역량에 관해 어떤 점을 배울 수 있을지를 세심히 살펴볼 것이다. 미학과 예술에 관한 질문들은 일단 제쳐 놓고 5장에서 다시 다룰 것인데, 그때 행위성의 유동성에 관한 우리의 탐구가 예술에 관한 결실을 맺을 것이다.

실천적 역전에 관한 해명

1장에서 나는 인정컨대 다소 느슨한 밑그림을 통해 게임 플레이가 실천적 활동에서 동기가 역전된 경우에 해당한다고 서술했다. 보통의 실천적 활동에서는 목표에 이르기 위해 수단을 추구한다. 그런데 게임에서는 그 관계가 역전되어서, 수단을 경험하기 위해 목표를 수용한다. 나의 이 논변들은 성급하고 반론의 여지가 많았다. 이제는 이를 섬세하게 다듬어 볼 차례이다.

이 장에서 나는 분투형 플레이의 가능성을 옹호할 더 섬세한 버전의 논변을 제시한다. 그 다음 3장에서는 분투형 플레이의 경험이 어떤 것인지 더 자세히 살펴본다. 분투형 플레이에 진심으로 참여하기 위해서 우리가 장착해야 할 동기 의식의 심리적 메커니즘과 구조를 3장에서 분석할 것이다.

가장 적절한 출발점은 슈츠가 제시했던 설명에 주목하는 것이다. 분투형 플레이의 동기 역전은 얼마나 깊숙이 일어나는가? 지금까지 우리는 슈츠가 "휴대용 버전"이라고 부른 것만 가지고 논의했다. 내가 생각하기에 슈츠는 휴대용 버전의 정의에서 문제를 발견한 학자들에 의해 부당하게 평가절하되어 왔다. 슈츠의 온전한 설명은 훨씬 탄탄하다. 이제는 슈츠의 분석 중 완전하고 엄밀한 버전을 들여다보도록 하자.

슈츠가 말하기를, 게임을 할 때 우리는 '전-유희적 목표'〈pre-lusory goals〉를 추구한다. 전-유희적 목표란 우리가 게임 플레이 속에서 도달하려는 사태로, 그것을 성취할 때 사용해야 하는 수단은 아직 특정하고 있지 않다. 예를 들어 농구에서 전-유희적 목표는 그저 공을 림에 집어넣는 것을 말한다. 이에 더하여 게임은 '필수적 규칙'〈constitutive rules〉을 지니는데, 이를 통해 지나치게 효율적인 수단을 금지하고 덜 효율적인 수단을 사용하도록 유도한다. 농구의 필수적 규칙에는 어떻게 공을 운반해야 하는지를 규정하는 다양한 규칙, 그리고 위반에 관한 규칙 등이 포함된다. 게임이 허용하는 수단 내에서 전-유희적 목표를 달성하는 것이 바로 '유희적 목표'〈lusory goal〉를 달성하는 것이다.〈Suits [1978] 2015, 24-43〉 농구에서 유희적 목표는 '점수 내기'이다. 제일 중요한 차이는 공을 림에 집어넣기라는 전-유희적 목표와 점수 내기라는 유희적 목표 사이의 차이이다. 점수를 내기 위해서는 규칙을 준수하는 동시에 공을 림에 집어넣어야 한다.

슈츠에게 게임 플레이가 갖는 진정 독자적인 특징이란 플레이어가 지닌 특정한 동기 및 가치 평가의 상태이다. 슈츠가 말하기를, 우리는 게임에서 전-유희적 목표가 가진 독립된 가치만을 보고 그것을 추구하지 않는다. 만약 그렇게 본다면, 우리는 오밤중에 사다리를 들고 나타나서 실컷 공을 바구니에 집어넣고 있었을 것이다. 또한 필수적 규칙을 받아들이는 것도 그것이 전-유희적 목표를 달성하는 가장 효율적인 길이기 때문이 아니다. 오히려 게임 플레이를 성립시키는 것은 '유희적 태도'(lusory attitude)이다. 이는 전-유희적 목표와 필수적 규칙으로써 가능해지는 활동을 경험하기 위해서 그것들을 받아들이는 것을 가리킨다. 우리가 불필요한 장애물을 받아들이는 것은 그것을 넘어서고자 애쓰는 활동이 가능해지게끔 만들기 위해서이다.

결정적으로 게임 플레이의 제약은 오직 플레이어와 전-유희적 목표 사이에 장애물을 배치하고 비효율성을 부여함에 주목하자. 이 제약들이 유희적 목표를 향한 길목을 방해하지는 않는다. 왜냐하면 이 제약들이 사실 유희적 목표를 구성해 주기 때문이다. 농구에서 이기고 싶다면, 규칙을 따라야 한다. 이동 중에는 공을 튕겨야 한다는 의무 사항은 점수를 내는 것을 방해하는 것이 아니라 오히려 점수 자체가 성립하게 해 준다.

그러니까 전-유희적 목표가 그 자체로 대단히 가치 있는 것은 아니다. 만약 그럴 경우에는 우리가 가급적 효율적으로 그 목표를 추구하게 될 것이다. 우리가 전-유희적 목표를 향한 여정에 기꺼이 비효율성을 부여한다는 바로 그 사실로부터, 일정한 비효율성 아래서 전-유희적 목표를 위해 고투하는 활동에 비해 전-유희적 목표 자체를 우리가 덜 중시한다는 점을 알 수 있다. 만약 그렇지 않았다면, 우리가 다소 바보 같은 고투를 벌이기 위해 전-유희적 목표를 향한 가장 효율적인 경로를 기꺼이 포기하는 일은 없었을 것이다. 우리가 가치 있게 여기는 것은 유희적 목표, 달리 말해 게임의 제약 내에서 승리하는 일이거나, 또는 그런 제약 내에서 겪는 고투의 과정이라는 것이다.

그렇다면, 실천적 역전이 슈츠의 정의상 최소한의 기준을 충족하기 위해서는 얼마나 철저해야 하며, 또 그 최대한의 기준을 충족하기 위해서는 어느 정도로 철저해야 하는가? 한 가지 가능한 관점은 모든 게임이 실천적 활동으로부터의 완전하고 철두철미한 역전이라는 것이다. 즉 뼛속까지 비실용적인 활동인 셈이다. 이러한 관점에 따르자면 어떤 사람이 게임을 한다고 간주할 수 있으려면 이 사람이 항상 플레이 자체만을 위해서 플레이하고 있어야만 한다. 이것을 '게임 순수주의' 요건이라고 부르자. 즉, 우리는 게임을 하면서 발생하는 어떠한 종류의 실용적 결과를 위해서가 아니라, 오직 플레이 활동 자체의 내재적 가치만을 보고 게임 활동에 참여한다. 게임 순수주의는 돈, 인기, 교육, 자기 계발, 체력 단련 등을 위해 게임을 하는 경우 등을 포함하여 흔히 게임을 하는 것이라고 받아들일 만한 온갖 활동을 배제하게 된다는 점을 주목하자. 그렇다면 슈츠는 게임 순수주의자일까?

대답하자면, 그렇지 않다. 슈츠의 정의에 따르자면, 만약 여러분이 올림픽 단거리 달리기 금메달을 따기 위해, 그리고 그에 따라올 인기와 명예를 얻기 위해 단거리 달리기의 규칙을 받아들인다면, 여러분은 여전히 슈츠의 정의상 게임을 하고 있는 것이다. 슈츠라면 이 활동에 대해서, 여러분이 단거리 달리기 활동 자체를 가능케 하기 위해 규칙을 수용한 것이라고 설명했을 것이다. 여러분은 게임에서 승리함으로써 인기와 돈을 손에 쥐기 위해 규칙을 수용하는 것이다. 설령 그렇다 해도, 여러분이 활동 자체를 가능케 하기 위해 규칙을 받아들였다는 이 첫 단추 때문에 이것은 여전히 슈츠의 정의상 게임에 해당한다. 슈츠의 표현에 따르면, 프로 플레이어는 '게임에서' 이김으로써 돈을 얻으려 한다.

결정적으로, 슈츠의 정의는 누군가 해당 활동을 가능케 만드는 이유가 이차적 목적을 위해서인지, 활동 자체의 내재적 가치를 위해서인지 특정하지 않고 있다. 하지만 이 지점에서 슈츠는 많은 오해를 산다. 몇몇 필자는 슈츠에게 그러한 순수주의 요건이 들어 있다고 생각해 왔다.[15] 슈츠에 대한 이러한 순수주의적 독해에 따르면

15   예를 들면, 케빈 키(Kevin Kee)가 교육적 게임과 이언 보고스트 스타일의 수사적 게임의 존재를 슈츠적 정의의 반례로 취급할 때, 그는

오직 아마추어 게임 플레이어들만이 진정 게임을 한다고 말할 수 있게 된다. 슈츠가 순수주의자라고 파악하는 측에서는 바로 이런 이유로, 그러니까 체력 단련, 사회적 지위, 돈 등 게임을 하는 많은 외부적 이유를 들어서 슈츠를 비판하곤 한다. 하지만 슈츠에 관한 순수주의적 독해는 완전한 오해이다. 슈츠가 보기에도 프로 게임 플레이어는 여전히 게임을 한다고 할 수 있다. 슈츠의 정의는 내재적으로 가치 있는 게임 플레이와 외재적으로 가치 있는 게임 플레이 사이에 선을 긋는 것이 아니다. 그것은 순수하게 도구적인 활동과 게임 활동 사이에 선을 긋고 있는 것이다.

세 사람이 등산을 한다고 해 보자. '의료 등반가'는 산 정상에 신장염을 치료해 줄 희귀한 약초가 있어서 산을 오른다. '프로 등반가'는 인기, 명예, 돈을 위해 등산 기록을 세우려고 산을 오른다. '아마추어 등반가'는 등반의 순수한 즐거움 때문에 산을 오른다. 슈츠의 설명에 따르면, '프로 등반가'와 '아마추어 등반가'는 모두 게임을 하고 있다. 왜냐면 그들은 특정 활동, 즉 등산이라는 게임을 성립시키고자 전-유희적 목표와 그 목표를 향하는 제약을 받아들이고 있기 때문이다. 그들은 아무리 정상을 정복해도 규정된 제약을 지키지 않았다면 이를 성공으로 간주하지 않을 터이므로, 이것이 슈츠가 의미한 게임에 해당함을 알 수 있다. 저 둘 중 어느 누구든 헬리콥터를 이용한다면 산을 올랐다고 할 수 없게 될 것이다. '아마추어 등반가'는 등산의 '활동'에 참여하고 싶어 하고, '프로 등반가'는 등산에서의 '성공'(winning)이 가져다주는 명예를 원한다. 하지만 이 두 사람에게 있어서 등산을 게임으로 만들어 주는 요인은 그들이 참여하는 활동이 부분적으로 장애물을 통해 성립된다는 사실이다. 그들은 이유는 영 다르지만 둘 다 게임을 하고 있다. '프로 등반가'는 헬리콥터를

슈츠에게 순수주의 요건이 들어 있다고 뒤집어씌우고 있다.(Rockwell and Kee 2011)

타고 정상에 도달함으로써 명예를 획득하지 않을 것이다. 왜냐하면 명예는 전-유희적 목표가 아니라 오직 유희적 목표를 달성해야지만 따라오기 때문이다. 명예는 모든 효율적인 수단을 동원하여 정상에 도달하는 것이 아니라 이러저러한 제약 내에서 산을 올라야지만 주어질 것이다.〈Suits〔1978〕2014, 90-92〉 반면 '의료 등반가'는 전혀 게임을 한다고 할 수 없다. '의료 등반가'는 귀한 약초라는 것을 얻을 최적의 방법이길래 산을 오를 뿐이다. 만약 세상의 조건이 바뀌어 헬리콥터가 타기 쉬워진다거나 약초가 갑자기 온라인으로 구매 가능해지는 등 다른 방식으로 약초를 얻을 수 있게 된다면, 이 사람은 차라리 새로운 방법 중 하나를 이용하게 될 것이다. '아마추어 등반가'와 '프로 등반가'가 얻고자 하는 성공이란 부분적으로 특정한 제약을 통해서 구성된다. 산에 오른다는 것은, 특정한 수단을 이용하여 산에 오르는 것을 의미한다. 손, 발, 밧줄은 되고, 헬리콥터, 분사형 추진기, 마법의 양탄자 따위는 안 된다. '아마추어 등반가'는 게임 자체에 관심을 가지고 '프로 등반가'는 다른 목표를 위해 게임을 이용하기는 하지만, 모두 게임을 플레이해야만 충족할 수 있는 어떤 관심을 가지고 있다. '프로 등반가'는 승리와 함께 따라오는 다른 무엇을 얻으려 게임에서 승리하고 싶어 하지만, 여전히 '게임에서' 승리하고 싶어 한다. 그러나 '의료 등반가'의 경우에는 게임이라는 활동에 전혀 관심이 없다. 그러니까 슈츠의 이론은 모든 게임 플레이가 오로지 게임 플레이의 내재적 가치만을 위해서 수행될 것을 요구하고 있지 않다.

'슈츠적 플레이'〈Suitsian Play〉라는 용어로써 나는 슈츠의 보다 자세한 정의가 특정하고 있는 종류의 게임 플레이를 가리킨다. 내가 명료히 하고자 했던 것은 슈츠적 플레이가 서로 다른 동기를 가진 게임 플레이들에 모두 적용 가능하다는 점이다. 슈츠적 플레이는 게임 자체의 내재적 가치를 보고 플레이하는 것, 즉 내재적 플레이를 포함한다. 또한 슈츠적 플레이는 외재적인 목적을 위해 게임을 하는 것도 포함한다. 슈츠는 이를 "도구적 게임 플레이"라고 일컫는다. 승리를 통해 인기와 명예를 얻거나 혹은 애쓰는 과정에서 이루어지는 체력 단련을 위해서 게임을 하는 것 등은 모두 외재적 플레이의 일종에 해당한다.

결정적으로 내재적/외재적 플레이의 구분은 성취형/분투형 플레이 구분과 완전히 다르다. 성취형 플레이는 승리를 위해 수행되는 슈츠적 플레이이고, 분투형 플레이는 승리하기 위한 고투 때문에 수행되는 슈츠적 플레이이다. 성취형/분투형이라는 구분은 게임 플레이 내에서 가치가 놓여 있는 '위치'에 따른 것이고, 내재적/외재적이라는 구분은 그렇게 발견되는 가치의 '종류'에 따른 것이다. 성취형 플레이는 내재적 이유로, 즉 승리 자체를 위해 수행될 수 있다. 또한 성취형 플레이는 외재적 이유로도, 즉 상금과 같이 승리에 따라오는 무언가의 가치를 위해 수행될 수도 있다. 마찬가지로, 분투형 플레이는 고투 자체가 가진 가치와 같이 내재적인 이유로도, 고투 끝에 따라오는 신체 건강과 같이 외재적 이유로도 수행될 수 있다.

이로써 네 가지 범주의 게임 플레이가 드러난다.

'내재적 성취형 플레이'는 승리 자체만을 위한 플레이이다. 순수하게 경쟁에만 몰두하는 플레이어가 여기 해당한다.

'외재적 성취형 플레이'는 승리가 도구적으로 가져오는 결과를 위한 플레이이다. 돈을 위해 게임에 참가하는 프로 포커 플레이어와 개인과 국가의 명예 때문에 게임에 참가하는 올림픽 운동선수 등이 여기에 속한다.

'내재적 분투형 플레이'는 플레이 활동의 참여가 지닌 내재적 가치 자체를 위한 플레이를 말한다. 단순히 고투가 지닌 가치를 위해 게임하는 플레이어가 여기 해당한다.

'외재적 분투형 플레이'는 플레이 활동에의 참여가

도구적으로 가져오는 결과를 위한 플레이이다. 체력 단련을 위해 스포츠 경기를 하거나, 정신 건강을 위해 경주에 나가거나, '두뇌 훈련'을 위해 체스를 두는 것 등이 여기 해당한다.

위 네 가지는 배타적 범주가 아니다. 어떤 이는 성취와 활동 모두에 관심을 가지고 플레이를 할 수 있고, 또 어떤 이는 게임의 내재적 가치 및 여러 가지 외재적인 결과를 위해 플레이를 할 수도 있다. 요점은, 플레이어가 게임 속 어디서 가치를 발견하는지를 탐색할 매우 상이한 두 가지 차원이 존재한다는 것이다.

나는 명료한 부연을 통해 이러한 구분을 부각하고 싶다. 슈츠 그리고 게임 일반의 가치에 관한 대부분의 철학 연구가 내재적 가치/외재적 가치의 구분에 주목해 왔다. 하지만 내 생각에 슈츠의 논의가 가장 분명하게 밝혀내는 바는 성취형 플레이와 분투형 플레이의 차이를 사유하는 데서 비롯한다. 특히, 내가 이러한 구분을 제시하는 것은 널리 퍼진 오류를 피해 가기 위해서이다. 분투형 플레이는 모두 플레이 자체의 내재적 가치를 위해서 수행될 것이라는 생각에 쉽게 빠질 수 있다. 하지만 이는 분투형 플레이의 문제와 내재적 가치의 문제를 혼동하는 것이다. 체력 단련을 위해 또는 학습 능력을 위해 게임을 하는 것은 모두 분투형 플레이의 일종에 해당한다. 내가 이런저런 이익을 얻기 위해 승리를 추구하는 것이기만 하면 된다. 사실 승리를 해야 할 필요는 전혀 없다.

성취형 플레이는 동기에 있어서 꽤 투명한 편이다. 승리하는 데 관심이 있으니, 선택할 수 있는 최선의 수단을 이용하여 승리를 추구할 뿐이다. 게임에서 승리하려면 규칙을 따라야 하므로, 규칙을 따르는 것의 가치는 승리의 가치로부터 기인한다. 승리의 가치가 내재적이건 외재적이건 상관없다. 분투형 플레이는 훨씬 더 난해한 동기 구조를 갖는다. 분투형 플레이어는 이기기 위해 플레이하지 않는다. 승리를 향해 고투하는 활동 혹은 경험을 맛보기 위해 승리에의 일회적인 관심을 장착할 뿐이다.

일회용 목표의 실제

분투형 플레이를 가능케 만드는 것은 '일회용 목표'의 존재이다. 일회용 목표란, 우리의 여타 장기적인 목표에 직접적으로 결부되어 있지 않은 목표를 말한다. 일회용 목표는 우리가 자발적으로 수용했다가, 또 우리의 장기적인 가치 체계 혹은 핵심적인 실천적 정체성에 별다른 손상을 감수하지 않고도 내려놓을 수 있는 목표인 것이다.

일회용 목표의 가능성은 게임에 관한 슈츠의 설명에 내포되어 있다. 게임을 한다는 것은 단순히 제한 사항들을 받아들이는 것이 아니라, 게임의 목표들을 달성하겠다는 관심을 받아들이는 것이다. 달리 말해, 게임은 단순한 제약일 뿐만 아니라 제약과 목표의 묶음이다. 게임을 할 때, 우리는 목표와 장애물을 자발적으로 받아들인다. 이러한 자발적인 목표 수용이 슈츠의 정의 중 휴대용 버전에서는 빠져 있을 수 있다. 반복하자면, 휴대용 버전에서는 게임 플레이란 자발적 장애물을 극복하는 활동을 경험하기 위해 그것을 받아들이는 것이라고 말하고 있다. 이 휴대용 버전은 자발적 목표에 관해서는 아무런 명시적인 언급을 하고 있지 않다. 이것은 단순히 풀 버전에서 고쳐져야 할 휴대용 버전의 누락일까? 나는 그게 아니라 슈츠가 자발적 목표의 개념을 자발적 장애물이라는 개념 안에 조용히 포장해 둔 것이 아닐까 생각한다. 슈츠가 '장애물'이라는 말로 무엇을 의미하는지를 여기서 뜯어 보는 것이 도움이 될 것이다. 장애물이란 목표에 이르는 와중에 끼어드는 어떤 것을 말하며, 목표 달성을 방해하지 않는 경우 그것은 장애물이 아니다. 암벽의 다양한 생김새는 그냥 그것, 암벽의 생김새일 뿐이다. 암벽등반가가 그 벽을 오르겠다는 목표를 세우기 전까지는 말이다. 바로 그제서야 그 생김새 중 일부는 어려움을 야기하는 장애물이 되고, 또 다른 일부는 그 장애물을 넘어서는 데 쓰일 도구가 된다. 그렇기에 장애물의 본성이라는 것은 부분적으로 그것이 방해하게 되는 목표를 통해 구성되는 셈이다.

세상에 존재하는 다종다양한 특징들은 어떤 목표와의 관계 속에 생각될 때에만 장애물이 된다. 이 점을 생각해 보면 앞서 한 이야기를 이해할 수 있다. 동기의 맥락이 달라진다면 아까와 동일한 생김새가 아무 작용도 안 하거나 오히려 큰 도움을 준다. 갓 구운 맛있는 쿠키 한 판이 눈앞에 있다는 것은 내가 체중을 감량하려고 할 경우에만 장애물이 되지, 만약 크리스마스 파티를 준비한다거나 스모 훈련을 위해 체중을 증량하는 중이라면 이 쿠키는 오히려 큰 도움이 된다. 미로의 벽은 내가 미로에서 빠져나가기를 원하는 경우에는 장애물이 되지만, 만약 내가 사람을 멀리하는 은둔형 인간이고 남의 방해를 받지 않은 채 조용히 정원이나 가꾸고 싶어 한다면, 내 보금자리를 둘러싼 미로의 벽은 편안함과 안식을 줄 것이다. 그러니 어떤 것을 자발적 장애물로 받아들이려면, 나로 하여금 그 장애물을 마주하게끔 만드는 자발적 목표라는 것도 함께 받아들여야만 한다. 그러므로 '목표는 장애물을 부분적으로 구성한다'라고 할 수 있다.

이는 자연의 특성을 활용하는 게임에서 가장 명확히 나타난다. 또 한 번 언급하자면, 등산은 슈츠의 정의상 게임에 해당한다. 장애물은 어떤 의미에서 자연적이지만, 또한 우리는 그 장애물이 자발적이라는 것도 알고 있다. 왜냐하면 등산가가 가령 헬리콥터를 빌리거나 에스컬레이터를 타고 산 뒷편을 오르지는 않으리라는 점을 우리가 알기 때문이다. 등산가는 자신의 몸을 이용하여 산이라는 적수에 맞서는 일에 관심이 있다. 생각해 보라. 만약 내가 가령 멋진 경치를 감상하기 위해 망원경을 들고 나온 관광객이라면, 산의 다채로운 모양은 전혀 장애물이 아닐 것이다. 그 경우 가파른 빙벽과 거대한 크레바스는 그저 경탄을 자아낼 아름다운 자연일 뿐이다. 내가 수채화를 그리고자 한다면 그것은 심지어 유용한 도구라고 할 수도 있다. 빙벽과 크레바스가 장애물이 되는 것은 오직 내가 산을 오르겠다는 목표를 받아들이는 경우뿐이다. 그러니까 서로 다른 목표는 동일한 특징을 전혀 다른 종류의 장애물로 바꾸어 놓는다. 회색빛의 어슴푸레한 크레바스가 등산가에게 특정 종류의 장애물이 된다면, 풍경화가에게는 그와 전혀 다른 종류의 장애물이 된다.

나는 이러한 슈츠의 연구가 놀이(play)의 자발적 본성에 관한 유구한 생각의 연장선 위에 있다고 생각하곤 한다. 게임에 관한 학술적 연구의 토대가 되어주는 책 『호모 루덴스』(Homo Ludens)에서 요한 하위징아는 놀이가 비합리적이라고 말한다. 하지만 그가 말하기를, 우리가 게임을 한다는 사실은 우리가 속고 있음을 보여 준다기보다 우리에게 합리성을 넘어설 역량이 있음을 보여 준다. 합리성이 아니라 놀이가 인간에게 특징적인 활동이다. 우리는 '생각하는 인간'(homo sapiens)이 아닌 '놀이하는 인간'(homo ludens)인 것이다. 하위징아가 보기에, 게임은 종교적 제의와 연극 등 다른 인간 활동들의 후손이다. 이러한 활동들은 공통적으로 현실 세계로부터 특별한 시간과 공간을 분리시킨다. 이 공간에 진입하면 평소의 관계나 관행을 중지하고 새로운 역할과 관계를 받아들이게 된다. 이 공간 속에서 행위가 갖는 의미는 일상적 관행과 분리되어 있다. 내가 무대에 오른 뒤 동료 배우를 공격한다거나 체스를 둘 때 상대방의 세력을 말살한다고 해서, 일상으로 돌아온 뒤 누군가 나에게 그 행위에 대한 도덕적 책임을 묻지는 않는다.(Huizinga 1955)

내 생각에 픽션, 연극, 게임 플레이의 경계를 무너뜨리는 것에는 많은 문제가 있다. 이에 대해서는 6장과 7장에서 다룰 것이다. 하지만 슈츠는 하위징아의 관점이 가진 한 가지 핵심 부분을 구제한다. 우리가 게임이라는 마술 영역 속에 들어서면 새로운 동기를 장착했다가 그 영역을 떠날 때 내려놓는다는 주장이 바로 그것이다. 이런 점에서 슈츠의 이론은 하위징아의 통찰에 단단히 뿌리를 내리고 뻗어 나가는 것으로 간주되어야 한다. 게임은 플레이어가 추구할 목표들을 특정한다. 그 속에서 플레이어의 게임 내 동기, 그에 따라 게임 내 실천적 추론 방식까지도 조형한다. 게임은 실천적 추론의 일시적인 구조인 것이다.

내가 앞 절에서 주장하듯이, 슈츠의 이론은 '전-유희적' 목표가 일회용이어야 한다는 점만을 요구할 뿐 '유희적' 목표도 일회용이어야 하는지는 언급하지 않고 있다. 달리 말해, 슈츠의 이론은 공을 림에 넣기와 같이 게임 내에서 추구하는 상태가 일회적이라는 조건을 내걸고 있지만, 우리가 '승리'에 대해 관심을 쏟는 것이 일회적인지 혹은 장기적인지에 관해서는 아무 말도 하지 않는다. 이것은 당연한 일인데, 왜냐하면 슈츠의 설명이 프로 선수의 플레이를 포함한 모든 종류의 게임 플레이를 포괄하고자 의도하기 때문이다.

단순히 승리 자체가 좋아서 모든 게임에서 승리하는 데 관심을 가진 플레이어를 상상해 보자. 이 사람은 성취형 플레이어, 정확히는 내재적 성취형 플레이어이다. 승리에 대한 이 사람의 관심은 어느 모로 보나 일회적이지 않다. 정확히 말하면, 승리가 곧 이 사람의 목적이다. 일회적이라고 할 수 있는 것은 오로지 각각의 특정 게임에서 승리를 산출하는 방식뿐이다. 우리의 성취형 플레이어는 승리라는 진짜 목적을 성취하기 위해, 게임이 진행되는 동안 공을 바구니에 넣어 점수를 내는 것이나 왕을 잡는 것 따위를 향한 일시적인 관심을 일회적으로 장착한다. 하지만 이 사람이 가진 동기는 여전히 순리적인 구조를 가지고 있다. 이 사람이 공을 바구니에 넣어 점수를 내는 것에 관심을 갖는 것은, 그것이 게임의 맥락상 승리를 하는 방법이며 이 사람이 승리에 관심이 있기 때문이다. 그러나 슈츠의 이론은 훨씬 더 널리 퍼진 형태의 두 번째 일회용 목표를 포괄할 수 있도록 여지를 남겨 놓는다. 분투형 플레이에서는 플레이어가 게임을 하는 것 자체를 위해 승리에 관심을 갖는다는 것이다.

한발 물러서서, 게임 속 승리와 우리의 관계를 생각해 보자. 만약 우리가 전혀 승리에 관심이 없다면, 게임을 하는 것은 아주 이상한 일이 될 것이다. 게임을 어떤 연습을 하듯이 해 볼 수는 있겠으나, 그것이 대단히 즐겁고 행복하며 재미있으리라고 상상하기는 어렵다. 게임 플레이의 전형적인 경험은 어떤 지적 망각 상태에 빠지는 경험이라기보다 오히려 있는 힘껏 노력하는 데 완전히 몰두하고 또 여러분이 정말로 원하는 무언가를 얻으려 애쓰는 경험에 가깝다. 실제로 어떤 부류의 사람들은 어느 종류의 승리에도 관심을 쏟지 못한다. 그런 사람은 보통 게임은 바보 같고 점수는 그냥 임의적일 뿐이라고 비난한다. 게임이 모종의 참여를 이끌어 내고 게임이 주는 모험이 우리를 사로잡기 위해서는, 우리가 어느 정도 승리를 원할 수 있어야 한다. 하지만 승리에 대한 우리의 관심은 얼마나 깊고 지속적일까?

성취형 플레이어의 경우에는 온 마음을 다해서 승리를 원한다. 하지만 분투형 플레이어의 경우에는 참여의 경험을 지속하기 위해 승리에 대한 관심을 일시적으로 장착하면 된다. 이를 위해 승리가 지닌 가치를 철저하게 믿어야 할 필요는 없다. 다만 게임을 하는 과정 동안에 승리에의 관심을 장착하기만 하면 된다. 그리고 내 생각에 이것이 많은 게임 플레이어들의 실제 플레이 유형이다. 나 자신도 대개 승리하거나 상대방을 이기겠다는 장기적인 관심을 거의 갖고 있지 않다. 사실 대부분의 경우 상대방은 내 배우자이다. 그런데 게임 플레이의 특정한 국면만 벗어나서 바라본다면, 그녀가 영리한 전략으로 나를 무자비하게 완파할 때에도 나는 내가 그녀를 이길 때만큼이나 행복해한다. 사실 나는 장기적으로 보아 우리 둘이 똑같은 비율로 이기게 되기를 바란다. 실제로 나는 이러한 균형을 맞출 수 있도록 많은 노력을 들여서 어떤 게임이 우리 둘 다 잘할 수 있는 게임일지를 찾아본다. 하지만 이 게임이 정말로 우리를 사로잡으려면 우리는 게임이 진행되는 동안 자기가 승리하기를 원해야 한다. 실제로 우리 중 한 사람이 어떤 게임을 너무나 잘하게 되어 연달아서 쉽게 이기기 시작하면, 우리는 그 게임에 대한 관심을 잃어버리고 한숨을 쉬며 그 게임을 접게 된다. 나는 모든 판을 이기는 데에는 관심이 없고 그러기 위해 우리의 게임 활동에 영향을 가하지도 않을 것이다. 하지만 게임이 매력을 지니려면 나는 매 판을 이기는 데에는 관심을 가져야만 한다. 그러니까 내가 게임의 과정에 몰입하기 위해서는 승리에 대하여 일회적으로 관심을 쏟는 능력을 지녀야 한다.

　　하지만 일부 회의론자들은 분투형 플레이의 가능성 그리고 동기에 관한 이러한 설명을 의심할 것이다. 그들은 성취형 플레이만이 유일하게 성립 가능한 종류의 플레이라고 주장할 것이다. 그들은 내가 가진 동기의 이러한 재구성이 불충분하다고, 그러니까 더 깊이 들어가면 게임을 하는 유일한 이유는 승리를 향한 장기적인 관심뿐이라고 주장할 것이다. 나는 그렇지 않다고 반박한다. 모든 게임 플레이가 분투형 플레이라고 주장하는 것이 아니다. 어떤 플레이어들이 성취형 플레이어라는 점은 자명하다. 그들에게는 뚜렷한 실천적 역전이 일어날 여지가 거의 없다. 하지만 나는 성취형 플레이가 게임 플레이에서 유일하게 성립 가능한 동기 구조라는 주장을 분명히 거부하고자 한다. 나의 주장에 따르면, 분투형 플레이는 실제로 성립 가능하다.

분투형 플레이에 관한 회의론

분투형 플레이가 가능하다는 점을 보이려면, 플레이어가 전-유희적 목표를 일회용으로 취급할 수 있을 뿐 아니라 유희적 목표까지도 일회용으로 취급할 수 있음을 보여야 한다. 언뜻 생각해 보니, 만약 우리에게 전-유희적 목표를 일회적으로 받아들일 심리적 유연성이 있다면, 이기겠다는 목표를 일회적으로 받아들일 심리적 유연성도 가지고 있을 듯싶다. 하지만 어떤 독자들에게는 이것이 별로 그럴듯하지 않을 수 있다. 내가 강연에서 분투형 플레이에 대해 설명을 하다 보면, 몇몇 청중은 노골적인 회의를 내비친다. 그들은 이렇게 묻는다. 애초에 플레이를 하는 이유에 승리 말고 대체 무엇이 있는가?

이 물음을 분투형 플레이의 가능성에 대한 더 본격적인 회의론으로 바꿔 보려면, 이를 개인의 심리에 대한 진술("나는 오직 이기기 위해 플레이하는데요")로 해석하기보다, 분투형 플레이의 가능성 일반에 대한 회의론으로 해석해 보아야 한다. 그러니까 여기서 회의론자는 누구나 분투형 플레이에 참여할 수 있다는 가능성을 부인하고 있는 것이다.

이러한 부인은 어디로 나아갈까? 회의론자의 입장에서 선택할 수 있는 가장 그럴싸한 루트는, 목표가 띠고 있는 이러한 일회성이 다소 얄팍하고 쉽게 설명 가능한 현상이라고 주장하는 것이다. 분투 회의론자에 따르면, 언제나 핵심은 승리이다. 우리는 오직 승리에 도움이 될 때만 전-유희적 목표를 추구한다. 이때 회의론자는 어떤 게임의 특정 목표에 순간적으로 커다란 중요성을 부여하는 우리의 능력을 평가절하하는 단순한 설명을 제시하고 있다. 회의론자에 따르면 모든 플레이어는 승리에 대한 장기적 관심을 가지고 게임을 하러 온다. 게임 내의 규칙은 플레이어가 초록색 토큰을 모아야만 이길 수 있다고 규정한다. 그렇기에 플레이어가 초록색 토큰을 원하는 것은 그것이 승리에 도움이 될 경우에만, 짧게 말해 게임 내에서만이다. 게임이 끝나면 초록색 토큰은 더 이상 승리에 도움이 되지 않고, 그렇기에 플레이어는 그것에 관심을 두지 않게 된다. 회의론자에 따르면 여기서 특별한 게임의 동기가 나타나지는 않는다. 이는 맥락에 따라 가치를 부여받는 여느 대상, 가령 화폐의 경우와 크게 다르지 않다. 나는 구리 조각을 모으는 데 관심이 없다가도 어떤 새로운 나라가 생겨나서 구리 조각을 '돈'이라고 선포하면 관심을 가지게 된다. 그리고 그 나라가 사라지면 이 구리 조각은 또 다시 무가치해진다. 그러니까 회의론자는 게임 플레이 속 목표가 심층적인 일회성을 띤다는 주장을 거부한다. 그들에 따르면 모든 플레이어는 장기적으로 승리를 원한다. 다만 승리 요건을 구성하는 것이 무엇인지가 게임마다 달라질 뿐이다.

회의론에 맞선 한 가지 즉각적인 답변은 우리가 승리만을 중시하지는 않는다는 분명한 사실을 지적하는 것일 터이다. 정말 그랬다면 우리는 만만한 상대를 찾아 온종일 이겨 먹고 앉아 있었을 것이다. 하지만 회의론자는 이미 그에 대한 답변을 준비해 두었을 것이다. 성숙한 성취형 플레이어는 승리의 가치 속에 승리의 난이도까지도 고려한다는 것이다. 성취형 플레이어가 아무 승리가 아니라 유의미한 도전 끝에 획득하는 승리를 중요하게 생각한다면, 그에 걸맞는 상대를 찾고 싶어 할 것이다. 그러니 회의론자에 맞설 보다 섬세한 반론이 필요하다.

첫 번째 단계는 이것이다. 만약 회의론자가 옳아서 게임을 하는 유일한 동기가 승리뿐이라면, 사람들은 어째서 이길 수 없을 것 같은 게임을 플레이할까? 사람들은 종종 자신이 이길 수 없을 게임을 하곤 한다. 내가 참여하는 보드게임 모임에는 매우 다양한 능력치를 가진 플레이어들이 있다. 나는 정확한 수치 계산에는 별로 능하지 않지만 심리를 조종하고 극도의 혼란 상황을 관리하는 데에는 꽤 강하다. 이 모임에는 나의 배우자도 있다. 내 배우자는 심리 조종에는 약하지만, 수치와 도형의 계산에는 아주 뛰어나다. 또 앤드루도 함께 게임을 하는데, 앤드루는 잘 통제된 환경에서 정확한 계획을 짜고 관리하는 데 굉장히 뛰어나지만, 혼란 상황에 대처하는 것은 잘하지 못한다. 그렇다 보니 어느 특정 게임에서든지 이러한 능력치를 고려하면 우리 중에 누군가는 이길 가능성이 높은 반면, 누군가는 아무래도 거의 가망이 없다. 하지만 우리 모두는 여하튼 자기가 기질상 잘할 수 없는 게임을 포함한 다양한 게임을 계속해서 플레이한다. 왜 그럴까? 만약 내가 성취만을 위해 게임에 참여하는 자라면, 내가 상대적으로 잘하지 못하는 게임에 도전하는 일은 좋지 않은 선택일 텐데도 말이다. 내가 실제로 이길 수 있는 도전만을 가치 있게 생각한다면, 나는 나를 압도하는 상대가 아닌, 내가 대적할 수 있는 상대만을 구해야 할 것이다.

회의론자는 나의 보드게임 모임에서 나타나는 행동에 대해 다음과 같은 설명을 제시함으로써 자신의 입장을 옹호하려 할 것이다. 내 동료 보드게이머들과 나는 일종의 거래를 하고 있다고 할 수 있다. 나는 내가 질 것이 거의 틀림없는 게임 때문에 고통 받는 것에 동의한 것이다. 그래야 나중에 다른 사람들이 내가 이길 가능성이 높은 다른 게임을 해 줄 것이기 때문이다. 회의론자의 이러한 답변에 따르면, 내가 패배할 게임을 하는 것은 오로지 이를 나중에 올 보답을 위한 희생이라고 여기기 때문이다. 하지만 실제 플레이 경험을 생각해 보면 이런 설명이 틀렸음을 알 수 있다. 이 설명이 사실이라면, 질 것이 뻔한 게임에 참여하는 모든 플레이어는 게임을 즐길 수도, 그 경험을 즐겁게 여길 수도 없을 것이다. 그들은 다 끝난 뒤 무언가 돌려받기 위해 그저 억지 미소를 지으며 참고 있다고 보아야 한다. 그러나 많은 플레이어들이 승리가 불확실하고 불가능한 게임을 하는 것을 좋아한다. 왜냐면 승리를 향해 고투하는 과정이 흥미롭고 박진감 넘치며 행복감을 주기 때문이다. 예를 들어 만약 플레이어가 승리만을 위해 플레이한다면, 체스 그랜드마스터가 동네 체스 클럽에 나타날 경우 모든 동네 체스 플레이어들은 도망가야 한다. 하지만 그들은 실제로 그러지 않는다. 대개 이 사람들은 한판 시원하게 붙고 장렬하게 패배하는 경험을 얻기 위해 줄을 선다.

이에 회의론자는, 어떤 플레이어가 체스 그랜드마스터에게 질 때 그들은 무언가를 배워서 미래에 거둘 승리의 가능성을 높이는 것이라고 반박할 수도 있다. 그런데 이 또한 불충분한 대답이다. 먼저, 나는 그 경기가 생애 마지막 체스 게임이라고 해도, 끝없이 기쁜 마음으로 체스 마스터에게 도전하고 패배할 수 있다. 농구에의 애정으로 가득한 어떤 농구 플레이어가 코비 브라이언트와 일대일 게임을 해 보는 것을 죽기 전 마지막 소원으로 비는 것은 쉽게 상상할 수 있을 것이다. 그러면 회의론자가 중요한 것은 엄밀한 의미에서의 승리가 아니라 성취라고 대답할 수도 있다. 코비 브라이언트나 체스 마스터와 맞붙어 잘 싸워 보는 것은 설령 그 게임을 지더라도 굉장한 성취라는 것이다. 위

경우들에서 플레이어는 다양한 맥락에서 조금 다른, 제한된 종류의 성취를 추구한다고 보는 것이 가장 적절하다. 예를 들어, 〔앞서 말한 보드게임 모임의 사례 속〕 내 배우자와 나의 경우, 나는 '도움 없이 이기는 성취를 추구한 것'이라고 할 수도 있다. 어쩌면 그랜드마스터와 맞붙는 경우에도, 나는 엄밀한 의미에서 이길 수는 없다는 것을 알지만, 그랜드마스터에 맞서서 내가 할 수 있는 최선을 다한다는 성취를 추구할 수가 있다. 그리고 어떠한 경우든지 우리는 고수와 맞붙어 플레이함으로써 실제 기술과 실력을 향상시킨다. 설령 나중에 그것을 써 보지 않더라도 말이다.

　　그러나 성취에 입각하여 생각해 보는 것이나 실력 향상에 입각하여 생각해 보는 것이나 모두 소용이 없다. 그윈 브래드퍼드는 성취에 관한 그럴듯한 설명을 제공한다. 성취란 어려운 과정에 참여하고 이로써 어떤 결과물을 탁월하게 만들어 내는 것을 말한다. 기술이 뛰어나게 될수록, 성취도 뛰어나다고 할 수 있다.〈Bradford 2015〉하지만 이는 옳은 설명이 될 수 없다. 왜냐하면 우리가 언제나 성취를 추구하지는 않기 때문이다. 그것이 아무리 제한적인 의미에서의 성취라고 할지라도 말이다. 우리가 항상 기술을 향상시키겠다는 선택을 하지는 않는다. 다음 경우를 생각해 보자. 나는 내 배우자와 많은 보드게임을 한다. 우리는 재미있는 새 보드게임 「하이 프런티어」〈High Frontier〉를 막 손에 넣었다. 이는 각 플레이어가 한 나라의 정부 역할을 맡아서 태양계 내부에서 식민화 경쟁을 벌이는 우주 식민지 게임이다. 게임판에 포함된 지도에는 태양계 전역을 세심하게 조사해 만든 다양한 항공 경로가 표시되어 있다. 여기에는 특정 항법에 소요되는 연료의 양을 계산해 주는 실제 물리학 스프레드시트와 함께 라그랑주 점, 중력 새총 항법의 가능성 등이 쓰여 있다. 이 게임은 아주 복잡한 계산식을 정말 많이 요한다. 플레이어들은 더 효율적인 엔진, 자동화된 채굴 기계, 착륙 이동차 등 다양한 기술들을 획득해야 한다. 이 게임은 엄청나게 다양한 승리의 경로를 열어 두었다. 가령, 태양광 우주 범선을 향해 저렴한 일회용 자동 탐사선들을 많이 발사해 보거나, 소행성대에서 재급유할 수 있는 더 큰 유인 탐사선을 보내 볼 수도 있다. 결정의 폭은 매우 넓고, 계산은 엄청나게 복잡하다. 예컨대, 로켓을 발사할 때마다 연료가 연소되어 우주선이 가벼워지는데, 이로 인해 다음 비행에 사용될 연료의 가격이 변동되는 식이다.

이 게임을 손에 넣었을 때, 배우자와 나는 우리가 서로에게 딱 맞는 적수가 될 것임을 알았다. 우리는 거의 절반씩 이겼고, 매 게임마다 경쟁이 치열하여 둘 중 하나가 아주 가까스로 이기곤 했다. 우리 중 하나가 게임 규칙에 암시된 완전히 새로운 가능성을 발견할 때면, 배움의 과정은 순전한 기쁨을 주었다. 가령, 게임 초반에 자동 탐사선을 만들어 소행성대로 발사하여 미래의 유인 탐사 임무를 위한 연료 창고를 만들어 내는 것도 하나의 사례였다. 우리 중 한 명이 새로운 전략을 하나 발명하여 게임을 이기고 나면, 다음 게임에서 다른 사람이 그 전략을 훔쳐 더 멀리 밀고 나간다. 스릴, 도전, 싸움 모두가 황홀할 지경이었다.

이제 내가 기술에 있어서 내 배우자를 앞지를 기회를 잡는다고 가정해 보자. 내가 온라인 전략 가이드를 읽을 수도 있고, 어쩌면 훨씬 경험 많은 다른 플레이어와 몇 판 해 보며 훨씬 빠르게 기술을 향상시켜 올 수도 있다. 이럴 경우 내가 배우자와 다시 게임을 하게 되었을 때 모든 판을 쉽게 이길 수 있을 터이다. 이때 내 배우자는 좋은 사람이니까 설령 계속 지더라도 즐거운 마음으로 계속 플레이해 줄 것이다. 만약 나만 유일하게 성취형 플레이어였다면, 나는 주저 없이 기술을 향상시켰을 것이다. 브래드퍼드가 지적하듯, 어떤 것을 성취로 만드는 것은 주관적인 힘듦의 정도(subjective effort)가 아니라 실제로 얼마나 어려운지(actual difficulty)이다. 브람스 바이올린 콘체르토를 손쉽게 연주하는 바이올린 마스터의 경우, 바로 이 손쉬움 때문에 적은 성취가 아니라 더 많은 성취를 해낸 셈이다. 그러니 만일 내가 성취형 플레이어였다면, 배우자를 손쉽게 이길 수 있게 되는 것은 나의 구미를 당기는 일이었을 터이다.

하지만 실제로 그와 같은 상황이 온다면 나는 분명 주저할 것이고, [기술에 있어서 배우자를 앞질러 버리는 것은] 정신 나간 선택이라고 생각한다. 내가 주저하는 것은 배우자를 언짢게 하지 않기 위해서가 아니다. 그녀는 별 신경을 쓰지 않기 때문이다. 그렇다고 더 많은 게임을 할 가능성을 남기기 위해서도 아니다. 그녀는 아무 상관없이 계속 게임을 해 줄 것이기 때문이다. 그러니까 내가 주저하는 것은 다름 아니라 우리 게임이 지금 엄청나게 치열한데, 내가 기술 면에서 그녀를 앞질러 버린다면 게임이 지루해져 버릴 것이기 때문이다. 요약하자면, 나는 게임 바깥에서 기술을 향상하기를 삼가고 이로써 보다 많은 판을 이기고 보다 뛰어난 실력을 가지게 될 가능성을 의식적으로 포기하는데, 이는 다름 아닌 고투로부터 오는 경험적 특질 때문이다. 그런데 이것이 합리적인 선택일 수 있는 것은 분투형 플레이가 분명히 성립 가능하다고 할 경우뿐이다. 게임 내 능력치 습득을 둘러싼 우리의 관계는 회의적 입장에서 가늠하는 것보다 현저히 복잡하다. 우리가 오직 장기적으로 질 높은 승리를 극대화하기 위해서만 게임을 한다면, 우리는 언제나 기술 향상에 관심을 가졌어야 한다. 그러나 우리가 항상 그런 식으로 행동하지는 않는다.

물론 여기서 회의론자는 내가 가족의 맥락에서 이루어지는 사회적 게임 플레이라는 매우 특이한 경우만을 골라서 언급한다는 점을 지적할 수 있다. 하지만 그게 어디가 그렇게 특이한가? 나는 게임과 놀이에 관한 다양한 문헌들을 읽어 보면서 각 문헌들이 저마다 상이한 놀이 패러다임에 주목하고 있음을 발견했다. 아이들의 놀이와 창의적 놀이는 주목하되 프로 선수들의 진지한 플레이는 일종의 예외적 현상으로 취급하는 하나의 전통이 있다. 그에 반해 스포츠 철학의 경우, 프로 경기와 올림픽 스포츠를 어떤 패러다임으로 간주하지만 가령 아이들의 스포츠 혹은 친구들끼리 하는 농구 게임은 거의 고려하지 않는다.(**Nguyen 2017c**) 당연하게도 이러한 관점은 게임의 가치를 산출하기 위해 실력과 기술 향상에 입각한 설명으로 이어진다. 하지만 게임을 이론화하기 위해 프로 및 엘리트 게임 플레이에 가장 무게를 두어야 할 이유는 없다고 본다. 가족과 하는 보드게임, 친구와 벌이는 술 게임, 퇴근 후 잠깐 하는 온라인 슈팅게임 등 일상의 게임 플레이를 이해하는 것이 가진 중요성은 더했으면 더했지 결코 덜하지 않다.

바보 게임이라는 범주를 기억해 보자. 바보 게임이란 이기려고 애를 써야만 참맛을 경험할 수 있지만 정작 가장 큰 즐거움은 실패로부터 오는 게임을 가리킨다. 바보 게임은 분투형 플레이가 가능해야지만 가능하다. 그런데 바보 게임을 프로 경기나 엘리트 경기로 만드는 일은 불가능하다. 「트위스터」게임의 진지한 토너먼트나 '머리에 봉투 쓰기' 리그 같은 것은 없다. 이 게임들은 본질상 바보 같다. 바보 게임은 대개 여러 사람을 즐겁게 하기 위해 디자인된 게임으로, 그들 중 많은 이들은 해당 게임을 해 본 적도 없을 것이다. 자기 차례가 되면 아직 그 자리의 누구도 말한 적 없는 캔디바 이름을 대야 하는 술 게임이 있다고 상상해 보자. 당연히 가장 재밌는 지점은 누군가 얼큰하게 취해서 그 간단한 일조차 제대로 할 수가 없어서 참석한 모두를 웃게 만들 때이다. (중요한 것은, 이러한 종류의 술 게임에는 승리 요건이 없고 대신 패배 요건만 있다는 점이다.) 친구와 했던 재미있는 술 게임 자리를 떠올려 보면, '캔디바 이름을 또 하나' 능숙하게 기억해 내던 순간을 생각하지는 않을 것이다. 그보다는 얼토당토 않은 말실수, 더듬거리기, 참가자들이 자신의 멍청함에 울부짖으며 술을 들이키는 영광의 순간들이 생각날 것이다. 앞에서 한 것처럼, 누군가 그런 게임을 잘하도록 훈련을 받고 온다면 어떨지 상상해 보자. 캔디바 이름을 줄줄이 외우고 술취한 채로 그것을 떠올리는 연습을 해 온 것이다. 그런 사람은 핵심을 놓치고 있는 셈이다. 사실 그 게임은 기술이 전혀 중요하지 않다는 점이 보다 분명하게 드러나도록 만들어졌다. 게임 속 임무라는 것은 애초부터 바보 같고 무가치하다. 퀸틴 스미스가 지적하듯이, 바보 게임은 우리가 실패하게 될 임무를 보란듯이 사소하게 만듦으로써 실패가 자아내는 바보스러움이 뚜렷이 부각되도록 디자인된다.(Smith 2014) 이 때문에 바보 게임의 참가자들은 대개 비슷한 게임을 아주 많이 알고 있다. 기술의 작용을 방지하려는 것이 그 이유이다. 각 게임을 아주 가끔씩만 플레이하여 누구도 특별히 잘하게 되는 일이 없도록 하려는 것이다.

   게임에 관한 학술 연구에서 바보 게임과 그 부류는 거의 다루어지지 않는다. 학자들, 특히 철학자들은 인간의 진지한 측면을 탐구하는 데 이론적 에너지를 쏟는 반면 유머러스함, 장난스러움, 우스꽝스러움은 무시하는 경향이 있다. 예를 들면 비극에 관해 쓰인 엄청난 양의 철학 연구와 코미디에 관한 쥐꼬리만큼의 철학 연구 사이의 커다란 불균형을 보라. 이것이 스포츠 철학이 엘리트 스포츠에 집중하는 현상을 어느 정도 설명해 준다. 엘리트 스포츠는 다른 많은 진지한 활동들과 같이 가치가 있고, 그렇기에 이미 정립된 개념적 도구를 사용하여 이론화하기가 보다 수월하다. 이러한 이유에서 스포츠 철학의 논의는 대부분 어려움, 성취, 승리, 기술 향상, 개인적 실력의 산출과 전시 등 익숙한 개념들에 입각하여 전개되어 왔다. 게임에 대한 철학 연구는 바보 게임, 유치한 게임, 웃긴 게임을 거의 무시해 왔다. 내 생각에 이것은 이와 같은 게임들이 분투형 게임이라는 동기상 낯선 범주의 사례들이고, 그렇기에 정당화와 가치에 관한 표준적 설명에 잘 들어맞지 않기 때문이다.

   회의론자는 마지막으로 지금껏 제시했던 견해를 끝까지 변형시켜 내놓는다. 바보 게임에서도 결국 핵심은 특정 맥락 속에서의 성취라고 말하는 것이다. 바보 게임이란 아무런 기술 향상 없이 승리를 성취하는 게임이라고 주장할 수도 있다. 마찬가지로 내가 배우자와 게임을 할 때 나는 외부 조력 없이 승리하고자 애쓰는 것이라고 할 수도 있다.

하지만 이는 다분히 핵심을 놓치는 것이다. 나는 성취형 플레이가
어떠한 맥락에서도 불가능하다고 주장하려는 것이 아니라는 점을
기억해 보자. 나는 그저 분투형 플레이가 가능하다고 주장할 따름이다.
그리고 분투형 플레이의 가능성은, 바보 게임의 명시적인 규칙에 있는
것이 아니라 많은 사람들이 그것을 할 때 가지는 정신에 놓여 있다.
바보 게임을 할 때면 우리는 실패 자체를 즐긴다. 만일 택해야 한다면,
나는 「트위스터」를 하는 경우 주의 깊게 플레이하여 승리하기보다,
극적이면서도 배꼽이 빠지도록 우습게 지는 것을 합리적으로 선호할
것이다. 그러나 다시 말하지만, 내가 게임을 하는 순간순간마다 진짜로
패배하려고 시도한다면 그런 경험은 얻을 수 없다. 나는 게임 속에서
특정 행위를 취할 때마다 승리하겠다는 목표를 반드시 견지해야 한다.
「트위스터」를 할 때 얻을 수 있는 최고의 경험은 진심으로 이기고자
애쓰는 와중에 우스운 꼬락서니로 실패하는 경우이다. 나는 적어도
그 실패가 '진짜 실패'로 간주되기에 모자라지 않을 만큼 이기고자
노력해야 한다. 그것이 실패한 것이어야만 웃길 테고, 이기려고 했을
때에만 실패일 터이기 때문이다. 이런 이상한 동기 상태를 설명하기에
가장 좋은 방법은 그것을 분투형 플레이의 일종이라고 보는 것이다.
승리에 대한 관심은 장기적인 관심이 아니라, 경험을 얻겠다는 동기에
의거하여 특수하고 일시적인 행위성에 한해서만 작용하는 관심이다.
이와 비슷하게 내가 바둑을 둔다면, 완벽하게 플레이한 덕분에 지루한
승리를 거두는 대국보다는, 초반 몇 수를 잘못 두는 바람에 어쩌다
완전히 새롭고 흥미로운 상황으로 치달았다가 결국에는 지게 되는
대국을 훨씬 좋아할 것이다.

　　더 중요한 것은, 회의론자로서는 왜 성취형 플레이어가 이와 같이
기술 향상을 억제하기를 선호하는지를 설명할 방도가 없다는 점이다.
성취형 플레이어는 대체 왜 '지침서를 보지 않고서 이기기' 또는 '아무런
기술 향상 없이 이기기'를 원하는가? 만약 이기는 것의 가치가 오로지
성취에 입각해서만, 혹은 능력, 성공, 기술적 발전 등에 입각해서만

산정될 수 있다고 한다면, 이것들은 별 이유 없는 제한 사항처럼 보일 터이다. 하지만 분투라는 요소를 목적 삼아 승리를 추구하는 것이 가능함을 생각해 보면, 그러한 제한 사항은 단박에 납득할 수 있다. 사실 이 점은 우리가 일반적으로 게임을 어떻게 고르는지의 문제로 확장해 볼 수 있다. 우리 모두가 성취형 플레이어라면, 왜 어떤 게임의 제한 사항을 또 다른 게임의 제한 사항보다 더 선호하는지를 설명하기가 아주 어려워진다. 그런 선택은 완전히 이유 없는 것이거나, 게임 외부에서 가치를 갖는 인간적 실력의 향상을 추구하는 것이어야 한다. 하지만 어느 쪽이든 정말 많은 게임 플레이어들이 말하는 바와 전혀 다르다. 그들은 게임을 선택하는 이유로 플레이가 자아내는 흥미, 재미, 매력, 아름다움, 또는 기타 경험적 특질 등을 꼽는다. '어느' 게임을 할지에 관한 우리 결정의 상당수가 분투형 플레이를 통해서 설명된다.

그러므로 많은 게임 속에서 우리가 취하는 정신 상태, 그리고 우리가 느끼는 즐거움 및 우리가 중시하는 경험이 비롯되는 원천에 주목해 보면, 분투형 플레이에 대한 회의론은 매우 불리해진다. 그래도 설득이 안 되는 이들이 있다면, 또 한 번의 논의 전환이 아마 도움이 될 것이다. 이제는 접근 방식을 바꾸어 분투형 플레이에 대한 약간 다른 형태의 회의론을 살펴보는 것이 유용할 것이다.

그게 일회용이라 치더라도, 목표이긴 할까?

일회용 목표를 정말 일종의 목표라고 할 수 있을까? 나 자신을 분투형 플레이어라고 생각해 보자. 나는 게임을 하는 경험 자체를 위해서 승리에의 관심을 장착한다. 승리에 대한 이러한 관심이 대체 어떤 의미에서 실제 목표인가? 누군가는 전-유희적 목표와 유희적 목표가 참된 목표의 지위를 갖추지 못한다고, 심지어 일회용 목표의 지위조차도 갖추지 못한다고 생각할 수 있다. 어쩌면 이것들은 가짜 목표(pretend ends)일 뿐이다. 다시 말해, 내가 게임을 플레이할 때 나는 그것을 실제 목표로 받아들이는 것이 아니라 그것이 마치 목표인 양 연기(**play-acting**)를 하고 있을 뿐이다.

그러나 이와 같은 가정은 무대 연기와 게임 플레이 사이의 차이를 뭉뚱그리고 있다. 내가 즉흥 연극에 참여하여 은행 강도인 캐릭터를 연기한다고 해 보자. 나의 동료 연기자들(**players**)은 나의 캐릭터가 들어 있는 스토리와 일군의 난관들을 꾸며낸다. 가령 내가 총알 한 발, 표백제 한 병, 그리고 로프만 손에 든 채로 은행 금고에 갇힌다는 시나리오를 창작하는 것이다. 이러한 상황에서 나는 탈출을 간절히 원하는 누군가가 할 만한 행동을 생각해 보고, 내가 맡은 캐릭터가 어떻게 난관을 헤쳐 나갈지 생각해 낼 것이다. 하지만 정작 즉흥 연극 배우인 나 자신은 그러한 관심을 전혀 공유하지 않을 것이다. 배우로서 나는 인물이 어떻게 행동할지를 결정할 뿐이다. 배우로서 나는 흥미로운 내러티브와 흥미로운 죽음을 만들어 내기 위해 캐릭터로 하여금 자기 이해에 반하여 바보처럼 행동하게끔 결정할 수도 있다. 배우로서 나는 나의 캐릭터가 가진 욕망을 어떠한 현실적인 결정 방식으로도 수용하지 않는다.[16]

하지만 게임의 경우에는 보통 플레이어가 게임을 하는 동안 승리하겠다는 욕망을 가진다. 스릴, 몰입, 불안, 위험에 기름을 끼얹은 것이 바로 이러한 욕망이다. 오로지 플레이어가 게임에서 승리하기를 진정으로 욕망할 경우에만, 자기 입지가 줄어듦에 따라 충격을 받고, 멀티플레이어 온라인 슈팅 게임에서 적군이 저격총을 들고 나타날 때

---

16   슈츠적 용어로 하자면, 이것이 게임이 아닌 이유는 내가 예술적 표현이라는 독립된 가치를 지닌 목표를 추구하라는 지시를 따르고 있기 때문이다. 전통적인 의미의 연극에서는 대개 전-유희적 목표의 역할을 하는 것이 아무것도 없다. 물론 즉흥 코미디 게임과 같이 일부 연극적 게임들에서는 여러 팀들이 일종의 심사 위원 점수를 두고 겨루기도 한다. 하지만 바로 이 점 때문에 이러한 적은 수의 연극적 활동은 게임이라고 불리는 반면 대부분의 연극 공연은 그러지 않는 것이다.

공포에 떨게 된다. 바로 이 승리의 욕망이 플레이어의 행동을 인도하고 강력한 동기를 형성하는 것이다. 앞서 말한 배우들은 전혀 다른 방식으로 행위한다. 배우들은 관객이 보기에 스토리가 잘 흘러가는지에 따라 스릴을 느낄 테지만, 캐릭터가 취하는 행위가 실천적 노력으로서 성공적이었는지 아닌지를 상관하지도 그에 몰입하지도 않는다. 심지어 자신의 심리 상태가 부분적으로 인물의 심리 상태와 같아지게끔 조절한다는 메소드 배우조차도 그들의 캐릭터가 원하는 목표를 성취할 수 있도록 무슨 일이건 하지는 않는다. 캐릭터가 어떻게 행동할지를 결정하는 메소드 배우의 선택은 여전히 캐릭터의 특정 목표가 아니라 배우 자신의 예술적 목표에 맞추어 규제된다. 그게 아니었다면, 배우들은 캐릭터가 캐릭터 자신의 목표에 적합하지 않은 행동을 하는 것을 결코 허용하지 않았을 것이다. 이는 가령, 비극적인 캐릭터가 불가피한 종말을 맞이하게 될 때 배우들이 이를 받아들이지 않는 꼴이다.[17]

하지만 플레이어와 게임 내 역할 사이의 관계는 이와 전혀 다르다. 게임 플레이의 대표적인 경우에서 플레이어는 새로운 행위성을 분명히 장착한다. 나는 이것이 모든 게임 플레이에 해당한다고 말하는 것이 아니다. 어떤 플레이어들은 정말 승리하는 것이 목표인 것처럼 행동하고, 또 어떤 게임 플레이어들은 사회 생활을 하듯이 게임에 참여하고 승리하고자 애쓰는 시늉만 하기도 한다. 그런데

---

[17]　이 단락에서 제시된 논변보다 훨씬 더 섬세한 버전은 왜 게이머들이 퍼포머가 아닌지에 관한 앤드루 카니아(Andrew Kania)의 논의에서 볼 수 있다.(Kania 2018) 카니아는 게임 플레이는 퍼포먼스라는 베리스 거트의 설명을, 내가 생각하기에는 아주 성공적으로, 비판한다. 카니아의 주장은, 가령 비디오게임 플레이가 무용 퍼포먼스와 친연성을 갖는다는 그레임 커크패트릭의 관점(Kirkpatrick 2011)처럼, 플레이를 퍼포먼스로 보는 다른 설명들에 대한 비판으로도 타당하게 확장될 수 있을 듯싶다. 또 다른 추가적인 논의는 Stear(2017) 참조.

상당수의 플레이어들에게 있어서 승리에의 관심은, 일회적이기는 하지만, 진짜 목표인 것으로 보인다. 그 관심이 진짜인 이유는 그것이 게임의 맥락 속에서 플레이어들의 실천적 추론과 의사결정에 있어서 가장 주요한 지침으로 기능하기 때문이다. 오직 이것만이 심리적 몰입, 흥분, 드라마 등 게임 플레이에서 얻고자 하는 대표적인 정신 현상(phenomenology)을 설명할 수 있다.

내 생각에 바로 이것이 게임 플레이에서 핵심적인 독특성이다. 수단-목표라는 평범한 논의로는 승리에의 관심과 플레이 활동 사이의 관계를 설명할 수가 없다. 실제로 분투형 플레이어가 승리에 대한 관심을 장착하는 것은 분투 활동이 가능해지도록 만들기 위해서이다. 하지만 분투형 플레이어의 동기 구조가 단순히 거꾸로 되어 있는 것은 아니다. 그러니까, 분투형 플레이어가 승리에 대한 관심을 단순히 분투 활동의 수단으로만 받아들이는 것은 아니라는 말이다. 해당 활동에의 실천적 참여를 정말로 유지하기 위해서는 승리에의 관심이 일종의 최종 목표와도 같은 현상적(phenomenal) 지위를 일시적으로 차지해야만 한다.[18]

게임 외부에서 나는 승리에 관심을 쏟는 나 자신에 대하여 평범한 도구적 태도(instrumental attitude)를 취할 수 있다. "체스의 점수 계산이 재미있으니까 왕을 잡으려는 거예요"라고 간단히 이야기할 수 있다. 하지만 게임을 하는 동안에는 분투의 정신적 태도를 완전히 갖추기 위해 나는 특정 정신 자세를 취해야 한다. 그 정신 자세를 취하면 일회용 목표가 마치 최종 목표처럼 나의 실천적 의식을 이끌고, 또 내가 그 목표 너머의 또 다른 목적을 떠올리지

---

18   역주: 이 책에서 자주 사용되는 'phenomena'라는 심리철학의 용어는 정신에 다가오는 무엇, 혹은 일차적인 느낌과 인상을 아울러 가리킨다. 다만 관행에 따라 이를 '현상', '현상적'이라고 고정하기보다, 문맥에 따라 '정신', '마음' 등으로 유연하게 옮겼다.

않은 채로 그것을 온 마음으로 추구하게 된다. 나는 일시적 행위성에 스스로 '푹 빠져야'(immerse) 한다. 그렇기에 이런 식으로 게임을 한다는 것은 새로운 실천적 행위성을 받아들일 뿐 아니라 아예 그것에 자신을 복속시키는 일이다. 그것은 그러한 행위성이 추론과 행위라는 정신 현상 및 실천에 대하여 잠시 동안 지배력을 행사하게끔 만드는 일이다. 게임의 일회용 목표가 또 다른 목표를 달성하기 위한 직접적이고 투명한 수단처럼 보이는 것이 아니라, 우리에게 일시적으로나마 최종 목표처럼 기능해야 한다.

그건 왜일까? 이와 달리 게임의 목표를 순전히 도구적으로만 추구하는 분투형 플레이어가 있다고 생각해 보자. 이 플레이어는 온전히 승리에 전념하는 일시적인 실천적 행위성에 자신을 복속시키기보다, 승리라는 목표를 그저 고투를 경험하겠다는 목표를 위한 하나의 수단으로만 생각하고, 또 이러한 관계가 추론 과정에 있어서 강력하게 작용하도록 놓아 둔다. 이러한 플레이어가 승리에 대한 욕망을 단순한 수단으로만 취급하기 때문에, 그러한 욕망을 유지하겠다는 플레이어의 관심은 고투에 대한 욕망에 투명하게 종속되어 있다. 그런데 이러한 분투형 플레이어의 경우에는 어떤 시간 제한 없는 게임에 완전히 전념하는 것이 불가능할 것이다. 만약 내가 체스를 두는데 승리가 손에 닿을 듯 가까워졌다면, 나는 승리가 곧 고투를 종료시킬 것임을 알 것이다. 이런 경우에 내가 고투를 연장하기 위해 상대를 봐주는 것이 나에게는 합리적이다. 혹은, 내가 치열한 고투의 경험 때문에 체스를 좋아한다고 해 보자. 만약 내가 체스를 한창 두는 와중에 이후의 게임을 시시하게 만들 만큼 너무나 치명적인 수를 발견했다면, 치열한 고투를 유지하기 위해 그 수를 피해서 두는 것이 나에게는 합리적이다. 이런 부류의 플레이어의 경우, 질 것만 걱정하는 게 아니라 이길 것도 걱정해야 하기에 계속해서 불안한 이중 의식을 유지해야 할 것이다. 이기려고 애쓰는 동시에 이기는 일을 피하는 데 신경을 곤두세워야 하는 것이다. 일회용 목표를 순전히 도구적으로만 받아들인다면 분투형 플레이가 주는 온전한 몰입의 경험에 진입하기란 불가능해진다. 플레이어가 게임 플레이에 온전히 몰입하려면, 일회용 목표가 의식의 핵심을 차지해야 한다. 그렇기에 일회용 목표는 다음과 같은 점에서 진짜 목표라고 할 수 있다. 즉, 그것은 추론의 토대가 되고, 행위를 이끌며, 일정 시간 동안 행위자의 정신 지각의 최전방을 차지한다.

하지만 또 누군가는 동기 측면에서의 이 모든 복잡성이 도리어 분투형 플레이를 의심할 또 다른 이유가 된다고 생각할 수도 있다. 동기의 측면에서 성취형 플레이가 훨씬 단순하므로 설명을 성취형 플레이에 한정해야 더 우아한 설명이 가능해질 것이라고 생각할 수도 있다. 그런데도 우리는 무엇 때문에 분투형 플레이의 복잡한 동기가 현실적으로 가능하다는 쪽으로 생각하게 되는 것일까? 특히, 우리가 도구적인 이유에서 어떤 일회용 목표를 받아들이고 그것에 이입하며 그것이 우리의 의식에 얼마간 마치 최종 목표인 것처럼 드리워지게 하는 등의 자기-최면을 수행할 수 있으리라고 생각하는 이유가 무엇일까?

일회용 목표라는 도식이 말하는 게임 플레이가 '어떤지' 더 생각해 보자. 일회용 목표가 정말 가능하다는 것을 받아들인다면, 우리는 스스로가 아주 기이한 심리적 역량을 가졌음을 인정해야만 한다. 분투의 활동에 몰입하고자 한다면, 우리는 최종적인 목표처럼 느껴지는 어떤 것, 정말 최종적인 목표가 그러듯이 우리의 활동과 주의를 이끌 만한 어떤 것을 받아들여야만 한다. 나는 다음 장에서, 이것이 행위성을 변형시키는 것이 아니라 행위성 일반 내부에 중첩된 일시적인 행위성을 구축하는 것이라고 이해해야 함을 주장할 것이다. 행위성 일반의 목표는 우리의 선택을 규제하고 일시적 행위성을 유지하도록 계속해서 기능하며, 또한 가령 아무도 재미를 느끼지 못하는 때에는 게임을 중단시키라고 종용할 수도 있다.

그런데 일시적 행위성을 만들어서 유지하고 그에 이입하는 등 이 지난한 과정을 왜 거쳐야 하는가? 우리 대부분이 바라는 경험이란 그저 무엇도 개의치 않고 온 마음을 다해 몰입하는 경험이다. 게임이 가진 매력의 상당 부분은 세계 및 그 속에 든 흐릿하고 모호하며 다원적인 가치관의 복잡한 유동성을 신경 쓸 필요가 없다는 데서 나온다. 체스, 축구, 「카탄의 개척자」(**Settlers of Catan**)[19]에는 명료하고 측정 가능한 단일 목표가 존재하며 우리는 온 마음으로 초지일관 그 목표를 추구할 수 있다. 게임 플레이어가 바라는 것이 어디까지나 온 마음을 다해 목표를 추구하는 활동 또는 경험이라면, 플레이어는 게임의 목표가 자기 의식에 최종 목표만큼의 비중을 차지하게끔 해야 한다.

하지만 이러한 관찰이 행위적 유동성과 일회용 목표에 관한 논의에도 유리하게 작용할 수 있다는 점에 주목하라. 우리는 무엇도 개의치 않은 채 온 마음을 다해 몰입하는 게임 경험에 대한 욕망을 갖는다고 해 보자. 물론 게임에서 이런 종류의 경험을 얻기도 한다. 하지만 게임 플레이가 실제로 현실 세계보다 동기 측면에서 명료하게 느껴진다는 바로 이 사실은 중요한 점을 드러낸다. 우리가 게임 플레이를 이행함에 따라서 자신이 지닌 동기 구조를 실제로 현저하게 변형시킨다는 점이 바로 그것이다. 만일 행위적 중첩(**agential layering**)과 새로운 행위성으로의 몰입이 가능함을 일정 부분 인정하지 않는다면, 수천 가지 상충되는 목적으로 가득한 현실 세계 속 산발적인 동기의 경험과, 게임 세계 속 만족스러울 만큼 단순한 동기적 명료성 사이의 심리적 전환을 설명하기란 훨씬 난감할 것이다. 만일 우리가 새로운 행위성을 수립하여 그에 일시적으로 이입하는 능력을 갖는다는 점을 받아들인다면 그러한 전환은 쉽게 설명된다. 게임에 전념하는 경험은 행위적 유동성을 믿을 이유를 제공한다.

이 경우 회의론자는 게임 플레이의 경험이 변화된 동기가 아니라 그저 협소화된 동기의 경험이라고 반박할 수도 있겠다. 그러니까

---

19   역주: 1995년 독일에서 출시된 유명 보드게임.

플레이어들이 그저 본인의 목표 중 하나를 골라내서, 한동안 나머지 목표들은 신경 쓰지 않은 채로 잠시 그것에 집중하는 것뿐이라고 주장할 수 있다는 말이다. 그런데 이 주장이 나에게는 이미 상당 부분 행위적 유동성, 그러니까 새로운 행위성에 몰입함을 이야기하고 있다고 느껴진다. 물론 회의론자는 여전히 반론의 여지를 만들어 낼 수 있다. 플레이어가 현재 가지고 있는 장기적인 목표를 머릿속에서 배제하는 것은 가능해도 새로운 목표를 일시적으로 받아들이는 것은 가능하지 않다고 회의론자는 주장할 수도 있다. 그러나 이는 다소 이상한 입장이다. 왜 부정적 유동성은 인정하고 긍정적 유동성은 인정하지 않는가? 왜 장기적 목표를 잠시 마음속에서 억압할 수는 있어도 새로운 목표를 잠시 마음속에 받아들일 수는 없다고 생각하는 것인가? 우리가 자기 목표에 관련된 현상적 경험을 한 방향으로 조정할 수가 있다면, 그 반대 방향으로는 왜 안 되는가?

　　인간이 이미 가지고 있는 목표에 대한 자각을 일시적으로 억압할 수 있다는 증거는 찾을 수 있지만 새로운 목표를 받아들일 수 있다고 생각할 근거가 없다고 회의론자는 생각할 수 있다. 회의론자가 말하기를, 행위적 유동성은 초점을 잠깐 좁히는 것에 제한될 뿐, 일회용 목표 같은 이상한 것을 받아들이는 일과는 무관하다. 그러나 이런 회의적 견해 또한 다양한 현상을 간과하고 있는 것으로 보인다. 인간이 바보 게임을 한다는 사실이 장기적 목표와 무관한 일시적인 목표를 받아들일 수 있음을 보여 주는 증거인데도 말이다.

　　우리가 승리에 대한 관심을 얼마나 유동적으로 장착할 수도, 폐기할 수도 있는지를 생각해 보라. 내가 어색한 사람들과 파티를 하게 되었다고 하자. 내가 재미난 아이스브레이커로 알맞은 게임을 한번 해 보자고 제안한다. 아마도 '몸으로 말해요'가 괜찮을 것 같다. 사람들은 팀을 나누고, 승리에의 관심을 장착한다. 사실 우리는 임의로 배정된 일군의 사람들과 협력하여 또 다른 일군의 사람들을 이기는 데에 관심을 장착하는 것이다. 우리는 한동안 게임을 플레이하면서,

게임에 마음을 쏟게 된다. 하지만 만약 게임이 그 목적을 이루는 데 실패한다면, 가령 사람들을 불안하게 하거나 다투게 만든다면, 그냥 게임을 그만둬 버리면 된다. 게임이 재미없어졌으니 그만하자고 결정할 수 있는 것이다. 그리고 그럴 경우 승리에 대한 우리의 관심은 곧장 사라진다. 원활하고 재미있는 사회 생활을 위해서 내가 '몸으로 말해요'를 진행하는데 생각했던 결과가 나타나지 않는 경우, 씩씩대면서 관두지는 않는다. 왜냐면 이기는 것의 진짜 가치보다 중요한 다른 고려 사항들이 있기 때문이다. 오히려 이기는 것만으로는 아무 의미가 없을 것이다. 많은 경우 어떤 게임을 빠져나오는 현상적 경험은, 단순히 게임의 한 가지 목표가 플레이어의 여느 목표들의 모음 속에 합쳐지는 것이 아니라, 게임의 목표가 시야 바깥으로 사라지는 경험이다.

　　지루함의 도덕 심리학에 관한 일라이자 밀그램의 논의에서 최종 목표의 유동성에 관해 말한 바도 생각해 보자. 거기에는 우리가 지금 다루고 있는 것과 흥미로운 유사점이 나타난다. 밀그램은 지루해지지 않으려면 최종 목표를 세워야 한다는 해리 프랑크푸르트의 관점을 가져온다. 하지만 단순히 최종 목표를 세운다고 해서 지루해지지 않으리라는 보장이 생기는 것은 아니라고 그는 말한다. 실제로 매일 똑같은 최종 목표를 갖는다면, 단조로움, 지루함, 따분함이 나를 갉아먹게 될 것이다. 오히려 세계에 대한 관심을 유지하는 일은 관심의 유동적인 변화를 필요로 한다. 어떤 관심사를 탐구하던 중에 이전까지 아무 관련이 없던 새로운 관심사를 발견하는 식으로 말이다. 그런데 이제는 이 두 번째 관심사를 이해하는 것이 새로운 최종 목표가 되는 것이다. 목표와 관심은 항상 변화하고, 또 쉽게 잃어버리기도 한다. 가령 한 학자가 학술 연구 와중에 지루함을 느끼기 시작하면, 그와 관련된 목표도 점차 옅어지기 시작한다. 출간 실적을 딴다거나, 이력서를 가득 채운다거나, 더 명망 높은 직업을 구하는 데 관심을 잃는 것이다. 한편, 목표와 관심은 쉽게 얻어지기도 한다. 예컨대 운동도 안 좋아하고 경쟁심도 없는 사람이 자전거 타기에 관심을 갖게 되는 경우, 더 탄탄하고, 강하고, 빨라지고 싶고, 더 가벼운 자전거를 사고 싶고, 더 좋은 기록을 세우고 싶다는 등 갑자기 새로운 관심이 한가득 생긴다. 그러니까, 밀그램에 따르면, 우리가 장기적인 관점에서 새로운 목표를 세우는 것은 그 새로운 목표가 흥미로운 과정 및 활동과 연관되기 때문이다. 어떤 활동에 참여하는 일이 나에게 가치 있으면, 그 활동의 목표는 나에게 더욱 중요해진다. 나는 어떤 활동이 가진 가치의 경험으로부터 목표를 세운다.(Millgram 2004) 그러니까, 우리는 이미 높은 수준의 행위적 유동성, 새로운 목표를 골라잡는 역량을 가지고 있는 셈이다. 이제 분투형 플레이의 가능성을 확보하기까지 남은 것은, 우리에게 일시적 목표를 받아들이는 단기적 역량이 있음을 발견하는 일뿐이다.

　　회의론자의 입장을 선택할 이유에는 어떤 것이 남아 있을까? 회의론자는 우리가 목표를 향한 현상학적 몰두를 일시적으로 감소시킬 능력을 가지고 있음을 인정하지만, 일회용 목표를 향한 현상적인 몰두를 일시적으로 증가시킬 능력까지 지닌다고 인정하지는 않을 것이다. 내가 주장하는 것은 게임 플레이의 경험이 우리가 저 후자에 해당하는 능력을 지닌다는 점을 보여 줄 온갖 경험들을 제공한다는 것이다. 분투형 플레이, 일회용 목표, 일시적 행위성의 가능성을 포함하는 나의 도식은, 게임을 고르고, 다른 게임으로 바꾸고, 게임을 폐기하는 등 게임을 둘러싼 매우 다양한 행동 방향과 일치한다.

커다랗고도 작은 유동성

일회용 목표에 관한 논의로부터 우리는 게임에 관한 흥미로운 것들뿐 아니라 행위적 유동성의 역량에 관해서도 무언가 알게 되었다. 이는 목표를 장착하는 과정이 생각했던 것보다 더 자발적임을 드러낸다. 이 사실이 행위성을 연구하는 이론가들을 다소 놀라게 할 것이라고 나는 짐작한다. 이에 대해 상술해 보고자, 분투형 플레이의 존재가 행위성에 관한 적어도 한 가지 도식에 부담을 가한다는 것을 보이도록 하겠다. 그 도식이란 방금 언급했던 밀그램의 설명 방식이다.

밀그램이 지루함과 목표 유동성의 논의 속에서 겨냥하고 있는 것은 지루함을 피하려면 최종 목표가 필요하다는 프랑크푸르트의 관점이다. 유동성에 관한 밀그램의 도식은 아주 중요한 측면에서 내 도식을 닮았다. 밀그램에 따르면, 우리는 새로운 역할에 진입함으로써 새로운 관심을 받아들이고 새로운 역량에 집중하게 된다. 우리가 '학자'라는 역할을 맡게 되면, 자신의 지적인 역량에 집중하여 한동안 지식을 늘리거나 논문을 출간하려는 데 관심을 기울인다. 우리가 한 가지 역할과 그에 수반되는 관심을 취해 보고 그것이 자신에게 잘 맞는다면, 자연스럽게 흥미는 강화된다. 그러나 밀그램의 관점은, 목표를 변경하는 과정이 느리고 매우 비자발적이라는 그의 주장 때문에 나의 관점과 차이를 갖게 된다. 그의 관점에 따르면, 관심과 지루함을 둘러싼 우리의 경험이 바로 목표를 향해 나아가려는 힘을 강하게 또는 약하게 만드는 요인이다. 그런데 관심과 지루함의 경험은 통제할 수 없으므로, 목표를 내려놓는 것도 전혀 통제할 수 없다. 밀그램이 말하기를, 관심과 지루함이 비자발적인 것은 "관심과 지루함의 기능이 자기 자신을 안정시키려는 게 아니라 자기 자신에게 필수 불가결한 것〈that-without-which-not〉이라고 여겨 왔을 최종 목표의 구조를 넘어서도록 밀어내는 것이기 때문"이다.〈Millgram 2004, 180-183〉 달리 말해, 목표에 관한 변화는 자발적일 수가 없다. 왜냐면 변화란 우리가 내리는 결정에서 비롯되지 않기 때문이다. 바로 그 변화가 우리 자신의 변화 및 우리가 자발적 결정을 내리는 기본적 구조의 변화를 구성한다.

밀그램에 따르면 지루함과 관심은 각자에게 최적의 목표와 역할을 찾아줄 기능적 지침이다. 그러나 나는 지루함과 관심이 환골탈태 따위와는 무관한 또 다른 기능을 할 수 있음을 제안했다. 밀그램에게 있어서 지루함과 관심이 지닌 공통된 주요 기능은, 정신 건강을 유지하기 위해 자신의 현재 관심과 목표가 가망이 없음을 신호하여 자신의 장기적인 모습을 변화시키는 것이다. 밀그램의 관점에서, 지루함과 관심은 도구적으로 유용하다. 그것들은 자기 자신을 좀 더 나은 사람으로 차차 변화시켜 줄 지침이다. 하지만 게임에서 우리는 지루함을 완화하고 재미있는 경험을 하겠다는 이유만으로도 스스로를 변형시킨다. 만일 게임이 지루하다면, 나는 그와 결부된 특수한 행위성을 내려놓을 뿐이다. 달리 말해, 밀그램에게서 순전히 도구적인 것이 분투형 플레이에서는 핵심이 된다. 지루함과 관심은 최종 목표의 현재 구조 너머로 자기 자신 전체를 밀고 나가는 일만 하는 것이 아니라, 일회용 목표에 관해 일시적 행위성이 내리는 선택을 이끌기도 한다. 밀그램이 주장하는 대로, 우리는 자신의 장기적인 모습을 변화시킬 지침으로 지루함과 관심을 사용하기도 한다. 하지만 우리는 지루함을 피하고 흥미로운 경험을 얻기 위해서 자기 자신의 장난감 버전을 가지고 놀기도 한다.

　　게임에서 볼 수 있는 바와 같이 분투형 플레이의 존재는 행위성이 가진 유동성이 느리고 비자발적이기보다 훨씬 날렵하다는 점을 보여 준다. 분투형 플레이에서, 임시 목표는 의지에 따라 선택될 수 있다. 반복하자면, 나는 자원을 교환하는 시스템을 통해 습득한 초록색 토큰을 가치 있게 여길 것을 지시받는다. 그 몇 시간 동안 초록색 토큰은 다른 무엇보다 커다란 관심의 대상이 된다. 나는 한 게임에서는 다른 플레이어를 이기라는 지시를, 또 다른 게임에서는 임의의 도전 과제에 맞서 다른 플레이어와 협력하라는 지시를 받는다. 두 경우 모두에서 나는 그저 특정한 관심을 받아들인다. 이는 우리가 장기적인 목표에 대해서 즉각적이고 자발적인 통제력을 갖는다는 말이 아니다. 일회용 목표는 우리의 정신에 각기 아주 다르게 다가오고 또 아주 다르게 뿌리를 내린다. 또한 물론 이러한 일회용 목표를 받아들이는 행위는 더 확고한 최종 목표의 구조 안에 깔려 있다. 내가 게임 규칙이 지시하는 어떠한 전-유희적 목표든지 받아들일 의사를 지니는 것도 분투 경험에 대한 지속적인 관심을 가지고 있기 때문이긴 하다. 하지만 내가 강조하는 바는, 게임에서는 우리가 각자의 행위성 일부를 가지고 유동적으로 놀이한다는 점이다.

3장
행위성의 층위들

나는 지금까지 우리가 분투형 플레이에 참여할 역량을 지닌다는 주장을 펼쳐 보았다. 우리는 고투 자체를 체험하고자 승리에의 관심을 가질 수 있다. 또한 게임 디자이너는 그 고투라는 것의 본성에 대하여 놀라울 정도의 통제력을 갖는다. 게임 디자이너는 장애물을 만들어 내고, 이 장애물을 맞닥뜨릴 실천적 행위자의 뼈대도 만든다. 이러한 행위적 조형(agential sculpting)에는 능력과 목표를 지정하는 일도 포함된다.

목표의 지정은 플레이 활동을 형성함에 있어서 핵심적인 역할을 한다. 「제국」(Imperial)[20]이라는 대단히 냉소적인 보드게임을 생각해 보자. 이 게임에서는 제1차 세계대전의 여섯 열강이 치열하게 다툰다. 결정적으로, 플레이어들은 각 나라의 역할을 맡는 것이 아니다. 플레이어들은 각 나라 배후에 숨은 음험한 투자자가 되어 채권을 사고 투자를 통해 다른 나라의 임시 통제권을 획득한다. 이 게임에서 취할 수 있는 행위들은 대개 「리스크」(Risk)[21]와 같은 전통적인 전쟁 게임들에서도 볼 수 있는 것들이다. 어느 나라든지 당신이 가장 많은 지분을 소유하고 있다면, 당신이 그 나라의 통제권을 가진다. 최대 지분을 유지하기만 하면, 그 나라의 군대도 지휘할 수 있다. 군인을 사고, 나랏돈으로 군대의 급여를 주며, 군대를 이리저리 행진시켜 다른 나라의 군대를 공격하고 공장과 기반 시설을 파괴하는 것이다. 그런데 이 게임은 목표를 특이하게 설정한다. 플레이어는

---

20   역주: 2006년 독일에서 출시된 보드게임.
21   역주: 협상, 갈등, 정복을 통해 영토를 다투는 전쟁 및 전략 보드게임. 1957년에 프랑스에서 「세계 정복」(La Conquête du Monde)이라는 제목으로 처음 출시된 뒤 1959년 미국으로 수입되고 약간의 변형을 거쳐 「리스크」라는 제목으로 출시되었다.

각 나라의 운명이나 전쟁에서의 승리는 눈곱만큼도 신경 쓰지 말고, 대신 게임이 끝날 때 지니고 있는 현금의 총량만 신경 쓰면 된다. 플레이어들이 투자금을 옮기고 나라의 통제권을 넘겨주며 이익을 두고 경쟁함에 따라 투자의 구조는 게임이 진행되는 중에도 급격하게 변화할 수 있다. 「제국」의 게임 경험은 「리스크」의 게임 경험과는 완전히 다르다. 「제국」에서는 플레이어들이 일부러 전쟁에서 패배한 뒤 짭짤한 이득을 보기 알맞은 시점에 해당 국가의 투자금을 팔아 치우는 등의 책략을 쓸 수 있다. 플레이어가 통제하는 어떤 나라로 하여금 주주들에게 국부를 팔아 치우라고 강제할 수도 있다. 그로 인해 그 나라가 망가져 버릴지라도 말이다. 심지어 때로는 자신이 통제하는 두 나라가 전쟁을 벌이게끔 하는 게 이득이 되기도 한다. 게임은 하나의 금융 조작에 가까워진다. 즉, 여러 플레이어들이 함께 나눠 갖는 인센티브의 구조를 제어하고, 섬세한 공동 투자를 통해서 수익성 좋은 동맹 관계를 구축하는 일에 가까워지는 셈이다. 「제국」의 디자이너인 마크 게르츠는 여러 목표를 설정함으로써 이러한 매우 특수한 형태의 실천적 활동을 형성하는 데 큰 역할을 했다. 이 목표란 전쟁의 승리가 아니라 수익으로서, 다른 나라를 격퇴하여 성취되는 게 아니라 주식 매매로써 성취된다.

게임 디자이너들은 능력을 설정하고 실천적 환경을 창조함과 더불어 목표를 지정함으로써 고투 활동을 조형한다. 한편 플레이어들은 이 목표들을 일시적으로 받아들임으로써 그러한 고투 활동에 몰입한다. 2장에서 나는 분투형 플레이의 순수한 가능성을 옹호했다. 이 장에서 나는 그러한 뼈대에다 살을 붙일 것이다. 분투형 플레이와 관련된 심리적 메커니즘의 도식을 채우고, 분투형 플레이에 참여하는 데 필요한 실천적 합리성의 구조에 대해 더 많은 이야기를 할 것이다. 이 도식의 핵심에 놓여 있는 것은 이입의 역량, 즉 일시적 행위성에 스스로를 내맡기고 장기적인 가치나 목표와의 관계는 잠깐 잊어버리는 역량이다. 이제 나는 이러한 역량을 갖는 것이 우리에게 왜 중요한지,

그리고 게임을 플레이하는 능력이 우리의 또 다른 실천적 필요나 능력과는 어떤 관련이 있는지 생각해 볼 것이다.

행위적 이입과 행위적 중첩

분투형 플레이는 꽤 복잡한 동기 구조를 가진다. 내가 순수한 분투형 플레이어라고 가정하자. 나의 장기적인 실천적 정체성의 관점에서, 나는 내재적으로 분투의 경험을 가치 있다고 여기고, 승리는 전혀 가치 있다고 생각하지 않는다. 하지만 그러한 경험을 하기 위해서는 내가 다소 기이한 일을 할 수 있어야 한다. 지난 장에서 그 기이함의 한 가지 측면, 즉 새로운 일회용 목표를 받아들이는 역량을 살펴보았다. 하지만 그냥 목표를 하나 더 갖는 것이라고 말하는 것은 분투형 플레이의 '몰입'(absorption)에 대한 충분한 설명이 아니다. 나는 반드시 그 새로운 목표에 이입해야만 한다. 그러니까 그 일시적 목표가 현상적으로 나의 추론, 동기, 실천적 의식을 지배하게끔 만들어야 한다. 나는 일상적인 목표 구조에 무언가 더해야 할 뿐 아니라, 나의 동기 구조 중 어느 것을 잠시 덜어 내기도 해야 한다. 상당수의 일상적인 관심과 목표로부터 나를 분리해야 하는 것이다. 그런데 우리가 정말 그런 이입(submersion)과 중첩(layering)의 역량을 지니고 있는가? 그리고 이입과 중첩의 역량이 미학과 게임에 관한 난해하고 세세한 수수께끼를 푸는 것 이외에도 우리 삶에서 실제적인 기능을 할 수 있을까?

    이 이입과 중첩이라는 것이 다소 기이해 보일지도 모르겠다. 이는 말하자면 2단 동기(motivational two-step) 같은 것이다. 그런데 게임 플레이의 본성에 대해 생각하면 할수록, 2단 동기 같은 것이 가능해야만 할 듯싶다. 어떤 실천적 과제로의 전적인 몰입의 경험을 가치 있게 여기는 사람은 그 경험을 직접적으로 추구할 수가 없게 된다. 이 사람은 오히려 어떤 다른 목표를 추구하는 일에 이입해야만 한다. 이것은 헨리 시지윅이[22] '쾌락주의의 역설'이라고 부른 것과 가깝다. 즉, 우리가 쾌를 직접적으로 추구하면 쾌를 얻을 수 없고, 오직 어떤 다른 목표에 헌신해야만 쾌를 얻을 수 있다는 것이다.(Sidgwick 1907, 136-137) 예컨대, 이기적인 쾌락주의자는 헌신적인 부모가 되는 쾌를 얻을 수가 없다. 그것은 진정 온 마음을 다해 아이에게 헌신하는 부모에게만 허락되는 것이다. 이러한 성질을 주장하는 여러 도덕 이론은 "자기 망각적"(self-effacing)이라고 불리어 왔다.(Pettigrove 2011, 192-193)[23] 시지윅의 정식을 느슨하게 따라가서, 만약 어떤 목표가 직접적인 추구로는 달성될 수 없고 오직 다른 목표를 추구함으로써만 달성 가능하다면, 이를 '자기 망각적 목표'(self-effacing end)라고 부르도록 하자. 시지윅이 말하기를, 그러한 목표에 이르는 합리적인 방법에는 "그것을 어느 정도 안 보이게 치워 놓고 직접 겨냥하지 않기"가 포함되어 있다.

　　자기 망각적 목표는 사실 꽤 흔하다. 내가 가르침을 받았던 여러 요가 선생님이 말하길, 요가는 신체 움직임에 집중을 요구하지만 유연성을 기르고 체력을 단련하는 것에 초점을 두지는 않는다. 신체적 목표에 집중하는 것은 직접 손을 뻗어서는 도달하기 어려운 미묘한 정신적, 영적 효과에 가닿기 위한 한 가지 방식일 뿐이다. 우리가 쓰는 용어로 바꿔 말하면, 요가는 자기 망각적 목표를 지닌다. 긴장 이완을 직접 추구해서는 그것을 달성할 수 없다. 그 대신, 우리는 균형과 자세와 관련된 작은 과제들에 정신을 집중해야 한다. 그러면 긴장 이완은 스스로 의식하지 못하는 사이에 이루어질 것이다. 이와

22　역주: 영국의 철학자이자 경제학자(1838-1900). 주요 저서로 『윤리학의 방법들』(The Methods of Ethics, 1874)이 있다.
23　"자기 망각"이라는 말은 Derek Parfit(1984, 23-24)에서 처음 소개되었다. 추가 논의는 Railton(1984); Hurka(2000); Keller(2007); Annas(2008) 등 참조.

비슷하게, 차분하고 텅 빈 마음 상태를 직접 겨냥해서는 그 상태에 도달할 수가 없다. (시도해 본 적 있는가?) 대개 그런 상태는 등산 코스의 도착 지점에 도달하겠다거나 10분 동안 숨을 참겠다는 등 다른 목표를 추구할 때 나타난다.

게임 플레이가 그러한 자기 망각적 목표들로 가득하다는 점에 주목하자. 만일 여러분이 전적인 실천적 몰입을 경험해 보고자 한다면, 자신의 미적 관심을 일시적으로 마음속에서 몰아낼 수 있어야 한다. 잠시 동안 승리에 대한 전적인 관심을 장착해야만 한다. 암벽등반을 할 때 몰입의 정신 상태를 목표로 삼아서는 몰입에 이를 수 없다. 몰입은 온 마음을 다해 꼭대기에 오르겠다고 생각해야지만 가능하다. 그러므로 실천적 고투 속에 몰입에 이르겠다는 목표는 자기 망각적 목표에 해당한다.

우리는 게임 바깥에서는 이러한 2단 동기에 참여하는 것이 가능함을 알고 있다. 우리는 크고 작은 방식으로 언제나 그것을 실천하고 있다. 나는 "이번 주말은 쉬면서 직장 스트레스로 꽉 찬 머리를 비워야겠다"라고 생각할 수 있다. 하지만 내가 직접적으로 머리를 비우려고 해서는 정말로 머리를 비울 수 없다. 내가 해야 하는 일은 산꼭대기에 오르는 일과 같이 다른 과제에 정신을 쏟는 것이다. 그래서 그런 활동을 하게끔 만든 이유와 생각들을 잠시 동안 내 지각 바깥으로 밀어내야 한다. 나 자신이 직장과 가족에 관련된 책임으로 짓눌려 버린 스트레스 덩어리라고 생각해 보자. 사실 그런 책임들이야말로 내가 애초에 스트레스 해소를 시도할 수밖에 없었던 이유이다. 직장으로 돌아가 할 일을 하기 위해서라도 나는 내 머리를 고쳐야만 한다. 하지만 스트레스를 풀기 위해서는 그런 생각 전부를 머리에서 쫓아내야 한다. 스트레스 해소를 위해서는 할 일들을 잠시 망각하는 것이 필요하다. 그런데 그 빌어먹을 할 일들을 다하기 위해서는 반드시 스트레스를 해소해야만 한다는 점을 내가 머릿속에 계속 떠올린다면 나는 스트레스를 해소할 수 없을 것이다.

하지만 어떤 기적처럼, 나는 가끔 정신 조종을 할 수 있게 된다. 나는 머리를 비우기 위해 등산을 가고, 그렇게 하게 된 이유를 잊어버릴 수도 있다. 이러한 능력이 완벽하지는 않다. 가끔은 그 이유라는 거대한 세계가 나를 덮쳐 오기도 한다. 그래도 자주 나는 거의 성공하곤 한다. 산꼭대기에 올라가는 오로지 신체적인 노동 속에 나를 내맡긴 채 다른 모든 현실 속 걱정거리들이 사라지게 놓아둘 수 있다. 그러한 성공은 내가 잠시 동안 더 큰 목적을 잊어버릴 수 있어야지만 가능하다. 그러니까 우리에게는 실제로 이런 역량이 있는 셈이다. 자기 망각적 목표를 성취하기 위해 일시적 목표에의 관심을 조절하는 것은 사실 꽤나 친숙하면서도 우리가 규칙적으로 사용하는 기법이다. 게임은 그저 이를 형식화할 뿐이다.

이입 또한 마찬가지로 여러 가지 핵심적인 게임 경험을 이해하는 데 결정적이다. 많은 게임으로부터 우리가 얻고자 하는 것이 바로 어떤 과제에의 실천적 몰입이라는 경험이다. 게임 플레이의 바람직한 경험의 전형이라고 할 수 있는 '플로 상태'(flow-state)를 생각해 보자. 플로 상태에 이르려면 그것을 지속적, 의식적 목표로 삼아서는 안 된다. 스스로 의식하지 않은 채로 과제의 세부 사항에 몰입하는 것이야말로 플로 상태의 본질이기 때문이다. 실천적 순간에 몰입하고자 하되, 그 실천적 순간에 정말로 몰입했는지는 신경 쓰지 않는 것이다.

1장에서 언급했던 「모노폴리」를 플레이하는 열 살짜리 친구를 기억해 보자. 분투형 플레이에 참여하는 경우 게임의 목표를 순전히 분투 활동을 만들어 내기 위한 투명한 도구로 받아들이지는 말아야 한다고 나는 주장했다. 만일 분투형 플레이어가 플레이의 이유 즉 고투의 즐거움을 계속 떠올린다면, 결국은 그것을 달성할 수가 없게 된다. 그러고는 오히려 기이한 형태의 이중 의식에 빠져 버릴 것이다. 분투형 플레이어는 고투를 체험하기 위하여 승리하고자 애쓰지만, 승리가 눈앞에 다가올 때면 플레이를 지속하기 위해 게임을 포기해 버리고 자신의 승리를 걷어차는 것이 합리적인 선택처럼 되는 지경에 이를 것이다. 당연하게도, 다른 합리적인 선택이 존재한다. 플레이어는 그다음 게임이 있으려니 생각하고 승리를 받아들일 수 있다. 하지만 이런 선택을 포함하더라도 도구적으로 투명한 분투형 플레이어는 승리와 분투 경험의 지속 사이의 관계를 고려하기 마련이다. 즉, 게임을 너무 쉽게 이기면 그다음 게임이 있을 가능성이 줄어드는 것은 아닌지 따위의 걱정을 한다는 말이다. 실천적 몰입에 도달하고자 한다면 이러한 생각은 배제되어야 한다. 진정으로 게임에 몰두하기 위해서라면, 우리는 이입하고 또 중첩할 수 있어야 한다.

행위적 중첩에 대한 이러한 도식은 분투형 플레이어가 승리와 맺고 있는 복잡한 관계를 설명하는 데에도 도움을 준다. 승리에의 관심이 나를 지배하도록 유지해야 하는 것은 게임이 진행되는 동안만이다. 게임이 진행되는 동안에는 승리가 현상적으로 최종 목표인 것처럼 다가와야 한다. 하지만 게임 바깥에서는 우리가 승리를 밀어내곤 한다는 점을 기억하라. 게임을 교체한다거나 기술 향상을 억제하는 것이 그처럼 승리를 밀어내는 방법이다. 분투형 플레이어에게 승리에의 관심이란, 그저 고투를 체험하기 위해 내부적 행위자(inner agent)가 만들어 내고 그에 이입하는 일시적인 특성일 뿐이다. 외부적 행위자(outer agent)는 가령 고투에서 오는 아름다운 경험 등에 대한 장기적인 관심을 충족하기 위해 내부적 행위자에게 특수한 동기 구조를 탑재시킨다. 내부적 행위자는 승리하고자 노력한다. 외부적 행위자는 내부적 행위자를 도울 이유가 전혀 없으며, 적당한 정도의 고투를 체험하고자 내부적 행위자가 승리를 거둘 전반적인 능력을 조절하기도 한다.

우리는 그렇기에 일시적 행위성에 이입하고 이로써 동기 상태에 층위를 만들어 낼 역량을 지닌다. 분투형 플레이에서 내적 층위에 해당하는 것은 게임의 기준에서 성공하겠다는 동기, 즉 승리하되 게임이 목표로 지정한 바를 성취함으로써 승리하겠다는 동기를 받아들이는 것이다. 외적 층위에 해당하는 것은 애초에 게임을 플레이하도록 우리를 이끈 동기, 가령 아름다움, 재미, 체력 단련 등에 대한 관심이다. 내적 층위의 동기들은 외적 층위의 동기에 의해 '정당화된다.' 하지만 게임을 하는 동안에는 정당화가 현상적으로 작용하고 있지는 않다. 우리가 이 두 가지 층위를 염두에 두지는 않는다. 우리는 더 큰 이유를 잠시 동안 스스로에게 숨기고 내적 층위에 이입한다.

그런데 분투형 플레이어가 심리학적 자기 조종을 시도하다가 오류를 저지를 몇 가지 방식들이 존재한다. 첫째는 소위 말하는 뻣뻣한〈diffident〉 플레이어가 되어 버리는 경우이다. 뻣뻣한 플레이어는 게임에 진짜로 마음을 쏟지 못하는 플레이어이다. 그들은 '그래서 어쩌라고? 그냥 게임이잖아'라고 말한다. 둘째는 게임 행위성에 붙들려 버리는 경우이다. 이런 부류의 플레이어는 승리하겠다는 목표를 한번 받아들인 뒤에는 그 목표를 놓아줄 줄을 모르게 된다. 이들이 종종 분투형 플레이어의 태도가 더 적절할 상황에서 '지나치게 경쟁심이 강하다'라는 말을 듣는 것은, 지고 나면 너무 큰 타격을 입는 반면 승리에서는 엄청난 자부심을 느끼기 때문이다. 이들이 자기 망각적 목적을 추구하기 위해 일시적 행위성을 세우고 그 일시적 목표에 몰입하면, 그들은 게임을 마치고 난 뒤에는 일시적 행위성을 폐기하고 더 큰 원래의 목적을 되새겨야 함을 잊는다. 하지만 성공적인 분투형 플레이어는 새로운 행위성에 자신을 이입할 수도 있고, 그것으로부터 자기 자신을 도로 꺼낼 수도 있다.

분투형 플레이가 우리한테 잠시 동안 목표를 묵살하라고 요구하더라도, 현실적 조건 탓에 심리적으로 불가능할 수가 있다. 만약 내가 배가 너무 고프거나 인생의 두려움에 떨고 있다면 플레이에 이입할 수가 없다. 이 경우 장기적인 목표들이 너무나 크게 작용하기 때문에 섬세한 일시적 행위성에 이입할 수는 없다. 물론 이것이 철갑 같은 규칙은 아니다. 슈츠가 지적하듯이, 산악 등반과 같은 게임들은 신체적 극한 상태를 활동에 포함하고 있다. 취미 산악인은 배고픔이나 죽음의 가능성에도 자신의 유희적 목표를 계속해서 추구한다. 많은 익스트림 스포츠가, 각자 기대하는 경험에 어떤 신체적 극한 상태를 포함시키는지는 다르겠지만, 이러한 측면을 가지고 있다. 또한 이러한 측면은 심리적 차별화에 따라 좌우된다. 게임을 사랑하는 나의 한 친구가 돈 걱정, 관계 걱정, 아들 걱정에 계속해서 시달리며 힘든 이혼 과정을 거치고 있었다. 그를 지탱해 주는 유일한 것이 바로 즐겁고 몰입감 있는 보드게임이었다. 그 잠시 동안에는, 자기와 다른 실천적 정체성을 걸치고 자기 것이 아닌 관심사를 받아들임으로써 현실 세계의 압박에서 잠시 벗어나는 경험을 할 수 있었다. 이와 비슷하게, 일군의 진보적 활동가들이 우리 집 저녁 식탁에 앉아 클린턴-트럼프 대선 결과가 나오기를 기다리고 있었을 때, 슬픔과 불안감에 좀먹히지 않도록 그들의 주의를 돌릴 유일한 방법은 바로 아동용 스토리텔링 게임 「딕싯」(Dixit)을 플레이하는 것이었다.

　　물론, 일시적 행위성에 대한 이입은 깨지기 쉽기도 하다. 당연한 노릇이다. 게임을 하는 동안 우리 집에 불이 나거나 다른 플레이어에게 심장마비가 온다면, 나의 장기적 가치관이 고개를 내밀어 일시적 행위자를 뚫고 나와야 한다. 보통의 경쟁심을 지닌 친구들끼리 하는 친목 보드게임 중에 플레이어 중 한 명이 방금 자기 파트너에게 속아 넘어갔다고 울음을 터뜨리는 경우, 착한 사람이라면 이입의 상태로부터 빠져나와야 한다. 그런 상황에서도 승리에 대한 전적인 관심 때문에 일시적 행위성을 유지한다는 것은 말하자면 쓰레기가 되는 것이다.[24]

　　또한 중지가 가능하다는 측면도 우리의 중첩된 행위성의 구조를 이해하는 데 유용하다. 이 [중첩된] 층위들은 어떻게 정렬되고 분할되는가? 한 가지 단순한 설명은 중첩이 '연대순'(chronological)이라는 것이다. 즉, 행위적

24　나는 여기서 "쓰레기"(asshole)에 대한 애런 제임스(Aaron James)의 섬세한 설명을 염두에 두고 있다.(James 2014)

층위들은 엄격히 시간순으로 분할된다. 게임 전에 우리는 온전한 행위성을 점유하고 있다. 게임 중에는 게임 하는 행위성에 이입하고 원래의 온전한 행위성은 잊어버린다. 그리고 게임이 끝나면, 온전한 행위성으로 다시 돌아온다. 이러한 설명에 의하면, 행위적 층위는 일시적으로 스스로를 변형시키는 정신의 역량에만 의존하여 존재한다. 하지만 나는 이것이 완전한 설명이라고 보지 않는다. 분명 우리는 이러한 층위들을 동시에 유지하는 심리적 역량, 즉 말하자면 그 이면에서 외부적 층위를 운영할 수 있는 심리적 역량을 적어도 어느 정도는 지니고 있다. [그런데] 이는, 이미 함께 살펴보았듯이, 우리가 대개 필요시 내부적 층위를 중지시킬 수 있기 때문이다. 이것이 가능하려면, 우리가 내부적 행위성에 깊이 이입하고 있을 때조차도 스스로의 온전한 행위성과의 어떤 접점을 유지하고 있어야 한다.

어쩌면 독자 여러분이 이 모든 이야기가 별로 말이 되지 않는다고 생각해서, 행위적 중첩이 가능함을 받아들이기보다 차라리 분투형 플레이의 가능성 자체를 거부하고 싶을 수도 있다. 하지만 내 생각에, 분투형 플레이와 행위적 중첩은 매우 그럴듯하다. 특히 이 두 가지를 결합해서 생각해 보면 더욱 그렇다. 서로 다른 게임 플레이어들이 자주 묘사하는 특정한 종류의 경험을 생각해 보자. 플레이어는 너무나도 이기고 싶은 나머지 할 수 있는 것은 무엇이든 하며 게임의 괴로운 고비에 빠질 수 있다. 다른 한편, 그런 게임 중간에 한발 물러나서, 자신이 하고 있는 것이 얼마나 아름다운 게임인지, 그동안의 모든 움직임이 얼마나 극적이고 근사한지를 감상할 수도 있다. 자신의 계획이 실패했다는 괴로움 속에서 패배를 눈앞에 두고 있을지라도, 지금껏 플레이해 온 움직임이 너무나 경이로워서 설령 패배했음에도 게임과 사랑에 빠질 수도 있다. 분투형 플레이와 행위적 중첩의 가능성을 거부하는 회의론자의 경우 이러한 경험들을 설명할 수 없다. 즉, 게임 경험에서 발견되는 독특한 현상적 이중성을 설명할 수가 없다는 것이다. 하지만 나의 관점에서 이 경험은 쉽게 설명된다. 당신은

일시적으로 채택한 실천적 행위성과 보다 장기적인 행위성 사이를
오가는 중인 것이다. 만약 당신이 인생 최고의 게임에서 지고 있다면
일시적인 실천적 행위성은 비참함을 느끼겠지만, 장기적 행위성 즉 오직
기분 좋고 흥미진진한 고투 활동을 경험하기 위해서 이 일시적 행위성을
받아들인 장기적 행위성의 경우에는 황홀경에 빠져 있다.

사랑과 게임

그러나 이러한 동기 중첩은 설령 가능할지라도 아마 좋은 생각이라고
할 수 없을 것이다. 어쩌면 그런 중첩이 행위적 분산(agential
dis-integration)의 문제라고 우려할 수도 있겠다. 마이클
스토커는 현대 윤리 이론들이 분열(schizophrenia)에 빠져
있다고 비난할 때 이와 아주 유사한 생각을 드러낸다. 사랑이 가져오는
모든 쾌 때문에 사랑을 희망하는 이기적인 쾌락주의자를 상상해
보자고 그는 말한다. 이 사람은 불가피하게 실패한다. 사랑을 그처럼
투명한 자기애적 목표를 위해서 추구한다면 그것은 사실 사랑이 아니기
때문이다. 진실된 사랑은 사랑에 빠진 상태 따위가 아니라 자신이
사랑하는 상대를 우선적으로 중시한다. 그러므로 이기주의자는 사랑이
가져오는 이득을 수확하기에는 지나친 자기애에 빠져 있는 셈이다.

물론, 스토커가 말하기를, 이 이기주의자가 자신의 이기주의를
버리고 진실된 사랑의 정신 상태에 일시적으로 이입할 수도 있다.

이기주의자인 사람이 그/그녀 자신에 대한 의식적 통제를
내려놓는 것은 이기주의적 동기를 가진 사람에서 타인을
생각하는 사람으로 변화함에 있어서 당연히 본질적이다.
이는 한 가지 물음을 불러일으킨다. 즉, 변화된 자신이
이기주의적으로 승인된 목표를 달성하는 데 가까워지고
있는지를 그 사람들이 확인할 수 있냐는 물음이다.
이따금씩 비이기주의적 변화로부터 그들을 깨워 주고,

만일 충분한 개인적 쾌 혹은 더 넓게는 충분한 좋음에 아직 근접하지 못하고 있다면 그러한 변화를 재조정할 수 있게 해 줄 정신적 알람 시계를 그들은 가지게 될 것인가? 나는 그것이 불가능하지는 않다고 생각한다. 하지만 그것은 이상적인 삶도, 심지어는 별로 만족스러운 삶도 아닌 듯하다. 다른 사람들에게서 숨겨야만 하는 사적 인격을 가지고 있어야 하는 것도 충분히 싫은데, 당신 자신(의 다른 일부)으로부터 숨겨야만 하는 인격을 가져야 한다고 상상해 보라. 그럼에도 아마 가능하긴 할 것이다. 만약 그렇다면, 이기주의자들이 두 번째 비판에는 대응할 수 있게 될 수도 있다. 하지만 그것은 나의 비판, 즉 그들이 자기 동기의 이유를 제대로 말할 수 없을 것이고, 또한 좋음을 달성하기 위해 두 갈래로 찢긴, 분열적 삶을 영위해야 할 것이라는 나의 비판에는 답을 주지 않는다.(Stocker 1976, 457-458)

그러므로 스토커는 우리 자신에게서 스스로의 일부를 잠시 숨기라고 주문하는, 자기 자신의 목표로부터 스스로를 잠시 내적으로 단절시키라고 주문하는 모든 이론에 대해 비판적이다. 스토커가 말하기를, 그것은 끔찍한 삶이며, 동기적 분열(motivational schizophrenia)이다. 스토커가 우려하는 분열적 삶이란, 어떤 사람이 활동을 받아들인 목적이 그 활동을 하는 동안 의식적으로 추구하는 목표와 분리되는 삶이며, 목적의 의식적인 추구가 그 성취를 불가능하게 만드는 삶이라는 점에 주목하자. 그것이 바로 분열증자가 일시적으로 진짜 목적을 성취하기 위해서 진짜 목적을 잊어야만 하는 이유이다.

그런데 목적과 목표 사이의 그러한 단절은 정확히 분투형 플레이의 동기 구조에 해당한다. 우리는, 가령 실천적 몰입에서 오는

미적 경험을 위해서 그런 게임을 플레이한다. 그러한 미적 경험을
직접 추구할 수는 없는데, 왜냐하면 그것은 게임 내 목표를 전적으로
추구해야지만 얻게 되는 경험이기 때문이다. 그 대신 우리는 미적
관심을 잊어버리고, 오직 게임 내 목표의 성취에만 관심을 가지는
새로운 행위성에 이입해야 한다. 그리고 사실 스토커가 말했던
이따금씩 우리를 깨워 주는 시계를 우리는 가지고 있다. 게임에의
몰입으로부터 깨어나서 스스로 "잠시만, 우리 지금 재밌게 하고 있는
거 맞아?" 하고 묻는 바로 그때가, 이따금씩 우리를 깨워 준다는 그
시계가 작동하는 순간이다. 분투형 플레이어는, 단언컨대, 스토커적
분열증자〈Stockerian schizophrenics〉이다.
우리는 온전한 자기 자신의 경우와는 합치하지 않는 헌신 대상과 목표를
갖는 일시적 행위성을 받아들였다가 폐기한다. 하지만 게임이라는
맥락에서라면 이러한 분열증이 그렇게까지 혐오스럽게 느껴지지는
않는 듯하다.

  그렇다면 이제 우리는 어디쯤 오게 되었을까? 분열적인 삶도
괜찮다는 점과 철학자들이 지나치게 내적 일관성에 신경을 쓴다는
점이 드러난 것일까? 꼭 그렇지는 않다. 우리 삶 속 여러 가지 중요한
계획과 관계를 생각해 보면, 스토커의 말은 완전히 옳다. 알람 시계를
맞추어 놓고, 일시적 행위성을 마련하여 그것을 이용한다는 것이 다소
기이한 생각처럼 보이기도 한다. 이런 맥락에서라면 우리는 여러 목표와
관련해서 더 온전한 통일성을 바라게 된다. 하지만 게임의 경우를
생각할 때에는 알람 시계를 맞추어 놓고 다양한 깊이의 행위성을
들락날락한다는 것이 그렇게까지 낯설게 느껴지지는 않는다. 사랑이나
인생 계획에 대한 생각에서 게임에 대한 생각으로 옮겨 올 경우, 어느
정도의 분산은 큰 문제가 되지 않는다. 왜 이런 차이가 있는 것일까?

  스토커의 다음 논점, 즉 이기주의자뿐 아니라 더 큰 선을
위해서 사랑하라고 배우는 공리주의자의 경우에도 같은 문제가
벌어진다는 논점에 대해서도 생각해 보자. 반복하자면, 이는 진짜

사랑이 아니다. 왜냐하면 사랑하는 대상에 대한 관심에서 촉발된 것이 아니기 때문이다. 문제는 나르시시즘이나 이기주의가 아니라고 스토커는 말한다. 문제는 현대 윤리 이론들이 비개인적이라는 점이다. 스토커가 말하기를, 이 부류의 이론들에 따르면 "어떤 사람이든 같은 양의 좋음을 가져오기만 한다면 사랑하는 대상과 마찬가지로 사랑의 대상이 될 수 있다."〈459〉 만약 사랑의 핵심이 단순히 '사랑에 빠짐'에 있다면, 어떤 사람의 사랑은 이상하게도 대상으로부터 분리될 것이고, 이 사람은 비슷한 사랑을 유지해 줄 또 다른 애정의 목표물 찾기를 주저하지 않게 될 것이다. 다시 말하지만 이것은 진정한 사랑이 아니다. 하지만 이런 이상한 분리는 사실 진정한 게임 플레이가 갖는 특징이다. 분투형 게임의 플레이야말로 바로 인공적인 목표를 받아들이는 행위이자, 게임이 변경될 때 일군의 목표를 완전히 다른 목표들로 바꾸기를 주저하지 않는 행위이다. 가치 있는 활동을 확보해 주기만 한다면 어떠한 목표도 괜찮다. 차이는, 사랑의 경우 목표에 대한 진심 어린 헌신을 요구한다는 점이다. 사랑한다는 것은 사랑의 대상이 진정으로, 또 최종적으로 가치 있다고 생각하는 것이다. 누구도 도구적으로, 감정을 위해서 사랑을 하지는 않는다. 하지만 분투형 플레이는 목표에 대한 이러한 진정성 있는 헌신을 요구하지 않는다. 사실, 분투형 플레이가 가진 독특한 미덕의 상당 부분이 바로 일시적 목표의 인공성으로 인해서, 그리고 그러한 목표를 일시적으로 채택할 수 있는 인간 행위성의 유동적인 역량으로 인해서 가능해진다.

여기서 우리가 알게 된 것은, 게임 플레이가 특정한 의미에서 사랑의 반대항이라는 것이다. 사랑은 대상을 향한 직접적이고 대체 불가능한 헌신을 요구한다. 그러나 미적인 분투형 플레이어의 경우, 설령 게임 내 목표들에 대해 그때그때 커다란 헌신을 보일 수 있다고 해도, 그러한 게임 내 목표들에 대해 전반적으로는 무심해야 한다. 〈그래서 우리가 "내 마음 가지고 장난치지 마"[Don't play games with my heart]라고 말하는 것일지도 모른다.〉

무심하게 사랑한다는 것은 형편없는 애인이 되는 것과 비슷하다. 하지만 게임에서라면 게임의 목표에 지나치게 헌신하는 것이 오히려 진짜 문제이다. 이것은 '지나친 경쟁심'에서 오는 문제, 즉 게임이 끝난 뒤 게임 목표를 폐기하는 것이 적절함에도 그것을 잘 폐기하는 데 실패해서 오는 문제이다. 사랑은 특정 맥락 위에서 변함 없이 충실할 이유를 우리에게 제시한다. 반면 행위성의 미학은, 모종의 행위 유동성을 가치 있게 여기고 특별한 일군의 목표에 있어서 어느 정도의 변덕스러움과 불충실성의 역량을 유지해야 하는 합당한 이유를 제시한다. 요컨대, 스토커적 분열은 전적인 헌신을 요하는 부류의 목표에 한해서만 문제가 된다. 하지만 나는, 분투형 플레이의 목표는 일시적인 헌신의 형식만을 요할 뿐, 전반적으로는 목표에 대한 어느 정도의 변덕스러움이 요구된다고 본다.

내 생각에, 게임과 플레이에 대해 사유하는 것이 철학의 다른 분야에 있어서도 중요한 이유가 이제 보이기 시작할 것이다. 행위성에 관한 여러 철학적 논의들이 다양한 방식으로 통일성을 모든 행위자들의 이상이라고 생각하는 경향을 나타냈다. 그러한 철학적 논의들은 이와 같은 전제에 이르기 위해 통일성을 갖는 행위자는 항상 자신의 모든 목표들에 의해 동기를 부여받는다고 전제한다. 예컨대 밀그램의 경우, 어떤 행위자의 목표는 '통일성 제약(unity constraint)'에 의해 좌우된다고 이야기한다. 어떤 가치, 목표, 혹은 여타 사고방식이 특정 행위자에게 귀속되게끔 만드는 요인은, 그것을 동일한 행위자의 또 다른 실천적 추론의 연쇄 속에 있는 다른 사고방식과 비교 혹은 대조해 볼 수 있어야 한다는 점에 있다. 한 명의 행위자로서 통일성을 갖는다는 것은, 모든 목표가 그 행위자를 위해 작동하고, 그것들이 필요할 때마다 나타난다는 것을 말한다. 만약 당신의 목표가 이런 식으로 통일성을 갖고 있지 못하다면, 바로 그만큼 당신은 행위적 실패자에 해당한다. 즉, 당신의 정신이 다른 데 팔려 있거나, 당신이 필요한 만큼의 사고방식을 정신에 끌어올 줄 모른다거나, 혹은 그와

비슷한 경우에 해당함을 의미한다.(Millgram 1997, 50-56)

하지만 분투형 플레이와 이입은 우리의 행위성에 여러 가지 형태의 바람직한 불일치(disunity)가 존재한다는 점을 분명하게 보여 준다. 그것들은 행위성이 긴 시간에 걸쳐 구조적으로 얼마나 복잡해질 수 있는지, 행위성이 얼마나 많은 그늘과 틈새를 지니게 되는지를 드러내 준다. 우리의 행위성은, 그것의 중심에서 뿜어지는 빛에 언제나 휩싸여 있어야 하는 종류의 것이 아니다. 우리는 자기 자신을 변화시키고, 층위를 나누고, 그 속에 몰입하고, 스스로를 중심적 목표로부터 단절시키고, 행위성 유형들 사이를 왔다 갔다 할 수 있다. 이처럼 유희적이고 구획화된 행위성은, 이 모든 조작들이 장기적으로 보면 똑같은 일군의 장기적 가치와 목표에 의거하여 정당하게 규제되고 있다는 점에서 여전히 통일성을 지니고 있다. 하지만 이는 다소 고차원적이고 추상화된 형태의 내적 일관성이다. 분투형 플레이는 우리가 정말 원하는 행위적 통일성이란 복잡하고, 다층적이며, 긴 시간에 걸쳐 있다는 점을 가르쳐 준다. 우리가 짧은 간격의 스냅숏만을 들여다본다면, 유희적 행위성은 매우 비일관적으로 나타난다.

행위적 층위와 산파술적 목표

이제 모든 조각들을 한데 맞춰 보자. 나는 게임 플레이어가 일회용 목표를 받아들일 힘을 가지고 있다고 본다. 일회용 목표는 우리가 게임에서 받아들이는 일시적 행위성에 생명을 불어넣을 핵심 요소이다. 행위적 구조가 결정적이게도 여러 겹으로 포개지는 것이다. 분투형 플레이의 일회용 목표는 우리가 가지고 있는 일반적인 목표의 네트워크에 통합되지 않고, 내재적 혹은 정방향으로 정당화되는 것이 아니라 역방향으로 정당화된다. 게임 플레이의 일회용 목표는 그 내재적 가치 혹은 그것에 무엇이 따라오는지가 아니라, 그 목표를 추구함에 따라 촉발되는 활동의 형태에 입각하여 정당화된다. 하지만 게임 플레이로의 완전한 몰입에 이르기 위해서는, 적어도 실천적 의식에서 볼 때만이라도, 이러한 정당화를 잊어버려야 한다. 우리는 새로운 행위성에 이입해야만 한다. 즉, 그 순간만큼은 그것이 우리의 표준적 행위성인 것처럼 나타나도록 해야 한다. 이것이 일회용 목표를 추구하는 과정에서 실천적 몰입의 경험을 할 수 있는 유일한 방법이다.

이제 행위적 몰입과 중첩에 대한 설명을 도출했으니, 이를 인접하면서도 구분되는 현상들과 비교해 보는 것이 유용할 듯하다. 목표 선택에 관한 데이비드 슈미츠의 논의를 생각해 보자. 슈미츠가 말하기를, 지금껏 간과되어 온 특별한 부류의 목표가 있다. 다른 목표를 획득하겠다는 목표가 바로 그것이다. 10대인 케이트는 자기 인생에서 무엇을 원하는지를 알지 못한다고 해 보자. 그녀는 무언가를 하고 싶다는 것을 알지만, 그게 무엇인지는 아직 모른다. 그녀는 추구할 만한 목표, 가령 정착할 수 있는 직업을 찾기를 원한다. 케이트는 슈미츠가 말하는 '산파술적 목표'(maieutic end), 즉 "다른 목표를 가지게 되는 과정 속에서 성취되는 목표"를 가지고 있는 것이다. 슈미츠가 말하기를, 그녀의 목표는 다른 목표에 최종적으로 정착하는 것이다. 그녀가 궁극적으로 의사가 되기로 마음을 먹고, 다른 사람들이 건강해지도록 돕겠다는 최종 목표를 획득했다고 해 보자. 그렇게 하는 과정에서 사람들을 돕겠다는 케이트의 목표가 그저 또 다른 더 큰 목표, 가령 자기 자신을 정의하겠다는 목표를 위한 수단으로만 받아들여진 것이 아님을 알아차리는 것이 중요하다. 그녀는 어떤 목표를 가지기 위해 사람들을 돕고 있는 것이 아니다. 일단 선택되면, 사람들을 돕는 일은 이제 그 자체로 하나의 독립적이고 최종적인 목표가 된다. 인생의 목표를 성공적으로 정한다는 것이 바로 이런 것이다.

여기서 어원에 대한 약간의 설명이 도움이 될 것이다. 오늘날 '산파술'(maieutic)이라는 용어는 대개 질문과 대답을 통해 이해를 증진하는 소크라테스의 방법론을 떠올리게 하는데, 사실 소크라테스는 원래 이 용어를 비유로 사용했다. '산파술'의 의미는

원래 조산사가 하는 일〈**midwifery**〉과 관련된다. 슈미츠는
명시적으로 이 두 가지 의미를 모두 염두에 두고 이 용어를 선택한다.
그가 주장하기를, 산파술적 목표는 독립적인 생명을 지닌 추가적인
목표를 탄생시킨다.〈**Schmidtz 2001, 239-244**〉

많은 이들이 사랑에 빠지겠다는 산파술적 목표를 가지고 있음을
생각해 보자. 사랑에 빠진다는 것은 다른 누군가에게 헌신하게 된다는
것, 즉 그 사람의 안녕 자체를 가치 있는 최종적 목표로 받아들인다는
것을 의미한다. 우리가 누군가를 사랑할 때, 사랑하는 누군가를 가지기
위한 수단으로 그렇게 하지 않는다. 우리는 그저 누군가를 사랑할
뿐이고, 그걸로 땡이다. 사랑에 빠지고 싶다고 할 때, 우리가 원하는
것은 그 자체로 독립적으로 존재할 수 있는 새로운 목표를 세우는
것이다. 다르게 말하면, 슈미츠가 말하기를, 우리는 산파술적 목표로
삼기 위해 최종 목표를 먼저 '선택한다'. 그런데 우리가 그 새로운
최종 목표를 한번 세우면 산파술적 목표 자체를 위해 최종 목표를
'계속 추구하지는' 않는다. 장래 희망을 이루거나 사랑에 빠지는
등의 산파술적 목표를 이룬다면, 이 산파술적 목표는 새로이 얻게 된
최종 목표로 대체되어 사라진다. 그렇지 않았다면 어땠을지를 생각해
보자. 내가 완전히, 신실하게 누군가에게 헌신하겠다는 산파술적
목표를 가지고 있다고 상상해 보자. 그리고 나는 제시와 사랑에 빠지게
되었다고 해 보자. 제시에 대한 나의 사랑이 그저 '누군가'에게 완전히,
신실하게 헌신하기 위한 수단에 불과하다면, 나는 전략적으로 이
사랑을 조절해야만 한다. 예를 들어, 제시가 치료할 수 없는 병에 걸려
6개월밖에 살지 못하게 된다면, 나의 산파술적 목표는 나로 하여금
기회가 닿는 대로 더 건강한 다른 누군가를 사랑하도록 이끌어야
한다. 하지만 반복하건대 그것은 사랑이 아니다. 누군가를 사랑하는
일은 다른 무엇보다도 그 사람의 안녕을 최종 목표로 받아들이게
됨을 내포한다. 그러니 사랑에 빠지고 싶어 한다는 것은, 누군가의
안녕을 확고부동한 최종 목표로 받아들이겠다는 목표를 갖는다는 것을

의미한다.

슈미츠에 따르면, 비록 산파술적 목표가 추론에 관한 철학적 이론의 관점에서는 이상해 보일 수 있더라도 그것은 분명 존재한다.

> 산파술적 목표는 그저 이론적 가설에 지나지 않는 것이 아니라 실제로 존재한다. 직업이나 배우자를 찾겠다는 욕구는 강력하고 때로는 고통스럽기도 하며, 그러한 욕구는 특정 직업 혹은 특정 사람에게 정착하겠다는 욕구이다. 대학에서 전공을 정하거나 직업을 정하는 일이 어땠는지 생각해 보라. 어느 쪽이건 우리는 무언가를 결정해야 했고, 어떤 이들에게 아직 결정하지 않았다는 것은 엄청난 불안을 일으키는 일이었다. 어떤 이들은 자신이 진짜 원하는 것이 무엇인지 전혀 몰랐지만, 그에 해당하는 인생의 특정 부분을 진공상태로 놔두기보다는 이런저런 목표를 정해 두는 것이 훨씬 낫다고 느꼈다. (Schmidtz 2001, 244)

이는 내가 묘사한 게임 플레이에서 일회용 목표를 받아들이는 과정과 굉장히 비슷해 보이며, 실제로 설득력 있는 유사점이 여럿 드러난다. 이제 깔끔한 결론을 내리고 싶을 수 있다. 그 결론이란, 저녁에 어떤 게임을 할지 고르는 일은 인생 계획에 관한 결정을 내리는 일의 축소판이라는 것이다. 우리의 인생은 직업, 목표, 사랑하는 사람을 결정하기 전까지는 텅 비어 있다. 마찬가지로 우리의 저녁 시간도 목표를 정하기 전까지는, 가령 「수화」와 같은 게임에서 언어를 발명해 보자는 목표를 정하기 전까지는 텅 비어 있을 것이다. 게임을 정하는 것이 곧 자기 계발이라는 장기 계획의 즐거운 미니어처에 해당한다고 생각해 볼 수도 있겠다.

하지만 슈미츠의 설명 속 케이트와 나의 설명 속 게임 플레이어는 설령 매우 유사해 보이더라도 사실 동기 구조에 있어서 매우 다르다. 실제로 이 차이는 분투형 플레이의 특이성을 강조하는 데 도움이 될 것이다. 케이트의 경우, 그녀의 산파술적 목표는 그녀로 하여금 확고하고 장기적이며 독립적인 목표를 탑재하도록 인도한다. 슈미츠가 말하기를, 이 경우 산파술적 목표가 새로이 탑재된 목표를 규범적으로 지탱하는 역할을 하지는 않는다. 오히려 산파술적 목표는 성취되자마자 새로 탑재된 최종 목표로 대체되어 버린다.

여기서의 요점을 우리는 완벽히 해명하고 넘어가야 한다. 일반적인 도구적 이성의 경우, 나는 **B**를 위해서 **A**를 얻으며, **A**의 규범적 의미는 **B**의 규범적 의미에 의존한다. 만약 **B**가 그것의 규범적 의미를 잃는다면 **A**도 그럴 것이다. 이러한 경우 **A**가 **B**에게 '규범적으로 결부되어 있다'(normatively attached)고 하자. 만약 내가 마음의 평화를 위해서 돈을 추구한다면, 그리고 내가 더 이상 돈을 가진다고 해서 마음의 평화를 얻을 수가 없음을 발견한다면, 나는 돈을 확보하는 일에 관심을 잃는다. 하지만 인생 목표를 결정하는 등의 특수한 경우에, 내가 산파술적 목표 **B**를 위해서 최종 목표 **A**를 확보한다면, **A**가 규범적 의미에 관해서 **B**에 의존하고 있지는 않다. 이 특수한 경우, **B**를 위해서 **A**를 확보하는 것이기는 하나, **A**는 **B**에 대해 '규범적으로 분리되어 있다.'(normatively detached) 케이트는 인생 목표를 가지기 위해서 사람들을 돕겠다는 최종 목표를 가지게 되지만, 사람들을 돕겠다는 목표는 한번 선택되고 나면 규범적으로 자유롭게 존재한다. 이것은 반드시 그래야만 하며, 그렇지 않을 경우 그것을 진짜 인생 목표라고 할 수 없게 된다. 케이트의 경우는 산파술적 목표와 그렇게 결정된 최종 목표가 규범적으로 분리되어 있는 경우이다.

분투형 플레이는 매우 다르다. 분투형 플레이에 수반되는 산파술적 목표는 사라지지 않고, 오히려 생겼다 없어졌다 하는 것은 우리가 획득하는 여러 가지 새로운 목표들이다. 나아가 어떤 게임 목표를 받아들일지를 결정하는 나의 선택은, 긴 시간을 두고 보면 나의 장기적 관심에 의해 규제된다. 내가 저녁 식사 이후 배우자와 신나고 재미있는 게임을 즐기겠다는 목표를 가지고 있다고 해 보자. 이 목표를 달성하려면, 나는 추가적인 목표를 수립해야 할 것이다. 가령, 초록색 토큰을 모아 승리하는 것에 대한 관심이나 깃발을 확보하는 것에 대한 관심을 장착해야 한다. 하지만 그와 같은 여러 게임 내 목표들을 완전히 독립된 최종 목표들로 여기는 것은 앞서 말한 목표를 달성하는 최선의 방법이 아니다. 오히려, 원래의 목표는 나의 게임 내 목표들의 장기적인 유지, 정렬, 폐기 과정에 계속해서 개입한다.

우리는 게임 내 목표들이 더 포괄적인 목표에 규범적으로 결부되어 있음을 알 수 있는데, 왜냐하면 실제로 내가 게임 내 목표들이 포괄적 목표를 성취하는 능력에 입각하여 그것들을 평가하기 때문이다. 나는 여기서 매우 평범한 이야기를 하고 있다. 가령 내가 몰입의 경험을 얻고자 게임을 플레이한다고 해 보자. 그럴 수 있으려면 나는 몰입에 대한 관심을 잊어야만 한다. 하지만 게임이 끝난 뒤 나는 기억을 되짚어 보며 게임 경험이 몰입에 도달하는 데 도움을 주는 능력에 입각하여 그 경험을 평가한다. 나는 한발 물러나서 게임이 좋았는지 아닌지를 묻는다. 게임과 게임 사이에 물을 수도 있다.("이 게임을 다시 해야 할까? 재미있기보다는 진이 다 빠지는구만.") 심지어는 게임을 하는 도중에 물을 수도 있다.("지금 우리 재미를 느끼고 있는 거 맞아? 관두고 다른 게임 할까?") 또한 나는 이러한 경험의 세부 사항에 맞추어서 플레이하기도 한다. 가령 내가 하는 게임의 목표를 변화시킬 수 있다. 마치 트레일 러너가[25] 최적의 명상적 몰입 상태에 이를 수 있도록 달리는 와중에 거리와 시간 목표를 변경하듯이 말이다. 또 나는, 어디까지나 흥미로운 고투를 체험하겠다는 원래의 목표를 위해서,

---

25   역주: 트레일 러닝(**trail running**)은 포장도로가 아닌 산, 들, 숲, 사막 등을 달리는 운동을 말한다.

집안의 규칙을 추가하여 게임을 바꿀 수도 있다. 게임 내 목표들은
독립적으로 존재하지 않는다. 하지만 우리가 게임에 몰입할 수
있으려면 게임을 하는 동안에는 그것들이 독립적으로 존재하는 것처럼
보여야만 한다.

요약해 보자면 케이트가 거치는 과정으로부터 [산파술적 목표와
규범적으로] 분리되어 있는 최종 목표들이 산출된다. 그 과정 속에서
진정으로 독립적인 목표들이 탄생하고, 케이트가 견지하는 최종 목표의
장기적 구조가 변화한다. 내가 제시하는 플레이의 과정은 그렇지
않다. 여기서는 [원래 목표로부터] 분리된 것 같은 외양을 잠시 띠지만
사실은 [원래 목표에] 결부되어 있는 임시적 목표들이 만들어진다.
케이트의 사례는 동기적 자기 변형〈**motivational self-
transformation**〉의 사례이다. 반면, 분투형 플레이는
일시적인 자기 조종에 해당한다. 나는 나의 원래 목표를 유지하지만
그와 다른 목표들로 이루어진 일시적 행위성에 이입하는데, 이는 사실
나의 장기적이면서 자기 망각적인 목표에 도달하기 위함이다.

게임과 실천의 명료성

그런데 이때 몰입에 대해 생각해 보면 게임과 삶의 관계에 있어서
흥미로운 부분이 나타난다. 게임은 보기 드문 실천적 명료성을 그 영역
내에서 보여 준다. 삶 속에서 대부분의 추론은 말하자면 '모든 것을
고려해서' 내려진다. 우리는 다양한 고려 사항을 저울질해야 한다.
도덕적 고려, 단기적인 실천적 고려, 장기적인 환경적 고려, 우리가
가진 여러 가지 상충하는 가치들의 요구, 그리고 이 모든 것의 기저에는
가족, 친구, 공동체의 필요와 이익에 대한 고려까지 놓여 있다. 그
결과 만들어지는 어떤 지독한 무더기 사이를 우리는 돌아다녀야 한다.
많은 게임이 실천적 추론과 행위의 범위를 크게 좁혀서 고려해야
할 사항들과 능력들의 숫자를 관리하기 쉬운 정도로 줄이는 식으로
작동한다. 회화가 인간의 눈에 맞도록 만들어진다면, 게임은 인간의

실천적 능력들에 적합하게끔 만들어지는 것이다.

그렇다면 누군가는 게임 목표가 인공적으로 만들어진 연약한 것이라는 점, 그런데도 사람들이 게임 목표를 온 마음으로 추구한다는 점 때문에 어떤 실존적인 문제를 예감하고 우려할 수도 있다. 진짜 현실에서는 성숙한 인간이라면 다양하고 넓은 범위에 걸친 가치들의 복합체에 의해 인도되기 마련이다. 우리는 여러 고려 사항 사이에서 균형을 맞추어야 한다. 미묘한 가치들을 잘 들여다보고 구체적 행위로 번역해야 한다. 더 나아가 우리는 다른 사람들 그리고 그들이 가진 수많은 가치의 거대한 덩어리와 지속적으로 마주하게 된다. 이러한 모습은 우리가 게임에서 갖는 실존과는 완연히 다르다. 게임에서 목표는 대개 명료하고, 정확하며, 측정 가능하고, 몇 개 되지 않는다. 게임에서 우리는 상충할 수는 있지만 그래도 동질적인 목표를 가지고 다른 사람들과 대립하게 된다. 게임의 목표라는 것은 대개 예리하고 정확하다. 이는 미묘하고 유연하며 적용하기에 애매한, 온전한 형태의 가치화(valuing)와는 아주 다르다. 실제로, 우리 모두가 순수하게 자기 이익을 추구하는 경쟁 속에서 동일하게 이성적이고 동일하게 자기 이익에 따라 행동하는 행위자라는 고전 경제학의 전제들이 실제 삶에서는 문제가 될 정도로 거짓이지만 게임에서라면 대개 정확히 들어맞는다는 점에 주목해 볼 필요가 있다.

만약 게임의 목표가 단순히 현실의 일부를 모델링하거나 재현하는 것이라고 생각하고 있다면, 이것은 문제가 될 것이다. 이 경우, 게임 속 가치의 명료성과 수치화 가능성은 일종의 거짓말에 해당한다. 이와 연관된 생각에서, 미겔 시카르트는 「시뮬레이션된 악의 평범성」(The Banality of Simulated Evil) 이라는 논문에서 비디오게임의 윤리적 해악이란 악한 행동을 재현하는 데 있지 않다고 주장한다. 그런 행동들은 허구이기 때문에 그릇되지 않는다. 그 대신, 그 윤리적 해악은 선한 행동과 악한 행동의 수치화에 있다. 스타워즈 세계를 배경으로 한 컴퓨터게임 「구공화국의 기사단」(Knights

of the Old Republic〉에서 플레이어가 도덕적 선택을 내리게 되면 그 직후에 플레이어의 캐릭터가 얼마나 '빛' 혹은 '어둠'의 세력에 가까워졌는지를 점수로 보여 주는 것처럼 말이다. 시카르트가 주장하기를, 이는 도덕적 성찰을 중단시키고 도덕성은 단순하다는 믿음을 강화한다.〈**Sicart 2009**〉

시카르트의 이러한 비판을 확장시켜, 모든 점수 체계가 가치의 평범성을 강화한다고, 즉 삶의 목적들을 지나치게 단순화한다고 주장할 수 있다. 하지만 그것이 바로 게임의 핵심이다! 게임이 주는 가장 큰 즐거움 중 하나가 일종의 실존적 위안, 즉 일상 세계의 실존적 복잡성으로부터 도망치는 잠깐의 피난이다. 게임에서는, 살면서 유일하게, 나는 내가 무얼 하고 있어야 하는지를 정확히 알고 있다. 이것은 분투 활동이 자아내는 바람직한 미적 경험을 촉발하는 데 핵심이 되는 정신 통일을 갖추는 데 큰 도움이 된다. 더 나아가, 바로 이러한 현실과 다른 목표들의 명료성과 단순성으로 인해서 플레이어들은 다양한 게임 내 행위성에 빨리 녹아들 수 있게 된다. 새로운 동기 유형의 윤곽이 손에 잡힐 듯 뚜렷하게 만들어지면 그만큼 더 쉽게 그것에 빠져들 수 있다. 이에 더하여, 내 생각에 게임 목표의 명료성과 단순성은 게임 디자이너로 하여금 더 수월하게 그것들을 조작하고 배열할 수 있게 해 준다.

더 나아가, 목적의 명료성은 현실 세계에서는 나타나기 어려운 어떤 미적 요소들의 존재를 부각하거나, 그것들을 좀 더 뚜렷하게 마주할 수 있도록 해 준다. 어떤 아름다움의 경험이 기능성에 근거하고 있을 가능성을 생각해 보자. 글렌 파슨스와 앨런 칼슨이 지적했듯, 어떤 미의 경험은 인공물이 목적에 들어맞는다는 사실에 근거하고 있다고 해야 잘 설명될 수 있다. 그 사례로는 근사하게 디자인된 기계, 건축물, 살아 있는 유기체 등이 있다. 하지만 그런 기능적 아름다움의 이론이 우선적으로 마주하게 되는 난점은 어떤 인공물의 적합한 기능이 무엇인지를 결정하기가 간혹 아주 어렵다는 점에 있다. 하지만 어떤 인공물의 적합한 기능에 관한 판단은 기능적 아름다움에 대한 모든 비상대적인 판단에 대해 요구된다. 파슨스와 칼슨은 복잡한 해결책을 제시하는데, 그에 따르면 어떤 것의 적합한 기능을 결정하려면 유기체의 경우 그것의 진화 과정을, 인공물의 경우 그것의 매매와 생산의 내역을 보아야 한다.(**Parsons and Carlson 2008, 62-110**) 예컨대 우리는 인형이 애초에 어떻게 그리고 왜 만들어졌는지, 소비자들은 그 인형을 어떻게 받아들였는지, 시장의 힘이 인형의 제작에 어떤 영향을 주었는지 등을 들여다봄으로써 인형의 기능을 결정할 수 있다. 이 모든 것은 인형의 적합한 기능이 무엇인지를 추론하는 데 도움이 될 것이다. 하지만 이 과정에는 아주 복잡한 인지적 평가가 요구되며, 실제 사안에서는 그 결과가 인지적으로 모호할 수 있음을 염두에 두어야 한다. 만약 내가 어떤 특정 움직임이 인간의 팔과 몸의 적합한 기능을 충족하는지를 알기 위해 인간의 팔과 움직임의 진화론적 역사에 대해 상당히 알고 있어야 한다면, 그런 사항에 대한 충분한 교육 없이는 나의 판단은 느리고 불안정할 것이다.

하지만 그런 모호함이 게임에서는 사라진다. 대부분의 게임에서 사물과 행위의 적합한 기능은 완전히 명료하다. 그러므로 어떤 행위가 그 목적을 성취한다는 사실 또한 완벽히 명료하다. 목적론적으로 뿌옇던 사물과 행위들이 게임의 맥락 내에서는 목적론적으로 명백한 것으로 재구성된다. 골프 스윙의 핵심은 공을 홀 쪽으로 보내는 것이다. 게임에서 기능적 아름다움을 판정하기가 더 쉬운 것은 다름 아닌 그에 해당하는 기능적 목적이 극도로 명확히 정의되어 있기 때문이다. 이 말이 옳다면, 게임 내 목표들의 명료성, 그리고 완전히 그러한 목표들을 향해 있는 새로운 행위성으로의 몰입은 일상 세계의 경우와 비교할 때 기능적 아름다움에 대한 더욱 명료하고 인식적으로 신뢰할 만한 지각을 가능케 할 것이다. 내가 생각하기에 그것이 바로 우리가 갈구하는 것이다. 완벽할 정도로 우아한 체스의 수를 찾는 일은 완벽할 정도로 우아한 정치적 해결책을 찾는 것보다 훨씬 쉽다. 행위자가 더 예리하고 단순하며 명료하게 [디자인]되어 있을 때, 그리고 세계가 여러 가지 애매성과 복잡성으로부터 잠시 자유로워졌을 때 행위자와 세계 사이의 조화로움은 성취하기 더 쉽다. 게임은 행위와 가치 평가의 측면에서 목적론적으로 보다 또렷하게 만들어진 환경이다. 그러므로 게임에서 내리는 목적론적으로 규제된 미적 판단도 그만큼 보다 또렷하고 명료하다.

그런데 이런 비현실적인 결정화〈crystalliza-tions〉는 그 자체로 문제가 있는가? 만약 우리가 세계를 정확히 재현하는 능력을 기준으로 게임이 예술적으로 가치 있다고 판단하는 것이라면, 이러한 결정화는 우려를 불러일으킬 수 있다. 특히나, 게임 속에 배치된 가치들이, 가령 현실을 명료히 하거나 현실을 그대로 옮겨 그리려는 의도에서 나온 것이 아니라, 그저 만족스러운 미적 경험을 제공하기 위한 조작일 경우 더욱 그러하다. 하지만 게임이 다른 여러 방식에서 가치 있다고 여겨질 수 있다는 것을 이제는 내가 보여 주었기를 바란다. 또한 이미 많은 예술들이 비현실적인 단순성으로 인해 그 가치를 인정받았다. 여기서 내가 떠올리는 것은 가령 바흐의 「푸가의 기법」〈Art of the Fugue〉과 로스코의 회화 작품들로, 이 모두는 다른 종류의 미적 경험을 강화하고자 정확성에의 요구를 포기하는 것으로 보인다. 사실 나는 게임의 가치를 그것의 재현적 힘의 가치에 입각하여 입증해야 한다는 압박감이, 바로 우리가 분투형 경험의 미적 가치를 폄하하는 경향과, 분투의 미적 경험을 증진하기 위해 디자인된 행위적 조종〈agential manipulations〉으로서 게임이 갖는 가치를 간과하는 경향 때문에 비롯되었다고 생각한다.

이는 비현실적 결정화에 아무런 위험도 없다고 말하는 것이 아니다. 그것이 가끔은 우리가 세계의 가치 명료성에 대한 비현실적 기대를 가지게끔 부추기기도 한다. 나는 이 주제에 대해 9장에서 다시 논의할 것이다. 하지만 그것은 명료성에 대한 비현실적 기대를 게임 바깥으로 전파하는 데서 비롯되는 위험이지, 게임 자체가 주는 가치 명료성의 경험에서 비롯되는 위험이 아니다.

실패의 역설

분투형 플레이는 행위적 중첩이라는 복잡한 과정을 수반한다. 행위적 중첩이란, 플레이어가 자신의 본래 행위성 내부에 특수한 목표와 실천성의 양식들을 가진 일시적 행위성을 창조하고 배치하는 것을 말한다. 중요한 것은 이를 변형된 행위성이 아니라 중첩된 행위성으로 생각하는 것이다. 왜냐하면 일시적 행위성은 여전히 포괄적 행위성의 정당화 지침 아래 있기 때문이다. 내가 취하는 이 관점은 설명에 있어서 다양한 이점을 지닌다. 나는 이 관점이 다른 설명 방식보다 게임 플레이에서 나타나는 여러 가지 기이한 특징을 잘 설명한다고 생각한다. 한번 행위적 중첩의 이론을 시험해 보자.

예스페르 울이 "실패의 역설"이라고 일컫는 현상에서 시작해 보자. 이는 우리가 현실에서는 일반적으로 실패를 회피하지만, 게임 플레이의 실천이 우리 삶에 여분의 실패를 도입한다는 것이다.(Juul 2013, 1-9) 울이 말하기를, 이 역설에는 소위 "비극의 역설" 혹은 "불쾌한 예술(painful art)의 역설"과 유사한 점이 있다. 우리는 일반적으로 현실에서 불쾌한 감정을 회피하지만, 불쾌한 감정을 느끼게 해 줄 예술을 실제로 모색한다. 하지만 울에 따르면, 불쾌한 예술은 게임과 다르고, 불쾌한 예술을 설명하는 표준적 이론 중 어느 것도 게임에 대해서는 적용되지 않을 것이다. 불쾌한 예술에서 우리는 누군가 실패하는 것을 목격한다. 우리가 할 수 있는 것은 기껏해야 감정이입 정도이다. 하지만 게임에서 실패하는 것은 바로 우리 자신이다.(33-45)

게임 속에서 우리가 기꺼이 실패를 무릅쓴다는 점을 어떻게 설명할 수 있을까? 울은 희생과 자기기만을 가지고 설명한다. 울은 게임이 주는 쾌가 게임 속 실패의 불쾌(pain)를 능가한다고 주장한다.[26] 어려움이 크고 실패가 불쾌할수록 우리가 성공했을 때 느끼는 승리감이 더 환상적이라는 것이다. "게임을 한다는 것은 감정적 도박을 하는 것이다. 우리는 시간과 자존감을 투자하며 그로부터 보상을 받기를 희망한다"라고 울은 말한다. 하지만 그러지 못하면, 그러니까 최후의 일격에 실패하는 바람에 약속된 보상을 받지 못하게 되면 무슨 일이 벌어지는가? 울이 말하기를, 우리가 할 수 있는 것은 이 실패를 '평가절하하고'(deflate), "그냥 게임일 뿐"이었다고 단언하는 것뿐이다. 우리는 "게임이란 현실 세계와 무관한 인공적 산물이기" 때문에 어차피 아무 상관없었다고 말할 수 있다. 울에 따르면 이것은 일종의 모순으로 귀결된다. 우리가 게임에서 성공했을 때는 그것을 성공을 중시하는 일반적인 맥락에 입각하여 취급하지만, 게임에서 실패했을 때는 게임에서의 성공과 실패는 별로 중요하지 않다면서 그것을 평가절하된 맥락에 입각하여 취급한다는 것이다.(Juul 2013, 13-21) 달리 말하면, 울이 말하기를, 우리가 언제는 성공과 실패의 가치를 게임이라는 중요하지 않은 맥락 속에 한정된 국지적인 것으로 취급하다가, 또 언제는 그것을 우리의 역량과 지성 일반을 반영하는 포괄적인 것으로 취급한다는 것이다.(66) 울이 생각하기에 이는 우리가 스스로에게 펼치는 일종의 정신적 속임수로, 뒤늦게 어떤 것이 애초부터 별로 중요하지 않았던 양 행동하는 셈이다. 그렇기에 우리는 게임에서 "실패의 타당한 부인 가능성"이라는 것을 견지한다.(122) 나는 울이 제시한 멋진 용어에 따라 그의 답변을 실패의 역설에 대한 '타당한 부인 가능성'(plausible deniability) 해법이라고 부를 것이다. 울이 말하기를, 타당한 부인 가능성의 상황은 다소 역설적으로

---

26   이러한 설명 방식은 애런 스무츠(Aaron Smuts)가 말하는 불쾌한 예술에 관한 보상 이론(compensation theory)에 해당한다.(Smuts 2007, 2009)

보일지 모르나, 이 역설은 게임 플레이의 핵심에 자리하고 있는 해결 불가능한 역설이다.

> 게임 속 실패의 불확실한 의미는 특징이지 오류가 아니다. 그 덕분에 우리는 게임을 진지하게 생각하면서도 동시에 그 결과로부터 자유로워질 수 있다. 불쾌한 예술의 역설에 관한 기존의 설명이 게임에 있어서도 완벽히 들어맞지 않을까 하는 희망을 품어 볼 수도 있지만, 오히려 게임이 실패의 불특정적인 의미를 통해 정의된다는 것이 사실에 가깝다. 그렇기 때문에 우리는 실패할 때에도 체면을 차릴 수 있다.(44)

그러니까, 게임 플레이의 핵심에 일종의 모순이 놓여 있다고 울은 말하고 있다. 우리는 게임 속 성취를 높이 평가하기도 하고, 동시에 그것의 평가를 깎아내리기도 한다. 그리고 우리는 그 모순에서 빠져나오기 위해 전전긍긍할 필요가 없다. 만약 게임 플레이를 전적으로 일상적인 맥락에 고정시킨다면, 실패는 너무나 뼈아플 것이다. 만약 게임 플레이를 전적으로 평가절하된 맥락에 고정시킨다면, 성공은 아무 의미가 없을 것이고 불쾌한 실패를 이겨내고 승리했다는 즐거운 기분을 느끼지도 못할 것이다. 그러므로 우리는 이 두 상태 사이에 머무르며 필요할 때마다 왔다 갔다 해야 한다. 성공했을 때는 성취를 대단하게 여기고, 실패했을 때는 아무 상관도 없다는 듯이 행동하는 것이다.(123-124)[27]

27   이것이 일종의 재구성이라는 점을 유념해 주길 바란다. 울의 글은 흥미로운 주장으로 가득하지만, 사실 내가 여기서 하고 있는 것만큼 모든 조각들을 명시적으로 갈무리하고 있지는 않다. 또 그는 이론에 잘 어울리지 않는 많은 논점을 언급하고 있기도 한데, 이는 아마도 그가 명시적으로 이야기하듯이 해당 책이 논변이기보다는 게임 속 실패에 관한 개인적인

타당한 부인 가능성에 대한 울의 설명은 게임 플레이라는 현상에 관한 아주 중요한 지점을 건드린다. 하지만 그의 이론은 그 세부 사항에 있어서 큰 문제를 안고 있다. 첫째로, 만약 울이 옳다면 우리는 이길 수 있을 것 같지 않은 활동에 참여할 이유가 전혀 없다. 그런데 내가 주장해 왔듯이 이는 모든 게임 플레이에 해당하는 사실이 아니다. 이길 수 있으리라는 희망이 별로 없는데도 게임에 참여하게 되는 경우도 많다. 더욱 중요한 점은 이것이다. 울의 설명은 모든 플레이어들이 게임 플레이가 자존심에 상처를 입히는 일을 피하고자 본질적인 비합리성, 혹은 일종의 자기 보호적 망상에 빠진다고 본다. 이러한 설명은 일부 플레이어의 경우 분명 적합하다. 예를 들어, 내가 로스앤젤레스의 거리에서 함께 농구를 하던 허세 가득한 친구가 있었는데, 이 친구는 자기가 이기고 있을 때면 자신의 월등한 실력에 대해 오랜 시간을 떠들다가도 아주 드물게 내가 이기고 있을 때면 '야, 그냥 게임이야' 하며 아무렇지 않은 척하곤 했다.

하지만 이것이 모든 게임 플레이어에게 해당되는 이야기는 아니다. 엄청난 심각함과 치열함 속에 게임을 플레이하면서도, 패배했다고 해서 자존심을 보호할 자기 기만의 행위를 필요로 할 만큼 대단히 좌절하지는 않는 플레이어도 많다. 나의 바둑 선생님 조를 예로 들어 보자. 조는 멋지고 이상한 신사로, 평소에는 부유한 아이들의 체스 선생님으로 살아가지만, 매주 수요일, 목요일 밤이면 언어번 카페에 나타나 로스앤젤레스 바둑 클럽에 들러서 누구든 원하는 사람에게 무료 바둑 수업을 해 준다. 조는 게임을 플레이하는 행동의 모범이 되어 준다. 그는 온 힘을 다해 경기에 임하여 최대한으로 플레이하지만 게임이 재미있기만 하다면 이기건 지건 똑같이 기뻐한다. 실제로

에세이자 탐구에 가깝기 때문일 것이다. 하지만, 내가 제시한 논변은 해당 글의 주요 흐름과 제안들을 전달하기에 가장 적합한 재구성이라고 생각된다. 나의 재구성은 Moser(2017, 138-141)로부터 도움을 받았다.

언젠가 내가 그를 상대로 아주 흥미로운 게임을 펼칠 수 있게 되었을 때(물론 그가 엄청난 핸디캡을 깔고 해 주지만), 몇 번의 중요한 순간에 내가 바보 같은 실수를 저지르면, 그는 아쉬워하며 자신이 이겼음을 알려 주고, 멋진 게임을 펼칠 가능성을 잃었음에 한숨을 쉬며, 이윽고 아까 그 시점으로 되돌아가 만약 내가 그 바보 같은 실수를 저지르지 않았다면 어떻게 되었을지 다시 플레이해 보자고 고집을 부린다. 왜냐하면, 이제 막 재밌어질 참이었기 때문이다.

　　만일 울이 옳다면, 조라는 사람은 자신의 동기 상태를 복잡하게 왜곡할 줄 아는 유달리 뛰어난 거짓말쟁이임에 틀림없다. 하지만 나는 울과 같이 모든 게임 플레이어가 자기 망상에 빠져 있다고까지 생각할 필요는 없다고 주장한다. 그 대신, 우리에게 필요한 것은 내가 이미 제시했던 이입과 중첩의 메커니즘이다. 장애물에 맞서 고투하는 '경험'을 즐기기 위해서라면 나는 내가 이입할 일시적 행위성을 수립하면 된다. 이 일시적 행위자는 이기고 지는 일에 신경을 쓰며 실패의 불쾌를 느낀다. 그런데 일시적 행위성의 실패가 나 자신에 있어서, 가령 나의 관심과 역량에 관한 무언가에 있어서 포괄적인 실패로 간주되는가? 그렇지 않다. 나는 승리에의 관심 속에 고투하는 행위와 관련된 경험을 얻고자 그러한 관심을 갖는 일시적 행위성을 받아들인 것이다. 하지만 이 일시적 행위성이 바로 나인 것은 아니다. 그것은 내가 그 속에 이입하는 구성체일 뿐이다. 울의 설명에 따르면, 나는 정말로 이기기를 원하지만 실패할 경우를 대비하는 핑계를 가지고 있다. 나의 설명은 실패의 역설에 대해 그와 다른 해법을 제시한다. 그것에 따르면, 우리는 어떠한 진정한, 장기적인 의미에서도 승리를 가치 있게 여긴 적이 없다. 게임에서 우리는 승리를 원하는 일시적 행위성을 채택한다. 이 구성된 행위성이 승리를 원하기 때문에, 나는 몰입, 치열함, 드라마와 같은 게임의 다양한 스릴을 경험할 수 있다. 하지만 이는 특정 경험을 얻기 위해 내가 수립하고 점유하는 일시적 행위성, 그리고 이상적인 경우 게임이 끝날 때 얼마든지 폐기할 수 있는 일시적 행위성에 불과하다.

　　다만 몇 가지 주의할 점이 있다. 첫째, 나는 모든 플레이어가 이렇게 한다고 주장하는 것이 아니다. 일단 모든 플레이어가 분투형 플레이어라고 할 수 없다. 분투형 플레이에 참여하는 경우에만 우리는 일회용 목표를 가지게 된다. 둘째로, 설령 우리가 분투형 플레이어가 되고자 할지라도, 정말로 목표를 폐기하는 데 성공한다는 보장은 없다. 예컨대 지고는 못 사는 사람의 경우, 이 사람은 게임의 목표를 폐기해야 마땅한 시점에 그것을 폐기하는 데 실패하는 사람이라고 이해할 수 있다.

　　정리하자면, 미적인 분투형 플레이어의 장기적 행위성은 분투의 경험에 관심을 갖는다. 그런 경험을 하기 위해 미적인 분투형 플레이어는 일회용 목표를 갖는 일시적 행위성을 채택한다. 순수한 분투형 플레이어의 경우, 몰입의 경험을 위해 도입된 일시적 구성체의 일부분으로서 승리를 원한다. 중요한 점은, 일시적 행위성의 목표들이 장기적 행위자가 가진 목표들은 아니라는 것이다. 나의 게임 내 행위성의 실패가 나의 포괄적 행위성을 반영하지는 않는다. 이는 또한, 울의 설명과 달리, 게임 속 성공이 분투형 플레이어에게 게임 바깥에서까지 중요하게 여겨지지는 않음을 의미한다. 분투형 플레이어의 경우, 게임의 가치는 성취나 실패가 아니라 경험을 기준으로 매겨진다. 만약 경험 자체가 지루하거나 재미가 없었거나 혹은 미적인 관점에서 밋밋했다면, 미적인 분투형 플레이어에게 있어서 승리는 무의미하다.

　　내가 디너 파티를 열었다고 해 보자. 손님들은 모두들 어색한 상태이고, 애처롭게 대화를 시도하느라 힘들어하고 있을 것이다. 이때 내가 모두를 즐겁게 해 주기 위해서 파티 게임을 시작한다. 공교롭게도 나는 이미 너무 많이 해 본 게임이라 그 게임을 누구보다 잘하다 보니 내가 모든 사람을 야무지게 이겨 먹었고, 그 바람에 아무도 즐겁지 않게 되었다. 울의 관점에 따르자면, 이때 나는 승리를 한 것이고 자랑스러워야 한다. 하지만 실제로는 나는 내 목적을 이루지 못했고, 게임에서 이겼다는 사실은 다소 부끄러운 일이어야 한다.

결론

앞 장에서 나는 분투형 플레이의 동기 역전 상태를 받아들이는 일이 가능하다고 주장했다. 이제 우리는 그러한 동기 상태가 어떤 모습을 띠는지, 그리고 우리가 어떤 종류의 동기 역전의 역량을 지니는지에 대한 더 폭넓은 그림을 그려 보았다. 우리는 일시적 행위성에 이입하는 역량을 지니고 있다. 이러한 이입은 복합적 동기 구조에 힘입어 수행된다. 그것은 우리의 실천적 활동 및 그에 대한 인식을 지배할 일시적인 내부적 층위를 수립하는 방식으로 이루어진다. 하지만 이러한 내부적 층위는 장기적인 외부적 층위 안에 세워진다. 이 외부적 층위는 현상적으로는 거리를 두고 있지만, 동시에 중간에 개입하여 내부적 층위에서의 몰입을 중단시킬 역량을 지닌다.

또한 우리는 그러한 내부적 층위의 내용과 성격에 있어서 놀라운 유동성을 지니고 있다. 우리가 장기적인 관점에서 승리를 원하지는 않더라도 승리를 원하는 일시적 행위자에게 이입하는 것은 가능하다. 그리고 게임에 관한 우리의 경험은, 우리가 게임을 통해 서로 매우 다른 행위성들을 받아들일 수 있음을 보여 준다. 우리는 여러 게임들이 만들어 내는 아주 다양한 행위성에 이입해 볼 수 있다. 우리는 남들을 이기거나, 남들과 협업하거나, 가상 환경에서 가급적 오래 살아남는 등 다양한 일에 몰두하는 일시적 행위성을 받아들일 수 있다. 행위성을 받아들일 수 있는 역량은, 게임이 행위성을 매체로 작동한다는 사실과 결합되면, 행위성을 주고받고 전파하는 일을 가능케 한다. 우리는 스스로의 유동성 덕분에 장기적인 자기 자신 바깥으로 나와, 소설이 가능케 해 주듯이 새로운 관점에서 세계를 보는 것은 물론이고, 새로운 행위적 관점에서 직접 행위해 볼 수도 있게 된다.

이쯤 되면, 게임이 조금 징그럽게 보이기 시작할지도 모르겠다. 게임이 행위의 측면에서 다소 선을 넘는다고 느껴질 수도 있겠다. 내 설명에 따르자면 게임을 플레이한다는 것은 새로운 행위성, 즉 다른 누군가가 디자인한 행위성을 받아들인다는 것을 의미한다. 이것이 조금 이상한 종류의 복종으로 느껴질 수도 있다. 우리는 게임을 할 때 게임이 잠시 우리의 행위성 형식을 지배하도록 허락한다. 내가 어디에 집중할지, 어떤 능력을 사용할지, 심지어 내가 무엇을 원해야 할지도 다른 사람이 지시하도록 놔둔다. 우리는 그 새로운 행위성을 자발적으로 받아들일 수 있지만, 그것은 여전히 다른 사람이 디자인한 낯선 행위성일 뿐이다. 게임 플레이에서 우리는 바로 우리 스스로를 다른 사람의 명령에 따라 변형시킨다. 게임이 행위성을 매체로 하여 작동한다는 통찰이 게임의 중심적인 문제를 드러내는 셈이다. 이 중심적인 문제란 바로 게임을 플레이하는 것이 불가피하게 우리의 자율성을 침해한다는 점이다.

이는 게임을 둘러싼 대중적 논의와 학술 연구 양측에서 쉽게 찾아볼 수 있는 의혹이다. 그런 우려의 시선에 따르면, 구조화된 게임을 플레이하는 행위에 수반되는 권위에의 복종에는 무언가 찝찝한 면이 있다. 우리가 원하는 만큼 창의성을 발휘할 자유를 지니고 또 우리가 원하는 모든 목표를 추구하는 것이 훨씬 바람직할 것이다. 그렇기에, 이런 우려를 더 밀고 나가자면, 우리는 우리가 무슨 목표를 가져야 하는지, 어떤 규칙을 따라야 하는지를 지시하지 않는 게임을 해야 한다. 구조에 갇힌, 규칙에 얽매인, 목적을 좇는 게임들보다 차라리 장난감을 가지고 놀아야 한다. 체스보다 레고를 더 좋아해야 한다. 「마인크래프트」(Minecraft)같이 탐험과 자유로운 플레이를 위한 가상 환경을 제공하면서도 플레이어들이 각자의 목표를 스스로 결정하는 창의적인 샌드박스 게임을 우리는 지지해야 한다.

이러한 우려 섞인 관점을 명료하게 정식화하는 것은
바로 미겔 시카르트이다. 시카르트가 말하기를, 구조화된
게임은 참된 놀이(play)의 덜떨어진 사촌이다.
시카르트에 따르면, 놀이는 본질적으로 자유로우며 모든 것을
전유한다(appropriative). 즉 놀이는 관습적인 사물을
일상의 맥락에서 끄집어내어 그 용법을 변화시킨다. 놀이는 본질적으로
교란이다. 즉, 무언가의 정상적 상태를 교란한다. "놀이는 사건, 구조,
제도를 전유하여 그것들을 조롱하고 하찮게 만든다."(Sicart
2014, 3) 그리고 게임은 놀이를 위해 만들어진다. 혹은 시카르트가
표현하기를 "게임은 놀이의 형식적 발현일 뿐이다."(85) 하지만
놀이는 그 본성에 있어서 본질적으로 비구조적이다. 즉, 그것은
축제와도 같으며 모든 것을 전유한다. 그런데 구조화된 게임은 이러한
종류의 재전유를 거부하며 이로써 참된 플레이를 차단한다. 구조화된
게임을 진지하게 여기는 것은, 그러니까 게임의 구조와 규칙에
스스로를 온전히 내어 준 채 그저 열심히 이기고자 애쓰는 것은 사실
놀이가 지니는 카오스적, 반권위주의적 본성과 상충하는 셈이다.

게임 디자이너들은 그들이 의도한 목적대로 플레이를 제약,
통제, 조종한다는 이유로 가끔 찬사를 받는다. 하지만 시카르트가
말하기를, 이것은 전유, 창의성, 무질서 등과 같은 플레이의 본질적
정신과 배치된다. 게임 디자이너가 일종의 예술가라는 생각은
저자성(authorship)을 내포하고 있으며, 이는 플레이어가
게임과 어떻게 대면할지를 제어할 특별한 권위를 게임 디자이너에게
수여하는 것이다. 그 대신, 시카르트는 게임 제작자들이 제공해야 할
것은 오로지 인상적인 플레이를 촉발할 핵심 요소로서 맥락뿐이라고
말한다.(Sicart 2014, 86-91)

놀이를 디자인하는 것은 체계보다는 환경을, 세계보다는
무대를, 퍼즐보다는 모델을 창조하는 것을 의미한다.

창조의 결과는 일단 개방적이고 유연하며 가변적이어야
하며 이로써 플레이어들이 전유하고, 표현하며,
행위하면서 상호작용하고, 형식 자체를 만들어 내면서도
그 일부가 될 수 있도록 해 주어야 한다.(90)

그렇기에 시카르트는 구조화된 게임이 그 목적에 비추어 실패할
뿐이라고 말한다. 게임의 목표는 놀이를 촉진하는 것이지만, 구조화된
게임은 바로 그 자체의 구조로써 그러한 놀이를 훼손한다.

흥미롭게도, 아방가르드 예술계에서 일어난 최근 논의에서
이와 거의 완전히 같은 비판을 발견할 수 있다. 참여적, 사회적 예술
작품의 창작에 주목하는 사회적 예술과 관계 미학의 운동을 예로
들어 보자. 이러한 작품들에서는 관객의 행위와 상호작용이 예술
작품의 핵심적 부분으로 간주되곤 한다. 그에 해당하는 예술 작품은
가령 미술관 내에 정말로 운영 중인 식당을 작품으로 창작하기도
한다. 어떤 사람은 이러한 예술 운동이 게임의 기법을 활용하는
일에 관심이 있으려니 생각할 수 있다. 실제로 관계 미학에 관한
니콜라 부리오의 기념비적 선언문은 이러한 말로 시작한다. "예술
활동은 게임으로, 그 형식, 패턴, 기능은 시간과 사회적 맥락에 따라
진화한다."(Bourriaud 2002, 11)

그러나 예술적 아방가르드는 규칙, 목표 등을 비롯하여 게임과
비슷한 구조들을 작품에 사용하는 일을 기피해 왔다. 사회적
예술 분야 전반에 걸쳐 규정적 관행들(prescriptive
practices)에 대한 알레르기가 나타나는 것이다. 예를
들어, 미술사학자 권미원은 초기 사회적 예술 전시『행동하는
문화』(Culture in Action)에 대하여, 예술가들이
참여자들이 원하는 사회적 관계를 자유롭게 형성하게 하기보다
특정 종류의 사회적 관계를 강제함으로써 "규정적이고 모든 것이
결정된 상황들"을 제시한다고 비판한다.(Kwon 1997, 140,

Finkelpearl 2012에서 재인용) 이러한 비판의 기저에 깔린 전제는, 규칙이란 자유를 침해하므로 사회적 예술에는 규칙이 있을 자리가 없다는 생각이다. 그러한 전제의 기저에 또 하나의 전제가 놓여 있음이 분명하다. 관객의 자율성을 보장하기 위해서는 예술 작품을 감상할 때 그들을 가급적 자유롭게 놔두어야만 한다는 생각이 그것이다. 시카르트와 권미원의 비판은 모두 자유의 본성에 대한 특수한 관점에 기초하는 것으로 보인다. 관객이 작품을 경험할 때 자유롭고 제약 없는 상태에 놓일수록 관객의 자유와 자율성의 측면에서 보다 바람직하다는 것이다. 만일 이러한 입장이 참이라면 슈츠적 게임의 입장에서는 정말 암울할 것이다.

하지만 나는, 행위적 매체의 제약과 특수성이 장기적인 자유와 자율성을 강화해 주는 특별한 방식이라는 정반대의 결론을 제시한다. 게임의 규제들은 게임이 행위성 유형들을 '전달'하는 데 필수적이다. 게임의 명령에 따라 새로운 행위성 유형을 채택하는 것은 어떤 행위자가 되는 새로운 방식들을 배우기 위한 수단이다. 모든 창의성의 통제권을 여러분이 점유할 행위성의 세부 사항에 단기적으로 넘겨 줌으로써 여러분은 내면에서 새로운 행위성 형식을 배울 수 있게 된다. 이는 자율성의 장기적인 성장을 가져온다. 독서가 외부로부터 생각을 침범당하는 일이 아닌 것과 마찬가지로, 게임 플레이도 외부로부터 자율성을 침범받는 일이라고 할 수 없다. 게임 플레이는 조형된 행위성에 참여하는 자발적 형식으로서, 누군가 만들어 낸 행위성 유형들을 우리가 받아들이고 경험할 수 있는 방법이다.

그렇기에 게임은 우리에게 아주 특별한 무언가를 선사한다. 즉, 새로운 행위성에 우리를 노출시켜 주는 것이다. 내가 주장하기를, 보다 넓은 범위의 행위성을 경험하게 되면 다양한 방식으로 우리의 자율성을 증진하고 강화할 수 있다. 언어와 정치의 영역에서 우리는 다종다양한 생각에 노출됨으로써 자율성을 강화할 수 있다고 생각한다. 이와 비슷하게, 다종다양한 게임에 노출됨으로써 우리는 자율성을 강화할 수 있다고 나는 주장한다. 게임은 행위성의 라이브러리를 구축하며, 그 속에서 우리는 새로운 행위성 유형을 발견하고 그것과 친해진다. 자유로운 플레이는 이 라이브러리를 짓는 데 도움이 되지 않는다. 이 라이브러리를 만드는 것은, 규제, 규칙, 목표를 이용하여 특수한 행위성 유형을 특정하는 구조적 게임들을 만들고 플레이하는 의사소통적 과정이다.

이 장은 게임 플레이의 도구적 용법, 즉 게임이 우리를 어떻게 발달시키는지에 집중한다. 나는 이로써 게임이 미적 가치를 갖는다는 주장을 반박하려는 것이 아니다. 게임이 그 두 가치를 모두 가진다고 보는 것은 얼마든지 타당하다. 내가 가장 사랑하는 소설들은 내재적으로 가치 있는 미적 경험을 제시할 뿐 아니라, 감정적, 도덕적 감수성을 증진시키기도 한다. 게임은 우리에게 복수의 가치들을 접해 볼 기회를 준다. 하지만 내 생각에 게임의 고유한 미적 가치와 고유한 발달적 가치는 같은 원천에서 비롯한다. 게임이 행위성을 매체로 작동한다는 사실이 바로 그 원천이다.

자유와 제한

구조화된 게임에 대한 거부는 자율성에 대한 평범하면서도 과도하게 단순화된 관점으로부터 비롯되는 것으로 보인다. 규칙과 제한 사항이 적을수록 자율성은 커진다는 것이 그 관점이다. 이를 자율성에 관한 '무규칙'(rules-free) 관점이라고 부르자. 이는 자율성에 관한 극히 부정적인 관점으로, 그에 따르면 우리는 타인을 귀찮게 하지 않음으로써 타인의 자율성을 존중한다.

그러나 이러한 단순한 관점에 대해 여러 철학자와 정치 이론가들이 중대한 의문을 제기해 왔다.[28] 우선, 규칙과 제한 사항을

---

28   이와 같은 소박한 관점들의 요약과 그에 대한 나의 답변으로는 Nguyen(2010) 참조.

자발적으로 받아들이는 것이 자율성의 일부분을 구성하기도 한다. 생각해 보면 이것은 합의제 정부가 갖춰야 할 모습이기도 하다. 이뿐만 아니라, 우리는 자기 통제의 한 가지 기법으로서 자기 자신에 대해 제한을 두기도 한다. 이러한 자기 억제는 매우 친숙하다. 존 엘스터가 주장하듯이, 자율성에 대한 합리적 이론이라면 행위자가 가끔은 스스로를 제어하고 자기 의지를 억제해야 한다는 사실을 받아들여야만 한다. 예를 들어 만일 내가 담배를 끊고자 한다면, 집 근처 편의점 주인에게 나에게 담배를 팔지 말라고 돈을 지불할 수도 있다. 이러한 제한은 내 자율성을 방해하는 것이 아니라, 사실은 자율성의 표현인 셈이다. 이는 나의 장기적 의지가 그것의 선택들을 고집스러운 단기적 의지에게 강제하는 것과 같다.〈Elster 1977〉

여기서 끝이 아니다. 행위자에게 더 많은 선택지를 제시해야 행위자의 자유를 증진할 수 있다는 단순한 관점을 잠깐 떠올려 보자. 그렇다면 제한 사항들이 더 넓은 범위의 선택지를 가져다 준다면 제한 사항들이 자유를 강화한다고도 할 수 있게 된다. 간단한 예가 있다. 텅 빈 들판에 혼자 서 있다고 생각해 보자. 내가 움직일 수 있는 범위는 비교적 무제한적이다. 여기에 벽, 문, 지붕 등을 더한다고 상상해 보자. 이제 들판 한가운데 집이 서 있게 된다. 매우 단순하게 볼 때, 나의 움직임은 제한된 셈이다. 이제 벽이 생겼고, 움직일 경로가 일부 차단되었다. 하지만 이 단순한 제한 사항들은 더 풍부하고 또 실질적으로 보다 새로운 일군의 선택지들을 만들어 주기도 한다. 이제 나는 안에 있을 수도 바깥에 있을 수도 있고, 숨어 있을 수도 나와 있을 수도 있다. 제한 사항은 새로운 선택지를 만들어 주며, 이 새로운 선택지들은 사라진 어느 선택지보다도 더 풍부한 의미를 제공한다.

분명 게임은 내가 취할 수 있는 행위의 메뉴판에 더 많고 풍부한 선택지를 더해 줌으로써 자율성에 기여한다. 이것이 슈츠의 통찰이었다. 즉, 게임은 부분적으로 제약을 통해 구성된 활동이라는 것이다. 작은 단위에서 살펴보면, 제한 사항이 완전히 새로운 선택지를 정말로 구성해 주기도 한다. 농구에서 '점수 내기'라는 행위는 드리블 제한 및 위반의 조건들을 통해 부분적으로 구성된다. '점수 내기'는 농구 규칙 바깥에서는 존재할 수 없는 행위이다. 더 넓혀서 생각하면, 이러한 제한이 바로 게임 플레이라는 활동 자체를 구성한다. 누군가 자율성이라는 이유로 인해 새로운 규칙을 받아들이기를 거부한다면, 결국에는 취할 수 있는 행위의 선택지가 줄어들게 될 뿐이다. 그 사람은 농구, 체스, 「팀 포트리스」(Team Fortress), 머리에 봉투 쓰기, 「트위스터」, 또 그 외의 슈츠적 게임을 플레이할 수 없게 된다. 그렇기에 제한 사항들이 오히려 새로운 선택지를 구성함으로써 자율성을 높여 준다고 할 수 있다.

하지만 이러한 관찰은 아직 시작일 뿐이다. 사실 지금까지 이야기했던 것은 게임의 제한 사항들이 더 많은 게임을 플레이할 수 있게 해 줌으로써 자율성을 증진한다는 것이었다. 이는 왠지 사소한 통찰처럼 보인다. 제약이 게임을 플레이하는 활동 자체를 구성한다는 슈츠의 관찰을 그저 반복하고 있을 따름이다. 그러니 나는 훨씬 의미심장한 것을 주장하고자 한다. 그러니까, 게임의 구조는 우리의 자율성 전체를 체계적이고 광범위한 방식으로 강화할 수 있다. 게임은 우리가 가진 자율성의 전체적인 형태를 발달시킴에 있어서 어떤 역할을 수행할 수 있다.

행위성에 관한 새로운 대안들

나의 주장을 단적으로 말해 보자면 이러하다. 게임 플레이에서 우리는 일시적 행위성을 받아들인다. 이 행위성들은 타인에 의해 조형된 것으로, 게임을 통해 우리에게 전달된다. 달리 말해, 게임은 여러 행위성 형식을 저장하고 주고받기 위한 하나의 매체이다. 그렇기에 게임들의 모음은 행위성의 라이브러리를 구성한다. 게임은 서로 다른 행위성들 및 그러한 행위성들의 서로 다른 사회적 배치를 저장하고, 그에 대한 접근 권한과 몰입 경험을 제공한다. 그렇기 때문에 우리는 행위성의 라이브러리를 탐색하여 여러 가지 유형의 행위성을 접해 볼수 있다. 어떤 게임이 높은 반응 속도에 초점을 둔다면, 또 어떤 게임은계산적인 예측 능력에, 혹은 교섭과 협상에, 혹은 협력 관계와 공동이득을 조정하는 일에 초점을 둘 수 있다. 여러 게임을 폭넓게 접하면대안적인 행위성 유형들의 존재를 알게 되어 행위자의 자율성이 강화될수 있다. 행위성을 주고받음으로써 우리는 서로의 자율성을 더 넓고풍부하게 만들 수 있다. 행위성에 대한 서로의 지식을 넓히고, 여러행위성 유형을 오갈 역량과 적합한 행위성 유형을 찾는 능력을 키워주는 것이다. 행위성의 소통 매체로서 게임은 자율성의 계발에 있어서어떤 협업 프로젝트처럼 도움을 준다. 우리는 새로운 형식의 행위성을생각하고 이를 게임에 기입하여 서로 공유할 수 있다. 행위성의유형들을 손질하고 미래 세대를 위해 그것들을 저장할 수도 있다. 이제이 장의 나머지를 할애하여 이와 같은 주장의 세부를 채워 넣을 것이다.

첫째, 내가 말하는 '행위성 유형'(**mode of agency**)은무엇을 의미하는가? 행위적 유형(**agential mode**)이란행위자가 되는 집약적인 방식이다. 어떤 행위적 유형에 진입한다는것은 곧 특정 목표들과 그 목표들을 달성할 방법으로서 특정 능력들에집중함을 의미한다. 어떤 집에 대하여 그 집의 에너지 효율을높이겠다는 목표 아래 내가 가진 목수의 능력과 기계공의 능력을 모아접근하는 것—이것은 하나의 행위적 유형이다. 또 어떤 집에 대하여 그집의 에너지 효율을 높이겠다는 목표 아래 타인의 서비스를 구매하는나의 경제적 능력을 모아 접근하는 것—이것은 또 하나의 행위적유형이다. 또 어떤 집에 대하여 그 집을 더 아름답게 만들겠다는 목표아래 화가로서의 능력과 감수성을 모아 접근하는 것—이것도 또 하나의행위적 유형이다.

우리처럼 인지적으로 한정된 존재들은 대개 한 번에 한 가지행위성 유형만을 이용하여 세계에 접근한다. 내가 내 집을 더 낫게만들고 싶을 경우, 나는 일련의 행위성 유형들을 받아들임으로써 그렇게 한다. 그 일련의 행위성 유형들 속에서 나는 내가 고려해 봄직한 다양한 요소들―가령 집의 구조적 안정성, 일상적 편리성, 아름다움 등―을 하나씩 생각해 보고, 서로 다른 능력들에 집중하여 각 요소들을 구현해 본다. 그리고 나는 삶에서 마주치는 엄청나게 다양한 실천적 요구에 대응하느라 계속해서 여러 행위적 유형을 오간다. 내가 우리 학과를 위한 자원을 따와야 하는 위원회에 참석할 때 나는 우리 학과를 돕겠다는 목표에, 그리고 이를 위해 나의 정치적 능력을 활용하는 데 집중한다. 학생들을 위해 일할 때는 교육이라는 목표에, 그리고 의사소통 능력을 활용하는 데 집중한다. 또 우리는 한 가지 일을 하는 와중에 서로 다른 행위적 유형들을 차례로 활용하기도 한다. 내가 글을 한 편 쓸 때, 나는 연구자 유형, 창의적인 유형, 엄밀한 유형, 의사 전달에 힘쓰는 유형, 그리고 마지막에는 하나하나 트집 잡는 교정자 유형을 오고 간다. 때로는 옳은 일을 한다는 것이 적절한 행위적 유형을 찾는 일과 연관되기도 한다. 근무 시간에 학생과 이야기를 나눌 때, 나는 이 면담이 레포트의 세부 내용에 관한 것만이 아니며, 사실 학생들이 심각한 스트레스 속에서 감정적으로 힘들어하고 있다는 점을 깨닫기도 한다. 그럴 경우 나는 논변 분석을 도구 삼아 엄밀한 논변과 글의 명료함에 대해 가르치는 데 집중하는 철학 교사 유형으로부터, 다양한 감정 이입 능력을 이용하여 학생들의 감정적 고충을 발견하고 해소해 주고자 노력하는 심리 상담사 유형으로 전환해야 한다.[29]

분명 행위적 유형은 게임의 일시적 행위성과 유사해 보인다.

---

[29] 행위적 유형에 관한 나의 논의를 일라이자 밀그램의 분할 행위성 논의와 비교해 보라. 밀그램에 따르면, 우리 모두는 여러 직업 따위를 오가야 할 때 서로 다른 행위적 입장(niche)을 취할 역량, 즉 새로운 가치를 받아들이고 전과 다른 능력에 집중하는 역량을 지닌다. 그러나 밀그램이 말하는 입장이란 장기 지속되고 천천히 변화하는 데다가, 그는 우리가 오직 하나의 입장만을 점유할 수 있다고 생각하는 것으로 보인다.(Millgram 2015, 234-268) 내가 설명한 행위적 유형들은 그에 비해 보다 유동적이고 단기적이다.

게임은 행위적 유형을 형식화한 것이며, 게임은 결정화되고 틀 지어진 행위적 유형이다. 각 게임은 정확한 목표를 특정하고 그 목표를 성취하기 위한 능력이 정확히 무엇인지를 특정함으로써 행위적 유형을 매우 세세하게 고정한다. 일상 현실은 그보다는 자유로운 형태를 띤다. 나는 종종 적합한 행위적 유형을 스스로 선택해야 한다. 만약 누군가 행위적 유형의 존재에 대해 회의적이라면, 분투형 플레이의 가능성에 관해서, 즉 게임이 특정한 일시적 행위성을 받아들일 수 있는 역량에 관해서 내가 지금껏 제시한 모든 논변들도 우리가 행위적 유형을 받아들일 수 있음을 보여 준다는 것을 유념하자. 게임 플레이는 매우 형식화된 것이기에 우리가 행위성 사이를 유연하게 옮겨 다닐 역량을 지닌다는 점을 더욱 또렷이 드러내 준다. 그러한 현상이 일어남을 게임 속에서 또렷하게 확인하고 나면, 삶의 다른 영역에서 수행되는 보다 옅은 형태의 행위성 이동을 더 수월하게 확인할 수 있을 것이다.

그러니까 게임 플레이는 플레이어로 하여금 새로운 행위적 유형에 접근할 수 있도록 해 준다. 게임 플레이에서 우리는 기존과 다른 행위성을 받아들이는데, 이는 우리가 이전에는 경험해 보지 못한 행위성 유형을 접하게 해 준다. 그리고 게임은 그러한 행위성의 윤곽만을 그려서 보여 주는 것이 아니라, 플레이어를 그 행위성 속에 푹 빠뜨려 그 행위성 형식을 속속들이 접할 수 있게 한다.

예술 작품이 이처럼 발달적 효용을 갖는다는 생각은 꽤 익숙할 것이다. 마사 누스바움은 이러한 경험적 몰입에 의거하여 내러티브가 갖는 도덕적 중요성을 옹호한 바 있다. 누스바움이 말하기를, 내러티브는 본질적으로 도덕적이다. 하지만 이것이 내러티브가 성가실 정도로 함축적인 '이야기의 교훈'을 준다는 말은 아니다. 내러티브는 세계에 대해 인지적으로 풍부한 감정적 경험을 형상화할 수 있다. 결정적으로, 누스바움은 감정이 인지적이라고 생각한다. 분노는 불의를 이해하는 방법이고, 슬픔은 잃어버린 무언가의 가치를 이해하는 방법이다. 하지만 우리 감정은 정확히 조율되기도, 잘못 조율되기도 한다. 잘못 조율된 분노는 부적합한 대상에게 쏟아지지만, 잘 조율된 분노는 진짜 불의에 맞선 행동을 촉발한다. 경험의 범위가 폭넓다면 우리의 감정을 더 잘 조율할 수 있다. 하지만 우리가 할 수 있는 직접 경험의 범위는 물론 한정되어 있다. 우리는 제한된 삶을 사는 유한한 존재이다. 바로 이 점 때문에 내러티브가 등장한다. 내러티브는— 픽션이든 논픽션이든—우리 자신의 협소한 인생을 훨씬 넘어설 풍부한 감정적 경험을 제공한다. 내가 1950년대 미국 경제 상황 속에서 여성으로 일하는 것이 어떤지를 직접 알 수 없지만, 내러티브를 통해 그런 경험을 어렴풋이 알게 되며, 그에 더해 약간의 감정적 공감도 가져 본다. 내러티브는 그러한 지식을 무미건조한 요약본으로 넘겨주는 게 아니라, 나와는 다른 삶 속에 나를 경험적으로 몰입시킨다. 내러티브는 나로 하여금 실제로 그 감정들을 느끼게 만들고, 일상으로 돌아왔을 때 그런 감정을 더욱 잘 느끼게끔 만든다.(Nussbaum 1992, 3-53, 125-147, 261-285)

내가 주장하는 바는 게임이 이와 유사한 형식의 경험적 몰입을 제공한다는 것이다. 게임은 다양한 사회 구조 속 서로 다른 행위성 유형 및 서로 다른 행위성 배치가 가져오는 풍부한 경험에 접근시켜 준다. 게임은 플레이어를 자신과 다른 행위성에 경험적으로 몰입시키고, 이로써 플레이어가 다른 삶의 영역에서도 그 행위성 유형을 쉽게 체험할 수 있게 만든다. 게임은 행위자가 되는 방법들에 관하여 더욱 폭넓은 메뉴를 만들어 주는 것이다.

파티 게임 세계의 매력적인 최근작 「스파이폴」(Spyfall)을 살펴보자. 「스파이폴」에서 플레이어들은 특별 카드 무더기에서 한 장의 카드를 가져간다. 사람이 여덟 명이라고 하면, 그중 일곱 사람은 장소 카드를 받게 되는데 이들은 한 팀이 된다. 그리고 나머지 한 사람만 '스파이' 카드를 받게 되는데, 이 사람은 교활한 스파이가 된다. 일곱 장의 카드는 같은 장소를 지정한다. 팀에 속한 플레이어들은 가령 모두들 오페라 하우스에 있다는 점을 안다. 반면 스파이를 맡은 플레이어는 지정된 장소가 어디인지를 전혀 모른다. 이 팀의 목표는 누가 스파이인지를 합심하여 알아차리는 것이다. 스파이의 목표는 자기 정체가 탄로나기 전에 먼저 팀에게 배정된 장소를 캐내는 것이다. 하지만 물론, 팀에 속한 플레이어들은 누구를 믿어야 할지를 아직 모른다.

이제 변죽 치기에 헛소리에 분탕질까지 아주 섬세하고도 배꼽 빠지는 춤사위가 벌어진다.[30] 팀에 속한 플레이어들은 질문을 던지고 서로의 질문에 대답하며, 자신이 올바른 장소를 알고 있다는 것을 팀에 속한 다른 플레이어들에게 은근히 알려야 하고, 또 동시에 스파이로부터 엉뚱한 대답을 이끌어 내기도 해야 한다. 하지만 팀에 속한 이들은 너무 뻔히 보이는 질문이나 대답을 삼가야 하는데, 안 그러면 스파이가 눈치를 챌 것이기 때문이다. 만약 장소가 오페라 하우스라면, "아리아가 참 좋지 않아요?" 같은 질문을 해서는 안 되는 것이다. 뛰어난 팀 플레이어는 팀원들에게 자신이 답을 알고 있음을 은근하게 전달하면서도, 스파이는 알아차리지 못하도록 모호하게 이야기한다. 물론 스파이는 이 사이를 비집고 들어와 전략적인 모호함을 흉내 내어 헛소리를 늘어놓으며 내내 힌트를 찾아 헤맨다.

이 게임은 알고 보면 대단히 웃기다. 하지만 이 게임은 헛짓거리와 배꼽 빠질 듯한 웃음 속에서도 여러 특수한 기술들을 이용한 아주 섬세하고 집약적인 인식적 춤사위를 마련한다. 팀에 속한 플레이어들은 아주 구체적인 종류의 정보 전달에 주목한다. 그들은 내부 정보를 넘겨주지 않는 선에서 슬며시 내비쳐야 한다. 스파이는 대화 중간에 무언가를 알고 있는 것처럼 들리지만 실은 아무런 제대로 된 정보가 없는 내용의 헛소리를 늘어놓는 와중에 그 암호를 풀어 내야만 한다. 그리고 물론 팀에 속한 플레이어들은 바로 그런 종류의 헛소리를

---

30   여기서 '헛소리'〈bullshit〉는 '진실에 의거하지 않은 채 설득하려는 시도'라는 엄밀한 의미에서 사용한다.〈Frankfurt 2009〉

감지하는 데 온 신경을 집중해야만 한다. 「스파이폴」의 경험은 간소한 메커니즘만으로도 이 게임의 실천적 목표에 전적으로 몰두하게 된다는 점에서 굉장하다. 현실 세계에서라면 이러한 편협함은 심리적인 강박이나 인간사의 여러 다양한 요구들에 대한 무감각함의 표시이기에 문제로 여겨질 것이다. 하지만 게임에서는 실천적 삶의 단 한 가지 측면에만 몰두하는 것이 얼마든지 허용된다.

또 다른 예술적 취미로 나는 마크 로스코의 그림에 대한 깊은 애정을 가지고 있다. 때로 나는 로스코의 그림이 내면의 기분에 관한 것이라고 생각한다. 또 어떤 때에는, 미술관에 함께 가는 사람이 내게 말했듯 그저 바다와 하늘이 만나는 지평선의 긴 연장선으로 보여서, 그것이 지평선의 질감에 집착했던 J. M. W. 터너의 정신적 연장선 위에 있다고 여겨지기도 한다. 하지만 또 다른 때에는, 색 자체의 단순한 탐험이라고 생각하기도 한다. 로스코의 회화는 회화의 메커니즘과 제도적 관습을 이용하여 관람자가 특정 색들의 미묘한 변주와 대비의 경험 속에 잠시 흠뻑 빠지게 만든다. 「스파이폴」은 이와 비슷하되, 다만 색이 아닌 행위성을 사용한다. 이 게임은 인간의 추론과 기술에 숨어 있는 아주 작고 특수한 구석을 집요하게 탐험한다. 예술 작품은 때로 세계의 일부에 틀을 씌우고 관람자로 하여금 그에 특별히 주의를 기울이게 유도한다. 만일 「스파이폴」을 하나의 작품이라고 본다면, 이 게임은 헛소리 및 헛소리 감지라는 실천을 둘러싼 틀을 세운다고 설명하는 게 적절할 것이다. 「스파이폴」의 경험은 어떤 가상 환경 따위를 만드는 데서 비롯하는 것이 아니라, 실천적 행위자를 정확히 적발해 내는 것에서 비롯한다. 그 과정 속에서 모든 실천적 행위자가 정보를 캐내겠다는 합의된 실천에 일사불란하게 합심하는 하나의 활동이 창조된다.

게임은 놀라울 정도로 다양한 실천적 유형을 부호화(en-code)할 수 있다. 다양한 게임과 그에 기입된 유형들을 폭넓게 접할수록 내가 보유한 행위적 유형의 목록이 확대된다. 나는 체스 속에 부호화된 '상대가 취할 수 있는 수를 집요하게 예측하기'라는 행위성 유형을 익힌다. 혹은 「스파이폴」속 '분탕질과 딴소리를 눈치챌 힌트를 찾기'라는 유형을 익힌다. 여타 세상의 많은 게임들이 제시하는 온갖 행위성 유형의 경우도 마찬가지이다. 내가 「스파이폴」을 충분히 플레이하여 분탕질과 가장을 집요하게 구분하는 행위적 유형을 내면화하게 되면, 대학교 위원회에서도 그와 비슷한 속임수에 좀 더 민감해지도록 이 행위적 유형을 걸칠 수도 있을 것이다.

우리는 게임을 할 때 행위성의 라이브러리를 탐험한다. 이 탐험을 통해 우리는 자신의 행위성을 어떻게 점유할지에 관해 더 많은 선택지를 접할 수 있다. 선택지가 많을수록 우리는 더 큰 자율성을 띠고, 합리적 존재로 살아감에 있어서 더 자유로워진다.[31]

이 모든 것은 게임이 행위성을 기록하고 전달한다는 사실 때문에 가능한 것이다. 우리는 행위성 형식을 주고받을 수 있는 만큼, 행위성과 자율성을 발달시키는 과업에 있어서 서로를 도울 수 있다. 우리는 혼자였다면 발견조차 하지 못했을 여러 행위성 유형들을 경험할 수 있도록 서로를 도울 수 있다. 생각해 보면 혼자서는 떠올릴 수 없었을 정신 상태에 접근할 수 있도록 하는 것이 바로 의사소통의 핵심이니 말이다.

자율성, 자기 통치, 그리고 게임

내 주장은, 우리가 서로 다른 행위적 유형을 익힐 경우 실천적 상황 속에서 어떻게 행동할지에 있어서 더 폭넓은 선택지를 가지리라는 것이었다. 게임은 '실천의 방식들'(**way of being**

---

31   새로운 것을 접함으로써 사고가 죽어 있는 도그마로 굳어지지 않고 생명력을 얻을 수 있다는 주장과 관련하여 밀(Mill)에 관한 일라이자 밀그램의 논의를 참조하라.(**Millgram 2004, 167-173; Mill [1859] 1999**).

practical〉을 집어넣을 보관소를 만들어 준다. 그리고 이러한 보관소는 적절히 잘 관리만 한다면 우리의 자유와 자율성을 증진할 수 있다.

이와 같은 주장이 다소 허황된 소리로 들릴 수도 있다. 게임이 어떻게 자율성 발달에 정말 구체적인 도움이 되겠는가? 이에 어떻게든 대답하려면, 자율성과 자유에 관한 여러 구체적인 이론의 세부 내용을 들여다봐야만 할 것이다. 안타깝게도 이 영역은 얽히고설킨 논쟁투성이인 데다가, 나에게는 이 자리에서 자율성 또는 자유에 관한 어떤 특정 이론을 가져다가 옹호하려는 의도가 전혀 없다. 그 대신에 나는, 게임이 우리에게 무얼 해 주는지에 관해 몇 가지 일반적인 주장을 제시하고, 그러한 주장이 어떤 구체적인 자율성 및 자유 이론과 잘 어울릴지를 살펴보고자 한다. 이해를 돕기 위해서 내가 여러 가지 대표적인 설명들을 골라 보았는데, 모쪼록 독자 여러분이 잘 따라와서 각자 마음에 드는 설명 방식에 적용해 볼 수 있기를 바랄 따름이다.

가장 먼저, 뼈대가 되어 줄 단순한 주장을 내놓아 보겠다. 여러분이 생각하기에 자유란 더 많은 선택지를 가짐을 의미한다고 하자.[32] 그렇다면 행위적 유형은 어떻게 더 많은 선택지를 줄 수 있는가? 가장 단순히 말해서, 더 폭넓은 행위적 유형을 가져다 활용할 수 있다는 것은, 어떤 행위적 유형을 점유할지에 관해 여러 선택지를 제공한다. 내가 만약 감정 이입의 유형에만 익숙하다면, 나는 유형을 바꿀 수 없다. 그런데 내가 감정 이입과 도움에 능한 유형과 마키아벨리가 말한 것마냥 남들을 조종할 수 있는 유형 모두에 익숙하다면, 이제 나는 두 개의 유형 사이에서 왔다 갔다 할 수 있게 된다. 이는 그 자체로 나로 하여금 더 높은 정도의 자유를 느끼게 해 준다. 만약 이 가짓수가 더 늘어난다면 나의 결정에는 더 큰 자유가 주어질 것이다. 왜냐하면 내가 어떻게 세상을 헤쳐 나갈지를 계획하는

---

32   이러한 단순한 관점에 대한 옹호로는 **Waller**〈1993〉 참조.

데 더 많은 선택지가 생기기 때문이다.

찬드라 스리파다는 최근 저작에서, 어떤 행위자의 자유는 그들이 가진 선택지 집합(option set)의 크기에 의해 좌우된다고 주장한다. 스리파다가 보기에 중요한 점은 이 선택지들이 구성되는 것이라는 점이다. 스리파다가 말하기를, 사람들이 동물보다 더 큰 자유를 누리는 이유는 바로 사람들이 더 다양한 종류의 선택지를 구성할 수 있기 때문이다. 우리는 복잡한 계획을 짤 수 있으며 이로 인해 우리가 가진 선택지 집합의 폭이 넓어진다. 지적인 존재들은 오른쪽으로 갈지, 왼쪽으로 갈지만을 고민하지 않는다. 그들은 샌드위치 먹으러 오른쪽으로 가거나, 좋은 풍광을 보러 오른쪽으로 가거나, 후라이드 치킨을 먹으러 왼쪽으로 가거나, 지름길로 가기 위해 왼쪽으로 가기를 선택할 수 있다.(Sripada 2016a) 우리가 더 많은 행위적 유형을 가질 경우, 계획할 수 있는 선택지는 더 많아진다. 내가 학과 예산을 끌어와야 하는 중요한 대학 회의에 참여한다고 해 보자. 만일 내가 아주 다양한 행위적 유형을 지니고 있다면, 더 많은 선택지가 내게 있는 셈이다. 나는 예산을 끌어오기 위해 가령 협상의 유형, 공격적인 유형, 흥정의 유형 등을 이용하겠다고 계획할 수 있다.

하지만 어쩌면 이와 같은 자유의 개념은 다소 빈약해 보일 수 있다. 우리에게는 선택지가 다양하다는 점 이상의 규정이 필요하다. 우리가 원하는 것이 어쩌면 자기 통치(self-govern)의 역량, 혹은 자기 통치를 아주 잘 해내는 역량일 수도 있겠다. 이러한 맥락에서 자율성의 이론들을 살펴보려 한다. 그런데 다시 말하지만 이론들의 세부에 따라 많은 것이 달라진다. 어떤 이론들에 따르면, 자율적이라고 할 수 있으려면 자신의 참된 자아의 욕구를 행위로 적절히 옮길 수 있어야 한다. 이를 '정합론적'(coherentist) 이론이라고 부르자. 정합론의 기본 생각은 이러하다. 가령 '앎을 획득하겠다'와 같이 참된 자아의 욕구와, 또 가령 '대낮부터 술이나 마시겠다'와 같이 그에 끼어드는 지엽적 욕구 사이에 일종의 경계선이 존재한다. 그리고 참된 자아가 우리를 지배할 때, 우리는 자율성을 띤다.(**Frankfurt 1971; Watson 1975; Bratman 1979; Buss 2012; Sripada 2016b**) 이와 다르게, 자율성이란 '이유에 따른 반응성'(**responsiveness to reasons**)이라고 생각할 수도 있다. 자율적 행위자는 그들이 품고 있는 진짜 이유에 따라 욕망, 동기, 행위를 조정하는 사람을 말한다.(**Wolf 1993; Fischer and Ravizza 1998**)[33] 이 중 어느 설명에 의거하든지 간에 게임은 우리가 더 큰 자율성을 갖도록 해 준다.

사례를 들어 보면 도움이 될 것이다. 자율성이란 참된 자아의 욕구와 행위 사이의 정합성이라는 정합론의 자율성 개념에 잠시 초점을 맞춰 보자. 나는 분석철학을 통해 진리를 찾겠다는 깊은 욕구를 오랫동안 품어 왔다. 하지만 어릴 적 나는 기질적으로 분석철학에 부적합했던 사람이었다. 나의 집중력은 흐트러졌다. 나는 가능한 반론을 찾는 일에 별 흥미가 없었다. 내 논변을 발전시키는 데 필요한 고통스러운 노력을 기울여야 할 이유를 별로 알지 못했다. 그래서 나의 행위들은 나의 참된 자아의 관심과 합치하지 못했다. 내 의지가 약했던 것이다.

그리고 나는 체스를 엄청나게 두기 시작했다. 체스는 오락뿐 아니라 어떤 행위적 유형을 선사해 주었다. 체스를 통해 나는, 짧은 시간 동안 섬세한 계산과 정확한 수 예측으로써 승리를 거머쥐는 데 강한 관심을 가짐으로써 실천적 합리성을 집약하는 방법을 터득했다. 체스는 나로 하여금 분석철학에 도움이 될 단기적 관심을 심리적으로 갖출 수 있게 해 주었다. 나는 가령 대학원 수업과 같은 적절한 때에 이를 활용할 수 있게 되었다. 이런 일이 왜 가능했을까? 중요한 것은 관심이 단계별로 생겨난다는 것이다. 나는 일반적인 수준에서는 철학적

---

33   이러한 분류의 도식과 체계는 **Buss(2013)**를 참조한 것이다.

진리를 찾는 일에 관심이 있었다. 하지만 그것을 찾기 위해서는 적절한 행위적 유형을 갖추는 것이 필요하다. 특정한 종류의 집중력, 생각하는 스타일, 어느 정도의 엄격한 자기 통제 혹은 유동적인 이완 등 여러 가지 정신 자세가 그에 해당한다. 아마 가장 중요한 것은, 모종의 행위적 유형을 받아들이면 단순히 도구적인 관심이 잠시 동안 직접적인 관심으로 변할 수 있다는 점이다.

철학자가 되고자 하는 경우, 모든 사소한 것들을 옳게 분별하는 일에 직접적인 관심을 가진다면 큰 도움이 된다. 실제로, 철학적 진리에 이르고자 하는 관심으로 인해 나에게는 옳은 분별을 내릴 도구적 이유가 생긴다. 또 만일 내가 그런 분별을 내리는 데 직접적인 관심을 가지게 된다면, 그러니까 옳은 분별을 찾는 데서 즉각적인 쾌를 느끼거나 분별 자체를 좋아하게 된다면, 나는 진리에 이르는 일에 더욱 뛰어난 사람이 될 것이다. 나는 이와 비슷한 조언을 음악 선생님과 운동 트레이너에게서도 들은 적 있다. 최고의 운동선수 혹은 최고의 음악가란 연습 자체를 좋아하는 사람들이라는 것이다. 애석하게도 어린 음악가 지망생이었던 나는 연습에 대한 애정이라곤 전혀 느끼지 않았다. 대단한 음악을 연주하고 싶었지만 음계를 연마하고 기법을 훈련하는 데에는 전혀 관심이 없었다. 나는 그 모든 따분한 연습들을 그저 결과를 위한 수단이라고 생각하고 버텼다. 이러한 종류의 순수하게 도구적인 정당화 과정은 상대적으로 약한 형태의 동기를 산출한다. 만약 내가, 대단한 음악을 연주하겠다는 것이 목적임을 알고 있으면서도, 일시적으로 반복적인 기법 연습을 수행하는 일에 직접적인 관심을 가질 수 있었더라면, 음악가로서 성장하는 데 훨씬 도움이 되었을 것이다. 하지만 내가 그러지 못했으니, 음악가의 꿈을 차츰 접은 것은 별로 놀라운 일도 아니다.

하지만 재미있게도 철학에 요구되는, 세부 사항에 매달려 모든 가능성을 체크할 정도로 철두철미함을 사랑하는 태도를 체스가 터득하게 해 주었다. 체스의 도움으로 나는 적절한 집중의 상태에 돌입하여 미세한 세부를 정돈하는 일에 직접적 관심을 기울이고 그로부터 즉각적 만족을 느끼는 법을 배울 수 있었다. 만약 내가 세부 사항을 제대로 파악하는 일에 직접적 관심을 가진다면, 세부 사항에 적절히 주목하는 상태에 완전히 몰입하고 이를 유지하는 것은 훨씬 쉬워진다. 실제로 디테일을 파악하려는 관심이 더 깊은 진리에의 관심보다도 더 커진다면, 정말로 나는 깊은 진리에 도달하는 일에 더 유능해질 수도 있다. 슈미츠는 동기 심리학 논의에서 이와 유사한 주장을 제기한다. 그가 말하기를, 오로지 생존에만 관심을 가지는 존재는 오히려 생존에 있어 그다지 유리하지 않다. 순전히 도구적인 수단은 동기의 심리학에 큰 영향을 주지 못한다는 것이다. 오직 생존이라는 목표를 위한 수단으로 먹고 섹스하는 행위자가 실제로는 잘 생존하지 못할 수 있다. 먹기와 섹스하기를 그 자체로 좋아하는 행위자가 오히려 생존할 전망이 더 밝은데, 왜냐하면 그러한 행위자가 더 열정적으로 음식과 섹스를 찾아다닐 것이기 때문이다. 필요한 목표들을 우선순위에 따라 풍부하게 지니면서도, 생존 자체뿐 아니라 생존을 위한 다양한 수단에 대해서도 직접적으로 관심 갖는 행위자가 되는 것이 더 낫다.(Schmidtz 2001, 251-255)

내가 가진 진짜 관심은 분석철학을 제대로 하는 것이라고 생각해 보자. 그렇게 하기 위해서는 일시적 목표, 관심, 이에 더하여 적절한 분별을 내리거나 반론을 예측하는 등의 관련 능력에 대한 정밀한 집중력 따위를 추가적으로 채택하는 것이 도움이 될 것이다. 만일 그러한 행위적 유형을 채택하지 못하면, 나는 일종의 의지박약에 빠지게 된다. 즉 나는 일반적인 관심을 충족하고자 '관심, 주의, 집중 등을 적절히 갖추고 특정 행위적 유형을 일시적으로 점유하는 일'에 실패하는 셈이다. 이는 추가적인 의지박약에 연이어 빠지게끔 만든다. 내가 분석철학을 제대로 하게 해 줄 행위적 유형을 걸칠 수 없다면, 나의 참된 자아에 합치하는 여러 행위를 수행하는 데도 실패할 공산이 더욱 커지는 셈이다. 엄밀성이라는 행위적 유형을 받아들이지 못한다면, 적절한 정도의 세심함과 엄밀함을 갖춘 행위가 적절할 때에도 내가 이를 수행하지 못할 공산이 커진다.

그러므로 적절한 행위적 유형을 마련할 수 있다면, 내가 참된 자아의 욕구를 적절한 행위로 잘 옮기는 데 도움이 된다. 참된 자아의 욕구들은 나의 기분, 성격, 자연적 경향과 상충할 수도 있다. 행위적 유형은 나의 주의, 집중, 관심을 관리하고 스스로를 제어할 도구가 되어 주는데, 이는 순간순간의 실천적 생각과 행위가 참된 자아의 관심과 합치하게끔 만들기 위함이다. 즉, 행위적 유형은 적절한 행위를 산출할 도구인 것이다. 체스에 어울리는 행위적 유형은 특정 목표와 능력에만 초점을 두고 있기 때문에 다른 종류의 생각은 잘 떠오르지 않게 된다. 달리 말하면, 참된 자아의 이론에 따르면, 우리는 성공적으로 의지력을 발휘할 때 자율성을 띤다. 우리는 장기적 자아가 지닌 관심을 단기적 딴생각(distraction)의 반대편에 맞세우고는 우리의 행위가 참된 욕구에 합치하도록 조절한다. 행위적 유형이란 많은 생각을 배제할 잠깐의 집중력을 장착함으로써 의지력을 행사하는 도구이다.[34] 우리가 적절히 배치하기만 하면, 행위적 유형은 일종의 의지력이 되어, 지금 집중해야 하는 무언가에 집중하고 다른 것은 무시하게끔 해 준다.

더 나아가, 다양한 행위적 유형을 지니는 것이 결정적으로 중요한 이유는 어떤 행위적 유형이 적절할지가 경우마다 천차만별이기 때문이다. 내가 분석철학을 할 때 활용하는 행위적 유형은 매우 특수하다. 오류를 찾고, 반론을 격파하고, 명료성과 정확성을 끈질기게

---

[34]   여기서 나의 생각은 의지력이란 특정 부류의 생각이 떠오르는 것을 억제하는 역량이라는 리저드 홀튼(Richard Holton)의 설명에서 크게 영향을 받았다.(Holton 2009, 70-96) 또 홀튼의 설명은, 계획(planning)이란 무엇보다도 특정 형태의 생각이 떠오르는 것을 억제하는 역량이라는 마이클 브래트먼(Michael Bratman)의 설명에 기대고 있다.(Bratman 1999)

추구하는 행위적 유형이 바로 그것이다. 친구와 수다를 떨 때 적절한 행위적 유형은 매우 다르다. 감정적 교감을 맺고 친구를 응원하거나 격려할 기회를 모색하는 행위적 유형이 그에 해당하며, 이때는 정확성보다는 친밀감에 더 무게를 둔다. 그러니까 나는 철학을 할 때와 친구와 놀 때를 오갈 때마다 그때그때 다른 행위적 얼굴을 하고 있어야 한다. 나를 훌륭한 분석철학자로 만들어 줄 역량들이 사회적 맥락에서는 오히려 나를 멍청이로 만들 수도 있기 때문이다.

그렇다고 이것이 곧 내가 복수의 목표들을 지니고 있다는 뜻은 아니다. 단 하나의 목표를 추구하더라도 여러 가지 다른 행위적 유형을 걸쳐야 할 수도 있다. 나는 철학적 진리를 발견하고 전달하는 데 관심이 있는데, 이 관심을 추구하는 과정에서 나는 매우 다른 여러 과제들을 수행해야만 한다. 때로는 철학적 연구에 매진해야 하고, 다른 때에는 비전공 학부생들에게 철학 입문을 가르쳐야 한다. 또 가끔은 우리 철학과가 경영 대학에게 예산을 빼앗기지 않도록 마키아벨리적 권모술수가 가득한 대학 행정의 진창을 헤쳐 나가야 한다. 이 각각의 과제들은 서로 다른 행위적 유형을 요구한다. 분석철학 연구에 요구되는 깐깐하고 서두름 없으며 집요하고도 고약한 유형은 일반 교양을 가르칠 때에는 지나치게 차갑고 답답하기 마련이다. 강의를 할 때는 좀 더 공감에 능하고 재치 있게 의사소통을 할 수 있는 행위적 유형이 필요하다. 반면 대학 행정의 정치에서 살아남기 위해서는 음모와 조종에 능한 편집증적인 행위적 유형을 갖춰야 한다.

하지만 여기서 주목할 점은, 분석철학에 적합한 유형이 체스의 경우와 유사하고, 강의의 유형은 게임 「수화」의 경우와 뚜렷하게 닮아 있으며, 정치의 유형은 「스파이폴」, 「제국」, 「1830」 등의 경우와 매우 비슷하다는 점이다. 그러므로 다양한 게임을 플레이하는 것은 결정적인 무언가를 선사한다. 게임은 새로운 행위적 유형에 나를 노출시킨다. 다양한 게임을 플레이하면 선택 가능한 행위적 유형이 더 폭넓게 들어 있는 메뉴를 가지게 된다. 또한 우리는 게임을 통해 여러 유형들이 다양한 실천적 맥락 속에서 어떻게 작동하는지를 익히고, 이로써 특정 상황에 특정 유형이 필요할 경우 이를 잘 인지할 수 있다. 그러니까 게임은 상황마다 적합한 행위 유형을 선택할 역량을 키워 줌으로써 내가 스스로를 적절히 규제할 역량을 키워 준다.

하지만 이제 다른 우려가 떠오를 수 있다. 행위적 유형이 인식할 수 있는 이유의 여지를 좁히는 것은 아닌가? 게임을 할 때처럼 얄팍한 태도가 세상의 대부분을 놓치게 하는 것은 아닐까? 이제는 자율성이 '이유에 따른 반응성'이라는 설명으로 넘어가서, 이러한 우려를 더욱 심화시켜 보자. 이런 종류의 설명 방식에 따르면, 우리가 생각, 느낌, 행동과 관련된 실질적인 이유에 따라 충동, 동기, 행위를 억제할 수 있을 경우, 우리는 자율적이다. 이러한 설명이 옳다고 생각해 보자. 그러면 협소화된(narrowed) 행위적 유형과 자율성 요구가 충돌하지는 않을까? 수전 울프가 말하기를, 자율성은 합당한 이유들 하나하나뿐 아니라 그것들의 충분히 큰 집합에 따른 반응성을 가리킨다. 대학 행정가인 누군가가 사회적 책임 따위는 무시한 채 오직 경제적 이유에만 반응한다면 이 사람은 자율적이라고 할 수 없다. 행위적 유형, 특히 게임의 경우와 같은 행위적 유형을 사용한다는 것은 이러한 너비(broadness)를 축소하는 것이 아닌가? 게임은 매우 협소화된 행위성 유형에 집중하는 주목의 구조(attentional frames)를 적극 활용한다. 게임은 플레이어로 하여금 상대편을 먼저 발견하거나 남들을 골탕 먹일 기회 혹은 내 능력을 결합할 기회를 발견하는 등 한정된 수의 이유만을 신경 쓰도록 만든다. 그렇기에 게임 플레이에서 영감을 받은 게임 바깥의 행위적 유형들이 그만큼 협소해질 수밖에 없는 것이다. 게임 속에서는 합당한 이유들의 집합이 한정적이기 때문에 협소화된 행위성 유형이 잘 어울리겠지만, 이 협소함을 외부 세계로 옮겨 온다면 자율성을 위협하게 될 것이다.

실제로 그러한 특정 유형에 빠지는 것은 자율성을 분명히 훼손할 것이다. 나는 이러한 가능성을 **9**장에서 충분히 탐색해 볼 것이다. 하지만 나는, 그처럼 협소화된 구조가 적절히 관리되고 또 우리가 그 사이를 충분히 오갈 수 있다면, 협소화된 구조는 유용하다고 주장한다. 우리가 한 가지 행위성 유형에만 갇히지 않고 상황이 요청하는 대로 넓은 보관소에서 적절한 행위성 유형을 꺼내올 역량을 지닌다면, 협소화된 구조는 유용하다. 일련의 협소화된 주목의 구조들을 적절히 사용한다면, 우리는 점차 더 다양한 유의미한 이유〈relevant reasons〉들에 반응할 수 있게 될 것이다. 각 구조는 좁지만 깊이 파고들어 간다. 그러므로 협소화된 주목의 구조를 적절하게 이어 붙이면 장기적으로 보아 더욱 많은 것을 파고들 수 있다.

사실 우리처럼 유한한 존재의 경우에는 이처럼 서로 다른 초점들을 통제 아래 연속시키는 것이 유의미한 이유들을 완전하게 구현할 유일한 길이다. 인지적으로 무한한 존재라면 아마 수많은 것들이 덮쳐 오는 와중에도 유의미한 이유를 항상 찾을 수 있을 테고, 그러니 협소화된 행위적 유형들을 사용할 필요를 느끼지 않을 것이다. 반면 인지적으로 한정된 존재인 우리는 스스로의 한계 내에서 관리를 잘 해야만 한다. 행위적 유형들은 주의와 관심을 조정함으로써 우리가 특정 부류의 이유에 집중하게끔 만든다. 행위적 유형들은 우리를 무수한 이유들로부터 잠시 떨어뜨리고, 이로써 우리가 한정된 인지적 역량을 협소화된 범위의 문제에 집중시킬 수 있게 해 주며, 그리하여 그러한 범위 내의 유의미한 이유들이 더 잘 보이게끔 한다. 우리에게 필요한 것은 단일하고 옳으며 집중화된 행위적 유형이 아니라, 다양한 행위적 유형들 사이를 옮겨다닐 수 있는 역량이다. 그러니까 행위적 유형이란, 인지적으로 한정된 존재들이 단번에 포착할 수 없을 정도로 복합적인 세계의 요동치는 요구들을 처리하는 도구이다. 인지적으로 한정된 존재인 우리는 말하자면 행위성에 있어서 스위스 군용 다목적 나이프처럼 되어야만 한다.

하지만 행위적 유형의 넓은 보관소에 접근할 수 있게 되는 것만으로는 충분하지 않다. 더 큰 자율성을 띠려면, 나는 다양한 행위적 유형 사이를 이동할 수 있어야 한다. 또한 상황에 적합한 행위적 유형을 선택할 수도 있어야 한다. 즉, 행위적 유형의 커다란 보관소뿐 아니라 그 사이를 오갈 수 있는 '유동성', 그리고 적절한 행위적 유형을 선택하는 '정확성'을 갖춰야 한다. 우리에게는 행위적 유형의 넓은 보관소뿐만 아니라 적절한 보관소 관리 역량도 필요한 셈이다. 그렇지만 물론 행위적 유형을 받아들이고 내려놓는 능력은 구조상 분투형 플레이와 아주 유사한 일종의 행위적 유동성이다. 분투형 플레이에서 나는 일시적 행위성에 이입한다. 그러니 행위적 유동성이라는 게임 외적 역량이 게임 속 행위적 유동성을 연습함으로써 발달한다고 생각해도 그렇게 놀랍지는 않다. 나는 게임 속 지정된 목표, 협소하게 특정된 능력, 일회용 목표 등을 형식적으로 장착함으로써 여러 관심과 행위적 유형에 관한 게임 외적 유동성을 발달시킬 수 있다. 게임 플레이는 행위적 유동성을 연습하는 방법이다. 게임 플레이는 서로 다른 행위적 유형에 익숙해지게 한다. 즉 우리가 자신만의 보관소를 짓고 어느 것을 고를지를 알게 한다. 그리고 우리가 선택한 행위적 유형을 쉽게 전환할 수 있는 유동성을 길러 준다.

요약해 보자. 지금까지 나는, 우리가 눈앞의 과제에 적절한 행위적 유형을 선택할 수 있을 때 더 큰 자율성을 띠게 된다고 주장했다. 만일 우리가 경험상 더욱 다종다양한 행위적 유형을 알게 된다면 그 가능성은 훨씬 커질 것이다. 즉 더 많은 행위성을 보관소에 가지게 될 것이다. 우리는 게임을 통해서 더 폭넓은 행위적 유형을 접해 볼 수 있기에, 게임은 더 적절한 선택을 내릴 가능성을 높여 준다. 그리고 우리가 각 행위적 유형에 경험적으로 익숙해진다면, 각 행위적 유형을 점유하는 일도 훨씬 쉬워질 것이다. 또한 우리가 만일 게임 속 다양한 행위성들을 통해서 행위성의 교체를 연습해 왔다면, 행위적 유형 사이를 유동적으로 오가고 그중 적절한 것을 선택할 가능성도 더욱 커질 것이다. 마치 쓰기와 말하기의 다양한 형식들이 우리가 생각해 볼 아이디어들을 전달해 주듯이, 게임은 우리가 걸쳐 볼 행위성 유형들을 전달한다. 이 모든 의사소통 형식들은 서로 다르면서도 상호 보완적인 방식으로 우리의 자율성을 강화한다.

이것이 추상적으로는 그럴 듯하지만, 혹시 그저 철학적인 공상에 불과한 것은 아닐까? 그런데 우리가 살펴본 엄청나게 다양한 게임들과, 거기 담긴 놀라운 수의 행위성들을 다시 한번 생각해 보자. 「스파이폴」은 누구와 협력해야 할지 확실하지 않은 상황에서 협력을 하게 되는 행위적 경험을 선사한다. 이 게임은 불투명한 사회적 관계를 풀어내는 데 온전히 집중해야 하는 행위성을 경험하게 해 준다. 협업식 보드게임 「팬데믹」(Pandemic)[35]은 타인과의 협업을 위해 힘써 보는 행위적 경험을 선사한다. 「팬데믹」에서 플레이어들은 단일한 목표를 공유하되 각자가 가진 능력이 달라서, 게임 속 과제가 어려워짐에 맞추어 어떻게 나의 특수한 능력을 팀 전체를 위해 활용할지 궁리하는 것이 이 게임 경험의 대부분을 차지한다. 이 게임에서 우리는 자신이 가지고 있는 특화된 실천적 능력을 집단 전체를 위해 사용하는 경험을 하게 된다. 「모노폴리」는 플레이어들로 하여금 자신의 이익을 위해 남들을 짓밟는 데 혈안이 되게 하여 온전히 자기 중심적인 행위성으로의 이입을 경험시켜 준다. 「리스크」에서 우리는 자기 중심적이면서도 남들과 잠시 동맹을 맺어야만 하는 행위성을 경험한다. 「제국」에서는 남들의 이익을 조정하는 행위성을 체험할 수 있다. 「스페이스 퀘스트」(Space Quest)처럼 오래된 마우스 기반 컴퓨터게임은 올바른 단서와 사물을 추적하고, 사라진 작은 디테일을 발견하며, 새로운 문제를 해결하기 위해 사물과 도구를 개조할 방법을 찾는 행위성을 체험하게 해 준다. 「수화」는 극도로

---

35   역주: 2007년 지맨 게임스(Z-Man Games)에서 출시한 협업식 보드게임으로, 전염병이 창궐한 세계에서 플레이어들이 한 팀이 되어 전염병을 치료하고 치료제를 만들기 위한 자원을 모은다는 설정이다.

제한된 의사소통 조건하에서 언어를 창조하고 다듬어 나가는 행위성을 체험시킨다. 이와 같이 디자인된 각각의 행위성은 특정 임무에 특히 적합한 행위적 유형을 접해 볼 수 있게 한다. 예를 들어 암벽등반은 어떻게 공간을 헤쳐 나갈지, 어떻게 세상의 어느 것이든 스스로를 지탱할 포인트로 활용할지에 관한 가능성의 감각을 변형시킨다. 나 자신의 행위에만 해당하는 것도 아니다. 다종다양한 행위성의 경험은 서로 너무나 다른 행위자들이 어떻게 할 일을 해 나가는지를 이해하게 해 줄 것이다. 나의 일화를 그 증거로 제시하자면, 내가 소시오패스적 경영 행태를 이해, 예측하는 역량과 대기업들의 사고방식을 이해하는 역량을 키울 수 있었던 것은 「1830」이라는 주식 매매 및 시장 조작 게임을 오랫동안 해 본 덕분이었다. 그러니까, 「모노폴리」의 나르시시즘적 행위성과 같은 파괴적 행위성에 익숙해진다면, 이는 착한 행위자가 언젠가 맞닥뜨려야 할 나쁜 행위자를 이해하는 데 유용할 것이다.

이것이 대단히 심오한 감정적 경험처럼 보이지는 않을지도 모르겠다. 어떤 이들은 게임이 위대한 문학, 회화, 음악 작품에서 얻을 수 있는 의미나 감정적 경험을 주지 못한다고 비판한다. 하지만 우리는 게임이 다른 예술 형식들과 전혀 다른 무언가를 줄 수 있을 가능성을 염두에 두어야 한다. 내가 지금껏 서술한 행위적 경험들이 보여 주는 엄청난 다양성은 게임만이 가지고 있는 풍부함이다. 나는 도스토옙스키, 브론테, 카프카, 볼드윈, 바쇼를 읽을 때, 내 감정이 변화함을 느낀다. 이런 부류의 저작들은 내가 느낄 수 있는 감정적 반응의 범위를 더 풍부하게 해 준다. 미술관에서 반 고흐, 오키프, 히로시게, 골딘의 작품을 오랫동안 응시하고 나면, 나는 세상을 바라보는 방식에 관해 더 풍부한 감각을 가질 수 있다. 마찬가지로 전략 게임들은 파티와 회의의 경험, 사회적 관계를 처리하는 경험, 그리고 어떻게 하면 사람들을 묶어 주거나 갈라놓을 수 있을지에 관한 감각을

변형시킨다.[36]

　　여기서 나는 게임만이 새로운 행위성 유형에 닿을 수 있는 경로라고 주장하는 것이 아니다. 다른 직업이나 취미를 통해서도 그에 닿을 수 있다. 누스바움의 관점을 따라가자면, 내러티브가 풍부한 삶의 경험에 접근하여 감정적 역량을 발달시킬 유일한 길은 아니다. 그냥 삶을 살아가면서 감정적 인식을 발전시킬 수도 있다. 하지만 내러티브는 나와는 다른 타인의 삶의 압축된 판본, 즉 우리가 겪어 볼 수 없었거나 겪지 않았던 경험의 압축된 판본을 제공한다. 내러티브는 특정 효과를 위해 정제되고 조형된 경험을 건네주기도 한다. 나의 주장은 게임이, 나와 다른 행위성에 대한 인공적이고 정확하며 압축적이고 결정화된 경험을 제공함으로써, 이와 유사하게 기능할 수 있다는 것이다. 그리고 중대한 인생 계획을 진짜로 추진하기보다는 게임을 함으로써 이러한 경험을 더 빠르고 쉽게 얻을 수 있다. 설령 게임의 경험이 덜 풍부할 수는 있을지라도 말이다.

　　누군가는 내가 게임 플레이의 심리학적 효과에 관해 비현실적으로 낙관적이라고 비판할 수도 있다. 실제로 나의 주장이 얼마나 그럴듯하건 간에, 이는 경험 연구로써 뒷받침될 필요가 있다. 그렇다고 내가 체스 한 판 두면 갑자기 적절한 행위적 유형을 획득하게 된다는 둥의 비현실적인 효과를 단언하려는 것은 아니다. 대단한 문학 작품 한 편 읽었다고 사람이 도덕적 변화를 겪을 것이라고 생각하지 않듯이 말이다. 그보다 오히려 현실적인 주장은, 감정적으로 풍부한 다양한 내러티브를 평생에 걸쳐 읽는다면 감정적 발달 정도에 차츰 영향을 주게 된다는 것이다. 이와 비슷하게, 나는 다종다양한 분투형 플레이를

36　이 부분에서 내 주장은 내가 여기에 언급한 소설가, 미술가, 게임의 구체적 예시에만 한정된다. 나는 서로 다른 매체에 대해 단언적인 주장을 제시하거나 그 한정된 효과에 대해 주장을 제시할 의도가 전혀 없다. 당연히, 어떤 회화는 사회적 세계에 대한 나의 감정적 경험을 풍부히 해 줄 것이고, 당연히 어떤 게임들은 시각적, 감정적 경험을 변화시킬 수 있을 것이다.

오랜 시간에 걸쳐 경험한다면 이것이 행위적 발달에 도움이 될 수 있다고 주장한다.

또한 나는 게임 플레이가 자율성의 강화를 보장한다고 주장하는 것도 아니다. 적절한 자기 통치는 복잡하고도 섬세한 문제이기에, 자율성을 발달시킬 수 있는 간단한 공식 따위가 있다는 것은 말이 되지 않는다. 게임 좀 한다고 될 일이 아니다. 게임 플레이가 적절한 방향을 가져야 하며, 적절한 교훈이 도출되어야 한다. 그리고 게임의 경험이 적절하게 통합되기도 해야 한다. 하지만 내가 지금껏 보여 준 것은 게임 플레이가 자율성을 기르고 발달시키는 데 중요한 역할을 할 수 있다는 것뿐이다. 게임은 자율성 발달의 재료일 뿐 이를 보장하지는 않는다. 문학 작품을 적절하게 읽는 것이 꼭 성공적인 성장을 보장하지는 않더라도 여전히 다양한 덕목, 지혜, 감수성을 길러 줄 바탕인 것처럼 말이다. 제인 오스틴을 오용할 수 있듯, 게임도 오용될 수 있다.

더구나, 게임이 자율성에 영향을 끼친다면, 자율성의 성장을 도울 뿐 아니라 방해할 수도 있다는 점을 염두에 두어야 한다. 한 가지 극단적인 경우를 생각해 보자. 내가 한 가지 게임만을 플레이하는데, 그 게임의 행위적 유형이 현실의 어느 곳에 대입해 보아도 쓸모가 없는 경우를 상상해 보자. 이에 더해, 내가 이 게임을 너무 자주 플레이하느라 다른 풍부한 행위성 경험을 무수히 놓치고 있다고 해 보자. 가령 이 게임을 하느라고 다른 직업을 가져 본다거나, 다른 사회적 상황을 체험하는 등 다양한 현실 세계의 경험을 하지 못하는 것이다. 게임과 이러한 종류의 관계를 맺는 일은 플레이어의 자율성을 훼손할 공산이 크다. 일상의 실천과 마찬가지로 게임 플레이는 서로 다른 행위적 유형에 대한 노출을 증대시킬 때 우리의 자율성을 발달시키는 편이다. 게임 플레이가 더 다양한 행위적 유형에 대한 노출을 감소시킨다면 자율성의 발달을 가로막을 수 있다.

그런데 이런 극단적인 경우가 대단히 비현실적인 것은 아니다. 중독성 게임〈addictive game〉에 정신이 팔리기 시작할 때 벌어지는 일이 바로 이와 같다고 나는 생각한다. 여기서부터는 걸음을 조심스럽게 내딛으려 하는데, 왜냐하면 게임이 중독성을 띤다는 말이 무슨 의미인지는 까다로운 문제이기 때문이다. 형식적, 정신의학적 의미에서 게임 중독이 성립하는지 여부에 대해 나는 명확한 견해를 가지고 있지 않다. 하지만 일상적이고 구어적인 의미에서 중독성 게임이란, 때로는 다른 활동을 밀어낼 만큼 반복적인 플레이를 강요한다고 보여지는 게임을 의미한다. 많은 중독성 게임의 경우, 극히 단순한 행위성과 이러한 행위성의 반복적 사용으로 이루어진다. 나타샤 다우 슐은 기계 도박 산업에서 비디오 슬롯머신 등에 사용하는 디자인 기법을 기록한 바 있다. 많은 경우에 게임 디자이너들은 플레이의 흥미를 강화하는 것이 아니라 게임의 구조 속에 슐이 " 유희적 루프"(ludic loop)라고 부르는 요소를 내장함으로써 반복적인 플레이를 촉진한다. 적당한 과제와 게임 내 보상의 연속된 흐름이 적절한 속도와 빈도로 제시되면 일종의 중독 반응을 산출하는 것으로 나타난다. 슐은 중독을 일으키는 기분 좋은 상태에 관한 오랜 기계 도박꾼들의 이야기를 기록한다. 이는 그녀가 " 머신 존"(machine zone)이라고 부르는 상태로, 여기서는 세계, 시간, 자아에 대한 의식이 모두 무화된다.(Schüll 2012) 그러한 행위성이 심지어 아주 따분한 실천적 행위에서의 행위적 경험보다도 풍부하지 못하리라는 점은 자명해 보인다. 풍부한 행위성에의 광범위한 노출이 자율성을 증진하는 것과 마찬가지로, 중독성 게임은 그러한 풍부한 노출을 방해함으로써 자율성을 훼손할 것이다. 또 결정적으로, 슐은 기계 도박 디자인의 기법들이 카지노에만 존재하는 것이 아니라고 말한다. 그것들은 지금도 「캔디 크러시」(Candy Crush)와 같은 중독성 컴퓨터게임을 만드는 데 사용된다.(National Public Radio, 2014년 기사 참조) 분명히 중독은 그 자체로도 자율성을 직접적으로 감퇴시키는 요인이다. 하지만 여기서 내가 이야기하는 것은, 게임 중독이 다른 풍부한 경험에의 접근을 차단하고 새로운 행위적 유형을 접할 가능성을 감소시킴으로써 추가적인 자율성의 감퇴를 야기할 수 있다는 점이다.

만일 내가 옳다면, 충분히 다양한 게임을 접하지 못하고 제한된 범위의 게임만을 접하는 것이 행위성 및 자율성의 발달을 방해할 수 있다. 또한 어떤 게임은 게임 바깥에서 본다면 나쁘고, 쓸모없으며, 파괴적이었을 행위성 유형을 촉진할 것이라고 생각할 수도 있다. 또 만약 게임이 자율성을 증진하거나 훼손할 힘을 정말 지닌다면, 악의를 지닌 행위자가 우리의 자율성을 짓밟을 수단으로 게임을 이용할 수도 있다고 생각할 수 있다. 반복하자면, 문학과의 유비가 여기서도 유용하다. 만약 문학이 우리의 도덕적 역량을 형성하고 발달시킬 힘을 가진다면, 나쁜 행위자, 특히 악의를 지닌 국가나 기관이 악한 의도로 그러한 힘을 사용하여 문학의 확산을 통제하고 자신의 입맛에 맞는 문학을 만들어 배포하리라고 예상할 수도 있다. 분명히, 파시즘적, 억압적 국가들은 실제로 국가 통치의 수단으로 문학을 사용한다. 그러면 우리는 억압적 체제 등이 자기들의 억압적 목표를 관철하고자 게임을 이용하리라고도 예상할 수 있다. (나는 9장에서 이와 관련된 가능성을 논의한다.)

자율성과 엄격성

나의 주장은 기이한 순환을 띠고 있는 듯하다. 처음에 나는 게임에서 지정하는 낯선 행위성을 받아들임으로써 장기적으로 자율성을 강화할 수 있다고 주장했다. 이러한 과정이 다분히 사회적이라는 점이 낯설게 느껴질 수도 있다. 이 낯섦은, 우리 자신의 자율성은 혼자서 발달시켜야만 하는 것이라는 일부 관점에서 기인한다. 이러한 개별주의는 과거 자율성 이론들에서 지배적으로 나타났으나, 나는 그것이 더 이상 견지하기 어려운 관점이라고 생각한다.[37] 자율성과

---

37   전반적으로 최근 많은 철학의 경향은 이러한 전적인 개인성과 자율성의

자유에 대한 진정 타당한 관점이라면 우리가 타인으로부터 배우고 또 그러한 배움을 위해 다양한 기법을 활용한다는 사실을 포괄할 수 있어야 한다.(Nguyen 2010) 그리고 타인으로부터 배우기 위해서는 잘 통제된, 합의된 방식에 의거하여 자기 자신을 타인에게 잠시 내어 주어야 한다. 내가 미술 수업을 들을 때, 나는 다른 사람이 시키는 대로 주의를 기울인다. 보라는 곳을 보고, 주목하라고 하는 특징에 주목한다.(Nguyen 2017d, 2019c) 우리는 다른 사람들이 이끄는 대로 여러 가지 정신 상태를 체험하고 이를 통해 배우고 성장한다.

하지만 이 모든 것을 받아들인다고 해도, 우리는 일종의 역설을 맞닥뜨린다. 나는 게임이 일시적 경직성을 통해 유동성을 획득하고 외부 디자인에 일시적으로 복종함으로써 자율성을 획득하게 해 줄 수 있다고 주장했다. 어떻게 그럴 수 있는가? 단기적인 엄격성이 장기적 유연성에 결정적일 수 있다는 것이 그 대답이다. 그 이유는 바로 새로운 정신 상태와 새로운 감정적 태도가 미묘하고 섬세한 것이라 접근하기 쉽지 않기 때문이다. 세계에 관한 간단한 사실을 배우는 일은 쉽다. 하지만 연민, 애정, 웃음이 뒤섞인 세계를 보는 법을 배우기란 훨씬 어렵다. 도스토옙스키의 『카라마조프가의 형제들』이나 『백치』를 읽고 세계에 대한 알료샤와 미쉬킨 공작의 기이하고 다정하며 슬픈 내적 반응을 서술하는 부분에 침잠해 본다면 어느 정도 느껴 볼 수

환상을 문제시해 왔다. 인식론 영역에서, 철학자들은 급진 데카르트주의의 지적 자율주의와 이별하고 인식적 상호의존성의 네트워크라는 관점을 채택했다.(Burge 1993, 2007; Hardwig 1985, 1991; Millgram 2015; Jones 1999) 이 문제에 관한 나의 관점은 Nguyen(2010, 2011, 2017, 2018b, 2018a, 2018c)에서 찾아볼 수 있다. 실천적, 정치적 차원에 관해서는 합동 결의(joint commitment), 집단 행위성, 집단 지성 등의 본성에 관한 최근 연구를 참조하라.(Gilbert 2013; List and Pettit 2011; Bird 2014; Bratman 2014)

있을 테지만 말이다. 명상의 관습도 한번 생각해 보자. 개방적이고 이완된 마음가짐을 배우려면 때로 수세기의 명상 관습을 통해 축적해 온, 세심히 골라 모은 구조화된 몸짓들을 따라 해야 한다. 크리스마스 험프리스의 훌륭한 매뉴얼을 이용하여 명상을 배울 때, 나는 촛불을 쳐다보고, 호흡을 고르는 등 엄격히 정해진 움직임들을 따라 했다. 처음에는 뭐가 뭔지 정확히 알지 못한 채로 지시 사항을 따라가다 보니, 그것이 나로 하여금 이전에 경험하지 못한 새로운 정신 상태에 이르게 해 주었다.(Humphreys 1999) 전통적 선(Zen)의 교리에도 이와 유사한 엄격함이 등장하곤 한다. 수도 생활의 초기 교리 중에서 내가 가장 좋아하는 몸짓은 '안녕'의 몸짓이다. 선종 수도승들은 누군가를 만날 때 즉시 망설이지 않고 쾌활한 인사를 외쳐야 한다.

요점은, 숙고와 성찰을 넘어서 세계에 대한 자동적인 포용에 이르러야 한다는 것이다. 하지만 실제 명상의 정신 상태는 너무나 오묘하여 직접적으로 가르칠 수 없고 이상하리만치 엄격해 보이는 절차들을 거쳐서만 지시될 수 있다. 선에 대한 이론적 설명을 읽거나, 토론을 하거나, 선의 매뉴얼 따위를 읽어서 선의 정신을 획득할 수는 없다. 지시를 따르고 지정된 행위들을 실제로 따라 해야만 한다. (나는 어쩌다가 학과에 있을 때나 등산을 할 때와 같이 몇몇 제한된 상황에서 몇 달 동안 '안녕' 연습을 실천해 보았는데, 그러한 규칙을 제한적으로나마 따라 보는 것이 적어도 나의 경우에는 사회생활의 경험에 변화를 가져왔다고 하겠다.) 체육 활동을 하는 사람들의 경우, 단기적으로 움직임을 엄격히 제어하는 것이 장기적으로 볼 때 움직임에 있어서 더 큰 자유를 만들어 낸다는 것을 깨닫곤 한다. 암벽등반 훈련을 할 때면 종종 특정 테크닉이 자연스럽게 사용하는 기술적 동작이 아님을 알게 된다. 이때 적절한 반응은 '훈련'하는 것, 즉 그 특정 테크닉이 내가 자주 쓰는 움직임의 목록에 본능적으로 포함되게끔 억지로 반복하는 것이다. 내가 암벽등반을 시작했을 때, 대부분의 초보 암벽등반가들이 으레 그러듯 상체 움직임에 과하게 의존하느라 엉덩이 회전은 전혀 이용하지 않았다. 엉덩이를 돌리는 동작은 매우 반직관적이지만, 가파르고 돌출된 구역에서는 놀라울 정도로 도움이 된다. 하지만 엉덩이 회전이 쓸모가 크다는 것을 이론적으로 알고 있더라도, 정신없이 힘이 드는 순간에 이 움직임 패턴을 스스로에게서 끄집어내는 것은 어려운 일이다. 이때 특효약은 다음과 같은 훈련이다. 쉬운 암벽을 많이 하되 절대 팔꿈치를 구부리지 않는 것이다. 이 훈련은 엉덩이를 돌리고 몸통을 틀어서 공간을 헤쳐 나가는 수천 가지의 미묘한 방식을 강제로 찾아내게끔 만들어 준다. 그리고 충분한 연습을 하고 나면, 이 움직임 패턴을 내면화하여 내가 가진 자연스럽고 직관적인 움직임들의 목록에 기재하게 된다. 일시적 제한 사항들이 강도 높은 실천적 집중을 해내는 짤막한 훈련들을 촉진하여 장기적으로 움직임의 자유를 증대시키는 결과를 낳는 셈이다.

요가의 수련을 생각해 보자. 요가는 움직임에서의 유동성과 자유를 길러 주고 어떤 고요한 정신 상태에 이르게끔 한다. 하지만 그에 이르기 위해서는 어디를 돌리고, 어디를 바라보며, 주의를 어디에 집중시키는지 등 몸의 움직임을 결정하는 대단히 세부적인 지시 사항들을 따라야만 한다. 이 엄격함을 통해 우리는 부자연스럽게 느껴지는 바를 수행하는 법을 배울 수 있다. 엄격함이란 자연적 충동을 넘어서서 루틴을 습득할 하나의 기법이다. 대부분의 사람들은 습관적인 패턴으로 움직이고 습관적인 자세를 취하기 마련이다. 엄격하고 정확하며 힘이 드는 교육이야말로 자신의 본성이라는 덫을 빠져나오게 해 준다.

이 모든 것을 다시 자율성의 언어로 옮겨 보자. 게임을 거부하는 사람들은 제한 사항이 적어야 자율성이 커진다는 소박한 견해를 견지하는 편이다. 이 소박한 견해는 사람들이 본성상 자율성을 지향하는 경향을 띤다고 전제한다. 하지만 이 전제는 우리의 심리적 현실을 기준으로 볼 때 정확하지 않은 듯하다. 우리가 순전히 자기 자신의 손에만 맡겨진다면, 대개 습관의 동물로만 살게 될 것이다.

습관에서 빠져나오기 위해서는 내 것이 아닌 행동과 생각의 패턴을 찾도록 해 줄 인위적인 규율이 필요하다. 타인이야말로 이러한 인위적인 규율을 나에게 제시해 주고 나의 사고와 행위의 패턴을 벗어나게 해 줄 수 있다.

그러므로 순전히 부정적인 의미에서 지나친 자유는 그저 스스로가 가진 버릇과 습관의 반복만을 가져올 수 있다. 우리는 자유의 더 풍부한 개념을 생각해 내야 한다. 그에 따르면 행위자가 더 큰 자유와 자율성에 도달하려는 장기 계획의 한 부분으로서 스스로에게 단기적인 제한을 가할 수도 있어야 한다. 이러한 관점에서 보자면, 타인의 규칙에 따르기를 전적으로 고집스럽게 거부하는 것은 당당히 자율성을 지켜 낸 것이라기보다 뿌리 깊은 불신을 보여 주는 징후에 불과하다. 우리는 때로 자신에게 어떤 정신 상태와 실천적 패턴이 필요한지를 알지 못한다. 이 경우 그것을 알아낼 유일한 길은 다른 사람이 나 자신의 모양을 조금 변화시킬 수 있도록 믿어 주는 것이다. 잠시 동안 말이다.

왜 현실 세계가 아닌 게임을 통해 행위성 유형을 습득하는 것이 더 쉬운 일인지를 이제는 비로소 이해할 수 있을 것이다. 내가 분석철학에 적합한 행위성 유형에 도달하게 해 준 것이 체스였음을 기억해 보자. 여러분은 그냥 대학원에 다니는 것만으로도 내가 적절한 행위적 유형을 배워 갈 수 있었을 것이라 생각했을지도 모른다. 하지만 게임은 새로운 행위성 유형에 진입할 더 쉬운 경로를 제시해 준다. 이는 다름이 아니라 게임이 더 예리하고 협소하며 정확하게 특정되어 있기 때문이다. 누군가 내가 할 일이 정확히 무엇인지 말해 준다면 새로운 존재가 되어 볼 길을 찾기란 더욱 쉽다. 이는 요가 혹은 다른 신체 훈련에도 해당하는 말이다. 만일 나에게 익숙하지 않은 종류의 움직임이나 자세가 있다면, 그에 도달하는 가장 쉬운 길은 내 발을 정확히 어디에 두고 엉덩이를 정확히 어떻게 돌려야 할지를 말해 주는 매우 구체적인 지시 사항을 따르는 것이다.

이와 유사하게, 나는 새로운 행위적 유형은 매우 구체적인 지시

아래 더 쉽게 발견된다고 주장한다. 그렇다면 새로운 행위적 유형을 찾아 줄 지시 사항이란 어떤 모습을 하고 있을까? 그것은 무엇에 집중할지, 어디에 주의를 기울일지, 어떤 능력에 집중할지를 말해 줄 것이다. 그리고 게임이 정확히 그렇게 한다. 요가 수련에서, 우리는 다른 사람의 지시에 따라 정확한 자세를 배운다. 외부에서 오는 엄격한 교육은 새로운 자세와 움직임의 가능성을 발견하는 데 도움을 줄 수 있다. 또 그러한 자세의 본성을 통해서 우리는 어떤 특수하고 오묘한 정신 상태에 도달할 수 있다. 게임에서 우리는 '어떤 종류의 행위자가 되고자 하는지'에 관련하여 외부의 지시 사항을 받아들인다.

게임은 말하자면 행위성으로 하는 요가이다. 각 게임은 정확한 지시 사항들을 통해서 행위적 자세를 특정한다. 그리고 이러한 자세가 우리에게 별로 친숙하지 않을 수 있다. 내가 「스파이폴」을 플레이하기 전에는, 사람들이 분탕질을 할 때 보이는 사회적 신호를 주의 깊게 관찰해 본 일이 거의 없었다. 「수화」를 플레이하기 전에는, 새로운 기본 용어의 의미를 수립하려는 노력에 완전히 집중해 본 적도 없었다. 「제국」과 「1830」을 플레이하기 전에는, 어떻게 하면 타인의 이익을 조종하여 그들의 행위를 조종할 수 있을지를 그토록 골똘히 생각해 본 적도 없었다. 이러한 것들은 행위성을 매체로 하여 전파되는 새로운 행위적 관점이다.

또 하나의 개인적 일화를 이야기해 보자면, 지난 10여 년에 걸쳐 바둑을 배우고 연구하는 과정은 나의 실천적 행위성 일부를 변화시켜 왔다. 이 게임에 익숙하지 않은 사람들을 위해 설명하자면, 서유럽에 체스가 있다면 동아시아에는 바둑이 있다. 바둑은 인기가 많고 심오하며 추상적인 전략 게임이다. 바둑은 약 1천500년 전에 중국에서 발명되었으며, 오늘날까지도 사람들은 아주 열성적으로 바둑을 두고 연구하며 그에 대한 이론을 세운다. 바둑은 체스보다 훨씬 행동 반경이 넓다. 내 첫 번째 바둑 선생님은 체스가 단판 싸움이라면 바둑은 한 번에 열 판의 싸움을 동시에 벌이는 것과 같다고 말했다.

그렇기에 바둑 플레이어는 현재 참여하고 있는 각 싸움의 상대적 가치를 계속해서 평가한다. 훌륭한 플레이어는 언제 한 곳의 싸움을 포기하고 다른 곳에 더 높은 가치를 지니는 수를 둘지를 안다. 서툰 바둑 플레이어는 하나의 싸움에 집착하여 그것을 놓지 못한다. 바둑을 잘 두기 위해서는, 각각의 특정 싸움으로부터 감정적으로 거리를 둘 수 있어야 한다. 바둑 플레이어는 전체 그림에 입각하여 각 싸움의 전략적 가치를 계속해서 평가해야 한다. 이러한 사고방식은 나의 나머지 행위적 삶으로까지 영향을 끼쳤다. 바둑은 한발 물러나서 현재 추구하는 목표의 상대적 가치를 숙고하는 정신적 능력을 키워 주었다. 이 게임이 가진 엄격한, 통제된 환경 덕분에 나는 이러한 평가 행위를 쉽게 이해하고 수행할 수 있게 된 것이다.

어떻게 보면 여기서 내가 말하는 바는 게임이 '인생 교훈'을 준다는 오래된 속설과 비슷하다. 실제로, 특히 스포츠 분야에서는, 이러한 자전적인 동기 부여성 책들이 하나의 엄연한 장르를 이루고 있다.[38] 농구는 팀으로서 생각하고 이타적으로 행동하는 법을 배우게 해 준다. 암벽등반은 두려움과 집중력을 제어하는 법을 가르쳐 준다. 체스는 미래를 내다보고 상대방의 수를 예측하는 법을 가르쳐 준다. 이러한 생각들이 수사라는 점은 분명하지만, 어느 정도 맞는 말을 하기도 한다. 게임이 특정 기술을 가르쳐 주고 특정한 실천적 능력을 연마하게 해 준다는 점은 자명하다. 내 주장은 더 추상적인 층위에 위치한다. 그러한 '인생 교훈'이라는 것은 특정 게임의 규칙과 목표로써 구축된 특정 행위적 유형에서 비롯한다는 것이다. 다양한 게임을 플레이하고 서로 다른 행위적 입장을 흡수하는 일은, 하나의 아주 특수한 인생 교훈 이상을 플레이어에게 선사한다. 게임 플레이는

---

38   이 장르는 거대하며 상투적인 말들로 가득하다. 하지만 개중 멋진 저작은 어떻게 달리기가 저술 활동에 도움을 주었는지에 관해 소설가 무라카미 하루키가 쓴 자서전이다.(Murakami 2009)

플레이어로 하여금 다양한 행위적 지향과 스타일을 접하게 하고 이로써 자기 결정의 선택지, 더 나아가 자율성을 강화시켜 준다.

　　지금까지의 내용은 게임 플레이가 아동 교육에 도움이 된다거나 우리의 성장에 중요한 역할을 맡는다는 등 널리 퍼진 관찰 내용을 형식화한 것일 뿐이다. 내가 주장해 온 내용은 이 넓은 우산 안에 놓인 구체적인 명제이다. 즉, 게임 플레이는 보다 폭넓은 행위적 유형들을 접하게 하며 서로 다른 행위적 유형들을 유동적이고 적절하게 선택할 수 있도록 만들어 준다는 것이 그것이다. 가장 중요한 점은, 내가 이 특수한 장점이 자유로운 플레이보다 구조화된 게임에서 특히 두드러진다고 주장했다는 점이다. 자유로운 플레이의 중요성을 폄하할 의도는 전혀 없다. 자유롭고 창의적인 플레이는 분명 인간 삶의 핵심적인 부분이다. 다만 나는 구조화된 게임이 가져오는 독자적인 이점이 있다고 주장했다.

　　이제 우리는 구조화된 게임에 대한 여러 비판 및 자유로운 플레이가 언제나 구조화된 게임보다 낫다는 시카르트의 주장에 대답할 수 있게 되었다. 구조화된 게임은 행위성을 기입하고 주고받는 방식이며, 행위적 유형을 전파할 기체(vessels)이다. 그렇기에 구조화된 게임은 우리가 자율성을 함께 강화하는 협업적인 사회 사업에 있어서 특히나 유용한 도구이다. 구조화된 게임은 아주 많은 사람들의 독창성을 결합하고, 행위성의 발달을 협업적, 사회적 프로젝트로 만들어 줄 방법이다. 게임을 통해 우리는 고도로 결정화된 행위성 유형을 약호화하고 전파하며 저장할 수 있게 된다. 즉, 게임은 행위성의 라이브러리이다.

PART
TWO

행위성과 예술

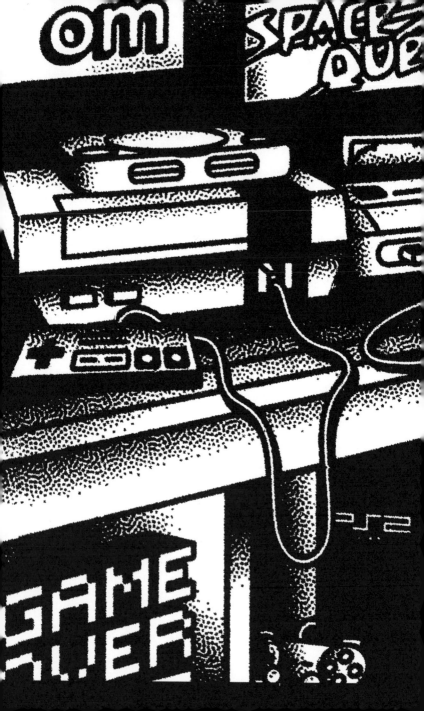

5장
행위성의 미학[39]

지금까지의 이야기는 이러하다. 슈츠적 게임이란 실천적 추론과 실천적 행위로 이루어진 구조이다. 게임 디자이너는 제약을 창조하는 데 그치지 않고, 행위와 행위성의 형식까지도 디자인한다. 게임 디자이너는 실천적 환경을 조성하고, 능력 및 동기를 지정하여 그 환경을 살아갈 행위적 골격을 만들어 낸다.(" 달리되 때려지는 말라. 이동할 때는 드리블을 하라. 바구니에 공을 집어넣는 일에 골몰하라." 등) 게임 디자이너는 특정 종류의 실천적 활동을 형성하기 위해 행위성과 환경을 조형한다. 플레이어는 미리 지정된 행위성을 받아들이고 이를 다양한 방식으로 채워 나간다. 플레이어의 게임 활동의 정확한 본성은 플레이어 자신에게 달려 있다. 다만 그 윤곽은 깊은 곳까지 게임 디자이너에 의해 형성된다. 게임 디자이너는 행위성을 매체로 하여 작업한다.

지금껏 나는 플레이어와 그들의 행위적 유동성의 역량에 주목했다. 다음 세 개의 장에서는 예술과 미학에 관한 나의 주장을 살펴보고자 한다. 행위성 매체의 한 가지 사용법은 행위성의 미적 경험(aesthetic experiences of agency), 즉

---

39   역주: 이 장에서 'aesthetics'라는 용어는 특정 학문 분과를 가리키기보다, 예술성(artness)과 관련된 구조, 원리, 혹은 작동 방식이라는 매우 넓은 의미로 쓰인다. A의 미학이라는 말이 사용되는 경우, 이는 A가 모종의 미적 요소(aesthetic quality)를 산출하는, 또 이로써 A가 어떤 것을 예술로 만드는 구조, 원리, 방식을 가리킨다. 가령 행위성의 미학이란, 행위성이 모종의 미적 요소를 산출하고 이로써 게임을 예술로 볼 수 있게끔 만드는 구조, 원리, 방식을 의미한다. 앞으로 언급될 '스토리의 미학', '음악의 미학', '뛰어난 체육 퍼포먼스의 미학' 등도 마찬가지로 미적 혹은 예술적 구조, 원리, 방식에 관련지어 넓게 이해하면 될 것이다.

결정하고 해결하며 행동하기의 미적 경험을 형성하는 것이라고 나는 주장했다. 그런데 정말 행위성의 미적 경험이라는 것이 존재할 수 있는가? 행위성의 예술(art of agency)이 정말 존재하는가?

이 장에서 나는 게임이 제공할 수 있는 여러 종류의 미적 경험을 보다 자세히 살펴본다. 게임이 이야기를 들려주거나, 인상적인 이미지를 제시하거나, 심지어는 논변을 제시함으로써 좀 더 친숙한 종류의 미적 경험을 제공할 수 있는 것은 사실이지만, 게임은 그와 다른 일을 할 수도 있다. 즉, 게임은 우리가 가진 행위성의 경험을 디자인하여 제공한다. 그리고 행위적 매체는 우리의 실천적 참여가 가진 성격을 형성하는 데 특히 적절하다. 체스는 논리적 가능성의 연쇄를 따라 다음 수를 내다보는 일에 집중한다. 「테트리스」는 매우 빠른 공간적 추론에 집중한다. 그리고 이렇게 디자인된 행위성 경험은 미적일 수 있다. 여기서 나는 미적 경험이 예술에 있어 본질적이라고 말하려는 것이 아니고, 게임의 유일한 목적이 미적 경험을 제공하는 것이라고 주장하려는 것도 아니다. 다만 게임은 행위성의 미적 경험을 제공하기에 특히 알맞다는 것이다.

그러한 미적 경험은 게임에만 고유한 것은 아니다. 그러한 경험은 일상 생활에서도 자주 나타난다. 유달리 까다로운 논리 문제에 대한 답을 찾다가 갑자기 벼락같이 근사하고 아름다우며 완벽한 해답이 떠오르는 경우가 있다. 어떤 자동차가 내가 있는 차선으로 끼어드는데 내가 부드럽게 반응하여 완벽히 피해 내기도 한다. 그 뒤에 나는 내가 보여 준 본능적 대응의 우아함에 탄복한다. 게임은 그러한 쾌를 정제하고 농축하여 우리에게 그 참신한 면모를 제시한다. 예컨대, 수학을 하거나 철학을 하는 것 등은 계산, 퍼즐 풀이, 정신의 눈부신 성장과 같은 미적 경험을 가져다줄 수 있다. 체스는 그러한 활동을 가져다 결정화하고, 그리하여 미적으로 풍부한 지적 경험을 한가득 가져다줄 수 있도록 조형된 활동을 제공한다.

암벽등반은 또 하나의 명확한 예시이다. 우리는 현실에서 자신의 효과적인 움직임이 가져오는 우아함을 경험하는데, 암벽등반은 그러한 경험을 집약한다. 암벽등반장에서 디자이너는 인공 벽에 홀드를 선택하고 배열하여 특정한 등반 코스를 설치한다. 볼더링의 하위 분야로서 이러한 암벽등반은 보통 등반가에게서 미묘하고 세밀한 움직임을 이끌어 내고 등반가가 스스로의 움직임이 지닌 아름다움과 근사함을 경험할 수 있게끔 설계된다. 이 주제를 1장에서 잠시 다루었는데, 이 장에서는 그러한 개괄적인 생각들을 확장해 볼 것이다.

다른 게임 미학들

게임의 미적, 예술적 가치에 관한 동시대의 논의는 행위성의 미학을 거의 다루고 있지 않고, 그 대신 게임이 보다 친숙한 미적, 예술적 가치를 줄 수 있음을 보이는 일에 주력해 왔다. 인물과 내러티브에의 몰입, 정치적 논평, 견해 제시 등이 그에 해당한다. 예를 들어 레오 콘자크는 게임이 철학적 관념을 제시할 때 비로소 실제 문화적 중요성을 지니게 된다고 주장한다.(Konzack 2009) 존 샤프는 단순히 플레이어의 도구적인 노력을 촉진하는 것을 넘어서 세계를 재현하고 그에 대해 논평하는 게임을 높이 산다.(Sharp 2015, 77-97) 메리 플래너건은 게임을 아방가르드 행위 예술과 비교하며 게임이 개념 미술로서 가치를 지닐 수 있다고 주장한다. 그녀는 스스로 '진지한 게임'이라고 일컫는 게임, 즉 사회적, 정치적 비판을 제시하는 게임을 옹호한다. 그녀가 주장하기를, 이 진지한 게임들은 정치적 전복과 사회 비판에 참여하므로 지지를 받아야 한다. 그것들이 예술이라고 불릴 수 있는 것은, 그러한 정치적, 사회적 비판에 참여함으로써 정치적 의미를 가진 최근 개념 미술, 행위 예술 작품들을 닮게 되기 때문이다.(Flanagan 2013)

　　브렌다 로메로의 작품은 게임도 진지하고 유의미한 예술 형식이 될 수 있다는 주장들이 내세우는 일종의 마스코트가 되었다. 예를 들어 그녀의 게임 「기차」(Train)는 보드게임의 형식으로 만들어진 일종의 설치 미술 작품이다. 관객들은 그냥 일반적인 유러피언 스타일 기차 게임을 플레이하는데, 여기서 관객들은 기차를 통해 노란 말들을 보드 반대쪽으로 빠르게 이동시키는 업무를 맡게 된다. 게임이 진행되면서 플레이어들은 점점 심상치 않은 정황 정보를 건네받는데, 이내 자신들이 사실 홀로코스트 시기 강제수용소로 수용자들을 이송하는 중이었음을 알게 된다. 비평적 해석과 로메로 자신의 말에 따르면, 게임은 플레이어들이 불편한 공범 의식을 느끼게끔 설계되어 있다. 「기차」는 여러 이론가들에게 훌륭한 게임 디자인의 모범 사례로 자주 사용된다.(Baker 2013; Sharp 2015, 63-68)

게임이 가진 재현적, 비판적 역량에 대한 이러한 관심은 흔히 찾아볼 수 있다. 예를 들어, 곤살로 프라스카는 게임이 특정 이야기에 관한 정적인 스토리텔링이 아니라 상호작용적 시뮬레이션에 해당하기 때문에, 다른 매체보다 유동적, 복합적으로 인과적 체계에 대한 생각을 표현할 수 있다고 주장한다. 예를 들어, 한 예술가가 노동조합이 실패하거나 성공하는 모습을 그려 낸다고 상상해 보자. 소설은 그러한 고투의 내러티브를 재현하고 단일한 결과를 보여 준다. 반면 게임은 그러한 고투를 상호작용적으로 시뮬레이션하여 산출될 수 있는 다양한 결과들을 보여 준다. 게임은 그렇기에 인과적 네트워크를 재현할 수 있다.(Frasca 2003) 이와 비슷하게 이언 보고스트는 게임이 일종의 수사(rhetoric)로 기능할 수 있음을 보여서 게임의 가치를 옹호한다. 게임은 경제나 정치 구조 등 인과적 체계를 재현하고 그에 대해 논평하는 일에 특히 효과적이다. 이는 게임이 그러한 시스템을 시뮬레이션할 수 있기 때문이다. 게임은, 가령 자본주의 체계가 환경에 대한 고려를 무시한다는 등 어떤 인과적 체계의 특정 측면을 강조함으로써, 사회적 체계에 대한 비판을 제시할 수 있다.(Bogost 2010, 28-64) 그 이외에도 다른 이론가들은 게임을 일종의 픽션이라고 주장하여 게임을 예술로 격상하고자 했다. 예를 들어 그랜트 태비노어는 비디오게임이 특정 종류의 픽션이기 때문에 예술에 해당한다고 주장한다. 그에 따르면 게임은 상호작용적 특성을 상상력의 소도구(**prop**)로 사용하는 인터랙티브 픽션이다.[40]

이러한 여러 논의들이 각각 게임이 예술적으로 가치를 지닐 수 있는 여러 가지 가능성 중 하나를 설명하는 것이라고 이해한다면, 나는 이러한 여러 설명들과 경합할 이유가 없다. 게임은 당연히 정치적 논평과 사회 비판의 기능을 할 수 있다. 게임은 당연히 픽션일 수 있다. 하지만 이 여러 가지 논의들은 실천성과 행위성이 지닌 미적 측면을 완전히 간과한다.[41] 플래너건, 샤프, 프라스카, 보고스트가 높이 평가하는 게임들도 때로는 장애물과의 고투라는 요소를 포함하기는 하지만, 그렇다고 그 게임들이 산출하는 고투라는 요소 때문에 높은 평가를 받는 것은 아니다. 오히려 그 게임들은 재현적 요소, 즉 그것들이 현실 세계를 모델링하고 그에 대한 논평을 제시한다는 점 때문에 치켜세워진다. 이런 종류의 논의에서 행위성이 등장하면 보통 재현이라는 목적 아래 종속된 기법으로 여겨지곤 한다. 예를 들어 태비노어의 설명에서, 어려운 장애물은 게임의 픽션에 도움이 될 경우에 게임의 예술적 가치에 있어서 중요성을 띤다. 태비노어는 게임의 난이도가 믿는-체하기 세계로의 몰입을 증진하는 데 어떻게 사용되는지를 제시한다. 게임을 조종할 때 겪는 어려움 덕분에 플레이어들은 자신이 조종하는 인물이 느낄 어려움에 더욱 동일시하고

---

[40]   태비노어의 설명 방식은 픽션이 믿는-체하기(**make-believe**)의 소도구라는 월튼의 설명에 기초한다.(**Walton 1990; Tavinor 2009**) 이 설명을 더 발전시킨 것은 애론 메스킨과 존 롭슨이다.(**Robson and Meskin 2016**) 나는 다른 글에서 분투형 플레이와 월튼적 플레이(**Waltonian play**)는 같은 범주에 해당하지 않고, 서로가 서로의 하위 형태로 환원되지도 않는다고 주장했다.(**Nguyen 2019b**)

[41]   내러톨로지(**narratology**, 서사론)와 루돌로지(**ludology**, 유희론)의 논쟁에 대해 익숙한 이들이라면 나의 입장이 루돌로지스트에 보다 가깝다는 점을 인지할 것이다. 나의 설명과 다른 루돌로지스트 사이의 차이는 특히 6장에서 세부적으로 다루어질 것이다.

몰입할 수 있다.〈Tavinor 2009, 130-149〉 어떻게 보면, 이 모든 설명들은 엄밀한 의미에서 게임의 '의미'〈meaning〉를 물음으로써 게임에 접근한다. 게임이 무엇을 재현하는가? 어떤 이야기를 들려주고, 어떤 허구적 세상을 세우며, 현실의 어느 부분에 대해 논평하고, 어떤 철학적 개념을 표현하는가? 하지만 나는 게임에서 의미와 무관한 미적 가치를 찾을 수 있다고 생각한다. 그것은 바로 행동하기〈doing〉의 미적 요소, 즉 행위성의 미학〈the aesthetics of agency〉에 있다.

행위성의 미학은 사실상 어느 게임에서든지 찾아볼 수 있다. 이는 서사적이고 영화적인 비디오게임이나 심오한 정치적 게임 디자인에만 한정되지 않는다. 그것은 스포츠, 비디오게임, 보드게임, 롤플레잉 게임, 카드 게임 등에 공통적으로 해당하는 미적 경험의 일종이다. 내 생각에 흔히 행위성 미학이 간과되는 현상은 목표 지향적 플레이의 가치에 대한 모종의 불안감에서 비롯한다.[42] 게임의 목표가 다소 임의적이라고 생각하는 이에게는 그 목표를 열렬하게 좇는 것이 유치하게 느껴질 수 있다. 그렇기에 게임이 지니는 문화적 위상을 끌어올리려는 많은 최근의 시도에서, 필자들은 순전히 도구적이고 목표 지향적인 플레이 이외에 다른 측면을 발견하여 칭찬하고자 노력했다. 픽션과 사회 비판이 갖는 진지함과 중요성은 잘 알려져 있으니, 만약 게임이 일종의 픽션, 영화 혹은 현대미술 등으로 기능할 수 있고 또 실제로 그러고 있음을 보인다면 게임이 지닌 예술로서의 지위, 더 나아가 문화적 가치가 확보될 수 있을 터이다.

하지만 이미 우리는 이러한 우려에 대해 어떻게 답변해야 할지를

[42] 분석철학의 영역 바깥의 몇몇 필자들은 장애물-지향적〈obstacle-oriented〉 플레이의 미학이 갖는 다양한 측면에 주목하기 시작했다. 이른바 "유희적 뮤즈"〈the ludic muse〉 개념에 대한 대니얼 벨라〈Daniel Vella〉의 대륙 철학적 접근과, "정신의 미학"과 "도전의 미학"에 관한 에스페르 울의 팔막한 논의가 이에 해당된다.

살펴보았다. 게임의 목표들이 그 자체로는 무가치하다는 주장을 우리가 받아들인다고 해 보자. 그러면 이 목표를 강렬하게 추구한다는 사실을 무엇으로 설명하겠는가? 만일 우리가 목표 자체 및 목표로부터 무엇이 따라오는지에만 초점을 한정한다면, 답을 찾는 데 애를 먹을 것이다. 이 경우 분투형 플레이의 정당화 구조를 오해하고 있는 셈이다. 누군가는 그 목표를 향한 고투를 맛보기 위해 목표를 추구한다. 내가 제안하는바, 이 고투의 가치를 설명할 한 가지 방식은 바로 미학적 관점에 기대는 것이다. 우리가 일견 임의적으로 보이는 목표를 추구한다는 사실은 그러한 고투에 들어 있는 미적 가치에 입각하여 정당화할 수 있다.

　　행위성의 미학은 게임이 가진 독자적인 미적 가치를 설명할 한 가지 방식을 제시한다. 이러한 설명 방식이 없다면, 우리는 게임의 미적 가치를 그와 다른 보다 친숙한 형태의 미적 가치로 환원하고 싶어질 것이다. 하지만 이러한 포섭은 게임이라는 예술 형식의 잠재력을 퇴색시킬 위험을 지닌다. 다른 신생 예술 형식들의 경우에도 이와 동일한 일이 있었다. 예를 들어, 예술사진의 태동기를 생각해 보자. 사진의 초창기에 기술로써 구현된 선명함, 또렷함, 섬세함을 많은 이들이 불편하게 느꼈다. 사진은 가장 인접해 있다고 여겨질 수 있는 예술 형식인 회화와 전혀 같지 않았다. 의식적으로 사진을 하나의 예술 형식으로 만들고자 했던 초기 사진가들은 번짐 기법이나 연초점 기법 등 선명도를 낮추려는 여러 가지 작법들을 사용했다. 그들의 목표는 사진이 전통적 회화와 보다 유사해지도록 만드는 것이었다. 사진과 결부된 전통적 회화의 패러다임을 거부하고 나서야 비로소 사진 매체에 특정적인 예술적 잠재력이 탐구되기 시작했다.〈Bunnel 1992〉 나는 예술 형식이 그것의 매체에 고유한 효과들만을 사용해야 한다고 주장하는 것이 결코 아니다. 다만 내가 주장하는 바는, 어떤 새로운 매체를 오로지 기존의 예술 형식 내에 다급하게 포섭시킴으로써 그것의 예술적 지위를 확보하려 한다면, 그 새로운 매체의 예술적 잠재력을 퇴색시킬 수 있다는 것이다.

끝으로, 나는 행위성의 미학이 게임에 대한 다른 미학적 접근 방식들, 특히 특정 종류의 게임에 집중하는 접근 방식들을 대체해야 한다고 말하는 것이 아니다. 최근에는 비디오게임의 미학에 대한 엄청나게 흥미롭고 정교한 연구들이 등장했다. 그것들은 실제로 행위성까지도 설명에 포함시키고 있다. 예를 들어, 그레임 커크패트릭은 컨트롤러를 조종하는 손의 춤사위에 들어 있는 형식적 타이밍과 리드미컬한 구조에 주목하여 비디오게임의 미학에 대한 유용한 설명을 제시한다.(**Kirkpatrick 2011, 87-158**) 비디오게임, 특히 스토리 기반 비디오게임의 의미에 관한 엄청나게 유용한 연구들도 등장했다. 그것들은 게임의 특수한 상호작용 구조가 가진 중요성에 주목한다.(**Arjonta 2015**) 이들은 모두 가치가 높은 접근 방식이며, 모두 행위성의 미학을 구축하려는 시도와 양립 가능하다. 비디오게임에 특정한 미학뿐 아니라, 모든 게임에 공통적으로 해당하는 미학을 탐구하는 일은 유용할 것이다. 이는 영화 일반의 미학을 연구하는 일과 공포 영화의 미학을 들여다보는 일이 둘 다 유용한 것과 마찬가지이다.(**Carroll 2003**) 음악 자체의 미학을 연구하는 일, 그리고 오페라와 영화에서 음악의 미학과 스토리가 어떻게 상호작용하는지를 살펴보는 일은 둘 다 유용하다. 그렇기에 나는 행위성의 미학을 그 자체로 사유하는 시도가, 행위성의 미학이 스토리 및 유의미함의 미학과 어떻게 상호작용할 수 있는지를 이해하는 데 도움을 주리라고 생각한다.

행위성의 미학을 향하여

그런데 목표 지향적 활동에서도 미적인 요소가 존재할 수 있는가? 나 자신의 고투로부터 미적 경험을 할 수가 있는가? 우선 우리 자신이 실제 게임 활동을 한다고 생각하는 데서 시작해 보자. 데이비드 데이비스가 주장하기를, 미학 이론은 현실의 미학적 실천과 언어에 크게 의존한다.(**Davies 2004, 16-24**) 그렇기에 게임에 관한 일상

대화는 미학적 언어로 가득하다. 즉, 게임에 관한 대화는 조화로움, 우아함, 근사함 등 익숙한 미적 요소들을 한껏 지시한다.

스포츠의 아름다움에 대한 미학적 대화의 경우 이 점이 가장 분명하게 드러난다. 스포츠 관람은 자명한 미학적 언어로 가득하다. 운동선수의 움직임은 근사하고, 아름다우며, 시적이다. 아무도 느끼지 못한 아름다움을 느끼는 참된 식견을 지녔던 시인 메리앤 무어는 동물과 스포츠에 대한 애정을 이렇게 쓴 바 있다.

> 그것들은 예술의 주제이며 예술의 모범이다. 왜 아니겠는가? (...) 자기 왼쪽 뒤에서 손을 날려 버릴 정도로 거세게 날아오는 공을 백핸드 캐치로 잡아내는 돈 짐머—그 당시 다저스 선수였던—의 특기처럼 기적 같은 손놀림에 무관심한 사람에 대해서는 나는 아무 할 말이 없다.(Moore 1961, xvi)

존 듀이가 일상의 경험에서 예술 실천의 토대를 찾고자 했을 때, 그가 가장 먼저 가져오는 사례도 바로 야구이다.

> 미적인 것(the esthetic)의 궁극적이고도 널리 퍼져 있는 형식들을 '이해하기' 위해서는, 가장 날것에서 출발해야 한다. 즉, 사람의 눈과 귀를 사로잡아, 보거나 듣고 있노라면 흥미를 일으키고 즐거움을 주는 사건이나 장면, 관중을 사로잡는 광경들에서 출발해야 한다. (...) 야구 선수의 아슬아슬한 묘기가 관중을 열광시키는 것을 이해하는 사람이야말로 인간 경험 속 예술의 원천을 발견하게 될 것이다.(Dewey [1934] 2005, 3)

미적 요소가 체육의 영역에 그득하다는 점은 자명하다. 스포츠가

예술로 불릴 수 있느냐는 구체적인 물음을 놓고 스포츠 철학자들이
긴 논쟁을 펼쳐 오긴 했지만,〈Best 1985〉운동선수의 움직임이
아름다울 수 있다는 점에는 논쟁의 여지가 없다.〈스포츠의 미학에 관한
토론은, 가령 운동선수의 움직임이 보여 주는 근사함이 개념적으로
움직임의 효과에 달려 있는지 여부와 같이 비교적 지엽적인 문제에
주목한다.[Best 1974; Cordner 1984]〉

스포츠 철학자는 관람자의 미적 경험에 주로 주목해 왔다. 여기서
우리는 그와 전혀 다른 무엇을 지향한다. 바로 플레이어가 스스로
경험하는, 결정하기와 행위하기의 미학이다. 우리가 탐구하려는 것은
숙련된 퍼포먼스의 미학이 아니라 행위성의 미학이다. 물론 관람자의
미적 경험도 분명 플레이어의 미적 경험에 관한 무언가를 드러낸다.
어떤 행위의 근사함, 우아함, 아름다움을 관람자가 볼 수 있다면
플레이어도 분명 볼 수 있다. 체스의 수는 종종 우아하거나 멋지다고
묘사된다.〈Osborne 1964〉체스에서 엄청나게 우아한 수를
고안한 사람은 분명 그 우아함을 인지하고 느낄 수 있을 것이다.
그리고 바버라 몬테로가 언젠가 주장하듯이, 무용수도 자기수용
감각〈proprioception〉을 통해서 자기 자신의 움직임이
갖는 미적 요소를 지각할 수 있다.〈Montero 2006〉

자아와 세계의 조화

하지만 게임의 플레이어는 단순히 경기장에서 가장 좋은 자리에 앉은
관람자가 아니다. 플레이어는 플레이 활동과 특별한 관계에 있다.
플레이어는 자기 자신의 행위와 행위성을 직접적으로 경험한다.
플레이어 자신만이 경험할 수 있는 특별한 미적 요소들이 존재한다.
분석하기, 결정하기, 관찰하기, 반응하기, 행동하기 등의 행위에서
비롯되는 미적 요소가 그것이다.

개별 플레이어는 일인칭 시점에서 행위성에 접근할 수 있다.
플레이어는 상황을 분석하고 그에 맞는 효과적인 수를 찾아내는

사람이다. 플레이어는 체스의 수 자체의 미학뿐만 아니라 그 수를 촉발하는 과정의 미학에도 접근한다. 플레이어는 자신의 행위로부터 '실천적 조화로움'이라는 특별한 경험을 할 수 있다.(나는 여기서 조화가 미적인 것의 필수적 부분이라고 주장하려는 것이 아니다. 조화는 그저 여러 미적 요소 중 익숙한 것이자 좋은 출발점일 뿐이다.)

실천적 조화(**practical harmony**)에는 많은 종류가 있다. 첫째는, 행위와 도전 과제 사이의 조화이다. 아름다운 체스 수의 경우, 수와 그 수가 해결하려는 상황 사이의 조화가 있다. 유의할 점이 있다면, 바로 우아한 해결책이 존재한다는 점이다. 이를 '해법의 조화(**harmony of solution**)라고 부르자. 해법의 조화는 엄밀히 보아 해법과 장애물 사이의 조화를 의미한다. 행위자나 행위자의 역량에 대해서는 명시적으로 언급하지 않는다. 해법의 조화에 대해서는 관람자와 플레이어 모두가 접근 가능하다.

그런데 이와 다른 형태의 조화가 있는데, 이는 플레이어의 행위성과 관련된다. 이를 '행위의 조화(**harmony of action**)라고 부르자. 여러분이 「슈퍼 마리오 형제」에서 타이밍을 맞추어 점프를 하거나, 암벽등반 중에 암벽의 작은 돌출부에 매달려 균형을 잡으려면 엉덩이를 이동해야 한다는 것을 알아낼 때, 여러분은 해법의 조화를 넘어서는 무언가를 경험한다. 여러분은 행위성과 행위가 환경의 요구에 딱 들어맞음을 경험하는 것이다. 이때 우리는 장애물과 해법 사이의 합치뿐 아니라, 장애물과, 해법의 고안자로서 자기 자신 사이의 합치까지도 경험한다.[43] 행위의 조화는 해법의 조화로부터 한발 더 나아간다. 행위의 조화는, 해법이 문제에 합치하는지뿐만

---

43   이 부분은 어떤 독자들이 읽기에 몰입에 관한 긍정 심리학 연구와 흡사하게 느껴질 수 있다. 게임에서의 플로 상태(**flow-state**)에 관한 논의, 그리고 플로 상태가 모든 게임 플레이에 있어 모범적이고 바람직한 상태라는 관점에 대한 유용한 비판으로는 Juul(2005, 112-116)을 참조하라.

아니라, 내가 결정을 내리고 행위를 감행한 것이 그러한 적합한 해법을 산출하는 데 적절했는지와도 관련된다. 행위의 조화의 경우, 설령 그것이 원칙적으로 플레이어와 관람자 모두가 지각할 수 있는 요소라고 하더라도, 플레이어가 더 수월하고 깊이 있게 그에 접근할 수 있다. 해당 수를 생각해 내고 일련의 행위를 선택한 장본인은 다름 아닌 플레이어이기 때문이다. 상황을 분석하고, 해법을 찾고, 정확하고 우아하게 반응하고, 번뜩이는 영감을 떠올리는 것이 어떤 느낌인지를 플레이어는 안다.

이러한 조화 중에는 사회적 버전도 존재한다. 여러분은 자신의 행위 및 능력이 다른 플레이어들의 행위 및 능력과 합치한다는 느낌, 그리고 집단의 행위가 게임의 과제에 합치한다는 느낌을 체험할 수 있다. 전통적인 팀 스포츠는 이러한 조화를 풍부히 담고 있다. 농구에서 여러분이 공을 가지고 고립되었을 때 여러분과 동료가 패스의 기회를 동시에 포착하고, 여러분이 두 명의 상대팀 사이로 공을 패스하면 동료가 정확한 위치로 들어와서 그 공을 잡는 순간을 떠올려 보자. 또한, 현대 멀티 플레이어 컴퓨터게임들도 이러한 경험을 제공한다. 해법과 행위 사이의 사회적 조화는 「디펜스 오브 디 에인션츠」〈Defense of the Ancients〉나 「팀 포트리스 2」와 같은 역할 기반 팀 게임에서 특히 두드러지게 나타난다. 이 게임에서 각 플레이어의 캐릭터는 〈저격수, 위생병, 기갑병 등〉 특정 전문 역할을 가지며, 좋은 플레이는 이 역할들을 적절히 조직해야 가능해진다.

그러나 행위의 조화가 끝은 아니다. 게임에서 체험할 수 있는 또 한 가지 종류의 조화가 존재한다. 극강의 난이도를 자랑하는 반응 속도 기반 아케이드 게임 분야에서 선풍적 인기를 끌고 있는 「슈퍼 헥사곤」〈Super Hexagon〉을 생각해 보자. 「슈퍼 헥사곤」은 시계 방향으로 돌리기와 반시계 방향으로 돌리기 등 오직 두 가지 기본 동작만을 이용하여 회오리치며 요동치는 미로에서 손톱만 한 화살표를 빼내는 게임이다. 여러분의 배가 화면 한가운데에 놓이고, 미로의 새로운 부분이 화면 바깥 가장자리로부터 나타나 여러분을 향해 돌진해 온다. 레벨이 낮을 때 게임은 간단한 반사 신경 테스트만을 제시한다. 여러분은 다가오는 벽에 반응하여 이를 피하고 빈틈 사이로 빠져나가야 한다. 이윽고 미로는 점점 빨라지고 복잡해진다. 여러분은 동시에 두 가지 머리를 써야 한다. 가장 가까운 벽을 지켜보면서 정확한 반사적 움직임을 가져가면서 동시에 가장 먼 외벽을 지켜보면서 장기적인 탈출로를 생각해 내야 한다. 게임이 진행되면서 벽은 여전히 점점 빨라지는데, 살아남을 유일한 길은 미로가 어떤 반복적인 패턴에 따라 만들어진다는 것을 알아차리고 머리를 끝까지 짜내어 그 패턴대로 나아가는 것이다. 이 게임은 여러분이 자기 역량의 끝을 보여 줄 때까지 계속 속도를 더해 간다. 하지만 만일 여러분이 이 한계를 넘어서 살아남는다면, 능력과 세계 사이의 연결과 조화가 가져오는 달콤한 느낌을 맛볼 수 있다. 찰나의 실수만으로도 죽을 수 있으므로 여러분의 능력은 완벽히 작동해야만 한다. 이는 특정 행위가 눈앞의 요구 사항에 합치하는 경험일 뿐만 아니라, 여러분의 자아 전체가 과제와 합치하는 경험, 여러분의 능력을 최대치로 발휘하여 간신히 한계를 넘어서는 경험이다.

이 경험은 그저 한 가지 특정 행위가 해법에 들어맞는 경우가 아니다. 나의 '역량 전체'와 실천적 환경의 요구 사이에 조화가 이루어지는 경험이다. 이는 개인의 총체적 역량이 세계의 요구에 정확히 들어맞는다는 의미이다. 이를 '역량의 조화'(harmony of capacity)라고 부르자. 이와 대조적으로, 행위의 조화는 해당 행위가 행위자의 총체적 역량과 비교하여 얼마나 어려운 것인지와는 무관하다. 반면 역량의 조화는 어려운 일을 수행하는 경험, 모든 능력을 쏟아붓는 경험과 특히 관련된다. 역량의 조화는 개인이 가진 최대치의 능력과 과제의 요구 사항 사이의 합치로부터 비롯한다. 이는 여러분이 여러분의 한계에 다다랐을 때에야 비로소 느낄 수 있는 것이다.

내가 암벽등반을 위한 워밍업을 할 때, 나는 쉬운 코스를 오른다. 워밍업을 할 때 나는 나의 근사함과 우아함을 극대화하기 위해 노력한다. 과제에 딱 맞는 동작을 선택하고 결정한다. 이는 해법의 조화이자 행위의 조화이지만, 역량의 조화는 아니다. 아직 나는 워밍업을 하는 중일 뿐이고 전혀 나의 한계에 다가서고 있지는 않기 때문이다. 그런데 내가 나의 한계에 다가서서 성공할락 말락 할 때면, 이제야 나는 역량의 조화까지도 경험하게 된다. 해법 및 행위의 조화를 느끼는 것은 대개 워밍업 단계에서이다. 내가 온전히 통제력을 가지고 능력 범위 내에서 잘 작동할 수 있을 때 나는 가장 우아한 모습을 보일 수 있다. 반면 내가 한계에 다가서면, 나의 움직임은 다른 사람이 보기에 훨씬 꼴사나워진다. 나의 움직임은 지푸라기 움켜쥐듯 절박해지고, 내가 모든 걸 통제할 때처럼 완벽한 해법의 조화를 도모할 수 없게 된다. 하지만 내가 역량의 조화를 가장 온전히 경험하는 것은 바로 이러한 절박한 순간들이자 내 역량의 끝자락에서이다.

관람자도 역량의 조화의 일부분에 접근할 수 있다. 관람자도 운동선수가 극한에 도달하는 순간에 대한 희미한 감각을 느낄 것이다. 하지만 보통 플레이어와 플레이어의 최대 역량 사이의 관계는 잘 보이지 않는다. 관람자인 우리는 보통 플레이어가 자기 한계에 이르렀다는 것을 나중에, 선수가 스스로 밝힌 다음에야 혹은 해설자가 선수가 개인 기록을 깼다고 알려 주고 나서야 알게 될 뿐이다. 가끔은 지쳐 버린 몸이나 고통으로 일그러진 얼굴 등 외부로 드러나는 단서를 찾을 수도 있겠지만 항상 가능하지는 않다. (마이클 펠프스가 기록을 깰 때의 영상과 매일 수행하는 평범한 훈련 영상을 보고 양자를 구분하기란, 독자 여러분이 아무리 많은 시간을 쓰더라도 쉽지 않을 것이다.) 관람자가 플레이어의 행위와 최대 실천 역량 사이의 관계에 접근하는 것은 체스와 같이 현저히 정신적인 게임의 경우에 특히 어렵다.

내 생각에, 누군가의 능력이 완벽하게 딱딱 맞추어 작동하고 있으며 그 사람의 역량이 가진 한계까지 행위를 수행하고 있다는 느낌은, 자아와 세계 사이의 조화라는 특별하고 심오한 경험이다. 이 특별함은 왜 우리가 어려운 게임을 하고자 하는지를 설명해 준다. 우리가 역량의 조화를 원하는 이유는 그것이 실천적 의미에서 세계와 합치한다는 느낌을 주기 때문이다. 여기서 아름다움 및 조화로운 합치의 경험은 우리 자신과 세계 사이의 불화가 주는 항구적인 감각에 대한 일종의 위안이 되어 준다. 이러한 합치가 가져오는 만족감을 통해서, 왜 순수한 분투형 플레이어가 설령 어려운 성취가 가진 가치에 별 관심이 없더라도 이 어려움에 관심을 가지는지를 설명할 수 있다. 이러한 분투형 플레이어는 어려운 일을 완수해 내기 위해서 어떤 일을 하는 것이 아니라, 자신이 지닌 극한의 역량과 실천적 세계 사이의 조화를 경험하고자 그 어려운 일을 하는 것이다.

이러한 설명은 이 사안에 대한 다른 많은 설명들과 현격한 차이를 나타낸다. 예를 들어 예스페르 울은 우리가 난이도 높은 게임을 하면서 실패를 무릅쓰는 이유에 관해 보상 이론을 제시한다. 울이 말하기를, 우리가 무언가를 해냈을 때 성취의 감각으로부터 쾌를 얻고, 이러한 쾌가 실패의 위험을 보상한다.(Juul 2013) 한편, R. 스콧 크레츠마르는 극적인 고저(dramatic arc)에 입각하여 난이도를 설명한다. 플레이어가 여러 차례 실패하게 되면, 마침내 승리를 맛보게 되었을 때 이를 훨씬 더 극적으로 느낀다는 것이다.(Kretchmar 2012) 하지만 내가 제시한 설명 방식은 이와는 매우 다르다. 핵심은 성취에 대한 회고적인 쾌가 아니라, 과제에 참여하고 그 과제에 합치하는 과정 속에서 느껴지는 조화의 감각이다. 오직 난이도 높은 게임에서만 우리는 역량의 조화를 경험할 수 있다. 그리고 이러한 합치는 아무런 극적인 고저가 없더라도 어려움을 즐기는 현상을 설명할 수 있다. 암벽등반가들은 소위 '플래시'(flash), 즉 어떤 코스를 단 한 번의 시도에 성공적으로 등반하는 것을 대단히 가치 있게 여긴다. 암벽등반이 주는 가장 큰 만족감 중 하나가 매우 어려운 코스를 한 방에 완등하는 것이다. 이를 위해서는 몸이 첫 번째 시도부터 완벽히 반응해야 하고, 머리는 처음 보자마자 적절한 시퀀스를 생각해 낼 수 있게 빨리 돌아가야 한다. 실패와 패배에 들어 있는 극적 요소로는 어떤 챌린지 혹은 게임을 단 한 번의 시도로 깨 버리는 일을 설명할 수 없는 반면, 실천적 조화의 경험에 입각한다면 그러한 쾌를 아주 잘 설명할 수 있다.

역량의 조화는 행위의 조화보다 훨씬 드물다. 행위의 조화는 일상에서도 자주 일어난다. 때로 그런 일이 일어난 뒤에서야 알아차리기도 한다. 옷을 가방에 완벽한 모양으로 쌌다거나, 나무를 패고 도끼를 딱 그 자리에 꽂아 놓았다거나 할 때 행위의 조화를 경험한다.〔어떤 선불교 교본에서 독자들에게 스스로의 모든 행위 하나하나의 조화를 느껴 보라고 하는 것을 읽은 적이 있다.〕하지만 여러 조화 중 가장 달콤한 것, 바로 저 역량의 조화를 경험하는 일은 일상에서 매우 드물다. 나는 이것을 정말 가끔씩만 경험한다. 몇 년 동안 끙끙대던 철학 문제를 결국 풀어내거나, 운전 중에 완벽하게 핸들을 움직여서 통제 불능의 음주 운전자의 차를 가까스로 피해 내는 등의 경우에만 말이다. 역량의 조화는 현실 속에서 너무나 드물게 일어나는데, 왜냐하면 세계의 대부분이, 또 세계가 우리에게 강제하는 과제들이 우리와 합치하기 어렵기 때문이다. 우리가 해야 할 일 중 어느 것은 〔가령 빨래 개기와 같이〕 우리의 능력이 그보다 지나치게 뛰어나서 매우 지루하게 느껴진다. 또 우리가 해야 할 일 중 어느 것은 〔가령 한 책을 일곱 번씩 재검토하는 일과 같이〕 매우 어렵지만 아무 재미가 없을 수도 있다. 우리가 해야 할 일 중 어느 것은 〔가령 채점하기처럼〕 흥미로운 도전으로 여길 수도 있지만 그 양이 정신을 잃을 정도로 많아서 모든 흥미를 잃게 만들기도 한다. 다른 한편 우리가 하고 싶은 일이지만 우리의 역량을 완전히 벗어나는 일도 있다. 가령 암을 치료하기, 기후 변화에 관한 정치 문제를 해결하기, 서로 다른 문화 사이의 갈등을 완화하기 등과 같이 말이다. 그러나 게임에서는 장애물들이 우리에게 합치하도록 조정될 수 있다. 그런 일은 게임 디자이너의 문제이기도 하고, 플레이어가 적합한 게임이나 적수에 맞는 상대를 찾거나 난이도를 이리저리 조절해 보아야 하는 문제이기도 하다. 어쨌든 게임을 할 때 우리는 딱 적당한 고투 활동이 마련될 때까지 디자인하고, 조절하며, 고를 수가 있다.

부정적 게임 미학

내가 방금 제시한 사례들은 모두 자아와 세계 사이의 다종다양한 합일(consonance)의 형식들이다. 스포츠 미학에 관한 대부분의 문헌들 또한 아름다움이나 우아함 등 긍정적인 미적 특징에 초점을 맞추고 있다. 하지만 부조화나 불합치 따위와 같은 불화(dissonance)의 경험은 어떠한가? 예술에 관련된 여타 영역에서, 우리는 부정적 미학을 많이 마주한다. 우리는 공포, 역겨움, 불안, 삐걱임 혹은 불화에서 오는 너무나 많은 미적 경험을 가치 있게 여긴다. 비극, 공포 영화, 현대 교향곡, 아방가르드 재즈 등 이 모두가 다양한 형태의 불쾌감을 더 큰 미적 성취의 일부로 삼아 변주한다. 게임에서도 이와 비슷한 측면이 있을까? 실천적 활동의 경험에서도 어색함, 천박함, 실패의 미학이라는 것이 존재할 수 있을까?

나는 그렇다고 생각한다. 여기서는 논변보다는 사례가 도움이 될 것이라고 생각한다. 최근 비디오게임의 한 하위 장르는 플레이어와 게임 사이에 기이하고 난해한 조종 방식을 설정한다. 예를 들어 「QWOP」는 물리학적으로 모델링된 봉제 인형을 조종하여 육상경기를 치르는 육상 시뮬레이션이다. 조종은 이상하고 반직관적으로 셋팅된 컴퓨터 키보드로 이루어진다. Q 버튼과 W 버튼은 선수의 왼쪽과 오른쪽 허벅지를 조종하고, O 버튼과 P 버튼은 선수의 왼쪽과 오른쪽 종아리를 조종한다. 게임의 목표는 이 봉제 인형을 달리게 만드는 것이다. 하지만 이 말도 안 되는 인터페이스와 봉제 인형의 망가진 신체 부위 사이의 삐걱거림으로 인해서 달리고자 하는 노력은 웃기게도 수포로 돌아간다.

봉제 인형은 주저앉고, 더듬거리고, 펄쩍거리다가 넘어진다. 어쩌다가 이 물건을 간신히 달리게 만들더라도, 적어도 한동안은 플레이어의 직관 및 충동과 계속해서 충돌해야 한다. (한 2초만 달리게 만들 수 있더라도 엄청난 성공이다.)

이에 더하여, 비디오게임 「문어아빠: 가장 아빠스러운 자」(Octodad: Dadliest Catch)를 살펴보자. 이 선풍적 인기를 끄는 게임에서 플레이어는 동명의 문어를 조종한다. 한 리뷰에 따르면,

> 「문어아빠」의 이른바 기이함은 희한한 조작 방식에서 잘 드러난다. 다리 촉수는 검지로, 팔 촉수는 (다리를 조종하고 있지 않을 때만) 엄지로 움직이도록 되어 있다. 문어아빠가 움직일 때마다 머리와 옷은 귀엽다고 느낄 정도로 질질 끌린다. 「문어아빠」가 주는 즐거움과 우스움 대부분은 조작 방식이 엄청나게 비효율적이라는 점에서 비롯한다. 이 문어아빠가 딸을 위해 우유를 따라주면서 동시에 거실 테이블을 뒤집고, 벽에 걸린 그림을 잡아끌고, 실수로 우유 팩을 자기 아들에게 내던지는 모습을 지켜보는 일은 하염없이 재미있게 느껴진다. 만일 여러분이 순전한 의지와 고무적인 결의를 불태워 이 게임의 주인공을 능숙하게 조종할 수 있게 된다면, 이제는 이인용 모드를 시작해서 다시 이 광기를 들끓게 할 수 있다. 각 플레이어가 팔다리를 하나씩 맡아서 조종해 보면, 이 문어아빠의 걸음걸이가 발작을 일으키는 것처럼 보이지 않게 할 도리가 없을 것이다. (McElroy 2014)

이와 비슷한 취지에서 아머 게임스는 여러 가지 무료 웹브라우저용 게임을 디자인해 왔다. 아머 게임즈의 게임들은 대개 세심한 디자인을

통해 만들어진 부자연스러운 조작 방식을 핵심 특징으로 갖는다. 내가 최애하는 게임은 「도자기 가게의 미노타우로스」(**Minotaur in a China Shop**)로, 이는 몸집이 크고 둔한 미노타우로스가 도자기 가게를 열겠다는 평생의 꿈을 실현하고자 노력하는 게임이다. **44** 이 게임에서 여러분은 각자의 미노타우로스를 조종하여 북적이는 도자기 가게 안을 돌아다니며 손님들이 주문하는 물건을 집어 와야 한다. 하지만 조작 방식이 어처구니없도록 부자연스럽게 디자인되어 있다. 우리의 미노타우로스는 무척 굼뜬 데다가, 회전에 서툴고, 관성에 엄청나게 영향을 받는다. 더 심한 코미디를 자아내는 점은, 우리의 미노타우로스가 어쩌다 자기 물건을 깨뜨릴 때마다 점점 더 큰 분노에 휩싸여 한층 더 예측할 수 없도록 움직이게 되고, 결국 자신의 둔탁함에 격노하느라 한층 더 둔해지는 악순환에 빠져 버리는 것이다.

이러한 여러 경우들은 게임 속에서의 불화와 불쾌가 다른 여느 미적 영역에서의 불화와 불쾌만큼이나 가치 있고 흥미로울 수 있음을 보여 준다. 이러한 게임들은 효율성 경험의 정반대 면을 보여 준다. 그것들은 공포 영화와 등가적인 게임 활동으로서, 무능력함(**ineffectualness**)을 유려하고 정확하게 묘사한 그림이자, 실천적 무능력(**incapacity**)으로 된 공포물이다. 흥미롭게도 이러한 종류의 경험이 갖는 가치를 설명하려 할 때마다 표현성(**expressiveness**)이라는 용어가 가장 손쉽게 동원된다. 「도자기 가게의 미노타우로스」는 무엇보다도 깊은 욕구와 실제 능력이 합치하지 못하는 어떤 경험을 표현하고 있으니, 실천적 부조화의 표현이라는 것이다. 하지만 우리가 그러한 표현적인 내용을,

---

44　역주: 정식 명칭은 「미노타우로스 도자기 가게」(**Minotaur China Shop**)로, **2008**년 플래시뱅 스튜디오(**Flashbang Studios**)에서 개발하고 출시한 웹브라우저용 액션 게임이다. 미노타우로스는 그리스 신화에 등장하는 괴물로, 인간의 몸과 황소의 얼굴과 꼬리를 가지고 있다.

프라스카의 「9월 12일」의 경우에서처럼, 게임 디자인을 숙고함으로써 체험하는 것은 아니다. 이 표현성은 오히려 난이도 높은 행위에 참여하는 것, 즉 어떤 구체적이고 매우 짜증 나는 제한 사항 아래서 특정 목표를 추구하고자 노력하는 경험에서 나타난다.

　　게임 미학에서 부정적 경험이라는 영역을 설명하는 다른 방식들도 있다. 어떤 부정적 경험은 궁극적인 긍정적 경험을 부각하고 강화하기 때문에 미적 경험에 기여한다고 볼 수 있다. 암벽등반의 경우, 초반에 느끼는 부자연스러움은 잘 훈련된 우아함에 이르는 과정에 해당한다. 아케이드 게임에서, 초반의 실패는 점진적으로 실력을 향상시키고 결국 게임을 정복하기 위한 과정에 해당한다. 울과 크레츠마르의 설명 방식은 그러한 보상적 설명을 제시하고 있다. 하지만 내가 조사한 사례들은 게임에서의 부정적 경험이 좀 더 즉각적인 가치를 가지기도 한다는 점을 보여 준다. 부정적 경험은 단순히 궁극적 성취가 주는 긍정적 경험을 부각하는 기법이라기보다, 우리가 미적으로 가치 있게 여기는 것을 구성하는 일부이다. 울과 크레츠마르의 설명은 어려움과 실패의 가치가 성립하기 위해서는 궁극적으로 성공을 거두어야 한다는 조건을 제시한다. 하지만 「문어아빠: 가장 아빠스러운 자」에서 가치 있는 경험을 거두기 위해 꼭 이겨야 할 필요는 없다. 가끔은 부자연스러움, 어려움, 실패의 경험이 그 자체로 미적인 가치를 가질 수도 있는 것이다.[45]

경험과 무관심

하지만 이런 종류의 경험들이 진정 미적인 것인가? 지금까지 나는 게임 플레이에서 찾을 수 있는 조화로움, 드라마, 그리고 여타 미적 요소에

45　이러한 나의 논의는 공포 영화 및 다른 예술에서의 부정적 미학과 불편한 감정에 관한 맷 스트롤〈Matt Strohl〉의 논의에 영향을 받았다.〈Strohl 2012, 2019〉

대하여 비교적 큰 틀에서 이야기해 왔다. 하지만 그런 것들을 정말 미적 요소라고 일컬을 수 있을까? 내가 해법, 행위, 역량의 조화라고 일컬은 것들이 가령 음악, 회화, 혹은 자연에서 발견되는 조화와 정말 같은 범주에 있을까? 누군가는 게임 플레이라는 도구적 활동에 미적 요소가 있을 수는 없다고 생각할 수 있다. 이제 나는 미적인 것에 관한 구체적인 이론들이 제기하는 비판을 고려하여, 이러한 요소들이 진정 미적인 것인지를 생각해 보고자 한다.

많은 측면에서 우리가 게임을 비판적으로 평가하는 방식은 보다 전통적인 미적 대상들을 평가하는 방식과 놀랍도록 유사하다. 그 사례로 직접 경험에 대한 요구를 생각해 보자. 미적 판단의 가늠자로 자주 언급되는 것 중 하나는, 그러한 판단이 미적 대상(혹은 적절한 대용물)에 대한 직접적인 경험에 의거하여 내려져야 한다는 것이다. 미적 판단은 취미(taste)에 따른 판단이라고 여겨진다. 어떤 대상을 정말 스스로 경험하지 않고서는 그것에 대한 미적 판단을 내릴 수 없다. 이는 우리가 일상의 경험적 맥락에서 증언을 사용하는 것과는 완전히 대조적이다. 나는 내 엔진 블록의 상태에 관해서라면 기술자의 진술을 얼마든지 신뢰할 수 있으며, 그러한 증언에 대한 나의 신뢰에 기반하여 온갖 믿음을 수립할 수 있다. 하지만 미적인 것의 영역에서라면 사정이 다르다. 반 고흐의 그림 「붓꽃」(Irises)에 대한 미적 판단은 오직 「붓꽃」의 직접 경험에 기반하여 내려져야만 한다. 「붓꽃」이 가져오는 효과에 대한 전문가의 증언에만 기초해서는 「붓꽃」의 아름다움을 주장할 수가 없다.(Budd 2003; Livingston 2003; Hopkins 2011; Wollheim 1980; Nguyen 2017d; Nguyen 2019c) 많은 학자들이 이러한 일인칭적 경험의 조건을 미적인 것에 대한 본질적인 가늠자로 여겨 왔다.[46] 게임의 요소에 관한 판단을 바라보는 우리의 태도 또한

---

46   예를 들어, 도미닉 로페스는 경험적 요구 조건이 미적인 것의

그러한 경험적 요구 조건에 따른다는 점을 주목하라. 어떤 게임에 대한 판단을 내리기 위해서는 직접 그 게임을 플레이해 보아야 한다. 이와 유사하게, 우리는 게임 리뷰어들이 게임의 요소에 대한 견해를 표명하기 위해서는 그들이 그 전에 게임을 직접 플레이해 보고 스스로 경험해 보았어야 함을 기대한다. 게임 리뷰는 영화 리뷰나 픽션 리뷰와 같이 작동하지, '소비자 리포트'(**Consumer Reports**)의 식기세척기 내구도 조사처럼 작동하지 않는다. 이러한 관점에서 볼 때, 게임에 관한 판단은 다른 미적 판단과 최소한 현저하게 유사하다.

하지만 다른 각도에서 보면, 미적 경험의 본성과 분투형 플레이의 본성 사이에는 커다란 긴장이 놓여 있다. 미적 경험은 흔히 매우 특수한 정신 상태를 요구한다고 여겨진다. 이러한 요구 조건은 여러 가지 방식으로 달리 말해져 왔다. 지금까지 제안된 바로는, 미적 경험을 하기 위해서는 실천적 결과물에 무관심해야 하거나, 관조적이어야 하거나, 초점이 없는 특수한 관심의 상태를 유지해야 한다. 하지만 이 모든 다양한 요구 조건들은 우리가 주목해 온 종류의 게임들에서 발견할 수 있는 일종의 집중된, 실천 지향적인, 도구적인 태도와 대립하는 것으로 보인다. 그렇다면 게임 플레이의 도구적 계산에 완전히 몰입하는 경우 우리는 대체 어떻게 적절한 의미에서의 미적인 정신적 틀에 다다를 수 있을까?

우선 가장 친숙한 버전의 대립에서 출발해 보자. 누군가는 미적 경험의 동기 구조가 게임에서 이루어지는 도구적 태도와는 양립할 수 없기 때문에 미적인 분투형 플레이란 불가능하다고 반론할 수 있다.

<hr>

영역을 비미적인 것으로부터 구분해 줄 가장 유력한 후보라고 주장한다.(**Lopes 2014, 163-184**) 엘리자베스 셸레켄스(**Elisabeth Schellekens**)는 완전히 비지각적인 작품이 미적인 것으로 합당하게 여겨질 수 있다고 생각하는 것이 왜 합리적인지를 설명하기 위해 개념 미술 속 관념의 미적 가치를 옹호할 때 경험적 요구 조건에 의지한다.(**Schellekens 2007**)

이러한 반론은 무관심성⟨disinterestedness⟩이라는 칸트의 용어로 쉽게 간추려질 수 있다. 미적 경험이 본질상 무관심적⟨disinterested⟩이라고, 즉 어떤 실천적 목적을 위해서가 아니라 그 자체만을 위해서 추구된다고 생각해 보자. 그런데 슈츠적 게임을 플레이하는 활동은 본질적으로 관심적⟨interested⟩이다. 수단과 목표에 입각한 추론의 실천성에 몰입한 채 목표를 추구하는 것이기 때문이다.[47] 내가 게임에서의 승리에 완전히 목매고 있는데 어떻게 내가 무관심적 경험을 하겠는가? 이러한 우려는 스포츠 철학 전반에 걸쳐 나타난다. 예컨대 그러한 우려 때문에 스티븐 멈포드는 플레이어도 아니고 편파적 관람자⟨spectating partisan⟩도 아닌 순수한 관람자⟨spectating purist⟩만이 미적 경험을 얻을 수 있다고 주장하기에 이르렀다. 특정 편이 이기기를 원하는 편파적 관람자는 스포츠의 아름다움을 경험할 수 없다. 스포츠의 아름다움을 볼 수 있는 사람은, 어느 편이 이기건 신경 쓰지 않고 운동경기의 아름다움을 순수하게 비편파적으로 경험하기 위해 관람하는 관찰자뿐이다.⟨Mumford 2012, 2013, 1-18⟩[48]

이 확연한 대립으로부터 빠져나올 방법은 무엇일까? 먼저,

---

[47] 이러한 우려는, 미적 경험주의라는 용어, 즉 미적 경험이 옳은 의미로 미적이라고 간주되려면 내재적으로 가치 있어야만 한다는 관점으로도 정리될 수 있다.⟨Goldman 2006; Stang 2012⟩ 하지만 나의 논의는 그러한 차이에 크게 영향을 받지 않는다. 이러한 종류의 이론에 대한 훌륭한 조사, 논의, 비판으로는 Lopes⟨2018, 53-87⟩ 참조.

[48] 이 주제에 관한 멈포드의 초기 저작은, 편파적 관람자는 아무런 미적 경험도 얻을 수 없다는 보다 강경한 입장을 택한다. 하지만 위에 인용한 저작에서는 보다 입장을 완화하여, 편파적 관람자가 더 깊은 극적인 경험을 얻을 가능성을 인정하고 있다. 하지만 여전히 그는 감정적 드라마와 순수하게 무관심적인 미적 경험 사이에 대립이 있다고 생각한다. 왜냐하면 두 종류의 경험은 여전히 본질적으로는 상충하는 관계에 있기 때문이다.

우리가 어떤 미적 판단을 말하는 것인지를 명확히 해 보자. 게임에 관련된 미적 판단은 여러 가지 다른 입장에서 내려질 수 있다. 나는 어떤 도전에 완전히 몰입하여 게임을 플레이하고 있을 수 있다. 또, 다른 사람이 플레이하는 것을 구경하거나 책에서 고전적인 체스 경기를 연구할 수도 있다. 또, 내가 게임 디자인 자체의 우아함에 경탄하고 있을 수도 있다. 내가 가장 좋아하는 보드게임 디자이너 라이너 크니치아는 그의 작품들이 보여 주는 대단한 우아함으로 인해 게임 디자인계에서 널리 존경받는다. 크니치아가 만들어 낸 가장 멋진 디자인들 중 일부는 약간의 규칙만으로도 복잡하고 미묘한 플레이를 구현해 낸다. 내가 최애하는 보드게임 중 하나는 「모던 아트」(Modern Art)인데, 여기서 모든 플레이어들은 현대미술 딜러를 맡아서 큰 인기를 끄는 신예 미술가들의 그림을 서로에게 경매로 판매한다. 각 라운드가 끝날 때마다 플레이어들은 서로에게 샀던 그림을 일반 대중에게 판매하게 된다. 이 게임은 어떤 예술가의 작품의 재판매 가격을 오로지 게임이 진행되는 동안 해당 작품이 몇 차례나 거래되었는지에 기반하여 (냉소적으로) 결정한다. 아주 적은 규칙이 급변하는 복잡한 시장 시뮬레이션을 만들어 내고, 여기서 플레이어들은 다른 플레이어들의 행위를 예측하고 조종해야 하며, 또 투자에서 대박을 치기도 쪽박을 차기도 한다. 게임에 접근하는 너무나 많은 방식이 있고, 플레이어 그룹이 달라지면 완전히 새로운 시장의 동향이 만들어지기도 하는데, 거의 모두가 게임 경험을 좋아하게 된다. 내가 「모던 아트」가 디자인이 우아한 게임이라고 말할 때, 나는 나의 특정한 플레이 경험에 대해 말하는 것이 아니라, 이토록 단순한 규칙 모음만으로도 정말 다양한 플레이어들에게 놀라운 게임 경험을 선사할 수 있는 이 게임의 역량에 대해 말하는 것이다.

이때 우리가 미적 경험을 제공하는 원천인 게임을 둘러싸고 취할 수 있는 독립된 입장에는 세 가지가 있다. 하나는 '플레이의 입장'(play stance)으로, 게임을 플레이하는 실천적 활동에 직접적으로 개입하는 것이다. 또 하나는 '관람자의 입장'(spectator stance)으로, 게임의 실천적 활동에 적극적으로 개입하지 않은 채로 게임의 일부 혹은 전체를 바라보는 것이다. 마지막으로는 '디자인의 입장'(design stance)이 있는데, 게임의 특정 국면이 아니라 게임 자체의 디자인과 그 디자인이 어떻게 플레이의 다양한 경우들을 지탱하는지를 주목하는 것이다. 플레이의 입장과 관람자의 입장은 모두 특정한 게임 플레이에 주목하는 반면 디자인의 입장의 경우에는 여러 복잡다단한 플레이들의 기저에 놓인 규칙, 그래픽, 말(pieces)과 같은 고정적인 인공물에 주목한다는 점을 유념하자.

관람자의 입장과 디자인의 입장이 미적 경험을 지지할 수 있다는 점은 명백하다. 이 두 입장 중 어느 것도 관람자에게 어떠한 형태로든 도구적인 목표 지향적 사고를 해야 한다고 요구하지 않는다. 오직 플레이의 입장만이 미적 경험의 무관심성 조건과 상충하는 것으로 보인다. 하지만 분투형 플레이와 일회용 목표에 관한 우리의 분석이 쉬운 해법을 제시한다. 미적인 분투형 플레이에서 보여지는 순간순간의 정신 현상을 확대해 보면 분명히 관심적으로 보일 것이다. 나는 게임에서 이기기 위해 나의 행위를 선택한다. 하지만 미적인 분투형 플레이어는 목표의 추구에서 비롯하는 미적 경험을 위해 일시적으로만 목표를 채택한다. 멀리 떨어져 바라보면, 미적인 분투형 플레이어는 플레이가 주는 미적 경험만을 위해 게임을 플레이하고 있다.

미적인 분투형 플레이는 그러므로 흥미롭게도 관심적인 동시에 무관심적이다. 게임 자체가 진행되는 동안에는 우리는 관심적이다. 우리의 정신과 의지는 승리라는 과제를 향해 쏠려 있고, 일시적 행위성에 이입하여 일회용 목표에 온 마음을 기울인다. 하지만 우리가 플레이를 하는 포괄적인 목적은 여전히 무관심적일 수 있다. 우리는 전적으로 미적인 이유에서 일시적 행위성을 수립하고 그 속에 이입할 수 있다. 순수한 분투형 플레이에서, 장기적인 행위자인 나는 나 자신의 분투가 성공을 거두는지는 신경 쓰지 않는다. 나는 오로지 분투 자체의 경험을 위해서 플레이에 참여한다. 관심적이라고 할 수 있는 것은 오직 일시적 행위자뿐이다. 그러니까 분투형 플레이의 관심성(interestedness)은 결정적으로 괄호 안에 있다. 미적인 분투형 플레이는 '무관심적 관심성'(disinterested interestedness)이다. 어떤 활동의 관심적 상태에 대하여 취해지는 무관심적 태도인 것이다. 달리 말하자면, 분투형 플레이는 '비실천적 실천성'(impractical practicality)이다. 즉 결과를 위해서가 아니라 실천적 행위 자체에의 참여를 위해 참여하는 실천적 추론과 실천적 행위를 말한다.[49] 더불어, 편파적 관람이라는 가치 있는 경험을 하기 위해 자기 팀의 승리에 묶인 관심을 받아들이는 관심적 관람자에게도 이러한 해법이 적용될 수 있다.

무관심적 주목의 상태

미적 경험에 대한 또 다른 설명 방식으로 넘어가 보자. 이 설명 방식은 미적 분투 문제에 있어서 조금 다른 종류의 어려움을 낳는다. 미적 영역을 구획하는 것은 아마도 특수한 주목(attention)의 요소일 터이다. 제롬 스톨니츠의 잘 알려진 설명에 따르자면, 미적 영역을 구획하는 것은 바로 지각자에게서 발견되는 특별한 태도, 즉 미적 태도이다. 스톨니츠가 말하기를, 일반적으로 대상에 대한 우리의 태도는 실천적이고 관심적이다. 우리가 견지하는 태도의 실천성과 비실천성은 결정적으로 무언가를 어떻게 지각하느냐에 따라 변한다. 스톨니츠가 말하기를, 우리가 어떤 실천적 이유 때문에 무언가에 관심을 가지는 경우 우리는 오직 우리의 관심과 연관된 특징에만

---

49   대륙 미학과 비판 이론의 분야에서 연구하는 다니엘 벨라(Daniel Vella)는 Vella(2016, 80-81)에서 놀랍도록 비슷한 해법에 도달한다.

주목한다. 요리를 하려는 목적에서 부엌칼에 관심을 가질 경우,
나는 그것의 날카로움, 균형, 내구성에 주목한다. 부엌칼의 기능과
상관없는 외양의 측면, 혹은 색깔, 혹은 썰 때마다 들리는 경쾌한 소리
따위에는 주목하지 않을 것이다. 실천적 관심은 나의 지각을 여과하고
또 집약한다. 하지만 내가 무언가를 오직 경험하고 싶어서 그것에
관심을 가지는 경우, 이러한 여과 장치는 사라지고 이제는 그 사물
전체에 주목하게 된다.(**Stolnitz 1960**; **Kemp 1999**)
스톨니츠가 보기에 비실천적 태도가 특정 종류의 열린, 여과 없는 주목
상태(**state of attention**)를 산출하는 것이다.[50]

    이러한 종류의 관점이 대략 옳으며, 또 미적 태도가 비실천적이고
여과되지 않은 주목으로써 구획지어진다고 한번 가정해 보자.
분투형 플레이를 하는 동안, 나는 매우 구체적인 범위 내의 요소들에
실천적으로 주목한다. 즉, 승리에 영향을 주는 것들에 주목한다. 가령
체스의 말이 가진 외양이나 냄새 따위는 신경 쓰지 않는다. 그러한 세부
사항들은 말들이 지닌 전략적 잠재력에만 집중하면 다 떨어져 나간다.
플레이어들이 더 깊이 게임에 빠져듦에 따라 지각적 초점이 좁아진다는
점이 실증 연구들을 통해서 밝혀졌다. 시몽 도르가 주장하기를, 초보
플레이어들은 대개 광범위한 시각적, 청각적 세부 사항에 주의를
기울인다. 그들은 픽션에서 그러듯이 예쁜 그래픽과 극적인 음악에
젖어 들고 관심을 기울인다. 하지만 경험 많은 플레이어들은 그러한
세부 사항을 걸러 내고, 오직 승리에 영향을 주는 요소들에만 집중한다.
이것이 체스나 「스타크래프트」 같은 게임들이 게임의 핵심 요소들을

---

[50]   스톨니츠의 설명은 명백한 설득력을 지닌 반론들로 인해서 비교적
인기를 잃게 되었다.(**Dickie 1964**) 벤스 나네이(**Bence Nanay**)는
최근 디키(**Dickie**)의 비판을 설득력 있게 극복하여 이 이론을 복권,
개선시켰다.(**Nanay 2016**, 1-35) 나는 나네이의 설명이 스톨니츠보다 더
낫다고 보지만 그 세부 사항이 나의 논의에서 중요하지는 않기 때문에 보다
단순하고 친숙한 스톨니츠의 논의 구조를 중심으로 이야기하고자 한다.

표현하기 위해 단순하고 반복적인 시각적 패턴을 사용하는 이유이다. 그로써 숙련된 플레이어들이 시각적 세부 사항을 보다 쉽게 무시하고 자신이 가진 다양한 유닛의 특성 중 전략적으로 필요한 것에만 초점을 맞출 수 있게 된다.(Dor 2014) 이처럼 여과되고 집중된 형태의 주목은 미적 태도의 정반대에 해당하는 것이 아닐까?

이에 대한 대답은, 행위적 중첩의 역량을 다시 한번 기억해 보면 생각해 낼 수 있다. 일시적인 게임 행위성이라는 내적 층위의 경우, 실천적인 주목의 유형에 완전히 몰입할 것이기 때문에 미적 주목의 역량을 갖지 못한다. 반면 플레이어의 포괄적 행위성이라는 외적 층위의 경우, 미적 태도를 취하는 것이 가능하다. 미적 분투는 그러므로 다음과 같이 작동한다. 내적 층위가 어떤 실천적 문제에 온전한 집중력으로써 주목한다. 외적 층위는 내적 층위의 활동을 반성하되, 비실천적이고 여과되지 않는 방식으로 그에 주목한다. 게임에서의 미적 경험은 그러므로 실천적 활동 자체로부터 비롯하는 협소화된 경험에서는 발견되지 않을 것이다. 미적 경험은 외적 층위에서 할 수 있는 반성적(reflective) 경험으로서, 내적 층위가 실천성에 몰입하는 경험을 포함하는 내적 층위의 실천적 활동을 그 대상으로 삼는다. 분투가 가져오는 미적 경험은 무엇보다도, 협소화된 실천적 정신 자세에 참여하는 일이 '어떤 것인지'를 성찰하는 일이다.

내가 어려운 암벽등반에 온전히 참여할 때, 나는 도전 과제를 해결하는 데 전적으로 집중한다. 돌에 난 풀이 드리우는 아름다운 그늘이나 화강암의 냄새 따위에는 주목하지 않는다. 홀드가 어디 있는지, 발이 얼마나 미끄러운지, 암벽이 어떤 결을 갖고 있는지 등 실천적 과제에 중요한 것에만 집중할 뿐이다. 이는 완전히 집약적이고 여과된 실천적 주목 형태이다. 하지만 나는 이러한 여과된 일차적 경험(first-order filtered experiences)에 대해서 여과 없는 이차적인 미적 주목(second-order unfiltered aesthetic attention)을 기울여

볼 수 있다. 이러한 이차적 반성에서 나는 나의 일차적 활동이 지녔던 모든 측면들, 가령 계산을 하는 느낌, 압박의 강도, 해법의 폭발력 등에 골고루 주목한다.

　　미적인 이유로 암벽등반을 하는 나, 그리고 다음 볼더링 월드컵을 위해 훈련하고 있는 전 세계 챔피언 쇼나 콕시 사이의 차이에 대해 생각해 보자. 내가 등반을 할 경우, 나의 일차적인 실천적 주목은 암벽과 나의 움직임에 모아진다. 이는 콕시의 경우에도 동일하다. 또한 우리는 모두 자신의 실천적 활동에 대해 반성한다. 상술하자면, 우리 둘 다 자신의 일차적인 실천적 주목이 보여 준 특성에 대하여 메타-주목을 기울일 수 있다. 하지만 내가 일차적인 실천적 주목을 반성할 때, 나는 미적인 방식으로 반성할 수 있다. 즉, 나는 일차적 등반 경험 전체에 대하여, 가령 절박해하는 것이 어떤 느낌인지, 균형을 잃는 것은 또 어떤 것인지, 그럼에도 그 섬세한 움직임을 해내는 것이 어떤 느낌인지 등 이차적인 미적 주목을 기울인다. 나는 주목의 범위를 협소화하는 경험 자체에 미적으로 주목해 볼 수 있다. 그것이 사실은 암벽등반이 주는 최고의 묘미이다. 세계를 사라지게 하고, 할 일이나 돈에 대한 온갖 걱정이 소멸되는 멋진 느낌 말이다. 내 의식 전체가 이 한 가지 문제, 내 몸의 위치, 이 해법에 몰두하느라 바빠진다. 암벽에 대한 일차적인 지각은 실천적이고 집중적이기에 미적이지 않지만, 내 일차적 지각에 대한 이차적 지각은 집중되어 있지 않고 그렇기에 미적이다. 반면, 경쟁에 완전히 돌입해 있는 선수의 경우, 이차적 주목을 기울일 때 오직 실력 향상에 관련된 일차적 등반 경험에만 협소하게 주목한다. 쇼나 콕시 선수가 훈련을 하는 경우라면, 그녀 자신에게 실천적으로 유용한 일차적 실천 경험의 특성에만 메타-주목을 기울일 가능성이 크다. 콕시 선수는 실천적이고 집중적인 일차적 지각을 할 것이고, 또 일차적 지각에 대해서도 실천적이고 집중적인 이차적 지각을 할 것이다.

　　앞서 나는 미적인 분투형 플레이어가 복합적으로 중첩된 동기를 가진다고 주장했다. 그리고 여기서는 미적인 분투형 플레이어가 복합적으로 중첩된 주목 상태를 가진다고 주장하고 있다. 하지만 우리가 어떤 종류든지 미적 태도 이론을 받아들이고 있다면, 이는 놀라운 내용이 아닐 것이다. 그런 이론에 따르면 미적 주목의 특징적 형식은 그러한 주목의 동기로부터 나오기 때문이다. 우리는 실천적 동기를 가지고 있을 때 망치를 협소하게 받아들이지만, 미적인 동기를 가지고 있다면 망치를 폭넓게 받아들인다. 서로 다른 동기에 따른 여러 행위성의 층위가 존재한다면, 우리는 서로 다른 형태의 주목에 따라서도 여러 행위성의 층위가 존재하리라고 기대할 수 있다. 그리고 우리 자신의 실천적 활동 경험에 대한 미적 태도를 받아들이는 것이 가능한 것도 이러한 중층성 때문이다.

나는 지금껏 행위성의 미학이라는 것이 있다고 주장했다. 우리는 자기 자신의 행위성과 행위에서 비롯하는 미적 경험, 즉 분석하고 결정하고 수행하는 데서 오는 미적 경험을 할 수 있다. 하지만 이는 게임이라는 예술 형식을 이해하는 출발점일 뿐이다. 일단 행위성의 미학은 현실에서도 찾을 수 있다. 내가 꽉 찬 일정을 조정할 근사한 방법을 생각해 냈을 때나, 노트북이 우리 집 아기의 지저분한 손에 닿으려는 찰나에 그것을 우아하게 치워 놓을 때 나는 행위성의 미적 경험을 해 온 셈이다. 그런데 이러한 경험들이 구성될 수도 있다. 게임에서의 경우, 게임 디자이너는 우리의 활동을 설계하는데, 이는 대개 행위성의 미적 경험을 성립시키고, 강화하며, 혹은 구성하기 위함이다. 지금까지는 내가 주로 게임 플레이어에, 즉 그들의 경험과 동기 상태에 주목해 왔다. 하지만 게임을 이해하기 위해서는 또한 게임이라는 구성된, 디자인된 인공물에 대해서도 생각해 보아야 한다. 디자이너들이 어떻게 행위성 미학을 강화하고 지탱할 수 있는지를 이해해야 한다. 우리는 예술 형식으로서의 게임을 탐구할 필요가 있다.

그런데 대체 게임은 정확히 어떤 종류의 예술 형식인가? 이 물음에 대답하는 두 가지 익숙한 접근 방식이 있다. 하나는 우리가 이미 살펴보았듯 게임을 픽션과 같이 보다 친숙한 예술 형식으로 포섭하는 것이다. 다른 하나는 게임이 일종의 예술임을 아예 부정하는 것이다. 시카르트는 독자에게 이러한 접근을 택하기를 촉구한다. 시카르트는 게임을 '예술'이니 '예술가'니 하는 개념을 이용하여 사유하는 것이 문제적이라고 하는데, 왜냐하면 게임이란 예술 작품과는 근본적으로 다른 사물이기 때문이다. 우리가 세부적인 규칙에 집착하거나 게임을 예술의 일종으로 추앙하는 데 너무 몰두하게 되면—예술가의 의도를 발견하는 일에 지나치게 신경을 쓰게 되면—진짜 중요한 점을 간과할 것이다. 바로 게임은 플레이를 촉진하기 위한 것이며 플레이는 본질적으로 자유롭고 창의적이라는 점이다.(Sicart 2014)

나는 이 두 극단 사이 어딘가에 적절한 대답이 있다고 생각한다. 게임은 여러 측면에서 유일무이하지만, 기존의 예술 작품들과 유의미한 유사점을 띠기도 한다. 게임은 기존 예술 작품들과 마찬가지로 '규정적 틀'(prescriptive frame)이라는 것을 지닌다. 이는 여러분이 예술 작품을 경험하기 위해서라면 그것을 어떻게 마주할지에 관한 모종의 규정들을 준수해야 함을 의미한다. 어떤 작품을 경험하기 위해서라면 해당 작품을 규정된 방식에 따라 주목해야 한다는 것이다.

예술 작품은 독특한 존재 형식을 띤다. 즉, 예술 작품은 그것을 이루는 재료를 살짝 넘어선다. 예술 작품이 무엇인지를 정말로 이해하기 위해서는 예술 경험을 에워싸고 규제하는 사회적 규범들에 대해 생각해 보아야 한다. 내가 여기서 염두에 두고 있는 것은 매우 기초적인 것들이다. 회화를 경험하려면 그것을 정면에서 바라보아야 한다. 뒤에서 보거나 냄새 맡는 것만으로는 충분하지 않다. 회화 작품은 정면에서 보아야 한다는 규칙은 회화란 '무엇인지'에 관해 중요한 점을 나타낸다. 즉, 그것이 그저 캔버스 위의 물감이라는 물질적 사물 이상의 것이라는 점이다. 이러한 규칙이 공적인 것으로서 사회적 실천 속에 공통적으로 준수된다는 사실은 특정한 공동의 경험을 가능케 한다. 게임 또한 이러한 종류의 작품으로서, 한 발은 재료에, 또 한 발은 사회적 실천에 걸쳐 놓고 있는 셈이다. 어떤 게임을 경험하기 위해서는 규칙을 따르고 주어진 목표를 겨냥해야 한다. 게임과 더 전통적인 다른 예술 형식들 사이의 유사성을 인식하는 것이 중요한 이유가 바로 여기에 있다. 전통적 예술 작품과 게임은 둘 다 공통된 경로에 따라 우리의 관심을 방향 짓고 또 공유된 방식으로 우리의 경험을 구조 지을 규정들을 사용한다.

이 장은 4장에서 처음 언급했던, 자유와 의사소통 사이의 관계와 관련된 주제와 쟁점으로 다시 돌아간다. 이 장에서는 예술철학에서 제공하는 유용한 통찰을 이용하고 확장하여 몇 가지 핵심 논의를 다루어 볼 것이다. 무슨 목표를 추구하라느니 그것을 어떻게 추구하라느니 하는 타인의 간섭 없는 자유롭고 창의적인 플레이를 할 수 있는데도, 우리는 왜 구조화된 게임을 플레이하는가? 왜 우리는 다른 사람이 만든 목표와 제약 아래 스스로를 종속시키는 것일까? 특정 종류의 규정적 구조는 우리의 경험을 안정화시켜 주고 어느 정도까지는 공유 가능하게도 만들어 주기 때문이라는 것이 바로 나의 대답이다. 이 안정성으로 인해서 디자이너는 특정 종류의 활동을 조형하고 플레이어에게 이를 넘겨줄 수 있게 되며, 이로써 플레이어가 자기 행위성으로부터 얻을 미적 경험까지도 조형할 수 있게 된다.

내가 주장하려는 바에 따르면, 게임은 자유로운 플레이〈**free play**〉와 전혀 다른 기능을 갖는다. 자유로운 플레이는 창의성, 날것의 자유, 상상력을 위한 무제한적인 놀이터를 제공한다. 반면 게임에서 우리는 안정화된 경험을 서로에게 전달할 수 있도록 널리 보급된 규정을 준수한다. 게임은 의사소통의 기술인 것이다. 그런데 효율적인 의사소통은 모종의 규범과 규정을 사용하는 것에서 비롯된다. 예를 들어 언어를 가지기 위해서는, 즉 단어의 의미를 안정화하기 위해서는 어느 정도 공통된 규칙이 필요하다. 그리고 게임은 여러 행위성 양상 및 활동의 형식을 주고받게끔 해 주는 일종의 언어이다. 게임은 우리 자신의 활동의 구체적인, 조형된 형식을 에워싼 틀인 것이다.

그런데 그게 '예술'인가?

나는 이 장의 많은 분량을 할애하여 '작품'이라는 개념에 대해 이야기하고, 또 게임은 작품에 해당한다고 주장할 것이다. 그러나 '예술'에 관한 이런저런 형식적 정의에 따라 게임이 예술인지 여부를 직접 단정하지는 않을 것이다. 사실 예술에 관한 그럴듯한 정의들이 진짜 흥미로운 질문에 답하는 데에는 대부분 도움이 되지 않는다.

예를 들어 예술 제도론을 생각해 보자. 예술 제도론은 기본적으로 '예술'이란 예술계라는 사회 역사적 제도가 예술이라고 말하는 것을 가리킨다고 설명한다.(Dickie 1974) 이는 우리가 '예술'이라는 용어를 어떻게 사용하는지에 관한 사회 언어학적 진실에 근접한 것으로 보인다. 하지만 이러한 설명에 기댄다고 해서 정말 중요한 질문의 핵심에 다가갈 수 있는 것은 아니다. 사람들이 비디오게임이 예술이냐고 무언가 다급하게 물어올 때, 그들이 특정한 사회적 제도가 실제로 게임을 받아들였는지를 묻고 있는 것은 아니다. 마찬가지로, 우리가 예술에 관한 클러스터 이론(cluster theory)을 채택한다고 해 보자. 클러스터 이론에 따르면 어떤 사물이 예술이라고 불리는 이유는 기존에 예술이라고 불려 온 다른 사물의 전형적 속성들을 충분히 공유하고 있기 때문이다. 이러한 이론을 이용하면 몇몇 게임이 예술이라는 것을 보이기는 쉬울 것이다. 이미 다른 사람들이 적어도 비디오게임에 한해서 이러한 주장을 제시한 바 있다.(Tavinor 2009, 172-196; Smuts 2005) 굳이 내 의견을 밝히자면, 나는 클러스터 이론이 '예술'이라는 용어를 가장 잘 설명한다고 생각한다. 그러니까 무언가가 '예술'이 될 필요충분조건 같은 것이 있지 않고, 그저 여러 가족 유사성의 느슨한 집합만이 있을 뿐이다. 이 클러스터에 포함될 전통적인 주요 구성원은 미적 경험을 위해서 만들어진 부류의 예술 작품들이다. 그리고 게임도 때때로 그러한 경험을 위해 만들어지고, 다른 중요한 측면에서도 기존 형식의 예술들과 닮아 있으므로 게임은 이 클러스터에 당당히 포함될 수 있다.

그러나 다시 말하지만, 이는 질문을 던진 사람들의 진짜 가려운 곳을 별로 긁어 주지 못한다. 내 생각에 그 이유는 '게임이 예술인가?' 하는 물음이 사실 게임이 보다 전통적인 다른 예술들과 충분히 많은 속성을 공유하는지를 묻는 것이 아니기 때문이다. 그 기저에 깔린 물음은 가치에 관한 것이다. 이는 마르셀 프루스트 책을 읽거나 찰리 파커 음악을 듣는 일이 가치가 있는 것과 마찬가지로 게임에도 시간을 쏟을 가치가 있느냐는 질문이다. 이는 게임이 풍요롭고 성취감을 주는 삶을 영위하는 데 도움이 될 것인지, 아니면 게임은 그냥 시간을 허비할 길일 뿐인지를 묻는 질문이다.

그렇기에 나는 예술의 타당한 정의라는 물음을 건너뛰고, 게임이 그러한 정의에 들어맞는지 아닌지를 묻는 고생도 최대한 피해 가고자 한다. 나는 게임이 전통적 예술 형식과 아주 비슷하다고 볼 수 있는 몇 가지 지점을 짚어 보고, 그러고는 게임이 아주 새롭다고 볼 수 있는 몇 가지 지점을 짚어 보는 데서 그칠 것이다. 내가 '예술'이라는 용어를 쓰는 이유는 그것이 가져다 쓰기 가장 쉽기 때문이다. 나의 도식에 따르면 게임은 무엇보다도 플레이어에게 미적 경험을 선사하기 위해서 의도적으로 구성된 인공물이다. '예술'은 그런 대상을 부를 수 있는 가장 좋은 용어이다. 그렇지만 이 용어에, 게임이 가진 규정적 구조와 미적 가치에 관해 앞으로 제기할 구체적인 주장들을 넘어서는 대단한 의미를 두지는 않는다. 나에게 중요한 것은 게임이 어떻게 행위성을 전달할 운송 수단이 되어 주는지, 또 디자이너는 어떻게 이 매체를 이용하여 행위성의 미적 경험을 조형하는지에 대한 특수한 이야기뿐이다. 어떤 독자가 특별한 이유에서 게임을 배제하는 예술 정의를 굳게 믿고 있다면, '예술'이라는 용어가 나오는 경우마다 이를 '여러 주요 측면에서 예술과 흡사한 작품들(**works**)'이라고 바꾸어 읽어도 좋다.

작품과 규정

반면, 게임이 작품(**works**)이라는 점은 나의 논의에서 매우 중요하다. 여기서 나는 '작품'이라는 말로써 감상과 소비의 특정 형식을 위해 만들고 의도적으로 저술한 모든 종류의 안정적 대상을 포괄하기를 의도한다. 이 범주는 예술 작품(**artworks**)을 포함하지만, 또 신문이나 역사책 등 많은 비예술 대상들(**non-art objects**)도 포함한다. 내가 4장에서 게임이 행위성 유형을

전달할 안정적 운송 수단임을 주장할 때 나는 게임이 작품이라는
관점에 암묵적으로 기대고 있었다. 이제 그 가정을 옹호해 보겠다.[51]

동시대 분석 미학의 표준적 관점에 따르면, 작품은 부분적으로
사용자가 작품과 접하기 위해 따라야 하는 규정들로 구성되어 있다.
예를 들면, 데이비스가 말하기를, 적어도 유럽의 전통적 형식의 경우
회화의 관행은 사용자에게 캔버스를 바라보되 맛보지는 말 것을
규정하고 있다. 또한 회화를 정면에서 바라봐야지 뒤에서 보아선
안 된다고 규정하고 있기도 하다. 어떤 외계 종족이 회화와 비슷한
사물들을 만드는 관행을 가지고 있지만, 그러한 사물들이 관람자들로
하여금 그것을 옆에서 바라보면서 물감이 밖으로 솟아오르는 모양과
힘을 감상하게 하는 관행 속에 존재한다고 상상해 보자. 설령
이 외계 종족의 인공물 중 하나가 가령 반 고흐의 작품 「붓꽃」과
공교롭게도 물질적으로 동일하다고 하더라도, 이는 완전히 다른 작품일
것이다.(Davies 2004, 50-79) 이러한 종류의 관점은,
그 규정들이 예술 작품 자체를 구성해 준다는 의미에서 '규정적
존재론'이라고 불리기도 한다. 소설 『모비 딕』(Moby Dick)은
그저 페이지 위에 적힌 단어가 아니라, 순서대로 읽어야 한다는 규정을
준수하여 경험해야만 하는 단어이다. 만약 『모비 딕』의 모든 단어를
아무 순서로 읽는다면, 나는 『모비 딕』을 읽은 것이 아니게 된다. 이는
작품이 그저 물리적 대상이 아님을 보여 준다. 작품은 특정한 일군의
규정에 의거하여 마주해야 하는 종류의 물리적 재료이다. 바로 이
규정들이 작품이 '무엇인지'를 구획한다.

이 규정이 오직 불확정적인 권위만을 지닌다는 점을 주목하자.

---

51   앞으로 이어질 이 장의 나머지 부분은 Nguyen(2019a)에서 가져와
몇몇 부분을 고친 것이다. 앞서 발표한 글은 게임 연구 문헌과 의도주의의
오류(the intentional fallacy)에 관한 더 세부적인 논의를 담고
있다.

아무리 살펴보더라도 『모비 딕』의 단어들을 순서대로 읽어야만 한다는 말을 찾을 수는 없을 것이다. 여러분은 어떤 이유에서든 이 단어들을 여러분이 원하는 순서대로 읽을 수 있다. 다만 규정적 존재론이 이야기하는 것은, '만일' 여러분이 『모비 딕』을 읽고 싶다면 그 경우에는 그 단어들을 순서대로 읽어야만 한다는 것뿐이다. 『모비 딕』을 읽고 싶은지 아닌지는 여러분에게 달려 있다. 규정적 존재론은 그저 『모비 딕』을 경험하기 위해서라면 무엇을 해야만 하는지를 알려줌으로써 『모비 딕』이 무엇인지를 말하고 있을 따름이다. 예를 들어, 왈츠를 춘다는 것이 무엇인지를 특정하는 규칙들을 생각해 보자. 그것들이 여러분에게 이 규칙을 따라야만 한다고 말하는 것은 아니다. 왜냐하면 아무도 왈츠를 춰야 한다고 하지 않았기 때문이다. 이 규칙들은 그저 왈츠를 추기 위해서라면 발을 이렇게 저렇게 움직여야 한다고 말한다. 이러한 규정들은, 만약 어떤 특정 게임을 플레이해 보고 싶다면 이러저러한 규칙을 따라야만 한다고 지정하는 게임의 규칙들만큼의 규범적 위력을 지닐 뿐이다. 여러분은 다른 규칙에 따라 자유롭게 플레이해도 된다. 다만 그 경우에는 그냥 다른 게임을 플레이하는 셈이다. 달리 말하면, 예술 작품과 게임은 모두 필수적 규칙을 가진 사회적 관행이다. 이에 대해서 누군가는 규정적 존재론이 예술 작품과 게임을 극히 인위적이고 사회적으로 불확정적인 사태로 전락시킨다고 우려할 수도 있다. 다름 아니라 바로 그것이 여기서 제시하고자 하는 통찰이다. 예술 작품과 게임은 우리의 창작물로서, 그것들의 기본적 본성은 다름 아닌 우리의 결정과 실천에서 비롯한다는 것이다.

유리코 사이토는 이 점을 아주 근사하게 표현한다. 그녀가 말하기를, 전통적 예술 대상은 미적으로 '틀에 짜여'(framed) 있다. 마치 어떤 그림이 물리적인 틀에 들어 있고 그 틀이 특정 공간을 주목해야 할 대상이라고 구획하는 것처럼, 모든 작품에는 '규정적 틀'이 있다. 규정적 틀은 관람자로 하여금 해당 작품과 만나기 위해서는 무엇에 주목하고 무엇을 무시할지를 지정하는 규범들로 이루어진다. 사이토는 예술 대상이란 의도적으로 저술된 것이라는 우리의 가정으로부터 미적 틀의 존재를 추적한다. 예술가는 특정 예술 대상을 창작하고자 의도한다. 예술 감상의 관행은 예술가가 창작하고자 의도한 특정 예술 대상을 추출하기를 목표로 삼는다. 그러한 실천은 우리가 같은 사물에 관해 감상하고 이야기하도록 해 준다. 조향사는 향수의 향기를 만들어 내기 위해 많은 노력을 기울이고, 향기를 조율하기 위해서 재료를 선택하며, 이때 맛은 무시한다. 조향사는 특정 울타리 속에 존재하는 사회적 관행에, 즉 향수는 향을 맡아야지 맛을 보아서는 안 된다는 사용자들의 합의에 의지하고 있는 셈이다. 향수의 물질적 기반은 액체이지만 '향수'는 특정 방식으로, 즉 향을 맡음으로써 접근하는 액체이다. 만약 내가 그 액체를 내 스테이크 위에 뿌려서 소비한다면, 나는 '향수'를 경험하는 것은 아니다. 해당 물질로부터 예술가가 의도한 대상을 추출하기 위해서는 반드시 몇 가지 규정을 따라야만 한다.

틀 안에 무엇을 넣을지는 저자가 설정한다. 내가 무언가를 소설이라고 선언할 경우, 나는 해당 소설에 대해 생각할 때 페이지 위의 단어들이 가진 물리적 배열은 무시하라고 독자들에게 말하는 것이다. 가령 행갈이는 중요하지 않다. 내가 여러분의 주목을 끌기 위해 창작한 것에 포함되지 않기 때문이다. 만약 우리가 앨리스 먼로의 단편집 『공공연한 비밀』(Open Secrets)을 재출간하는데 행갈이 방식을 왼쪽 맞추기로 바꾸었다면, 이는 작품 자체 혹은 작품의 의미를 바꾼 것이 아니다. 반면 만일 내가 내 작품이 '시집'이라고 선언한다면 나는 독자들에게 행갈이를 작품의 일부이자 중요한 것으로 주목하도록 규정하는 셈이다.

이를 사이토가 "일상의 미학"이라고 부른 것, 즉 공식적으로 인가된 예술 대상의 미학이 아닌 일상 세계의 미학과 대조해 보자. 가령 해변, 집안일, 야구장 관중, 강의실 분위기 등에는 "매체나 예술가의 의도를 담은 단서에 대한 관습적인 합의의 부재"가 있다.《**Saito 2010, 18-23**》비예술 대상에는 틀이 없다. 감상자인 우리가 스스로 대상을 틀에 끼운다. 우리는 우리가 주목할 대상이 무엇일지 자유롭게 결정한다. 반면, 예술 대상은 틀에 짜여 있으며, 그것을 마주하기 위한 규칙이 존재한다.

사이토는 게임이 일상 미학의 일부라고 주장한다. 왜냐하면 우리가 희망하는 무엇에든 주목할 수 있기 때문이다. 그녀가 말하기를, 야구 시합에서 우리는 게임 자체를 감상하겠다고 결정할 수 있는 만큼 관중, 분위기, 날씨 등을 감상하겠다고 결정할 수도 있다. 이것이 야구 경기에 있어서 사실일지도 모른다. 하지만 나는 사이토가 게임 자체가 아니라 야구 경기라는 문화적 이벤트에 대해 이야기하고 있다고 생각한다. 그런데 다른 게임 실천, 그중에서도 특히 비디오게임이나 보드게임과 같이 보다 분명하게 저자의 손길로 만들어진 게임 실천의 경우, 적절한 만남을 위한 규정들이 아주 분명히 존재한다는 점이 우리의 사회적 실천으로써 드러난다. 이러한 게임들은 틀에 짜인 작품들이다. 그러한 게임에서 우리는, 틀에 짜인 여타 작품들에서와 마찬가지로, 우리 경험의 특정 측면을 안정화시킬 규정을 만들어 낸다. 그리고 이를 통해 경험을 전달하고 공유하거나, 혹은 적어도 서로를 아주 유사한 경험적 공간으로 초대한다.

우리는 이 틀을 충족하는 데 실패하는 경우를 생각해 봄으로써 이러한 틀 및 그것과 연관된 규정들의 존재를 감지해 볼 수 있다. 예를 들어, 프로그래밍 코드의 생김새에 기반하여 「GTA」《**Grand Theft Auto**》의 리뷰를 쓴다거나, 상자의 그림만 보고 스토리를 상상하여 보드게임을 리뷰한다고 생각해 보자. 또는 어떤 플레이어가 비디오게임 「엘더 스크롤: 오블리비언」《**Elder Scrolls: Oblivion**》을 할 때 캐릭터 생성기만 가지고 놀다가 이내 스무 시간 동안 자기 캐릭터를 오프닝 장소에서만 빙글빙글 뛰어다니게 해 놓고는 「엘더스크롤: 오블리비언」은 후진 게임이라고 친구에게 말했다고 생각해 보자. 그러면 우리는 "상자의 생김새만 가지고 게임을 리뷰할 수는 없어. 게임을 아직 플레이하지도 않았잖아!" 하고 말할 것이다. 이는 우리가 작품이라는 것을 어떻게 생각하는지 보여 준다. 작품이란 무엇인지는 당연히 사회적 관습에 따라 상대적이다. 다시 말하자면, 이런 종류의 존재론적 분석이 드러내는 것이 바로 이 점이다. 특정 예술 작품이란 특수한 주목 대상으로서, 어떤 재료 및 그 재료와의 만남에 관한 규정들이 결부됨으로써 특정되며, 이때 그러한 규정들은 대개 공통된 사회적 관습에 따라 특정된다.

　　게임과의 만남에 관한 그러한 규정들이 정말로 존재하는가? 몇몇 이들은 이러한 견해를 받아들이지 않았다. 예를 들어, 올리 타피오 레이노는 우리가 어떻게 게임을 플레이할지를 제한하는 규범 혹은 게임의 해석에 관한 규범을 받아들여서는 안 된다고 주장한다. 레이노는 게임 학자들이 대개 '유희적 명령'(ludic imperative)이라는 것을 전제한다고 주장한다. 그러니까 게임을 연구하기 위해서는, 게임의 목표를 받아들이고 게임 규칙에 따라 승리하고자 노력하는 등 디자이너가 의도한 취지에 따라 게임을 플레이해야 한다는 것이다. 하지만 레이노는 이러한 규범성이 일종의 의도주의의 오류이기 때문에 문제적이라고 말한다. 즉, 관객들로 하여금 저자의 의도에 따를 것을 강제한다는 것이다. 게임 플레이어는 자신이 원하는 대로 게임과 자유로이 상호작용할 수 있어야 한다. 독자가 텍스트를 원하는 대로 자유로이 해석할 수 있는 것처럼 말이다.(Leino 2012) 하지만 나는 레이노의 주장이 옳다고 생각하지 않는다. 게임과 만나려면 우리가 게임의 규칙을 따라야만 한다는 단순한 요구 사항을 준수한다고 해서 의도주의의 오류에 빠지지는 않는다. 셰리 어빈이 지적하듯이, 의도주의 오류는 규정적 존재론을 받아들이는 데 아무런 방해가 되지 않는다. 규정적 존재론에 따른 설명은 저자가 작품의 의미, 해석, 혹은 작품이 성공적인지 아닌지를 판단할 척도를 결정한다고 주장하지 않는다. 규정적 존재론은 다만 저자가 작품과 적합하게 만나는 최소한의 기준을 설정함으로써 작품이 '무엇인지'를 설정한다고 말할 뿐이다.

중요한 점은, 의도주의 오류에 대한 윌리엄 윔셋과 먼로 비어즐리의 기존 반론이 저자의 사적 의도에 대한 접근 불가능성에 기대고 있다는 점이다.(Wimsatt and Beardsley 1946) 작품의 의미에 관한 저자의 의도가 너무나 미묘하여 공적으로 접근할 수 없다는 점을 우리가 인정한다고 해 보자. 그렇지만 작품의 존재론을 설정하는 규정들은 쉽게 공표될 수 있는 아주 단순한 규칙들로 이루어져 있다. 어빈이 말하기를, 예술가들은 대개의 경우 그들의 작품을 익숙하고 공적으로 접근할 수 있는 사회적 관습 내에 설정함으로써 이러한 규정들을 선언한다. 내가 책을 쓴다고 해 보자. 나는 이 책을 책방에서 판매함으로써 어떤 규정적 선언('단어들을 순서대로 읽어야 합니다')을 내놓을 수도 있고, 미술관의 유리 뒤에 전시함으로써 또 다른 규정적 선언('걸어다니면서 이것을 바라보아야 합니다')을 내놓을 수도 있다. 또한 어빈이 말하기를, 저자들은 여러 동시대 개념 미술가, 행위 예술가들이 하듯이 전에 없던 새로운 일군의 규정들을 그냥 명시적으로 서술함으로써 선언할 수도 있다.(Irvin 2005)

주목할 점은, 이러한 규정적 틀이 게임의 물질적 기반과 만나는 여러 유형의 여지를 많이 남겨 놓는다는 점이다. 아무도 내가 내 『모비 딕』 책을 이리저리 잘라서 단어들을 새로운 순서로 배치하는 것을 막지 않는다. 그저 이렇게 새롭게 배치된 버전의 『모비 딕』을 읽는 것은 다른 작품을 읽는 셈이라고 말할 뿐이다. 이와 비슷하게, 스피드런(speedrunning)이라는 관습을 생각해 보자. 스피드런은 비교적 새로운 게임 관습으로, 여기서 플레이어들은 게임의 목표를 변경한다. 「슈퍼 마리오 형제」를 스피드런으로 한다고 하면, 가장 많은 점수를 얻는 것이 더 이상 핵심이 아니게 된다. 대신 최단 시간 내에 게임의 결말에 이르는 것이 새로운 핵심이 된다. 어떤 스타일의 스피드런은 게임의 오류나 다양한 프로그래밍 현상들로부터 의도치 않게 비롯된 결과들을 유리하게 이용한다. 스피드러너들은 표준적인 플레이어들과 완전히 다른 방식으로 게임과 관계를 맺는다.(Scully-Blaker 2014) 내가 「슈퍼 마리오 월드」(Super Mario World)는 틀에 짜인 작품이고 그것을 정말로 경험하기 위해서는 지정된 목표에 의거하여 게임을 플레이해야 한다고 말할 때, 나는 스피드런이 나쁘다거나 해서는 안 된다고 말하는 것이 아니다. 다만 나는 스피드런이 해당 게임의 물리적 재료를 접하는 새로운 유형의 만남이지 「슈퍼 마리오 월드」와의 만남은 아니라고 말하는 것이다. 「슈퍼 마리오 월드」를 스피드런으로만 플레이해 놓고서 이 게임을 평가하거나 리뷰해서는 안 된다. 스피드런 버전은 「슈퍼 마리오 월드」와 동일한 재료를 가지고 플레이한 것이지만, 다른 게임이기 때문이다. 마치 체스의 변종들이 체스와 같은 말로 플레이하지만 체스와는 다른 게임인 것처럼 말이다.

우리가 지금까지 알게 된 것은 예술 작품에 있어서 작품의 '물질적 토대'(material basis)와 작품 자체 사이에는 결정적인 차이가 있다는 점이었다. 게임 학자들이 어떠한 규정에도 얽매여서는 안 된다는 레이노의 관점은, 물질적 토대에 있어서는 옳다. 미술사학자는 역사적 탐구를 통해 그림이 가진 면모를 연구한다. 그림의 뒷면도 살펴보고, 물감의 향도 맡고, 엑스레이 촬영도 하곤 한다. 하지만 미술사학자는 작품 자체가 아니라 오직 물질적 토대와 상호작용하고 있는 것이다. 현미경으로 반 고흐의 「붓꽃」 뒷면만을 검사하고 자신의 눈으로 캔버스의 앞면은 보지 못한 포렌식 분석가는 「붓꽃」이라는 작품과의 만남을 가져 보지는 못한 것이다. 내 등에서 뽑은 피만 들여다본 사람이 '나'를 만난 것이 아니듯 말이다.

작품과 안정성

게임이 틀에 짜인 작품이라는 점이 왜 중요할까? 왜 우리는 규정들을 설정하는 행위에 참여하고, 또 왜 그 규정들을 따르는 일을 중요하게 여길까? 이제 우리는 그 답에 이를 출발점을 찾은 셈이다. 그러한 규정들은 작품의 구조와 특정성(specificity)에 토대를 제공해 준다. 그 규정들은 많은 사람들의 주목을 유사한 노선에 맞게 유도하는 데 도움을 준다. 그 규정들은 경험을 안정화하여 사람들끼리 공유하기 좋게끔 만들어 준다. 또 디자이너와 플레이어 사이에 혹은 한 감상자와 다른 감상자 사이에 놓인 송전선이 흔들리지 않게 해 준다. 규정은 우리로 하여금 의사소통적 안정성(communicative stability)을 확보하도록 해 준다.

『잃어버린 시간을 찾아서』에 나오는 섬세한 내면 인식은 특정한 단어의 순서에 의존한다. 효과적인 미적 소통이 가능하기 위해서는 해당 책을 특정 순서로 읽어야 하고, 그 단어들의 의미에 관한 모종의 규범을 준수해야 한다. 이와 마찬가지로 분투형 게임에서의 규칙과 목표는 게임 디자이너가 경험적 특정성을 달성하는 수단이다. 예컨대 짝을 이뤄 플레이하는 브리지 게임에서 말하기에 관한 제한은 추론, 정보 관리, 악조건 속 소통이라는 특정 경험을 산출하는 데 도움이 된다. 포커에서 다른 사람의 카드를 보지 말아야 한다는 제한은 그 사람의 카드를 몸짓에서 추론해 보는 특정 경험을 산출하는 데 도움이 된다. 「슈퍼 마리오 형제」의 경우에 오른쪽으로 움직이라는 목표는 프리시전 플랫포밍(precision platforming)[52]이라는 활동을 산출하는 데 도움이 된다.

암벽등반의 경우, 등반가는 특정 제한 내에서 등반을 해야 한다. 대부분의 암벽등반가들이 연습하는 자유 등반에서는 기어를 당기거나 기어 위에 서서 등반해서는 안 된다. 로프, 클립 등은 여러분이 떨어질

---

[52] 역주: 플랫폼 게임, 플랫포머(platformer), 점프 앤 런(jump 'n' run)이라고도 불리는 게임 장르이다. 프리시전 플랫포밍에서는 캐릭터로 하여금 플랫폼(발판)을 정확히 밟으며 이동하도록 조작하는 것이 게임의 핵심 요소이다.

때 여러분을 붙잡아 주기 위해 존재할 뿐이다. 등반을 위해 사용해서는 안 된다. 많은 초보자들은 이런 규칙이 제한적이라고 느낀다. 왜 기어를 당겨서는 안 된다는 것일까? 하지만 암벽등반의 놀라운 다채로움은 상당 부분 이런 규칙에서 비롯한다. 만약 기어를 당겨서 등반할 수 있다면, 대개의 암벽등반은 고만고만한 범위의 움직임으로 이루어질 것이다. 기어를 당기지 말라는 규칙으로 인해 여러분은 매우 다채로운 암벽에 적응할 수밖에 없다. 이러한 규칙은 똑같은 기어를 당기고 또 당기는 활동이 아니라, 각 암벽 면의 특수하고 고유한 특징에 맞추어 새로운 시퀀스를 떠올리는 활동을 구축한다.

암벽등반에서 제한의 중요성은 특히 많은 루트가 겹칠 수밖에 없는 인공 암벽등반장에서 뚜렷이 드러난다. 대개 각 루트는 특정 색, 테이프, 혹은 홀드 자체로 표시되어 있다. 한 루트를 등반했다고 간주되려면, 등반가는 지정된 홀드만을 사용해야 한다. 초보자들은 이따금 이 온갖 규칙들에 대해 불평하며 벽에 있는 모든 홀드를 사용해서 나아가려고 한다. 이때 그들은 자유로운 플레이에 참여하고 있음이 틀림없다. 하지만 저런 규칙을 지켜 가며 등반하지 않는다면, 루트의 설계자가 조형한 어려운 움직임에서 오는 특수한 경험을 절대 경험할 수 없게 된다. 마치 『모비 딕』의 모든 단어를 임의의 순서대로 읽은 사람이 이 소설을 경험하지 못하는 것처럼, 해당 작품을 경험하는 데 실패하는 것이다. 루트 설계자는 등반가가 규칙을 지킬 것임을 믿기 때문에 물리적 홀드의 배치를 통해 특수한 움직임 그리고 특수한 운동의 기쁨(epiphanies)을 조형할 수 있게 된다.

의사소통은 공유된 규범을 필요로 한다. 내가 공유된 규범을 거부하면 할수록 더욱 자유롭게 플레이할 수 있게 되겠지만, 그만큼 의사소통은 덜 수신하게 된다. 의사소통에 참여하기를 바란다면 그만큼 일군의 공유된 규범에 스스로를, 잠시 동안, 속박해야만 한다.[53]

---

53   여기서 나의 논의는 미적 소통에 관한 개리 아이즈밍어(Gary

규정적 틀은 관람자의 주목을 집중시킨다. 회화에서는 규정적 틀이 실제 물리적 틀로 일부 구획되지만, 대부분의 미적 틀은 그냥 종래의 사회적 관습의 일부이다. 나는 물리적 틀 바깥에 있는 시각적인 모든 것을 무시하지만, 또한 물감의 냄새와 맛, 지나가는 사람들의 소리 따위도 무시한다. 이 규정된 초점은 나로 하여금 특수하게 구획된 주목 대상과 만나도록 해 준다.

게임의 규칙 또한 어떤 틀로서 기능하여, 사용자의 주목을 구획된 주목 대상에 집중시킨다. 즉 규칙은 우리로 하여금 구획된 활동에 집중하게 한다. 예를 들면, 「스파이폴」은 헛소리 창작과 헛소리 적발이라는 활동을 둘러싼 틀이다. 「수화」는 의사소통 수단의 발명이라는 틀에 맞추어진 경험이다. 「슈퍼 헥사곤」은 정신을 반쯤 놓은 반사 신경 테스트를 둘러싼 틀이다. 틀 짜기라는 사회적 관습은, 전통적 예술 작품을 통해 수행되어 온 바와 같이, 사람들의 주목을 일군의 특징에 집중시키는 구조화된 기법이다. 그리고 이 틀이라는 것은 대개 공통된 사회적 관습에 결부되어 있기 때문에 우리로 하여금 경험을 공유하도록, 혹은 최소한 그에 근접하도록 해 준다.

게임에서 게임 디자이너는 플레이어로 하여금 특정 활동을 수행하고 그에 주목하도록 하기 위해 행위성 매체를 사용할 수 있다. 화가가 특정한 시각 경험을 따로 분리하고 주목을 집중시켜 이를 틀에 맞추듯이, 게임 디자이너는 플레이어로 하여금 특정 동기에 입각하여 특정 실천적 환경에 접근하라고 지시함으로써 특정 종류의 실천적 활동을 틀에 짜 넣는다. 게임은 플레이어 자신의 여러 측면의 활동을 둘러싼 틀인 것이다. 단적으로 말해, 게임은 틀에 짜인 행위성이다.

여기서 미적인 분투형 게임의 실제 규정들을 개괄적으로 살펴보면 도움이 될 것이다. 「스파이폴」, 「수화」, 「슈퍼 헥사곤」 등은 모두 긴밀히 연관된 사회적 관습의 일부로서 모두 동일한 근본적인 참여

Iseminger)의 분석에 영향을 받았다.(Iseminger 2004, 31-61)

규정을 따르고 있다. 이러한 게임의 감상과 비평을 둘러싼 사회적 관습이 다음과 같은 규정을 포함한다는 점을 한번 제시해 보도록 하겠다.

미적인 분투형 게임의 일반 규정: 감상자는 지정된 규칙을 따르고 지정된 목표를 겨냥하여 게임을 플레이하며, 그로부터 산출되는 활동을 감상한다.

이것은 어쩌면 플레이어의 주목을 유도하기에는 다소 느슨한 지침으로 보일 수 있다. 하지만 게임들이 갖는 특별한 본성 때문에, 저 일반 규정은 보통 아주 예측 가능하고 구체적인 주목의 경로를 이끌어낸다. 특정된 목표는 플레이어의 내적 층위에서 실천적 주목이 가진 본성을 강력하게 조건 짓는다. 암벽등반가는 암벽의 세밀한 결, 자신의 균형, 자기 동작의 정확한 궤적과 강도 등에 주목해야 한다. 「스파이폴」 플레이어는 정보나 사회성에 관련된 단서, 거짓말의 표시, 정보의 오차 등에 주목해야 한다.

그런데 미적 주목이 어떻다는 것인가? '일반 규정'에서 나의 단순한 공식에는 플레이어들이 자기 활동에 주목해야 한다는 단순한 규정밖에 없다. 플레이어들이 어디에 주목해야 하는지에 관한 추가적인 지침도 없고, 대개의 게임들 또한 플레이어들이 어디에 주목해야 할지를 규칙을 통해 명시적으로 지시하지도 않는다. 하지만 실천적 활동의 본성은, 행위가 가장 밀집된 지점 그리고 행위성의 행사가 가장 흥미롭고 기억에 남을 만한 지점으로 플레이어들의 주목을 '끌' 수 있다.

제인 오스틴의 소설을 일종의 비유로 생각해 보자. 소설에서의 일반적인 규정적 틀은 소설과의 적절한 만남에 해당하는 최소한의 요건을 말해 준다. 독자는 단어를 순서대로 읽으며 묘사되는 세계를 상상해야 한다. 이 규정적 틀은 독자들에게 사회적 논평이나 인물의 심리에 주목해야 한다는 지시를 전혀 하고 있지 않다. 하지만 그러한 소설들의 내용 상당수가 사회나 심리의 문제에 관련된다는 사실로 인해서 독자들은 자연스럽게 그런 주제에 주목하게 된다. 규정적 틀이 내용에 관한 기본적 전송이 가능해질 정도로만 주목을 끌면, 그다음에는 내용 자체의 본성이 특정 방향으로 제안을 하거나 독자들의 주목을 끈다. 소설의 규정적 틀은 그저 독자의 주목이 특정 방향을 향하게 만들 대강의 방법일 뿐이다. 독자의 주목이 공통된 대상에 닿기만 하면, 그다음에는 예술가들이 자기 예술의 온갖 기법을 동원하여 그 관심을 다채로운 방향으로 끌고갈 수 있게 된다.

이는 게임에 관해서도 마찬가지이다. '일반 규정'은 각 플레이어에게 규칙을 따르고, 목표를 맞추고자 노력하고, 그러면서 자기 자신의 활동에 주목하라고 지시할 뿐이다. 하지만 게임 디자인의 산출물로서 활동이 가진 본성은 플레이어의 주목을 특정 방향으로 유도한다. 암벽등반가는 자신의 세부적 움직임에 관해 그리고 어떻게 그 움직임을 이용하여 도전 과제를 통과할 수 있을지에 관해 성찰하면서 미적 주목을 기울일 것이다. 암벽등반가는 자기 입에서 느껴지는 맛이나 땀의 냄새 따위에는 거의 관심을 갖지 않을 것이다. 체스 플레이어의 미적 주목은 전략적 해법과 계산에 들어 있는 미적 요소에 집중되는 반면, 그들이 어떻게 앉는지, 체스 말의 색깔이 무엇인지에 대해서는 상대적으로 덜 집중할 것이다. 누군가 자신의 활동을 '활동으로서'(as activity) 성찰할 때, 그 사람의 주목은 활동이 가장 밀집된 지점에, 즉 행위성이 가장 활발한(active) 영역에 자연스럽게 집중되기 마련이다. 자기반성적 행위자의 시선은 자연스럽게 '행위적 무게중심'(agential center of gravity)으로 이끌릴 것이다.

그리고 바로 이것이 게임 디자이너가 플레이어의 미적 주목을 유도하고 특정 미적 요소들을 전경에 배치할 때 사용하는 도구 모음이다. 게임 디자이너는 규칙과 목표를 지정하고 실천적 환경을 디자인한다. 그러한 묶음—즉 게임—이 하나의 사회적 관습에 진입하면, 내가 설명한 '일반 규정'의 적용을 받게 된다. 이 규정을 따르는 플레이어는 규칙을 따르고 지정된 목표를 추구하도록 유도된다. 능력과 장애물의 조합이 플레이어로 하여금 자기 행위성의 특정 부분에, 가령 전략적 추론의 역량 혹은 반사 신경 혹은 사회적 조종 능력 등에, 집중하도록 압력을 가한다. 미적 반성에서 '일반 규정'은 그저 플레이어에게 자신의 활동에 주목하라고 지시할 뿐이다. 하지만, 그렇게 이루어진—그렇게 이루어지도록 '디자인된'—행위성이 지닌 '밀도'(densities)는 플레이어의 미적 시선을, 예측 가능한 방식으로, 자기 활동의 특정 측면으로 이끈다. 바로 이것이 게임 디자이너가 플레이어가 갖게 되는 행위성의 미적 경험의 성격을 조형하는 방법 중 하나이다. 설령 디자이너가 그런 경험의 정확한 세부 내용 전부에 대한 완전한 통제력은 포기해야만 할지라도 말이다.

세 종류의 게임 규정

실제 게임에 한번 적용해 보면 이 모든 이론을 소화하는 데 도움이 될 수도 있겠다. 그러니 게임에서 만나게 되는 규정들의 특수한 성격에 대해 생각해 보고, 시간을 좀 들여서 그 규정의 다양함을 살펴보자. 내 주장에 따르면, 모든 미적인 분투형 게임은 모종의 규정적 토대를 가진다. 하지만 내가 생각하기로, 그 넓은 범주 내에 조금씩 다른 규정적 틀을 지니는 매우 다른 게임 실천들이 존재한다.

　　나는 최소한 세 가지 뚜렷한 종류의, 조금씩 다른 규정을 지닌 게임들이 있다고 생각한다. 그것들을 '파티 게임', '고도 전략 게임', '커뮤니티 진화 게임'이라고 부르도록 하자. 이것들은 전부 '일반 규정'을 따른다. 하지만 가령 그 게임을 정말로 해 보았다고 간주되기 위해서는 몇 차례를 플레이해야 하는지, 또 어떤 취지로 플레이해야 하는지 등에 관한 미묘하게 다른 추가 규정들을 이것들은 지니고 있다.

첫째로, 두 가지 파티 게임을 생각해 보자. 웃긴 게임이라고 알려져 있는 테이블탑 게임 「비인도적 카드 게임」(**Cards Against Humanity**)과, 비디오게임 「**B.U.T.T.O.N**」이다. 「비인도적 카드 게임」에서 플레이어는 손에 쥔 카드에서 카드를 골라 질문에 답하거나 미완성된 문장을 채워야 한다. 각 카드에는 의도적으로 만들어진 말도 안 되고, 우스우며, 어쩌면 모욕적일 수도 있는 구문들이 적혀 있다. 예를 들어, "빨리 알아차리면, ( )를 멈출 수 있다"라는 제시문에 대하여 각 플레이어는 "재채기 페티쉬", "늙은 사람 냄새", "활기찬 재즈핸즈 춤", "완전 섹시한 외계인" 등의 카드로 채워 넣을 수 있다.[54] 한편 「**B.U.T.T.O.N**」(또 다른 이름으로는 「인정사정없이 야비한 전략도 여기선 완전 괜찮음」[**Brutally Unfair Tactics Totally OK Now**])의 경우, 온갖 종류의 미니 게임이 튀어나오는, 엑스박스 360 게임기로 하는 멀티플레이어 게임이다. 예를 들어, 이 게임은 우선 모든 플레이어들에게 컨트롤러를 내려놓고 다섯 걸음 물러나라고 지시한다. 짧은 카운트다운이 지나면 게임은 임의로 선택된 미니 게임을 갑자기 제시한다. 가령, 다른 누군가 내 컨트롤러의 엑스 버튼을 누르면 패배한다는 식이다. 보통 달리기, 몸싸움, 혹은 가끔씩은 주먹질까지 벌어지기도 한다.

내가 제안했던 바에 따르면, 파티 게임은 장기적인 기술 향상이 중요하지 않거나 그것을 일부러 억제하는 실천이다.(만약 내가 다음에 '몸으로 말해요'를 할 일에 대비하여 인터넷에서 '몸으로 말해요' 꿀팁과 전략을 찾아 읽고, '몸으로 말해요' 고수들의 유튜브

---

54   이것들은 전부 정말 게임에 있는 사례이다. 「비인도적 카드 게임」은 내가 보기에 정말 끔찍한 게임이다. 동일한 기본 구조를 훨씬 잘 사용한 사례로는 「딕싯」(**Dixit**), 「닭이 왜...?」(**Why Did the Chicken...?**) 그리고 「즐거운 취업」(**Funemployment**) 등이 있을 것이다.

비디오를 연구하고, 그 기술을 열심히 연습한다고 상상해 보라.) 사실 이 두 가지 게임 모두 승리를 결정하는 시스템은 명명백백하게 임의적이다. 「비인도적 카드 게임」의 경우 매 판마다 한 명이 심판을 맡아서 나머지 플레이어 중 누구의 답변이 가장 웃긴지를 선택한다. 「B.U.T.T.O.N」의 경우에는, 이 게임의 공동 디자이너가 오래된 파티 게임 「춤춰라 메이드 인 와리오」(Wario Ware: Smooth Moves)에서 받은 영감을 설명하는 것을 한번 읽어 보자.

> 「춤춰라 메이드 인 와리오」는 단 몇 초밖에 안 걸리는 엉뚱한 '마이크로게임'(micro-games)의 모음으로 이루어져 있다. 각 마이크로게임마다 플레이어는 위 리모컨(wiimote)을 이용하여 '코끼리', '사무라이' 등 우스운 포즈를 취한다. 이 포즈를 취한 채로 플레이어는 어떤 도형을 그리거나 가상의 나무토막을 자르는 등의 간단한 임무를 수행한다. 이 마이크로게임 중 어느 것도 개별적으로는 제대로 작동하지 않고, 오히려 시리즈로 모여 있을 때 시너지를 발휘한다. 「춤춰라 메이드 인 와리오」는 이 마이크로게임을 미칠 듯한 속도로 돌리기 때문에 각각의 도전 과제마다 깊이 매달리기가 어렵다. 승패라는 게임이 지정한 보상 체계가 아니라, 인간이 자기 의지로 수행하는 바보 행세로 핵심이 옮겨 간다.(Wilson 2011)

기술 향상의 요인에 대한 논의도, 의사결정 트리(decision trees)도, 가능성의 공간도 없다는 점에 주목하자. 파티 게임의 실천에 게임과의 반복적인 만남에 관한 규정이나 기술 향상에 관한 규정이 포함되리라고 생각할 이유는 전혀 없다. 오히려 파티 게임의 디자인은 임의성, 무기술성, 의도적 혼란 등을 전면으로 내세운다.

어쩌면 파티 게임의 범주와 바보 게임의 범주를 합쳐도 상관없지 않을까 싶겠지만, 사실 이 둘은 꽤 다르다. 파티 게임은 기술 없이 참여할 것을 규정하는 게임이고, 바보 게임은 이기기 위해서는 전력으로 플레이해야 하지만 가장 재미있는 핵심은 실패에 있는 그런 게임을 말한다. 많은 파티 게임이 바보 게임이기도 하지만, 그렇지 않은 경우도 많다. 「비인도적 카드 게임」은 별 기술이 필요 없는 플레이를 위해 설계되었다. 이 게임의 목표는 나눠진 카드에서 정말 웃긴 농담을 만들어 내는 것이다. 심판이 어떤 농담을 웃기다고 생각하면 점수를 얻는다. 그리고 대부분의 플레이어들은 정말 웃긴 농담을 성공적으로 만들어 냈을 때 이 게임에 대해 만족한다. 그러므로 이 게임에서 지향하는 상태는 실패가 아니라 성공인 셈이다. 그러므로 「비인도적 카드 게임」은 파티 게임이지만 바보 게임은 아니다.

그와 반대되는 경우로는 손가락 겨루기(**finger jousting**)라는 우습고 기이한 게임이 있다. 손가락 겨루기는 두 사람이 한 손을 맞잡고 검지만 펼쳐서 손을 맞잡은 채로 상대방의 몸에 검지를 먼저 갖다 대는 사람이 이기는 게임이다.[55] 이 게임은 바보 게임이다. 이 게임이 가장 재밌던 순간은 내가 거의 거꾸로 뒤집혔을 때, 그리고 내가 상대방의 어깨 너머로 밀려난 와중에 손가락으로 찔렸을 때 등이다. 그리고 이 게임은 플레이어들이 다채롭고 말도 안 되는 유사 레슬링 전략의 기술을 습득할수록, 그리고 이 게임을 자주 함께 해 온 플레이어들이 점점 더 달인이 되어 갈수록 더욱 웃기고 재미있어진다. 실제로, 활용 가능한 공간을 잘 파악하고 상대방이 노리는 영리한 작전을 예측하면 이 게임은 더욱 큰 웃음을 준다. 기술이

55　추가적인 세부 사항은 자칭 국제 손가락 겨루기 연맹 홈페이지라는 다소 코믹한 웹사이트(**www.fingerjoust.com**)에서 볼 수 있다. 여기서 내가 이야기하는 거의 모든 것은 모자 겨루기(**hat jousting**)라는 바보 게임에도 적용된다. 모자 겨루기는 두 사람 중 상대방의 모자를 먼저 벗기는 사람이 이기는 게임이다.

향상되면 더욱 교묘한 실패를 하게 되고, 그만큼 더 재미있어지는 것이다. 하지만 여전히 중요한 것은 실패이다. 그러므로 손가락 겨루기는 바보 게임이지만 파티 게임은 아니다.

파티 게임을 '고도 전략 게임'과 비교해 보자. 우선, 프랜시스 트리샴이 개발한 보드게임 「1830: 철도 회사와 강도 귀족들」(1830: Railways & Robber Barons)을 보자. (트리샴은 컴퓨터게임 「문명」[Civilization]의 원작이 된 보드게임의 디자이너로, 보드게임과 비디오게임에 테크 트리[technology tree]라는 아이디어를 도입했다.[Woods 2012, 40]) 「1830」은 놀랍도록 복잡한 게임으로, 거의 서로 다른 두 가지 게임을 하나로 합쳐 놓은 것처럼 느껴질 정도이다. 이 게임의 절반을 차지하는 것은 주가 조작이다. 플레이어는 철도 회사들의 주식을 사고 거래하여 주식시장의 가격을 조작한다. 이 게임의 나머지 절반을 차지하는 것은 선로를 놓고, 효율적인 노선을 개발하고, 운송 기술을 향상시키는 등 이 회사들을 경영하는 일이다. 회사의 운영에 따라 회사의 주식 가치가 요동치는 등, 이 게임의 복잡성은 대부분 이 두 영역 사이의 관계에서 빚어진다. 플레이어는 숨겨 둔 약점을 지닌 철도 회사를 세우고 여기에 투자하라고 다른 사람들을 꾀어낸 뒤 회사를 버리고 다른 주주들에게 이 회사의 잔해를 떠넘길 수도 있다. 어떤 회사가 번창할지를 예측하는 것은 플레이어들 중 누가 회사를 잘 경영하고자 하고 또 누가 이윤을 위해 회사를 버리고 떠넘기려고 하는지를 예측하는 데 달려 있다.

「1830」은 처음 플레이해서는 전혀 의미를 알 수 없는 특징들로 가득하다. 첫째로, 어떤 특징은 플레이어가 플레이를 거듭한 끝에 충분히 능숙해져서 그 특징을 슬기롭게 활용하기 전까지는 의미를 알기 어렵다. 예를 들어, 특정 회사의 주가가 충분히 떨어지면 그 주식은 휴지 조각이 되어 대량으로 거래될 수 있다. 이 규칙의 의미는, 플레이어가 주식시장 조작의 원리를 충분히 이해하여 의도적으로 휴지 조각 등급을 매겨 보고 그로부터 이득을 취한 뒤에야 알 수 있다. 둘째로, 이 게임에는 처음 플레이할 때는 결코 똑똑하게 내릴 수가 없는 몇 가지 초기 결정 사항이 존재한다. 예를 들어 플레이어들이 회사를 설립할 때, '액면가' 즉 한 주당 가격을 설정해야만 한다. 플레이어들은 대부분의 회사의 액면가를 게임 첫 판에 정하게 되는데, 이 결정이 갖는 함의는 플레이어가 이 게임의 다양한 하위 체계들이 상호작용하는 방식을 완전히 이해하기 전까지 분명해지지 않는다. 그리고 최소한 한 번의 플레이, 아마도 그보다 더 많은 플레이가 이루어지지 않고서야 그것을 이해하기는 어렵다.

그 다음으로, '로그라이크'(rogue-likes)라고 불리는 부류의 게임에 속하는 컴퓨터게임 「드림 퀘스트」(Dream Quest)를 살펴보자. 로그라이크의 핵심 특성은 각 플레이에서 절차적으로 생성된 새로운 환경을 탐험해야 한다는 것, 그리고 캐릭터의 죽음이 항구적이라는 것이다. 그렇기에 주어진 플레이가 특정 판의 던전을 깰 여러분의 유일한 기회이다. 「드림 퀘스트」는 여기에 덱빌딩(deck-building)의 요소를 더한 것이다. 즉, 여러분은 덱(deck)을 이용해서 몬스터와 싸우고, 던전을 탐험할 때마다 새로운 카드들을 주워서 덱을 하나씩 쌓아 가게 된다. 「드림 퀘스트」는 악랄하리만치 어려워서, 첫 번째 레벨을 통과하는 데만 수백 번의 플레이가 소요된다.[56] 「드림 퀘스트」의 특정 탄(彈)을 시작할 때, 게임은 곧장 플레이어에게 엄청난 경험치를 얻기 전까지는

---

56 적어도 오리지널 버전에서는 그러하다. 결국 디자이너 피터 왈렌(Peter Whalen)은 다양한 요구 사항에 넘어가서 기본값으로 쉬운 모드를 출시하고, 또 더욱 쉬운 '야옹이'(kitten) 모드까지 출시했다. 오리지널의 난이도는 '벨로시랩터' 모드로 불리는 특별한 고난이도 설정으로 재배치되었다. 오리지널 버전을 플레이했던 적은 수의 플레이어들은 이러한 업데이트를 오리지널 버전의 경이롭고 가차 없는 순수성에 대한 일종의 배신으로 보기도 한다. 나 또한 그들 중 하나이다.

제대로 그 결과의 의미를 판단할 수조차 없는 선택을 내리게 한다. 상당수의 초기 카드 능력치는, 플레이어가 그것이 나중에 얻을 카드 능력치와 어떻게 상호작용할지를 확인한 뒤에야 비로소 이해할 수 있을 시너지와 가능성을 지니고 있다. 많은 경우, 어떤 초기 카드들은 처음에 강해 보였지만, 다른 많은 카드와 호환이 되지 않는 바람에 어쩔 수 없이 플레이어가 한정된 덱빌딩밖에 할 수 없게 되는 등의 문제를 야기하기도 한다. 다른 어떤 초기 카드들은 처음에는 약해 보였음에도 그 뒤에 굉장히 다양한 방식으로 활용되어 훨씬 유연한 덱빌딩을 가능케 하기도 한다. 이것이 바로 이 게임의 핵심적인 특징이지만, 초반의 플레이만으로는 잘 보이지 않거나 이해하기 어렵다. 고도 전략 게임의 경우, 작품의 핵심 특징이 '플레이가 반복된 이후 그리고 현저한 기술 향상이 이루어진 이후에야 비로소 눈에 보이고 이치에 맞게 된다.'

고도 전략 게임에서의 사회적 관습은 파티 게임과는 전혀 다르다. 고도 전략 게임의 플레이어는 게임을 연구하고, 새로운 전략을 고안하며, 이를 다른 사람과 의논하여 많은 플레이를 통해 게임을 정복한다. 「1830」이나 「드림 퀘스트」와 같은 게임은 그러한 맥락 내에서만 성립 가능한 디자인적 특성을 지닌다. 셰리 어빈은 대개의 경우 우리가 사회적 관습을 살펴봄으로써 필요한 규정들을 결정할 수 있고, 또 가령 예술가가 작품을 전시하는 곳이 미술관인지, 콘서트 홀인지, 서점인지 등 작품의 전시 맥락만 살펴보고도 올바른 사회적 관습을 결정할 수 있다고 주장한다. 하지만 나는 그것이 전부는 아니라고 생각한다. 한번 생각해 보자. 소설과 단편집은 서로 미세하게 다른 사회적 관습 및 서로 다른 규정을 수반한다. 소설의 경우 그 전체를 순서에 따라 읽어야 한다. 단편집은 각 단편 내에서는 순서대로 읽어야 하지만, 모음집 전체는 순서대로 읽을 필요가 없다. 하지만 가끔 나는 서점의 매대에 소설, 단편집, 시, 에세이집 등이 모두 함께 전시된 것을 마주한다. 그렇다고 해도 나는 작품의 명료하고 근본적인 특성을 살펴보고 그러한 특성에 대한 최적의 설명을 찾아봄으로써, 각

책이 어느 사회적 관습에 해당하는지를 알아낼 수 있고, 그에 해당하는 규정이 무엇인지를 알아낼 수 있다. 어떤 책이 처음부터 끝까지 같은 캐릭터를 쫓아가며 이쪽 편에서의 사건이 저쪽 편에서의 사건을 일으키는 식이라고 하면, 이러한 사실에 대한 최적의 설명은 그것이 소설이며 순서대로 읽히도록 쓰였다는 것이다.

「1830」과 「드림 퀘스트」에는 공공연하게 접근할 수 있는 특성들이 있지만, 초보적인 플레이 몇 판으로는 그것들의 의미를 전혀 이해할 수 없다. 그러한 특성이 거기 있음에 대한 최적의 설명은, 그것이 여러 차례 플레이할 것을 규정하는 관습의 일환이라는 것이다. 작품의 어떤 특성들, 즉 여러 메커니즘 사이의 관계들은 복수의 만남 이후에야, 그리고 현저한 기술 향상 이후에야 시야에 들어오곤 한다. 이러한 특성들은 신규 플레이어에게는 불분명할 수도 있지만, 사실 중심에 놓여 있다. 그리고 그것들이 중심적이라는 것을 알 수 있는 이유는 그것이 게임의 명백한 디자인 요소에 대한 최적의 설명이기 때문이다. 그러므로 고도의 전략을 요하는 작품의 경우, '플레이어가 작품과 적합한 만남에 이르기 위해서는 반드시 여러 차례 플레이해 보아야 한다.' 이러한 주장은 알고 보면 약간의 규범적인 불만을 품고 있다. 고도 전략 게임 분야의 여러 유명한 온라인 리뷰어들을 생각해 보자. 그들은 보통 한 주에 여러 개의 새로운 게임을 리뷰하고 그렇기에 각 게임을 단 몇 차례밖에 플레이하지 못한다. 우리의 분석은 이러한 리뷰어들이 사실 그들이 리뷰하는 게임 중 어느 것과도 적절한 만남에 이르지 못했음을 보여 준다.

혹자는 이러한 기술(skill)의 요구가 다른 여러 예술적 실천에 공통되는 특성이라는 합리적인 반박을 제시할 수도 있다. 샬롯 브론테의 소설 『제인 에어』와 히에로니무스 보스의 회화 「세속적 쾌락의 정원」은 이것들을 반복적으로 보게 만드는 섬세한 디테일로 가득하다. 그런데 깊은 만남(deep encounter)과 최소한으로 적합한 만남(minimally adequate encounter)

사이의 구분을 떠올려 보자. 비록 『제인 에어』를 여러 차례 읽음으로써 온갖 뉘앙스를 발견하고 심오하고 오묘한 이해에 이를 수 있겠지만, 단 한 차례만 읽는 것도 최소한으로 적합한 만남을 충족시키긴 한다. 그러나 체스, 바둑, 브릿지, 「1830」, 「드림 퀘스트」에서는 그렇지 않다. 둘의 차이는, 『제인 에어』의 중심적 특징이 단 한 차례의 적절한 독서로도 드러나는 반면 체스의 중심적 특징은 단 한 차례의 플레이로는 드러나지 않는다는 점에 있다. 『제인 에어』를 처음 읽은 사람과 『제인 에어』를 천 번 읽은 사람에게 기본적인 서사의 특징이 무엇인지를 묻는다고 해 보자. 두 사람의 대답은 거의 비슷할 것이다. 그 기본적 특성이란 제인 에어와 그녀의 가난과 무력함, 로체스터 및 로체스터의 미친 배우자와의 관계이다. 그런데 만약 숙련된 바둑 선수에게 동일한 질문을 한다면, 즉 해당 선수가 주로 주목하는 중심적인 특징이 무엇인지를 묻는다면, 초보자와는 전혀 다른 대답을 들려줄 것이다. 숙련된 바둑 선수는 '기세'(influence)와 같은 특성, 즉 바둑판 한쪽의 수 혹은 구조가 바둑판 다른 쪽으로 복합적으로 힘을 행사하는 방식에 계속해서 주목한다. 어떤 바둑 플레이어가 기세에 관한 생각을 시작이라도 하기 위해서는, 몇몇 기본 행마를 단숨에 읽을 수 있을 정도로 게임의 기본 구조를 충분히 내면화해야 한다.(Kegeyama 2007, 55-64, 87-109) 사실 먼저 수백 판을 둬 보기 전까지 기세라는 개념은 이해조차 하기가 어렵다. 내 첫 번째 바둑 선생님은 바둑 급수로 10급에 이르기 전까지는 기세에 관한 어떤 글도 쳐다보지 말라고 경고했다. 하지만 기술이 늘면, 플레이어의 기본적인 게임 경험이 변형된다. 시몽 도르는 이러한 현상을 '전략적 지각'(strategic perception)이라고 일컫는다. 체스와 「스타크래프트: 브루드워」의 숙련된 플레이어는 게임에 대한 새로운 지각 경험을 갖게 된다. 예를 들어 산전수전 다 겪은 체스 플레이어가 루크를 보면 이러저러하게 생긴 말이 아니라 움직일 수 있는 선과 잠재력이 보인다. 도르에 따르면, 시각디자인적 결정이 사실 전략적 지각을 조성할 수 있다. 대부분의 비신수〈non-novelty〉 세트에서 체스의 말은 비슷하게 생겼고, 「스타크래프트」도 시각적으로 동일한 타일을 반복하여 지각의 변형을 돕는다.〈Dor 2014〉 많은 게임에 있어서 핵심 요소는 오직 훈련과 경험을 거듭함으로써 눈에 들어오기 마련이다. 이에 해당하는 많은 게임이 제2의 본능이라고 할 만큼 전략적 지각을 갖춘 플레이어를 대상으로 만들어져 있다. 그러한 기술 의존적 요소들이 작품의 중심을 차지하는 경우, 해당 작품은 숙련된 플레이어들에 의해서만 충분히 경험될 수 있다.

　　마지막으로, 내가 '커뮤니티 진화 게임'이라고 일컫는 게임들로 넘어가 보자. 이 장르의 주요 예시로는 「매직: 더 개더링」〈Magic: The Gathering〉, 「안드로이드: 넷러너」〈Android: Netrunner〉, 「하스스톤」〈Hearthstone〉 등이 있다. 이는 게임 중에서도 비교적 새로운 관습에 해당한다. 나는 내가 개중 가장 잘 아는 「안드로이드: 넷러너」를 가지고 논의를 진행하겠지만, 여기서 제시하는 모든 논의는 이 부류 전체에 적용 가능하다. 「안드로이드: 넷러너」는 리처드 가필드와 루카스 리칭어가 디자인한 커스터마이징 카드 게임이다. 플레이를 시작하기 전, 각 플레이어는 카드 더미에서 카드를 골라 자신만의 덱을 디자인한다. 대개는 덱을 특정 전략에 따라 디자인하는데, 그래야 다양한 카드의 능력치들이 흥미롭게 상호작용하기 때문이다. 어떤 덱은 빠르고 공격적이고, 또 어떤 덱은 강한 능력치를 천천히 쌓아 간다. 어떤 덱은 난폭하게 힘을 쓰지만, 또 어떤 덱은 속임수와 착각에 의존한다. 서로 다른 유형의 덱이 만들어질 수 있다는 것은 새로운 복잡한 형태의 추측을 낳게 된다. 마치 박사 학위까지 가진 사람들이 가위바위보 하는 것처럼 말이다. 진지한 플레이어들은 소위 '메타'〈meta〉 혹은 '메타게임'〈metagaming〉에 깊이 심취한다. 마르쿠스 카터와 그 동료들은 이를 "게임 커뮤니티와 게임 자체의 복합적 상호작용"이라고 설명한다.〈Carter, Gibbs, and Harrop 2012,

2-3〉 이러한 게임을 진지하게 플레이하려면, 주로 인터넷 사이트와 포럼에 자리한 플레이어 커뮤니티에서 지속적으로 정보와 전략 분석의 흐름을 접해야 한다. 특정 종류의 덱이 특히 더 효과적이고 강력하다고 알려지면, 그 덱의 인기가 높아진다. 플레이어는 자신이 만나게 될 다양한 타입의 덱에 대응할 수 있게 자신의 덱을 디자인해야 한다. 그렇기에 플레이어가 현재 플레이되고 있는 덱 타입에 대응하고, 또 그 대응책에 대해 대응하기를 거듭하면서 그만큼 전략을 발휘할 수 있는 여지가 커진다.〈Johansson 2009, 5-7〉 더구나 사용 가능한 카드의 풀이 지속적으로 변화한다. 판타지 플라이트 게임즈는 매달 새로운 카드 세트를 발표하고, 2년마다 기존의 카드 세트를 공식 플레이에서 교대로 제외시킨다. 이는 지속적으로 변화하며 안정성이 낮은 메타를 만들어 낸다. 「안드로이드: 넷러너」의 진지한 플레이어들 대부분은 지속적인 메타의 변동이 핵심이라고, 또 이 게임의 가장 흥미로운 부분이 바로 새로운 카드가 출시되고 모든 플레이어들이 그것이 어떻게 플레이를 변화시킬지를 앞다투어 궁리하는 때라고 말한다.〈Smith 2015; Majewski 2014〉 그리고 사실 「안드로이드: 넷러너」의 디자이너들은 지속적으로 이 메타를 관찰하고, 현재 메타의 상태에 대응하여 그것을 비틀고 게임을 지배하는 신흥 전략을 무력화하여 상황을 흥미롭게 유지하기 위해 새로운 카드를 만들어 낸다.〈Browne 2017〉 예를 들어, 메타가 점점 진부해지고, 소수의 덱 디자인으로 몰리게 되면, 디자이너들은 덱의 다양성을 증진할 새로운 장치를 도입한다.〈Ventre 2016〉 최근 이러한 메타 게임이 게임의 일부인지 혹은 게임의 외부인지에 관해 약간의 논쟁이 있었다.〈Carter, Gibbs, and Harrop 2012, 2, 4〉 우리의 분석은 한 가지 답변을 제시한다. 더 재미있는 플레이를 위해 메타 게임에 변화를 주려는 시도로 게임 디자인의 주요 특징이 공공연히 발표된다면, 그리고 그 특성들이 커뮤니티의 전략적 담론에 끼치는 효과에 입각하여 충분히 설명될 수 있다면, 메타 게임은

명백히 '작품'의 일부이다.

「매직: 더 개더링」, 「안드로이드: 넷러너」, 「하스스톤」 그리고 이와 유사한 커스터마이징 게임들은 알고 보면 존재론적으로 아주 고유하다. 그것들의 규정은 무엇일까? 이 게임의 실천과 명백한 디자인 특성의 현재성에 비추어 볼 때, 그 규정은 복수의 플레이를 요구할 뿐만 아니라, 작품과의 적절한 만남을 위해서는 '더 큰 플레이어 커뮤니티에 참여할 것'을 규정하고 있다. 「안드로이드: 넷러너」의 여러 핵심 특징은 플레이어 커뮤니티와 진화하는 메타 사이의 상호작용에 입각해서 비로소 설명될 수 있다. 명백하게도, 계속해서 변화하는 카드의 풀은, 특히 기존의 카드가 제외되는 방식은, 메타를 흥미롭게 만들기 위한 시도로 보아야지만 이치에 맞는다. 그리고 게임의 이러한 핵심 특징이 메타와의 관계 속에서만 이치에 맞기 때문에, 포럼을 읽고 현재 인기가 많은 덱에 대해 생각하며 그에 대응하는 등 계속해서 메타에 관심을 기울이는 것은 작품과의 적절한 만남을 위한 조건에 해당한다. 두 명의 플레이어가 이 게임을 구매해서 집에서 플레이하는 것은 매우 좋은 경험이겠지만, 게임 전체와의 적절한 만남에 이른 것은 아니다. 내가 프루스트의 『잃어버린 시간을 위하여』 중 실제로 읽은 팔 분의 일을 깊이 즐겼다고 해도 아직은 그 책과의 최소한의 적절한 만남에는 이르지 못한 것처럼 말이다. 플레이어가 게임 커뮤니티에 능동적으로 참여해 보기 전까지는, 이러한 게임의 중심 특성은 아직 이해될 수 없고 보이지도 않는, 잠복기의 상태라고 볼 수 있다.

게임은 규정적 존재론을 지니며 저술된 것이므로, 게임은 작품이다. 게임은 대개 미적 요소를 산출하기 위해 저술된다는 점에서, 또 그러한 요소가 지닌 모종의 본성이 창작자의 의도적인 노력에서 기인한다는 점에서 전통적 예술 작품과 같다. 예술가가 창작한 안정적 인공물과 감상의 대상 사이에 간극이 존재한다는 점에서는 전통적 예술 작품과 다르다. 내가 다음 장에서 논의할 것이 바로 이 간극이다.

7장
게임에서의 거리

전통적 작품에서와 같이 게임은 규정적 틀을 지니고 있다. 하지만 게임은 또한 전통적 작품과 뚜렷이 구분되기도 한다. 게임은 관객의 능동적인, 실천적으로 관계적인 참여를 규정하는 작품이다. 이 장에서는 이러한 차이에 대해 이야기해 보려 한다.

　　게임에서 플레이어는 감상의 대상을 구축하는 데 있어서 결정적인 역할을 담당한다. 미적인 분투형 게임에서 플레이어는 자기 자신의 활동을 감상한다. 그들의 감상 대상은 그러니까 예술가에 의해 완전히 고정되는 것이 아니라, 최소한 부분적으로는 플레이어 자신에 의해 창조된다. 게임 디자이너는 흥미롭게도 그들이 겨냥하는 미적 효과로부터 멀리 떨어져 있는 것이다. 그들의 작품은 행위자가 채워 넣어야 하는 특별한 유형의 간극을 남겨 놓는다. 나는 이 간극을 '행위적 거리'(agential distance)라고 부를 것이다. 게임 디자이너의 목표는 특정한 실천적 활동을 형성하는 것이지만, 게임 디자이너는 플레이어의 능동적이고 대개 창의적인 행위성을 통해서 그것을 형성해야만 한다. 「스파이폴」의 디자이너는 언제나 웃기고 놀라우면서도, 플레이어로부터 통찰, 영리함, 창의성의 순간들을 규칙적으로 짜낼 수 있는 게임을 창조했다. 하지만 그러한 순간들은 다양한 플레이어들의 갖가지 행위, 선택, 참여로부터 비롯된다.

　　이것은 어떤 기적처럼 느껴지려고 할지 모른다. 게임 디자이너는, 플레이어가 자기 행위성을 굉장히 자유롭게 행사하고 있는 와중에 플레이어의 능동적 참여를 끌어내고 비교적 안정적인 미적 효과를 만들어 내야 한다. 그런데 게임 디자이너는 알고 보면 이 간극을 메울 수 있는 특별한 도구를 가지고 있다. 게임에서 디자이너는 그에 참여하는 행위자의 본성에 대해 강한 통제력을 갖는다. 달리 말하자면,

게임 디자이너는 행위성 매체를 사용하여 행위적 거리를 극복한다.

나는 게임이 행위성 예술이라고 주장했다. 이제는 이 슬로건을 여러 가지 서로 다른 구성 요소로 쪼개 볼 수 있다. 첫째로, 게임 디자이너는 행위성의 미적 효과를 달성한다. 둘째로, 게임 디자이너는 디자이너와 효과 사이의 행위적 거리를 만들어 내는 플레이어의 행위성을 수용함으로써 그렇게 한다. 셋째, 디자이너는 행위성의 매체를 사용함으로써, 즉 게임에서 이루어지는 바와 같이 플레이어의 행위성을 조형함으로써 그 거리를 극복한다. 이를 다 합쳐 보면, 게임은 행위적 거리를 뛰어넘는 행위성의 미적 경험을 창조하기 위해서 행위적 조작을 이용하므로, 게임은 행위성의 예술이다.

자기반성적인 행위성 예술들

행위성의 미적 경험은 내가 설명한 바와 같이 본질적으로 반성적이다. 그것은 디자인된 대상으로서 게임의 경험을 가리키지 않는다. 오히려 플레이어가 자기 자신의 활동이 가진 미적 요소를 감상하는 것이다. 이는 전통 예술 작품과는 뚜렷하게 구분된다. 대개의 전통적 예술 작품은 '대상 중심적'(object-centered)이다. 우리가 작품에 대한 반응으로 미적 판단을 내릴 때, 그러한 판단은 미적 속성과 요소를 대상 자체에 귀속시키는 것이다. 영리하고 스릴 넘치는 것은 바로 소설 자체이고, 우아하고 극적인 것은 바로 회화 자체이다. 내가 주장하기로, 게임은 '절차 중심적'(process-centered)이다. 내가 어떤 게임에 대한 반응으로 미적 판단을 내리는 경우, 나는 미적 속성과 요소를 나 자신의 절차에, 즉 내가 게임에 대한 반응으로 수행한 행위와 활동에 귀속시키는 것이다.

더 큰 그림을 한번 그려 보자. 나는 의도적으로 창작된 미적 인공물에 두 가지 넓은 범주가 있다고 생각한다. 첫 번째 종류는 '대상 예술'(object arts), 즉 인공물 자체에 놓인 미적 요소를 위해서 만들어진 예술로 이루어진다. 두 번째 종류는 '절차 예술'(**process arts**), 즉 감상자가 자신의 활동이 지닌 미적 요소를 감상할 수 있도록 감상자의 활동을 요청하는 예술로 이루어진다. 대상 예술에 관해서는 충분히 많은 이론이 제시되어 왔다. 반면, 절차 예술은 도처에 존재하지만, 잘 이론화되지도 별로 인정을 받고 있지도 못하다. 특히 제도권 예술계로부터 말이다. 내 생각에는 그룹 탱고나 스퀘어댄스 등 사교댄스, 퐁듀나 핫팟 등 회식 의례(**social eating rituals**), 요리, 그리고 아마도 도시 계획 등이 절차 예술에 포함될 수 있다. 이러한 활동들이 대개 순수예술에 포함된다고 여겨지지 않는다는 점에 유념하라. 이것들은 기껏해야 지위 면에서 예술의 변두리로 간주되기 십상이다.[57]

대상 예술의 측면과 절차 예술의 측면이 한 작품 혹은 한 형식 내에 뒤섞여 있는 경우도 잦다. 하지만 그런 경우조차도 우리는 대상 예술의 측면을 강조하는 경향이 있다. 요리를 예로 들어 보자. 요리는 대상 예술과 절차 예술의 측면을 모두 지닌다. 요리는 미적 요소를 갖는 완성된 생산품, 즉 음식을 생산한다는 점에서 대상 예술이다. 하지만 요리는 또한 절차 예술이다. 요리의 절차 자체는 프라이팬을 휘감는 멋진 냄새와 끓고 튀기는 기분 좋은 소리까지 미적 요소로 가득하다. 요리는 또한 움직임, 결정, 행위 등 행위성의 미학으로도 가득하다. 그리고 그것들은, 가령 볶아진 양파의 냄새를 맡으며 딱 맞는 향이 날 때를 기다려 와인을 끼얹는 맛깔나는 절차에서처럼, 복합적으로 상호작용한다. 결정적으로, 요리책은 음식을 만드는 절차를 알려 주는 지침들과 음식이라는 완성된 생산물을 모두 담고 있다. 절차 예술의 요소와 대상 예술의 요소를 포함하는 셈이다. 하지만 많은 리뷰어가

---

57 모든 감상이 관람자의 활동을 중심으로 한다고 생각하는 미학 이론가들도 있다. 예를 들면 **Collingwood**(1938) 참조. 나는 여기서 그런 이론들을 다루지는 않는다. 이 장에서 내가 염두에 두는 것은 절차 예술보다 대상 예술을 우위에 두는 설명들이다.

음식의 질에만 집착할 뿐, 요리하는 절차에서 오는 즐거움, 우아함, 유쾌함 등에 관해서는 거의 아무런 언급도 하지 않는다. 그 절차 또한 요리책 내용의 일부인데도 말이다. 리뷰어들은 보통 절차 예술의 측면을 간과하고 대상 예술의 측면에만 주목하는 셈이다.

게임은 명백히 절차 예술의 한 종류이다. 나는 절차 예술이 우리가 생각해 보아야 할 극히 중요한 문제라고 생각한다. 절차 예술은 우리의 일상에서 중심을 차지하며, 지금까지 주어진 것보다 훨씬 많은 존중과 탐구가 있어야 마땅하다. 나는 앞으로 쓸 저작에서 절차 예술이라는 넓은 범주를 탐색할 계획이다. 일단 여기서는 어떻게 게임이 절차 예술로 기능하는지에 주목함으로써 그 큰 그림의 첫걸음을 내딛고자 한다.

게임은 매우 독특한 예술 작품 형식이고, 이 때문에 우리는 예술 작품에 관한 일부 근본 개념들을 재고해 보지 않을 수 없다. 게임은 우리가 으레 뭉뚱그리곤 하지만 사실 결정적으로 다른 두 가지 측면이 예술 작품에 존재한다는 점을 드러낸다. 첫째는 예술 작품이 예술가가 만드는 사물이라는 점이고, 둘째는 예술 작품이 바로 우리가 지각하고 감상하는 사물이라는 점이다. 하지만 이러한 개념들은 분리 가능하고, 우리는 이 두 가지를 신중하게 구분해야 한다. 우선, 여기에는 '예술가에 의해 창작된 안정된 인공물'이라는 것이 있다. 이를 '예술가의 작품'(**artist's work**)이라고 부르자. 둘째로는 '관객이 주목하도록 규정된 사물'이 있다. 이를 '주목점'(**attentive focus**)이라고 부르자.[58] 대부분의

---

58   어쩌면 주목점이라는 나의 개념과 "주목 초점"(**focus of attention**)이라는 데이비스의 개념 사이에 어떤 유사성을 발견할지도 모르겠다. 하지만 이 둘은 중요한 차이를 지닌다. 데이비스는 예술 작품과 관련되는 물질적 대상과 규정된 주목 초점(**prescribed focus of attention**)을 구분한다. (그는 다양한 역사적 요인과 예술가의 작업 방식이 지닌 다양한 특징이 주목 초점의 일부임을 보이고자 한다.) 하지만

전통적 예술 형식에서 예술가의 작품과 주목점은 동일하거나 거의 동일하게 중첩된다. 유럽 예술 전통에서 회화의 경우, 예술가는 캔버스에 물감을 칠하고, 관람자는 특정 각도에서 그 그림을 바라보고 그 시각적 특성에 주의를 기울이도록 규정받는다. 관람자는 형식, 붓질, 색채 등 예술가의 작품에 있는 안정적 특성들에 미적 요소가 있다고 여긴다. 무용의 경우, 무용수는 모든 관람자 하나하나가 감상할 수 있는, 공연이라는 안정적 인공물을 만들어 낸다. 무용 공연은 예술가의 작품이기도 하고 주목점이기도 하다.

　　하지만 미적인 분투형 게임, 즉 게임 내 목표를 추구하는 미적 경험을 위해 창작된 게임의 경우는 완전히 다르다. 미적인 분투형 게임의 '일반 규정'으로 돌아가 보자. 즉 플레이어는 규칙을 따라 지정된 목표를 추구하여 게임을 플레이하고 자신의 추구 활동을 감상하도록 규정받는다. '일반 규정'은 미적인 분투형 게임에서 예술가의 작품과 주목점이 분리된다는 것을 의미한다. 예술가의 작품은 규칙, 말, 소프트웨어, 환경 등 바로 그 게임이다. 하지만 주목점은 자신의 활동에 대한 플레이어의 경험이다. 미적인 분투형 게임은 게임 자체가 미적으로 뛰어날 때가 아니라 그것이 플레이어에게 미적으로 가치 있는 분투를 촉발시키고 형성해 낼 때 성공적이라고 할 수 있다.

　　무용 공연과 미적인 분투형 게임 사이의 결정적인 차이를 생각해 보자. 무용 공연에서 관객은 모두 외부를 향해 있다. 즉, 모두 공적으로 지각 가능한 무용 공연이라는 동일한 사물을 감상한다. 미적인 분투형 게임에서는 이와 달리 플레이어 각자가 자기 자신의 특정 플레이 활동을 감상한다. 내가 「슈퍼 마리오 형제」를 플레이하는 체험은

데이비스에게 주목 초점이란 관람자로부터 독립적인 특징의 모음이다. 데이비스는 예술가의 생산 행위와 관람자의 수용 행위를 구분하고 주목 초점을 예술가의 생산 행위를 통해 창조된 특성에만 국한시킨다. 규정된 주목 초점이 예술가에 의해 산출된 특성에만 한정된다는 전제는 내가 제시하려는 참여적 존재론을 배제하게 된다.(Davies 2004, 26-27, 50-79)

여러분이 하는 체험과 다르다. 물론, 게임에서도 예술가의 작품에 주목해 볼 수 있다. 실제로 플레이어들은 가끔 디자인의 관점에서 게임 자체의 미적 특징에 주목한다. 하지만 이것은 미적인 분투형 게임에 있어서라면 부차이다. 가장 일반적인 게임 행위에서 보다 주요한 규정점⟨**prescribed focus**⟩은 플레이어 자신의 활동에 있다고 생각한다.

미적인 분투형 게임에 관한 나의 설명을 컴퓨터 예술의 상호작용적 존재론에 관한 로페스의 설명과 비교해 보자. 로페스의 정의에 따르면 컴퓨터 예술은 상호작용적인 예술 작품이고, 그것이 상호작용적인 이유는 컴퓨터로 작동하기 때문이다. 로페스는 상호작용성을 이렇게 정의한다. "어떤 예술 작품이 사용자의 행위가 그 작품의 외양⟨**display**⟩을 산출해 준다고 규정하는 경우 그 예술 작품은 상호작용적이다."⟨**Lopes 2010, 36**⟩ 컴퓨터 예술은 본질적으로 상호작용적이므로, 컴퓨터 예술 작품의 관객은 반드시 그 상호작용성을 탐구해야지만 작품을 적절히 경험할 수 있다. 이는 예술 작품과 여러 차례 만남을 가지기를 요구하는데, 그래야 사용자는 서로 다른 행위를 시도해 보고 예술 작품이 그에 대한 반응으로 어떤 새로운 외양을 생성하는지 확인할 수 있기 때문이다. 그래야지만 사용자는 예술 작품이 서로 다른 종류의 상호작용에 반응하는 방식을 파악할 수 있을 것이다.⟨**60**⟩ 그렇기에 상호작용적 예술의 존재론은, 작품을 적절히 경험하기 위해서는 작품과 여러 차례 만남을 가져야만 한다는 명확한 규정을 제시한다.

하지만 로페스가 말하기를, 사용자가 정말로 예술 작품을 생산한다거나 그 창작에 참여한다고 생각하는 것은 착각이다. 작품이란 것이 무엇인지 정확히 밝히고 넘어가야 하겠다. 로페스에게 있어서 작품이란 외부로 드러난 특정한 시퀀스가 아니다. 오히려 작품이란 그러한 외양을 제어하는, 기저에 깔린 안정적인 '알고리듬'이다. 사용자는 알고 보면 작품 자체의 창작에 아무런 역할을 하지 않는다.

사용자는 그저 작품과 상호작용하고 그 알고리듬을 포착하기 '위해서' 외양을 생성하는 것이고, 이로써 그 기저의 안정적인 인공물을 감상하는 것이다.

사용자 경험의 가변성에도 불구하고, 로페스가 말하는 의미에서의 컴퓨터 예술은 알고 보면 보다 전통적인 예술 형식과 존재론적으로 매우 흡사하다. 컴퓨터 예술에서 사용자들은 자신의 활동이 아니라 예술가의 작품에 주목해야 한다. 사용자의 활동은 그저 알고리듬을 포착하기 위한 방법에 불과하다. 사용자가 컴퓨터 예술 작품과 상호작용하는 것은 말하자면 감상자가 조각상 주변을 걷는 것과 비슷하다. 그것은 사용자가 예술 작품의 전체를 보고자 한다면 참여해야 하는 활동이지, 그것이 사용자가 새로운 미적 주목의 대상을 만들어 내는 활동인 것은 아니다.

로페스는 만약 컴퓨터게임이 어떤 예술 형식이라면 컴퓨터게임은 일종의 컴퓨터 예술에 해당할 것이라고 주장한다. 그리고 로페스의 설명은 매우 특수한 종류의 컴퓨터게임에 관해서라면 잘 들어맞는 듯하다. 별다른 도전 과제는 없지만 탐험해야 할 가상 공간과 선택해야 할 내러티브만을 가지고 있는 어떤 내러티브 컴퓨터게임을 상상해 보자. 이 게임은, 말하자면, 자유 의지에 관한 성찰이다. 플레이어가 내러티브상의 선택지들을 탐색할 때, 플레이어는 자기가 어떤 선택을 하든 결말은 같을 것임을 알게 될 것이다. 알고리듬의 구조와 그에 내포된 가능성의 공간은 자유로운 선택이란 오직 환영임을 말해 주는 듯하다. 게다가 게임이 짧고 내러티브의 유형은 뻔하다고 가정해 보자. 이 게임의 핵심은 명확하다. 즉, 게임 플레이어는 모든 내러티브상의 선택지들을 찾아보고 상호작용적인 내러티브 구조 전체에 대해 생각해 보아야 한다.[59] 이러한 종류의 구조는 플레이어에게 자신의 분투

---

59   이렇게 상상된 게임은 「스탠리 패러블」과 「포토피아」(Photopia) 등의 게임이 가진 면모들을 논의에 알맞게 단순화시킨 것에 느슨하게

활동이 아니라 기저에 놓인 알고리듬에 주목해야 한다고 지시한다.

하지만 다른 많은 게임들은 이것과는 다른 형태의 주목을 요구한다. 스포츠를 생각해 보자. 어떤 스포츠를 경험했다고 말하기 위해서 플레이어가 게임의 디자인에 관해 성찰할 필요는 없다. 그냥 플레이해 보아야 한다. 그리고 많은 컴퓨터게임들이, 감상의 측면에서, 컴퓨터 예술보다는 스포츠와 더 많은 공통점을 지니고 있다. 가령 「팀 포트리스」와 같은 멀티플레이어 슈팅 게임을 둘러싼 감상 후기는 감상 행위가 컴퓨터 예술보다는 스포츠와 훨씬 비슷하다는 점을 말하고 있다. 「팀 포트리스」 플레이어가 해당 예술 작품과의 만남을 가지기 위해 알고리듬, 입력값, 출력값 사이의 관계에 대해 성찰할 필요는 없다. 그냥 플레이해 보면 된다.

또한 여러 차례 플레이하는 것의 중요성에 대해서도 생각해 보자. 로페스가 보기에 어떤 작품을 적절히 경험하고 그 가능성의 공간을 탐색하기 위해서는 사용자가 그 작품과 복수의 만남을 가져야 한다. 하지만 내가 「젠 바운드」〈Zen Bound〉 같은 퍼즐 게임을 플레이한다고 해 보자. 이 게임은 일련의 퍼즐을 하나하나 풀어야 하는 컴퓨터게임으로, 여기에는 아무런 이야기도 뻗어가지 않고 탐험해야 할 가상 공간 따위도 없다. 내가 각 퍼즐을 바라보며 힘들게 생각하여 한 번에 풀어 버린다고 생각해 보자. 내가 모든 퍼즐을 풀었을 때, 나는 나 자신이 이 게임을 적절히 경험했다고 간주한다. 만약 이것이 상호작용적 컴퓨터 예술 작품이었다면 나는 이 게임을 다시 플레이하며 새로운 결과를 탐색해야 할 것이며, 가령 '실패했습니다'라고 나오는 화면 따위도 경험의 대상으로 삼아야 할 것이다. 더 플레이하고 더 탐색해야지만 내가 해당 작품을 경험했다고 간주될 수 있을 것이다. 하지만 퍼즐 게임의 경우는 오히려 정반대이다. 그 게임의 가장 진정한

기초한다. 플레이어로 하여금 그 전체 모습을 성찰하게 하는 「스탠리 패러블」의 내러티브 구조에 관한 추가 논의로는 Zhu〈2018〉를 참조.

경험은 처음 보는, 아직 풀지 않은 퍼즐을 처음으로 플레이하는 때에 있다. 한번 퍼즐을 풀고 나면, 그 뒤에 반복되는 플레이들은 그저 첫 번째 플레이의 그림자일 뿐이다.

또 다른 종류의 비디오게임들은, 상호작용을 통해 탐험할 수 있는 가능성의 공간 없이, 정확한 반사 신경 챌린지만을 제시한다. 이런 게임은 우리에게 매번 동일한 챌린지를 내놓는다. 실패하면 게임은 그냥 끝이다. 예를 들어 「기타 히어로」〈Guitar Hero〉나 「댄스댄스 레볼루션」〈Dance Dance Revolution〉 같은 몇몇 리듬 게임들은 입력값에 따른 외양의 변화를 별로 보이지 않는다.[60] 플레이어가 입력값에 따라 적절한 때에 적절한 곳을 타격하는 능력을 평가할 뿐이다. 다시 말해 그러한 게임을 플레이하는 사회적 실천은 가능성의 공간에 대한 탐색을 요구하지 않는다. 왜냐하면 사실상 탐험할 수 있는 아무런 가능성의 공간이 없기 때문이다. 그 대신 이러한 게임은 우리의 숙련된 활동에 대한 평가를 내리도록 만들어졌다. 이러한 종류의 게임의 경우 알고리듬과 가능성 공간은 규정된 미적 주목의 대상이라고 할 수 없다.

참여 예술이라는 분류법

게임을 다른 인접 예술들 사이에 위치시켜 보면 좋을 것 같다. 미적인 분투형 플레이는 일종의 참여 예술이다. 즉, 해당 작품을 규정된 방식에 따라 미적으로 감상하기 위해서는 관객이 능동적으로 참여해야 한다. 그렇다고 게임이 참여 예술의 유일한 종류인 것은 아니다. '관계

---

60   여기서 언급한 두 개의 사례 혹은 인기 많은 리듬 기반 게임들은 사실 입력값에 따라 조금씩 반응하기는 한다. 뛰어난 플레이에 대해서는 게임 중에 긍정적 피드백을 준다거나 난이도를 조정하는 식이다. 하지만 전혀 그런 것 없이 그저 끝에 가서 플레이어를 평가하기만 하는 게임도 쉽게 상상할 수 있다. 거기서 어떠한 상호작용이 가능한 공간도 탐험할 수 없더라도, 이 게임은 여전히 플레이해 볼 만한 분투형 게임일 것이다.

미학'이라 불리는 새로이 떠오르는 아방가르드 예술 실천에 속하는 리끄릿 띠라와닛의 예술 작품을 생각해 보자. 관계 미학 및 기타 사회 실천적 예술의 형식들은 관객을 명시적으로 예술 작품의 일부로 만든다. 띠라와닛의 작품은 플라스틱 식기, 종이 접시, 그리고 작가가 준비한 여러 종류의 카레 등이 등장하는 즉석 식당으로 이루어진다. 그가 공언하기를, 관객은 작품의 재료 중 하나이다. 띠라와닛이 말하기를, 이 작품의 주안점은 음식이 아니라 관객이 직접 음식 및 장소와 관계를 맺는다는 점에 있다. 음식은 예술가와 관객 사이에 어떤 화기애애한 관계를 발생시킬 수단일 뿐이다.(Bishop 2004, 55-56)

나는 게임이 다른 참여 예술과 갖는 관계, 그리고 그 지평 내에서의 게임의 고유한 위치를 분명히 해 줄 한 가지 분류법을 제시하고 싶다. 사용자가 어떤 작품을 경험하려면 실질적으로 참여해야 한다고 규정된다면, 그 작품은 '참여 예술'(participatory art)이다. 최소한 사용자는 감상 과정에서 선택을 내리거나 어떤 행동을 취하는 등 모종의 활동에 가담해야 한다. 미적인 분투형 게임, 띠라와닛의 음식 나누기 작품, 로페스적 컴퓨터 예술은 모두 참여 예술의 사례이다. 이것들은 모두 작품과의 만남에 이르기 위해서는 행위하고 선택하거나, 혹은 여타 방식으로 상호작용해야 한다고 관객에게 요구한다. 내 생각에 참여 예술에는 정말 많은 형태가 존재한다. 예컨대 전자 댄스음악 콘서트와 사교 탱고 '무도회'(milongas)는 둘 다 참여 예술에 해당한다. 최소한으로 적합한 만남을 가지기 위해서는 여러분이 음악에 맞추어 춤을 추어야 하기 때문이다.

참여 예술에는 '생성적인 것'(generative)과 '비생성적인 것'(nongenerative) 등 두 가지 종류가 있다. 비생성적 참여 예술에서 주목점은 사용자의 참여에 앞서서, 독립적으로 존재하는 어떤 대상이다. 사용자들이 참여하는 것은 이 독립된 대상을 주목하고 감상하는 것의 일환이다. 로페스적 컴퓨터 예술은 비생성적이다. 주목점은 알고리듬인데, 이는 사용자의 참여로부터 생성된 것이 아니다. 알고리듬은 예술가에 의해서 미리 생성된 것이다. 여기서 참여는 그저 주목 대상을 '탐색하는' 한 가지 방법일 뿐이다. 내가 생각하기에, 몇몇 종류의 락 콘서트 또한 비생성적 참여 예술에 해당한다. 음악을 감상하기 위해서는 여러분이 춤을 추어야 하지만, 여러분은 여러분의 외부에 있는 무엇 즉 음악을 감상하기 위해서 춤을 추는 것이다.

반면 생성적 참여 예술에서는 사용자가 실제로 참여를 통해서 주목점을 생성해 낸다. 미적인 분투형 게임은 이러한 생성적 예술에 해당한다. 플레이하는 과정에서 플레이어는 그들이 주목해야 한다고 규정받고 있는 바로 그것, 즉 목표를 달성하고자 하는 자기 자신의 분투 활동을 창조한다. 띠라와닛의 음식 나누기 작품 또한 생성적 예술이다. 띠라와닛은 참여자들이 서로에게, 그리고 그들이 집단적으로 생성하는 사회적 분위기에 주의를 기울이기를 원했다. 띠라와닛의 작품에서 주목점은, 관객이 구현하는 사회화의 행위 자체이다.

생성적 예술은 더 나아가 제품-생성적 예술(the manufacturing generative arts)과 절차-생성적 예술(the process generative arts) 등 두 가지 종류로 나뉜다. 제품-생성적 예술의 경우, 사용자는 참여를 통해서 자신이 이내 감상하게 될 독자적 인공물을 만들어 낸다. 절차-생성적 예술의 경우, 사용자는 자기 자신의 참여 활동을 감상한다. 게임을 훈제 연어 베이글 모듬 요리와 비교해 보자. 모듬 요리는 세심히 배치된 훈제 연어, 갓구운 베이글, 크림 치즈 한 접시, 기교적으로 배치된 약간의 적양파와 케이퍼 절임이 담긴 쟁반에 나온다. 물론 여기서의 의도는 먹는 이가 정확히 자기 취향에 맞는 베이글을 조합하라는 것이다. 훈제 연어 모듬 요리는 생성적 예술인데, 왜냐하면 여기서 의도된 감상 대상 즉 제조된 베이글이 감상자 자신의 활동을 통해서 창작되기 때문이다. 그런데 이것은 절차적이기보다는 제품-생성적 예술인데, 왜냐하면 사용자가 자신이 베이글을 창작하는 절차가 아니라 자신이 만들어 낸 베이글 자체에 주의를 기울이게끔 되어 있기 때문이다. 감상의 대상은 먹는 이가 만들어 낸 결과이지만, 그것은 〈적어도 한순간 동안에는〉 먹는 이의 외부에, 그와 독립되어 존재한다.

　　미적인 분투형 게임은 그에 반해 절차-생성적 예술이다. 게임 「젠가」〈Jenga〉를 생각해 보자. 이는 블록으로 된 탑을 플레이어가 조심스럽게 재배치하여 점점 높게 〈그리고 점차 더 위태롭게〉 쌓는 게임이다. 미적 주목의 대상은 플레이어가 쌓고 있는 탑이 아니라 그것을 쌓아 올리는 절박한 노력이다. 절차-생성적 예술은 본질적으로 자기반성적 감상 방식과 관계된다.

　　끝으로, 몇몇 절차-생성적 예술은 실천적 행위성의 활동에 특히 집중한다. 여기서 관객에게는 어떤 목표를 적극적으로 추구하고 그 추구 활동에 미적으로 주목하라는 규정이 주어진다. 미적인 분투형 게임은 띠라와닛의 작품과는 다른 방식으로 실천적 행위성의 미학에 초점을 맞춘다. 띠라와닛의 작품에서 우리는 각자가 원하는 대로 떠들거나 쉬거나 먹는 활동을 함으로써 혹은 그저 쉬기만 함으로써 참여하게 된다. 참여자는 물론 자기만의 목표를 고안할 수도 있지만 그 목표를 추구하는 것이 작품을 경험하는 데 요구되는 사항은 아니다. 그러나 미적인 분투형 게임에서 목표의 추구는 작품을 드러내는 데 필요하다고 규정된 사항이다.

　　미적인 분투형 게임은 그러니까 '행위적인 절차-생성적 참여 예술' 혹은 줄여서 '행위적 예술'〈agential art〉이다. 요약하자면 다음 조건을 충족한다면 어떤 것이 행위적 예술에 해당하게 된다.

　　1. 관객은 작품을 감상하려면 참여해야 한다는 규정을 받는다.

2. 이때 참여가 주목의 대상을 생성하는 형식을 띤다.

3. 그 주목 대상이 관객의 참여라는 절차의 특성을 포함한다.

4. 이렇게 규정된 참여의 절차에 목표의 추구가 포함된다.

내가 이처럼 참여적 존재론의 다양한 정의를 내리는 과정에서 '상호작용적'이라는 특수한 용어를 사용하지 않았다는 점에 유념하자. 나는 모든 미적인 분투형 게임이 행위적 작품(**agential works**)에 해당한다고 생각하지만, 그것들이 전부 상호작용적이라고 생각하지는 않는다. 로페스의 견해를 받아들이자면, 어떤 작품이 가령 버튼을 누르면 그에 반응하여 새로운 그래픽을 생성하는 등 사용자의 입력값에 대한 반응으로 다양한 외양을 생성하는 경우, 그 작품은 상호작용적이라고 할 수 있다. 하지만 많은 분투형 게임이 상호작용적이지 않다. 그 예로는 논리 퍼즐, 월리를 찾아라(**Where's Waldo**) 시리즈의 게임 책과 다른 숨은그림찾기 퍼즐, 그리고 분명하게도, 암벽등반과 십자말풀이 등이 있다. 이것들은 정적인 대상으로, 입력값에 대한 반응으로 새로운 외양을 생성하지 않는다. 대개는 플레이어가 해법을 한번 찾으면 이내 뻔해진다. 논리 퍼즐이나 「월리를 찾아라」 책들의 경우에는 확실히 다양한 외양을 생성할 만큼 정교한 기제 같은 것이 없다. 하지만 나는 그러한 퍼즐에 대해서도 미적인 분투형 플레이에 참여할 수 있다. 그러니까 나는 그것을 해결하려고 시도하는 나의 경험을 미적으로 감상할 수 있다. 물리적 대상이 입력값에 따라서 변화하거나 가변적인 외양을 제시하지 않는다는 점, 그리고 퍼즐을 푸는 내적인 경험이 플레이어마다 고도로 가변적이라는 점 즉 각 플레이어의 추론적 노력에 따라 생성된다는 점을 유념하자. 그러니까 주목 대상은 설령 작품 자체가 상호작용적이지 않더라도 변화할 수 있다.

저항성과 행위성 매체

게임이 행위성을 매체로 하여 작동한다는 것이 어떤 의미인지를 좀 더 직접적으로 생각해 보자. 리처드 월하임은 예술 매체의 특징이라고 할 수 있는 저항성(recalcitrance)에 입각하면 그것에 대해 좀 더 유용한 생각을 할 수 있다고 제안한다. 예술 매체는 "그것을 가지고 실제로 작업해 보아야지만 대처할 수 있는 어려움을 보인다."(Wollheim 1980, 42) 예술가가 매체의 본성에 대해 미리 사고해 본다고 해서 이러한 저항성을 극복할 수는 없다. 예술가는 매체를 가지고 작업해 보며 무슨 일이 일어나는지를 목격해야 한다. 유화로 작업하는 화가는 유류의 느린 속도를 체험해 보아야 한다. 수채화로 작업하는 화가는 수채 물감과 물의 예측할 수 없는 움직임을 체험해 보아야 한다. 그리고 각 매체는 저마다 특별한 형태의 저항성을 지닌다.

어떤 매체에 특징적인 저항성은 꽤 난감한 일이기도 하다. 예를 들어 디지털 영화에 관한 캐서린 톰슨존스의 분석을 살펴보자. 톰슨존스가 말하기를, 디지털 매체는 전통적 영화 제작 과정의 매체와는 다른 특수한 저항성을 지닌다. 전통적 영화 촬영에서 예술가들이 겪는 어려움은, 카메라를 올바른 위치에 놓는 일, 적절한 사물과 배우를 찾는 일 등 숏 자체를 얻기 위한 물리적 어려움에 관한 것이다. 그런데 디지털 매체에서는 이러한 형태의 저항성이 모두 사라지는 듯하다. 디지털 영화 제작자는 어느 장소 혹은 사물이든 그냥 만들어 내고 자기 의지대로 숏의 외양을 조작할 수 있다. 이는 디지털 매체를 사용하는 예술가들의 성취가 전통 영화보다 하찮다는 의미일까? 톰슨존스는 아니라고 말한다. 이는 그저 디지털 매체의 저항성이 전통 영화의 저항성과 확연히 구분됨을 의미할 뿐이다. 디지털 매체의 저항성은 알고 보면 가능성 자체의 과잉에 있다. 전통적 영화 제작자는 어려운 숏을 찍기 위해 고투한다. 반면 디지털 영화 제작자는 넘치는 선택지 속에 특수한 숏을 결정하느라 고투한다. 컴퓨터가 이미지와 소리를 자유로이 생성하고 조작할 수 있게 되었으니, 예술가들이 마주해야 하는 것은 바로 무한한 가능성 자체이다.(Thomson-Jones 2016)[61]

그렇다면 행위성 매체가 지닌 특수한 저항성이란 무엇일까? 우리가 게임을 디자인된 미적 인공물로 간주하면, 한 가지 특징이 부각된다. 미적인 분투형 게임에서는 예술가의 작품과 주목점 사이에 엄청난 거리가 존재한다. 예술가는 규칙, 목표, 환경을 창조하지만 미적인 분투형 플레이어에게는 예술가의 작품이 아니라 플레이어 자신의 활동을 감상하라는 규정이 우선적으로 내려진다. 게임 디자이너는 반드시 플레이어의 행위성을 통해 미적 효과를 달성해야 한다. 행위성 매체가 지닌 저항성이란 일종의 '거리'(distance)이다.

그렇지만 유념할 것은, 다른 종류의 생성적 참여 예술들도 일종의 거리와 관계가 있다는 점이다. 반복하건대, 생성적 참여 예술에서는 관객들이 주목점을 창조하는 일에 참여한다. 플레이어가 연쇄된 특정 행위로 끌려들어 가는 것이 아니고 정말로 선택권을 가지는 만큼, 예술가의 작품과 주목점 사이에는 반드시 모종의 거리가 존재하게 된다. 하지만 행위적 작품은 아주 구체적인 종류의 거리를 제시한다. 이 경우에 예술가는 예술가의 작품과 주목 대상 사이에 작용하는 플레이어의 실천적 활동을 다루어야 한다. 이것을 '행위적 거리'(agential distance)라고 부르자. 행위적 거리가 바로 행위성 매체에 특징적인 저항성이라고 나는 제안한다.

누군가는 그게 아니라 그 매체에 특징적인 저항성은 플레이어의 자유라고, 그러니까 디자이너는 플레이어의 선택의 자유를 다루는 것이라고 말할 수도 있다. 하지만 나는 이런 식의 사고방식이 다양한

<hr>

61   톰슨존스는 내게 월하임의 글과 저항성 개념에 대해 알려 주었고, 이러한 개념들에 대한 나의 이해는 그녀의 논의에 기대고 있다.

미적인 분투형 게임 모두를 충분히 포괄하지 못한다고 생각한다. 물론 행위적 거리의 저항성이 플레이어의 자유와 관련될 때가 많다. 많은 게임이 플레이어에게 높은 수준의 선택의 자유, 심지어는 창조적 표현의 자유까지도 허용하게끔 디자인되어 있다. 하지만 모든 게임이 그런 것은 아니다. 예를 들어, 정답이 하나인 퍼즐 게임과 타이밍에 맞춰 반사 신경에 도전하는 게임은 플레이어의 선택의 자유와 큰 연관성을 갖지 않는다. 이때 여전히 행위자의 실천적 행위성은 예술가의 작품과 주목 대상 사이에 중요하게 자리하고 있다. 이 경우에는 자유로운 선택이 아니라 기술의 형태를 띠고서 말이다. (흥미롭게도, 어떤 반사 신경 도전 게임을 잘 해내는 경험은 심사숙고하는 행위자가 아니라 본능적으로 반응하는 대응 메커니즘으로서 자기 자신을 경험하는 것이기도 하다.)

　　게임 제작자는 그러면 어떻게 행위적 거리를 예술적으로 다루는가? 모든 통제력을 놓아 버리는 것도 한 가지 방법이다. 예술가가 상황을 창조하되 그에 따르는 플레이어의 활동과 경험에 대한 모든 통제권은 포기하는 것이다. 그렇게 하면 예술가는 행위적 거리가 가진 저항성을 직면하는 것이 아니라 완전히 회피하는 셈이다. 다음 장에서 살펴보겠지만, 이는 사회적 예술과 관계 미학 분야에서 작업하는 많은 예술가들이 취하는 해법인 듯싶다. 하지만 실제로 많은 게임 디자이너들이 게임 플레이 경험의 본성에 대해 강한 통제력을 행사하고자 한다. 게임 디자이너들은 대개 게임이 어렵거나, 긴장되거나, 편안하거나, 웃기거나, 신나거나, 거칠거나 혼돈스럽게끔 디자인한다. 그리고 게임 플레이어들이 어떤 게임을 콕 집어 찾는 이유는 그 게임이 그러한 경험을 제공한다고 알려져 있기 때문이다. 각 플레이어가 취하는 정확한 경로 즉 활동의 특수한 윤곽은 각 플레이어들에게 달려 있다. 하지만 그래도 많은 게임들이 플레이어들에 의해 만들어진 엄청난 크기의 가변성에도 불구하고 한결같이 특정 분위기, 질감, 미적 요소를 플레이어의 활동에 부여할 수 있다.

내가 여기서 말하려는 바는 상당히 평이한 것이다. 「**B.U.T.T.O.N**」의 제작자는 미치도록 폭소를 터뜨리고 바보가 되는 경험을 창조하여 내놓을 수 있다. 그리고 「**B.U.T.T.O.N**」의 팬들은 이 게임이 그러한 상태를 유발하곤 한다는 바로 그 점 때문에 이 게임을 한다. 「**1830**」의 디자이너는 스릴 있고, 잔혹하며, 계산적인 강렬함과 흉포함의 경험, 즉 서로에게 창끝을 겨누고 이득이 될 것을 찾아 헤매며 남들이 모르게 그들을 조종하려고 무진 애를 쓰는 경험을 만들어 내기 위해 많은 요소를 배치했다. 이 모든 요소들이 이 게임의 많은 팬들에게 사랑받는다. (이제는 독자적이면서도 공통된 미감을 가진 「**1830**」의 변종 게임들을 만들고 즐기는 하나의 커뮤니티가 등장했다. 이 동네에서 통용되는 흔한 형태의 칭찬은, 특정 게임을 두고 공중전화 부스에서 벌이는 칼싸움, 그런데 다만 칼 대신 스프레드시트를 가지고 하는 칼싸움 같다고 말하는 것이다.)

게임 디자이너는 그러면 어떻게 행위적 거리라는 간극을 넘어서 게임의 경험적 요소에 대한 통제 수단을 확보하는가? 한 가지 방법은 플레이어 측에서 선택 가능한 해법의 범위를 좁히는 것이다. 예를 들어, 암벽등반 코스를 설치하는 일을 생각해 보자. 어떤 등반 코스는 흥미로운 움직임이나 괜찮은 흐름을 가지고 있다는 이유로 좋은 평가를 받을 것이다. 등반가들은 한 코스가 매우 근사하거나, 복잡하거나, 아니면 폭발적인 위압감을 뿜낸다고 말할 수도 있다. 이것은 해당 등반이 대개의 등반가들에게 특정 스타일의 움직임을 요구한다는 것을 의미한다. 어떤 등반은 무게중심이 벽에 딱 붙어 있을 때만 쓸 수 있는 아주 작은 손 홀드와 발 홀드로 이루어져 있을 수 있다. 이는 대부분의 등반가들로 하여금 엄격한 스타일의 움직임, 가령 느리고 섬세하며 정확한 움직임만을 사용하게끔 강제한다. 그리고 대부분의 등반가들은 이러한 움직임을 만들어 내기 위해 특정 마음가짐 가령, 조심스럽고 섬세하게, 하지만 불안이나 과한 긴장을 집어먹지 않는 침착한 상태를 유지해야만 한다.

그러니 우리는 여기서 행위적 거리의 저항성에 대한 한 가지 대응을 볼 수 있다. 그것은 해법을 매우 구체적이고 단일하게 만들어서 적어도 어느 정도 균일한 경험을 강제로 부여하는 것이다. 이를 '퍼즐의 경로'(the path of the puzzle)라고 부르자. 이 경우에 게임 디자이너는 매우 한정된 집합의 해법만을 용인하는 것을 목표로 한다. 하지만 설령 완전히 단일한 정답을 가진 퍼즐의 경우라도 주목 대상이 모든 플레이어에게 정확히 동일하지는 않을 것이라는 점을 유념하자. 여하간 퍼즐을 푸는 과정은 플레이어마다 다를 것이고, 그 과정이 미적인 분투형 게임의 주요한 주목 대상이기 때문이다. 하지만 성립 가능한 해법의 범위를 좁히면 적어도 서로 다른 플레이어들 및 플레이들을 묶어 줄 공통의 닻이 생긴다. 내가 생각하기에 이러한 퍼즐의 경로는 특히 「조크」(Zork)와 같은 텍스트 기반 어드벤처 게임, 「스페이스 퀘스트」(Space Quest) 같은 포인트 앤드 클릭 어드벤처 게임, 「미스트」(Myst)와 같은 퍼즐 지향 게임 등이 지배적이었던 컴퓨터게임의 초기 단계에 흔히 볼 수 있었다. 설령 플레이어가 가상 환경 속에서 자신의 움직임을 제어하더라도, 단일 정답형 퍼즐들이 다양한 관문마다 게임의 진행을 늦추곤 한다.

하지만 퍼즐의 경로는 일부 게임에만 해당하는 설명으로, 특히나 비적대적 게임에만 뚜렷이 한정되어 있다. 플레이어들이 서로 적대하기 시작하면 퍼즐의 경로는 더 이상 작동하지 않는다.[62] 대부분의 적대적 게임에서는 게임 플레이가 진행되는 동안 장애물이 플레이어들에 의해서 그때그때 생성된다. 또한 많은 싱글 플레이어 게임들, 예컨대 플레이어가 현실을 시뮬레이션한 체계를 운영하거나 혹은 인공지능을

---

62   비적대적이면서도 경쟁적인 게임의 가능성도 염두에 두자. 동일한 퍼즐을 더 먼저 풀거나 동일한 암벽을 더 적은 시도만으로 등반하려는 플레이어들은 직접적인 적대 관계에 놓여 있지 않다. 경쟁과 적대 사이의 차이에 관한 더 자세한 논의로는 Nguyen(2018d)을 참조하기 바란다.

가진 적과 싸워야 하는 게임들도 퍼즐의 경로를 따르지 않는다. 이러한 많은 게임들의 경우, 게임 시스템과 플레이어의 선택 사이의 상호작용적인 반복 피드백을 통해 장애물의 정확한 정체가 나타난다. 이런 게임에서는 개별 플레이의 기본적인 특징이 아주 가변적으로 나타날 것이다. 그리고 이러한 예측 불가능성은 그저 우연의 산물이 아니다. 미적인 분투형 경험들 중 가장 가치 있게 여겨지는 대부분의 유형에 있어서, 중요한 것은 플레이어가 진실된 선택을 내리는 것, 즉 플레이어가 정말로 해법을 '발명'하거나 각기 다른 결과를 가져올 서로 다른 가능성의 풍부한 집합으로부터 한 가지 가능성을 '선택'하는 것이다. 게임 디자이너 시드 마이어가 말하기를, 플레이어는 진짜 결과를 가져올 흥미로운 결정을 내리고 싶어 한다.(Meier 2012) 그리고 이러한 경우에 게임 디자이너는 행위적 거리의 저항성을 정면으로 마주해야 한다. 게임 디자이너는 플레이어들이 어떤 해법을 떠올릴지, 또 앞선 해법이 나중의 해법을 어떻게 조건 지을지 등 플레이어를 위한 선택의 여지를 언제나 염두에 두어야 한다.

　　게임 디자이너들이 행위적 거리의 저항성을 어떻게 다룰 수 있을지에 관한 단일한 해결책은 존재하지 않는다. 월하임이 주장하는 바와 같이, 어떠한 매체 저항성이든 그에 대한 해법은 한없이 다양하며, 그것을 모종의 난해한 추론으로는 발견할 수 없을 것이다. 예술가는 자신이 작업하는 매체와 직접 씨름해 봄으로써 해법을 찾는다. 모든 성공적 게임은 행위적 거리의 저항성에 대한 자신만의 해법이다. 하지만 행위성 매체로 된 작업으로서 게임은 특수한 전략을 공유한다. 그 전략이란 마찬가지로 행위적 거리를 다루어야 하는 다른 디자인 형식들에 대해 사고해 봄으로써 보다 분명해질 수 있을 것이다.

행위적 거리의 종류들

게임 디자이너는 어떤 미적 효과를 달성하기 위해서 행위적 거리의 간극을 메우려 노력한다. 그러면서도, 많은 게임의 경우 게임 플레이어가 정말로 기여를 한다는 점, 즉 플레이어의 선택이 중요성을 가지며 또 플레이어가 어느 정도의 창의성을 가지고 정말로 결정적인 기여를 한다는 점이 중요하다. 그렇기에 도전 과제는 이런 모습을 띠게 된다. 즉 게임 디자이너는, 플레이어가 어느 정도 예측 가능한 방향으로 반응하여 어느 정도 예측 가능한 주목 대상을 생성할 수 있도록, 게임 플레이의 조건을 창조해야만 한다.

그러한 행위적 거리는 고도 전략 게임의 경우 이미 엄청나게 크다. 행위자는 게임 속에서 실천적 행위를 취해야 할 뿐 아니라, 게임 사이사이마다 학습과 기술 향상이라는 장기적인 여정에도 나서야 한다. 그리고 많은 게임에서 서로 다른 플레이어들의 기술 향상은 정말 다양한 방식으로 이루어질 수 있다. 이는 물론 게임에 따라 다르다. 「슈퍼 헥사곤」같이 패턴 인식과 반사 신경 등 몇 안 되는 기술에 의존하는 게임은 많은 플레이어에게 매우 유사한 기술 능력을 길러 준다. 반면 「1830」과 같은 게임은 매우 광범위한 기술과 접근법을 장려한다. 나의 게임 모임에서는, 어떤 플레이어는 효율적인 계획을 짜고 좋은 회사를 키우는 데 집중하는 식으로 게임에 접근한다. 다른 플레이어는 살 수 있는 주식을 세심하게 계산하여 매 순간 최적의 주식을 매입한다. 반면 나는 수학이나 지리학 측면에서 무지한 플레이어이다. 나는 다른 플레이어들 간의 경제적 관계를 고려해서 그들 사이에 갈등이 일어나도록 그들의 보유 주식을 조작하는 식으로 플레이한다.

실천적으로 매우 다양하게 접근할 여지를 마련하는 것이 게임 디자인의 노골적인 희망 사항인 경우도 많다.[63] 「매직: 더 개더링」의 디자이너들은 '티미', '조니', '스파이크'라고 불리는 서로 다른 세

---

63   게임 디자인계에서 서로 다른 플레이어 유형에 따른 디자인 관련 연구 문헌의 양은 엄청나다. 적어도 유러피언 보드게임에 관해서라면, 그러한 고찰들에 대한 유용한 요약으로는 Stewart(2011)가 있다.

플레이어 프로필을 명시적으로 염두에 두고 디자인했다. 게임 디자이너 마크 로즈워터는 이렇게 설명한다. 티미는 무언가를 경험함으로써, 게임으로부터 특수한 느낌을 받기를 원한다. 조니는 자신이 가진 무언가를 표현하고자 한다. 그것은 덱 디자인에서의 독창성일 수도, 커뮤니티를 거스르는 고집일 수도 있다. 그리고 스파이크는 그가 얼마나 혁신적인지 또는 얼마나 기술적인지 등 무언가를 증명하기 위해 플레이한다.〈Rosewater〔2002〕2013, 2006〉 이때 게임 디자이너는 서로 다른 플레이어들에게 각기 맞추어진 다양한 유형의 경험을 제공하고자 하며, 또한 이렇게 각기 다르게 디자인된 덱을 사용하는 여러 플레이어 유형이 새로이 나타난 전략들끼리 서로 만났을 때 어떻게든 그와 같은 경험이 안정적으로 산출되도록 노력한다.

그러한 거리가 「매직: 더 개더링」과 같은 커뮤니티 진화 게임의 경우에 특히 더 크다는 점을 생각해 보자. 이러한 게임에서 게임 디자이너는 발생〈emergence〉이라는 중첩된 층위들을 넘나들며 디자인을 해야 한다. 플레이어들의 행위는 플레이어가 게임이 진행되는 동안 내리는 선택과 결정으로부터 발생하는데, 이는 플레이어 자신의 선택과 상대편의 선택 사이에서 생겨나는 복합적인 피드백 교환의 일부이다. 게다가, 특정 플레이에서의 전략적 여지는 부분적으로 각 플레이어의 덱 설계로부터 비롯한다. 그리고 각 플레이어가 선택한 〔덱〕 설계는 현재 커뮤니티에서 활발히 사용되는 전략에 대한 대응으로 이루어진다. 이 커뮤니티에서 그러한 전략들은 피드백과 상호작용이라는 또 하나의 장기적 과정을 통해 발생한다. 그러면 게임 디자이너들은 대체 어떻게 그러한 전략적 발생에서 오는 혼돈을 중재하고 플레이어의 미적 경험에 대한 모종의 통제력을 행사할 수 있을까?

그런데 게임 디자이너들은 실제로 행위적 거리를 잘 다룬다. 게임 플레이 경험은 어느 정도 안정적인 경험적 특성을 지니고 있는데, 이는 많은 플레이어들에게 공유되며, 또 이는 게임 디자이너의 의도적인 노력과도 연관되어 있는 것으로 보인다. 「하프라이프」(Half-Life)는 심장박동이 빨라지게 하고, 「문명」은 흡입력과 중독성이 강하며, 「메이드 인 와리오」는 배꼽 빠지게 웃기고, 「캔디 크러시」(Candy Crush)는 시간과 자아의 감각을 파괴한다. 그런데 특히 놀라운 점은 멀티플레이어 게임에서도 그러한 안정적인 특성이 나타난다는 점이다. 이 경우에는 (플레이어가) 주로 맞서게 되는 요인이 또 다른 행위자인데 말이다. 사실 그러한 안정성이 너무나 당연한 탓에 오히려 게임 디자이너의 성취가 가진 놀라움이 간과될 정도이다. 「슈퍼 마리오 카트」(Super Mario Kart)는 대개 통쾌하면서도 몹시 미묘하게 짓궂다. 「디플로머시」(Diplomacy)는 스릴이 넘치고 속이 뒤틀리면서도 생경하다. 「스파이폴」은 대개 유쾌한 미로 같다. 이러한 성공작들은 각각 행위적 거리를 뛰어나게 메운 결과물이다.

　　나는 「왕은 죽었다」(The King Is Dead)라는 보드게임을 좋아하는데, 이는 각 플레이어가 여덟 장의 서로 다른 액션 카드로 된 동일한 덱을 지니고 시작하는 게임이다. 각 카드는 플레이어가 취할 수 있는 단일한 액션을 나타낸다. 게임이 진행됨에 따라서 플레이어는 오직 여덟 차례의 액션을 취할 수 있는데, 각 액션에 따라 자신이 가진 카드 중 하나가 영구적으로 소진된다. 지도는 작고, 선택의 여지는 좁으며, 모든 액션은 엄청난 결과를 쏟아낸다. 더구나 사용된 모든 카드는 위를 향하도록 놓아야 하는데, 이로써 상대방에게 무슨 선택지가 남아 있는지를 정확히 알 수 있다. 결정의 여지는 무서울 정도로 좁고, 각자에게 남은 선택은 거의 서로의 손바닥 위에 있다. 게임은 토할 정도로 피학적인 기쁨을 준다. 내게는 이 게임을 슬쩍 꺼내서 아무 준비도 설명도 없이 사람들에게 내놓는 (조금은 가학적인) 습관이 있다. 이후의 반응은 놀라울 정도로 유사하다. 한 친구는 "이건 무슨 철창에 갇혀 슬로모션으로 싸우는 것 같은데, 철창이

너무 좁네" 라고 말했다. 다른 친구는 " 서로 돌아가며 선빵 날리는
것 같았어" 하고 말했다. " 서로 죽을 때까지 배때기를 찌르다가
이윽고 서로의 눈을 찌르는 것 같았어" 라고 또 다른 친구가 말했다. 내
배우자는 " 나는 거의 토할 뻔했어. 두 번이나" 라고 말하고는 그 즉시
한 번 더 플레이하자고 요구했다.〔흥미롭게도 대부분의 사람들이 다시
플레이하기를 원하는데, 꼭 그 전에 술을 한잔 쭉 들이킨다.〕

하지만 게임이 혼자서만 행위적 거리를 중재하는 것은 아니다.
인간 삶의 많은 다른 곳에서 우리는 어떤 결과를 산출하기 위해
자율적인 행위자에게 규칙과 제약을 부여한다. 조경 디자인, 도시
계획, 정부 등이 그 사례이다. 예를 들어 교통 흐름 패턴의 경우,
일군의 디자인된 규칙과 제약 속에서 목표를 추구하며 상호작용하는
엄청난 수의 사람들이 보이는 행동으로부터 만들어진다. 이때의 규칙과
제약이란 교통 수칙과 도로의 물리적 형태 등을 말한다. 행위자들은
이러한 규칙과 제약에 부딪히며 자신의 목표와 욕구에 따라서, 또 다른
행위자의 행동에 따라서, 행동을 취한다. 이러한 행동의 상당수는
추가적인 반응을 야기하여 상당한 발생적 복잡성을 만들어 낸다.[64]
게임 디자이너, 도시 계획자, 건축가 등은 비슷한 종류의 행위적 거리를
마주한다. 이들은 모두 실천적 목표 추구에 참여하는 동시에 디자인된
제약 체계를 마주하는 자율적 행위자로부터 비롯되는 활동 유형을
빚어내고자 노력한다.

건축에서의 인간의 상호작용에 관한 연구 중 가장 흥미로운
사례를 가져와 보자. 크리스토퍼 알렉산더의 『패턴 언어』〔A
Pattern Language〕는 사람들이 자신만의 공간을

---

64   여기서 '발생적'〔emergent〕이라는 말은 일상적, 구어적 의미에서
사용되지, 과학철학의 논쟁 주제가 되는 엄밀한 의미에서 사용한 것이 아니다.
후자의 경우에는 발생적 속성이라고 간주되기 위해서는 새로운 인과적 위력을
지녀야만 한다.

구축하기 위한, 자기 마을, 사무 공간, 집 등을 디자인하기 위한, 지침의 모음이다.(Alexander 1977) 그는 거실, 휴게실 등 활기찬 공동 공간을 조성하는 방법에 대해 조언을 제시한다. 그가 말하기를, 핵심은 사적 공간, 작업 공간, 공동 공간 사이의 상대적 공간 관계(relative spatial relationship)이다. 사람들은 항상 자기 사무실이나 침실 등 사적 공간으로 간다. 또 사람들은 화장실, 주방, 복사실 같은 작업 공간으로도 가야 한다. 이로써 사람들이 일상생활을 영위할 때 사적 공간과 작업 공간 사이의 자연스럽고도 불가피한 교통 흐름이 만들어진다. 만약 공동 공간이 자연스러운 교통 흐름의 바깥에 놓이도록 공간을 디자인한다면, 그 공간은 이제 죽은 공간이 된다. 반면 만일 사적 공간과 작업 공간 사이에 공용 공간을 놓는다면, 자연스러운 교통 패턴은 풍부한 즉흥적인 만남을 만들어 낼 것이고, 공용 공간은 활기를 찾을 것이다. 예를 들어, 우리가 한쪽에는 사람들의 사무실이 있고 다른 쪽에는 주방과 복사기가 있는 중간에 공용 라운지를 배치한다고 해 보자. 사람들은 그러면 커피 한 잔이나 간식을 가지러 갈 때마다 혹은 복사를 하러 갈 때마다 서로 자연스럽게 마주치게 될 것이다.

하지만 알렉산더가 말하기를, 이는 약간 강제적이라고 느껴질 수가 있다. 사람들은 자신들이 어떤 실용적인 일을 처리해야 할 때마다 공용 공간을 지나다녀야 한다는 사실을 싫어하게 될 수도 있다. 때로는 쑥스럽다고 느낄 수도 있고, 흥미로운 생각에 몰두하느라 타인을 피하고 싶을 수도 있다. 알렉산더가 말하는 해법은, 사적 공간에서 작업 공간으로 가는 또 다른 어려운 길, 그런데 충분히 멀거나 조금 성가셔서 사람들이 의식적으로 프라이버시를 원할 때에만 사용하게 될 길을 제시하는 것이다. 이는 사람들에게 공용 공간을 피해 갈 수 있는 선택지를 주지만, 동시에 공용 공간을 가로지르는 것이 기본적인 교통의 흐름인 것처럼 유도할 수 있다. 알렉산더에 따르면, 루프(loops)의 사회적 지정학은 선(lines)의 사회적 지정학과 비교하여 더욱 순환에 좋다. 루프는 사람들이 상호작용하도록 미묘하게 유도하면서도, 그들이 이를 강제적이라고 느끼지는 않게끔 고안될 수 있다.

이는 환경적 특징 및 제약의 집합이 새로운 사회적 효과를 창조하는 경우이다. 그리고 이는 통치〈**governance**〉의 일이기도 하다. 공공 정책, 행동 경제학, 유저-인터페이스 디자인—이 모든 분야들은 규칙이 심리학적으로 한정된 예측 가능성을 띠는 행위자와 상호작용하여 바라건대 바람직한 종류의 발생적 결과물을 산출할 방법을 연구한다.

그러나 여기서 매우 중요한 몇 가지 차이점을 뭉뚱그리지 않는 것이 중요하다. 도시 디자인, 정부, 건축, 교통 디자인은 몇 가지 측면에서 게임과는 결정적으로 다르다. 하나는, 비〈非〉게임 사례에서 나타나는 행위성은 일반적으로 훨씬 가변적이다. 서로 다른 행위자들이 건물, 도시, 정부와 상호작용할 때, 그들은 온갖 종류의 다양한 목표를 추구하고 있을 수 있다. 그럼에도 도시, 건축, 정부는 게임과 명확한 유사성을 공유한다. 그러한 모든 행위적 디자인〈**agential designs**〉에서 디자이너는 사용자의 행위성으로부터 발생할 활동을 조형할 다양한 도구—가령 규칙, 제약 그리고 때로는 인센티브 등—를 사용한다는 것이다. 그렇기에 게임은 인공물이라는 매우 전통적인 범주의 일부분이다. 알고 보면 게임은 픽션, 수사법, 개념 미술의 친족인 것과 마찬가지로, 정부, 건축, 도시 디자인의 예술적 친족이기도 하다.

그런데 이러한 분과 사이에는 디자이너에게 허용되는 개입의 정도에 있어서 커다란 차이가 있음을 유념하자. 몇몇 자유주의 정부 이론에 따르면 정부는 시민들로 하여금 자신의 목표를 스스로 설정하도록 함으로써 시민들의 자율성을 존중해야 한다. 존 롤스에 따르면, 이는 정치적 자유주의의 기본 문제이다.〈**John Rawls 2005**〉매우 다양한 가치와 도덕성 개념을 지닌 개인들로 이루어진 다원주의 사회를 우리는 어떻게 운영해야 하는가? 정부가 인센티브를 제공할 수 있겠지만, 개인에게 인센티브를 제공하는 것이 그 개인의 행위성을 디자인하는 것은 아니다. 인센티브는 시민들의 목표를 설정하지 않는다. 그저 시민들이 자기 자신의 개인적 목표를 추구하고자 할 때 도구적인 지렛대를 놓아 주는 것뿐이다. 그리고 설령 도시 공간, 건물, 정부의 디자이너들이 거주자의 행위성을 변화시키려는 의지가 있더라도, 그러한 변화를 실제로 가져오는 것은 꽤나 어려울 것이다. 온전한 행위성은 높은 저항성을 띠므로, 도시 공간의 디자이너가 사용자의 목표에 눈에 띄는 영향력을 행사하기 위해서는 꽤나 많은 노력이 들 것이다.

하지만 게임 디자인은 이와 구분된다. 게임 디자이너들은 이러한 롤스적 제약을 따를 필요가 없다. 또한 그들은 우리의 온전한 행위성의 찐득찐득한 저항성에 의해 제한을 받지도 않는다. 게임에서 발생하는 행위성은 꽤나 물렁하다. 게임 디자이너는 실천적 환경과 게임 내 행위자의 핵심적인 세부 골격 모두를 창조한다. 게임 디자이너는 이러한 행위적 골격의 일부로서 행위자의 게임 내 목표를 지정한다. 게임 디자이너는 이러한 방식으로 건물, 도시, 정부의 엔지니어 및 디자이너보다는 전통적인 예술가에 가까운 역할을 맡게 된다.[65] 소설가는 인물, 상황, 사회를 발명할 것이다. 이와 비슷하게 게임 디자이너는 직접 창조한 환경을 점유하게 될 행위자들에 대해 높은 정도의 통제력을 가진다. 이 통제력은 우리의 공공 인프라를 만드는 디자이너가 가지고 있는 것보다 훨씬 크다. 게임 디자이너는 그냥 목표와 능력을 지정할 수 있다. 당연히 게임 디자이너가 플레이어의 행위성의 본성에 대한 완벽한 통제를 가하지는 않지만, 그래도 게임

---

65   비자유주의 정부도 물론 의도적으로 교육, 미디어 등을 통제함으로써 시민들의 행위적 본성을 결정하고 디자인하려 한다. 이러한 경우라면 디자인에 쓰이는 재원이 게임 디자이너가 사용하는 것과 좀 더 비슷해질 것이다. 물론 게임에서처럼 도덕적 비난에서 벗어날 수 있는 자발성, 일회성 등의 요소는 빠져 있겠지만 말이다.

디자이너는 플레이어들이 지정된 행위성에 녹아들 것이라고 기대할 수 있다. 성격, 동기, 플레이 스타일 등 많은 특성이 그들의 통제 바깥에 있다. 하지만 정도를 따지자면, 행위성의 본성에 대한 게임 디자이너의 통제력은 훨씬 높다. 그들은 기본적 동기를 특정할 수 있고, 게임 내 행위자의 골격을 설정한다.

게임 디자이너는 행위성과 실천적 환경 모두에 대해서 특별한 통제력을 행사하여 놀랍도록 미세 조정된 효과를 만들어 낼 수 있다. 달리 말해, 정부, 도시 환경, 도로 등의 디자이너는 거의 '행위성의 제약'(constraints for agency)을 매체로 작업하지만, 게임 디자이너는 '행위성 자체'를 매체로 하여 강력하고도 직접적으로 작업한다. 이 모든 분야에서, 디자이너는 그들의 최종 사용자에게 많은 개입과 능동적 참여를 허용해야만 한다. 행위적 매체는 어떤 간극의 존재를 통해서, 즉 자율적 행위자의 참여를 위한 여지를 통해서 표시된다. 게임 디자이너는 많은 여지를 허용함으로써 이 간극 너머에 닿을 수 있고, 그리하여 참여하는 행위자의 골격을 직접적이고 또 단도직입적으로 형성할 수 있다.

「안드로이드: 넷러너」는 특히나 강력한 사례이다. 왜냐하면 이 게임의 경험적 특성이 상당 부분 두 명의 적대적 플레이어에게 할당된 매우 다른 행위성에서 비롯하기 때문이다. 「안드로이드: 넷러너」에서는 한 플레이어가 거대 기업의 역할을 맡는 반면, 다른 한 명은 교활한 해커의 역할을 맡는다. 두 역할은 완전히 다른 능력과 목표의 집합을 지닌다. 기업은 해커를 직접 공격할 수 없다. 기업의 목표는 정해진 숫자의 어젠다 카드를 집행하는 것이고, 이를 다양한 방어와 함정을 사용해서 해커로부터 지켜내야만 한다. 기업은 카드를 테이블에 아래를 향하도록 내려놓음으로써 어젠다 카드를 집행하고, 이를 방어 구조로 감싼 뒤 여러 판에 걸쳐서 서서히 어젠다 쪽으로 자원을 보낸다. 반면 해커는 이 어젠다 카드를 훔치고 싶어 한다. 게임에서 오직 해커만이 공격을 시작할 수 있다. 그리고 해커는 어디든 공격할 수 있다.

테이블에 거꾸로 놓인 어젠다 카드를 훔쳐 올 수도 있고, 기업이 뽑는 카드, 기업이 버린 카드 혹은 기업이 손에 쥔 카드를 뒤져 볼 수도 있다. 어떤 카드도 해커로부터 완벽히 안전할 수 없다. 하지만 기업의 방어 능력은 해커의 은행 계좌를 비워 버리거나 장비를 파괴하거나 심지어 해커에게 두뇌 손상(게임상 용어로, 손상 결과 손에 최대로 쥘 수 있는 카드의 수가 항구적으로 깎인다)을 입히는 능력 등으로 다양하다. 기업은 충분히 많은 어젠다를 집행하거나 해커에게 두뇌 손상을 입혀 죽게 만들면 이기게 된다. 반대로 해커의 임무는 기업이 어떤 방어 수단을 가지고 있는지를 알아내서 이를 피해 갈 방법을 생각해 내는 것이다. 그런데 결정적으로 이것은 덱 디자인 게임이어서, 게임이 시작하기 전에 플레이어가 선택 가능한 카드 더미로부터 자신만의 특수한 덱을 조합하게 된다. 기업을 플레이하는 사람은 어젠다 카드를 집행함으로써 이기도록 만들어진 덱, 혹은 해커를 죽일 수 있게 만들어진 함정 덱, 혹은 양자를 유연하게 혼합한 덱을 가지고 올 수 있다. 그리고 이 게임은 또한 커뮤니티 진화 게임이기도 하다. 해커를 플레이하는 사람은 그런 모든 가능성에 대응할 수 있는 덱을 가지고 있어야 한다. 그리고 기업을 플레이하는 사람은 해커가 취할 수 있는 어느 전략이든지 대응할 수 있는 덱을 가져야 한다. 그리고 이 모든 덱은 부분적으로는 메타에서 현재 인기를 끌고 있는 덱과 전략에 대한 대응으로 짜일 것이다.

「안드로이드: 넷러너」의 경험에서 중요한 것은 선택 가능한 전략의 엄청난 범위, 그리고 다른 플레이어들의 의도가 무엇인지를 알아차리는 일이다. 기업을 맡은 플레이어에게는 허세, 속임수, 착각에 집중하는 행위성이 주어진다. 해커를 맡은 플레이어에게는 정보를 모으기 위해 자기 재원을 조심스럽게 운영하는 데 집중하는 행위성이 주어진다. 그리고 여기서의 성공은 영광스러우면서도 행위-특정적(agentially specific)이다. 기업은 속임수를 쓰고, 허세를 부리고, 해커로 하여금 중요하지 않은 것을 공격하도록 하여 재원을 낭비하게 만드는 등의 방식으로 이긴다. 해커는 생각하고, 추론하고, 때로는 적절한 때에 모험을 감행함으로써 이긴다. 바로 이 두 가지 행위성의 성격과 둘의 맞물리는 관계가, 게임 디자이너가 설정해 둔 바와 같이, 행위적 관심과 능력의 특수한 분배로부터 비롯한다는 점을 주목하자. 기업은 공격을 할 수는 없고 오로지 계획을 짜고 방어책만 마련할 수 있게 한 것이 결정적이다. 또한 기업은 카드를 비밀스럽게 플레이할 수 있지만 해커의 카드는 공개되어 있다는 점도 결정적이다. 기업은 자기 계획을 집행할 충분한 시간이 있다면 확실히 이길 수 있기에 해커는 공격적으로 나가야 한다는 점도 결정적이다. 기업이 해커를 죽일 수는 있지만 그 반대는 불가능하다는 점도 결정적이다. 「안드로이드: 넷러너」에서 게임 디자이너가—심지어 플레이어의 완전히 창조적인 행위성을 통하더라도—특수한 플레이 경험을 날카로울 정도로 예리하게 제공할 수 있는 것은, 게임 내 행위성의 배치에 대한 게임 디자이너의 절대적 통제력 덕분이다.

그렇기에 게임 디자이너가 행위적 거리의 저항성을 극복하는 중요한 도구 중 하나는 바로 게임 내 행위성 자체의 디자인이다. 게임 디자이너는 플레이어의 모든 선택과 행위를 통제할 수가 없다. 하지만 게임 디자이너는 플레이어가 고를 선택지의 범위와 플레이어의 목표를 만들어 낼 수 있고, 이로써 플레이어가 취할 행위와 선택의 유형을 조건 지을 수 있다. 「안드로이드: 넷러너」에서 플레이어는 많은 결정을 자유롭게 내릴 수 있지만, 기업을 맡은 플레이어는 언제나 방어와 은폐 및 방어 구조의 구축에 입각하여 생각해야만 한다. 왜냐하면 그것이 기업을 맡은 플레이어에게 주어진 도구이기 때문이다. 「스파이폴」에서는 스파이를 축출하기 위해 팀을 맡은 플레이어가 할 수 있는 많은 창의적인 말들이 있고, 그러한 말들은 팀을 맡은 플레이어 자신이 만들어 내야 할 발명품이다. 하지만 이 경험 전체에는 행위적 디자인에 의해 만들어진 기본 형태가 주어져 있다. 스파이를 발견하라는 특정 목표, 그리고 팀을 맡은 플레이어가 이

임무를 달성하는 데 사용할 수 있도록 주어진 협소화된 도구 모음 등이 그것이다. 게임 디자이너는 반드시 무슨 일이 일어날지를 고정하는 것이 아니라 게임 내 행위자의 골격을 조형하고, 이는 게임 속 플레이어의 행동을 결정적으로 형성한다. 도시와 정부의 제작자들은 행위적 거리를 해결해야 하지만, 그렇다고 행위성 매체를 사용할 수는 없다. 하지만 게임 디자이너는 그럴 수 있다. 게임 디자이너의 경우 행위적 매체는 저항성을 띠면서도 또한 이 저항성을 타개할 수 있는 특수한 도구 모음도 제공한다. 이는 생소한 일이 아니다. 다른 많은 예술 매체에도 해당하는 사실이기 때문이다. 수채 물감이라는 매체가 지닌 속도, 유동성, 투명성과 같은 기본 본성은 기본적인 어려움을 일으키는 동시에 그 어려움을 타개할 기본적 접근법도 설정해 준다.

그리고 때로는 게임 경험에서의 핵심 부분은 행위성 자체에 대한 직접적이고 침투적인 조작이 가져오는 자기의식적인 경험이다. 「B.U.T.T.O.N.」과 「메이드 인 와리오」에서의 행위적 광기(agential insanity)를 생각해 보자. 이 두 게임 모두 거칠고 노골적인 행위성의 조작을 통해 폭소를 일으킨다. 그들은 확실히 일종의 코미디이지만, 행위성 매체에 이르는 유일한 경로를 따라서 코미디 효과를 달성한다. 이 두 게임 모두 여러 가지 게임을 엄청난 속도로 연이어 플레이하는 게임이라는 점을 기억하자. 각 미니 게임은, 가령 특정 버튼을 누르기 혹은 컨트롤러를 더욱 빨리 휘두르기 등, 매우 다양한 목표를 가지고 있다. 이 게임을 경험하는 것은 사실 뒤틀리고 혼돈스러운 행위성을 경험하는 것이다. 나는 어디에 관심을 두어야 하는지를 갑작스럽게 알게 되고, 그 행위성에 순간적으로 뛰어들어 이를 낚아챌 수 있어야 하며, 잠시 뒤에는 또다시 그 행위성을 버리고 새로운 행위성을 걸칠 수 있어야 한다.

이러한 게임들은 파티 게임이라는 대단치 않은 지위를 가졌지만, 사실은 분투형 플레이의 본질과 관련되어 있다. 이 게임들은 유동적인─너무나 유동적이어서 거칠고, 혼돈스럽고, 배꼽 빠질 듯한—행위성 자체를 경험하는 것이다. 이 게임들이 가져오는 코미디적 효과는, 적어도 부분적으로는, 게임 플레이에 내재된 행위적 조작 및 유동성을 몽땅 전면으로 끌어내고 또 그러한 조작을 가능케 하는 관심의 임의성(arbitrariness of interest)을 노출시키는 것에서 비롯한다. 생각해 보면 이러한 게임들은 행위적 유동성의 코미디이며, 그렇기에 게임 실천의 본성에 대해 성찰하는 게임이다. 이 게임들은 우리로 하여금 바로 게임 플레이 자체의 과정에 주목하게 하고, 또 그 기저에 놓인 행위적 유동성을 바로 그 특별히 예리한 코미디로써 드러낸다.

코미디와 매체 본성에 관한 메타적 반성 사이에는 실제로 모종의 관계가 있다. 문학은 로런스 스턴의 「신사 트리스트럼 섄디의 인생과 생각 이야기」(The Life and Opinions of Tristram Shandy, Gentleman)와 이탈로 칼비노의 「어느 겨울밤 한 여행자가」(Se una notte d'inverno un viaggiatore) 등 그러한 메타 코미디로 가득하다. 내 생각에 「메이드 인 와리오」와 「B.U.T.T.O.N.」은 이에 상응하는 게임적 유사물이다. 이 게임들은 매체에 대한 자기인식의 코미디이다.

미적 책임

이제 내 설명을 통해서 제기된 마지막 가장 큰 질문을 짧게 언급해 보고자 한다. 미적인 분투형 게임에서 플레이어들은 자기 활동에 들어 있는 미적 요소에 주목하라는 규정을 받는다. 이는 저자성과 예술적 책임의 본성에 관한 아주 흥미롭고도 아주 복잡한 질문들을 제기한다. 게임 디자이너는 당연하게도 예술가의 작품에 대해 책임을 떠안고 또 예술가의 작품에 대해 칭찬을 받는다. 하지만 주목 대상에 대해서는 어떠한가? 게임 디자이너가 플레이어의 노력에 대해서는 얼마만큼의 예술적 책임을 갖는가?

나는 모든 게임에 대해 제시할 수 있는 동일한 대답이 있으리라 생각하지 않는다. 어떤 게임에서는 주목 대상의 정확한 본성이 플레이어에게 어느 정도 혹은 상당 부분 귀속되어야 할 것이다. 그리고 다른 게임에서는 게임 디자이너에게 많은 공을 돌려야 할 것이다. 또 다른 게임에서는, 미적 요소가 일종의 협업에서 나타난다고 볼 수 있을 것이다. 예술적 책임의 배치에 관해서라면, 전통적인 대상 예술에서 발견했던 것보다 훨씬 다양한 가능성이 존재한다. 이 다양성을 이해하기 위한 출발점으로, 우선 질문을 조금 좁혀서 미적 요소의 '의도적인' 창작에 주목해 보자.[66] 물론 이것이 미적 책임의 전체를 포착하지는 않겠지만, 눈앞의 문제들에 대한 사유를 시작할 괜찮은 도구가 되어 줄 것이다.

　　주목점 속에 들어 있는 미적 요소를 의도적으로 창작한 것은 누구라고 해야 할까? 어떤 경우에는 플레이어 자신의 책임이라고 말할 수 있다. 예를 들어, 즉흥 안무 경연 대회를 생각해 보자. 규칙은 아주 단순하다. 심사자가 음악을 고르면 무용수가 그에 맞추어 안무 하나를 완전히 즉흥적으로 만들어 내는 것이다. 그들의 활동이 가진 근사함, 표현성 등 미적 요소는 분명 무용수 자신에게 거의 귀속되어야 할 것이다. 반면, 논리 퍼즐을 생각해 보자. 논리 퍼즐도 하나의 게임이며, 지적 깨달음이라는 미적 경험을 위해서 이를 플레이할 수 있다. 특정 논리 퍼즐에서 떠올릴 수 있는 해법이 오직 한 가지 방법뿐이라고 생각해 보자. 이때의 미적 경험의 정확한 윤곽은 거의 퍼즐의 창작자가 마련했다고 생각하는 것이 타당할 것이다. 왜냐하면 퍼즐과 그 해법의 본성이 너무나 제약되어 있기 때문이다.

　　다른 경우는 이보다 훨씬 복잡하다. 게임 「포털」로 돌아가 보자. 「포털」의 경우에는 게임 디자이너가 물리 모델, 고유한 일군의 물리 기반 퍼즐, 그리고 이 퍼즐을 풀 수 있는 완전히 독창적인 도구 즉 웜홀

66　　이러한 용어는 Bacharach and Tollefsen(2010)과 Zangwill(2007)로부터 빌려 왔다.

총을 창작했다. 웜홀 총 덕분에 플레이어는 포털을 쏘아서 대부분의 벽면에 부착할 수 있다. 두 개의 포털이 만들어지면 플레이어는 한쪽 포털로 들어가서 다른 포털로 즉시 튀어나올 수 있다. 이는 플레이어로 하여금 게임 공간의 지리를 근본적으로 변형할 수 있게 해 준다. 비록 아주 특수한 한 가지 방식으로만 가능하더라도 말이다. 그래도 이 때문에 아주 많은 수의 가능성이 열린다. 초반에 나오는 퍼즐 중 하나에서는, 플레이어가 뛰어넘기에 너무 넓은 깊은 도랑을 지나야만 한다. 한 가지 단순한 해법은 도랑 깊숙이 웜홀 총을 발사하여, 50피트 아래의 도랑 밑바닥에 웜홀의 한쪽 끝 만드는 것이다. 그리고 다른 한쪽 끝은 도랑을 마주보는 뒤쪽 벽 꼭대기에 붙인다. 그런 다음 도랑으로 뛰어들면, 낙하하는 과정에서 충분한 관성을 모은 채로 웜홀의 한쪽 끝으로 날아들어 다른 쪽 끝으로 튀어나오게 된다. 그러면 이번에는 아주 높이 날아서 도랑을 건널 수 있다.

어떻게 보면 게임 디자이너들은 플레이어들이 직접 고생하며 퍼즐을 푸는 과정에서 느끼는 미적 경험을 위해 이 게임을 창작했을 것이다. 그리고 플레이어들은 자신만의 해법을 고안할 충분한 재량을 갖는다. 이 게임의 기본 요소는 시뮬레이션된 가상 현실 속 삼차원 움직임과, 환경 및 아바타의 물리학적 조작으로써 발견하는 해법이다. 어떤 해법들은 아주 대동소이하다. 완벽하게 웜홀을 위치시키면 아바타는 쉽게 퍼즐을 통과해 가겠지만, 웜홀의 위치가 조금만 삐뚤어도 그것을 통과하기 위해서는 촌각을 다투는 플랫폼 점프 기술이 좀 필요해진다. 하지만 플레이어는 같은 퍼즐을 통과하는데도 디자이너조차 예상하지 못한 해법을 떠올려 완전히 새로운 포털 배치를 고안해 내기도 한다.

그러한 새로운 해법 중 하나가 정말 독창적이고 우아하다고 가정해 보자. 이 우아함에 대한 미적인 책임은 누구에게 있는가? 우선, 행위는 플레이어 자신의 것이며, 그렇기 때문에 플레이어가 분명 최소한 어느 정도의 책임을 가질 것이다. 하지만 그 윤곽은 여러 면에서 게임 자체가 만들어 낸 조건에 의존한다. 한편으로, 이러한 의존성은 매우 직접적이다. 게임 속 미적 경험의 대부분이 '게임 행위로서의' 행위이다. 예를 들어, 내가 팀 동료를 향해서 두 명의 상대 선수 사이로 농구공을 우아하게 패스할 때, 이 패스의 우아함은 나의 움직임만 따로 떼어 놓고 볼 문제가 아니다. 이는 '농구공 패스로서' 우아한 것이다. 즉, 게임의 규칙에 의해서 일부 구성된 일군의 어려움과 장애물에 대한 해법으로서 우아한 것이다. 그러므로 많은 경우에 미적 요소는 게임의 특정 디자인에 의존한다. 농구공 패스 자체는 농구 없이 존재할 수 없다. 게다가, 많은 경우에 그러한 미적 요소의 정확한 본성은 게임의 디자인과 깊숙이 얽혀 있다. 농구공 패스가 지닌 우아함은, 농구의 규칙이 만들어 내는 상대팀의 빽빽한 진영, 그리고 계속해서 기회를 찾고 활용할 필요성과 깊은 관련이 있다. 그러므로 농구공 패스의 우아함은 부분적으로 게임의 디자인적 특성에서 기인하고, 또한 이러한 특성이 특정 성질을 지닌 장애물을 의도적으로 만들어 내며, 이와 함께 그러한 장애물을 지나갈 때 사용할 능력을 지정한다는 점에서 기인한다. 하지만 이 우아함은 플레이어의 운동 능력과 기술에서 생겨나기도 한다. 비록 이 기술의 상당 부분이 게임의 인위적 맥락 속에서 길러진 것이지만 말이다.

　　마지막 단계로, 많은 경우에 게임 디자이너는 플레이어의 활동에 특정 미적 성질을 일으키기 위해서 게임의 장애물과 행위성을 창조한다고 생각해 볼 수 있다. 이는 「포털」의 경우 매우 그럴듯하다. 디자이너가 특정 플레이어의 행위에 특정 미적 성질을 정확하게 부여할 수는 없었을 것이다. 너무 많은 재량이 존재하며, 사실 이 재량이 핵심이기도 하다. 내가 생각하기에 「포털」과 같은 게임의 목적은 플레이어가 창의성을 발휘하고 독특한 형태의 우아함을 산출할 기회를 창조하는 것이다. 하지만 특정 종류의 우아함을 유도할 배경 조건을 창조함으로써 우아한 해법이 상당 부분 가능하도록 만들어 낸 것은 디자이너이다. 그리고 여기서의 의도성〈intentionality〉은 흥미롭게도 분할되어 있다. 게임 플레이어는 의도적으로 퍼즐을 풀고 있지만, 어떤 방면으로도 그 활동에 미적 요소를 의도적으로 부여하고 있지는 않다. 내가 「포털」을 플레이할 때, 나는 우아함을 전혀 목적으로 하지 않는다. 나는 눈앞의 실천적 과제에 완전히 몰입해 있다. 내 해법이 알고 보니 우아하다는 사실은, 의도성의 관점에서 보면, 그저 내가 도구적인 고투에 몰입하여 생긴 부산물일 뿐이다. 그러면 이 우아함을 누구에게 혹은 무엇에 귀속시킬 것인가? 뭐, 어느 정도는 나 자신에게 귀속시키면 된다. 그것은 분명 나의 기술이고 우아함은 내 해법 안에 존재한다. 하지만 또한 나는 의도적으로 우아함을 추구한 것은 아니다. 게임을 창작한 것은 바로 게임 디자이너이다. 규칙을 고르고 행위성을 디자인한 사람, 그리고 아마도 그러한 우아한 해법의 발생을 유도하도록 그렇게 한 사람은 바로 게임 디자이너이다.

　　미적 책임이란 그러면 게임 디자이너와 플레이어 사이에 복합적으로, 예술가와 관객이라는 전통적인 개념으로는 포착하기 어려운 방식으로 분배되어 있다. 어떤 경우에는 그 책임이 주로 플레이어에게 있고 다른 경우에는 디자이너에게 있다. 하지만 많은 경우 이 책임은 복합적인 협업의 형태를 띤다. 이 경우, 게임 디자이너들이 '플레이어의 행위성을 통해서' 그들이 의도한 미적 효과의 상당수를 성취하고, 그 최종 결과는 디자이너와 플레이어 모두에게 미적으로 귀속된다.[67]

결론

우리는 게임을 픽션, 개념 미술 등 다소 친숙한 예술 형식에 포섭시키려

67　　폴 크라우더(Paul Crowther 2008)는 모든 게임 예술이 공동 창작된 것이라는 설명을 제시한다. 나의 관점은 로페스와 크라우더 사이의 차이를 드러낸다. 즉, 예술가의 작품은 공동 창작되지 않지만, 주목 대상은 자주 그러하다.

하는 다양한 설명을 살펴보며 게임의 미학에 관한 물음을 던지기 시작했다. 하지만 나는 게임 디자인의 가장 중요한 친족은 사실 도시 계획자, 교통 계획자, 정부 디자이너라고 주장했다. 이들 모두는 사용자의 행위성을 처리하고 수용해 특정 효과를 발생시키려는 시도에 해당한다. 게임은 도시와 정부의 예술적 친척인 셈이다. 이것들은 능동적 행위자에게 적용되는 규칙과 제약의 체계이다. 하지만 게임 디자이너는 도시와 정부의 디자이너들이 가지지 못한 한 가지 비기를 숨기고 있다. 게임 디자이너는 게임 내에서 행위하게 될 행위자의 본성을 상당 부분 디자인할 수 있다는 점이다. 행위성 매체는 그러니까 두 가지 방향으로 작용한다. 그것은 독자적인 저항성, 즉 행위적 거리의 저항성을 만들어 낸다. 그리고 행위성의 조작이라는 독자적인 종류의 해법을 제공하기도 한다.

PART THREE

사회적 그리고
도덕적 변화

8장
사회적 변화로서 게임

지금까지 나는 개인의 행위성에 대한 조작으로서 게임에 주목했다. 하지만 그 배경에는 또 하나의 생각이 떠다니고 있었다. 멀티플레이어 게임에서는 게임 디자이너가 플레이어의 행위성뿐 아니라, 플레이어들 사이의 사회적 관계도 형상화한다. 게임 디자이너는 목표, 능력, 개별 행위자들이 맞닥뜨리는 장애물 등을 의도적으로 조작함으로써 플레이어들 사이에 상호의존, 취약함, 적대 등의 구체적 관계를 창조한다. 그렇기에 많은 멀티플레이어 게임의 경우 게임 디자이너는 행위성의 매체뿐 아니라 사회성의 매체(**medium of sociality**)를 가지고도 작업한다.

사회성의 매체를 어디에 쓸 수 있을까? 첫째, 미적으로 가치 있는 경험을 제공할 수 있다. 실천적인 조화에서 비롯하는 미적 경험은 자신과 환경 사이에서뿐 아니라 자신과 팀원 사이에서도 획득될 수 있다. 그러나 사회성 매체는 또 다른 가능성을 약속한다. 정치적 행동과 도덕적 변화의 가능성이 바로 그것이다. 자주 지적되어 온 바와 같이, 예술은 단순히 미적 경험 이상의 무언가를 우리에게 제공할 수 있다. 예술은 도덕적, 정치적 행동을 촉발할 수 있고, 또한 개인적, 도덕적 변화를 가져올 수 있다. 니컬러스 월터스토프의 주장에 따르면, 예술의 박물관적 관행, 즉 무관심적인 미적 소비만을 위해 예술을 창작하는 관행은 많은 예술 관행 중에서도 역사적으로 한정된 경우에 불과하다. (**Wolterstorff 2015**) 기념 조형물 및 사회 저항적 예술과 같이 갖가지 사회적 기능을 담당하는 예술 관행도 존재한다. (월터스토프가 주장하기를, 사실 박물관적 관행은 타 종교의 지배 아래서 종교적 도상들이 파괴되지 않고 보존될 수 있도록 종교 예술에 새로운 맥락을 부여하려는 시도에서 기인한 것이다.)

그러니 예술이 정치적 행동을 촉발하며 사회적 변화를 가져올 수 있음을 받아들이자. 또한 몇몇 동시대 예술 이론이 주장하듯이 예술이 사회와 정치에 직접 개입할 수 있다고도 인정하기로 하자. 사회적 예술 실천에 대한 최근의 관심을 떠올려 보라. 이 분야의 예술가들은 어떻게 사회적 사건을 일으킬 수 있을지, 어떻게 사회적 연결망을 예술 형식으로 이용할 수 있을지를 탐색해 왔다. 이러한 예술가들이 보기에 예술은 우리가 경험하는 사회적 세계를 변화시킬 수 있도록 디자인된 사회적 상호작용까지도 포괄할 수 있다. 공동체의 회합, 항의 시위, 정치적 해프닝 등이 모두 일종의 예술이 될 수 있다. 예술은 사람들을 결집하거나, 니콜라 부리오가 말하듯이 공동체 속의 여러 마이크로유토피아(micro-utopias)까지도 만들어 낼 수 있을 것이다.

멀티플레이어 게임은 그러한 능동적 개입을 일으킬 여지가 풍부한 장소인 듯싶다. 게임은 대안적인 사회적 배치와 대안적인 정치 구조를 만들어 낼 수 있다. 수천 년 동안 게임은 우리로 하여금 디자인된 사회적 구조 속으로 들어가 보도록 만들었다. 심지어 게임이야말로 사회적 예술의 원조라고 해도 좋을 것이다. 바로 이것이 내가 멀티플레이어 게임, 보드게임, 파티 게임 등을 포함하여 매우 다양한 게임을 넓게 살펴보는 것이 그토록 중요하다고 생각하는 이유 중 하나이다. 일인용 컴퓨터게임에만 주목하다 보면 게임을 특정 종류의 픽션이라고 생각하기 쉽다. 하지만 우리가 일인용 게임에만 주목하면, 게임이 가진 가장 흥미로운 면모 중 하나를 간과하게 된다. 게임이란 디자인된 사회 구조이고 그렇기에 게임은 적대, 동맹, 의존 등 여러 사회적 관계를 지정할 수 있다는 점이 바로 그것이다.

'마피아'(Mafia)나 '늑대 인간'(Werewolf)과 같은 게임에서 특히 볼 수 있는 독특한 사회 구조를 생각해 보자. 이러한 게임들은 대개 한 사람의 심판을 두고 꽤 많은 인원이 플레이하게 된다. 여러 가지 변종이 있지만, 내가 살면서 플레이해 온 버전은 이러하다.⁶⁸ '늑대 인간'의 초반에, 플레이어들은 모두 머리를 숙인다. 심판은 플레이어 사이를 조용히 돌아다니며 몇 명의 어깨를 두드린다. 선택된 플레이어는 이제 늑대 인간이고, 나머지 플레이어는 마을 사람들이다. 늑대 인간들이 한 팀이고, 마을 사람들이 또 다른 한 팀이다. 마을 사람들은 늑대 인간보다 훨씬 숫자가 많다. 그런데 늑대 인간은 누가 어느 팀인지를 알지만 마을 사람들은 누가 어디 속하는지를 전혀 알지 못한다. 마을 사람들은 계속해서 불확실하고 공포스러운 상태에 살아야 한다. 게임은 일련의 '낮'과 '밤'으로 진행된다. 낮이 될 때마다 숨은 늑대 인간들을 포함한 모든 플레이어가 서로와 이야기를 나눈다. 그러고는 모든 플레이어가 투표를 하여 어떤 한 사람을 죽일지를 고른다. 그 사람은 게임에서 쫓겨나게 된다. 밤이 되면, 늑대 인간들이 고개를 들고 마을 사람 중 누구를 죽일지를 조용히 결정한다. 이렇게, 늑대 인간이 모두 제거되거나 혹은 늑대 인간의 수가 마을 사람보다 많아져서 늑대 인간이 이길 때까지 이러한 순서가 반복된다.

　　게임의 대부분을 차지하는 것은 누구를 죽일지 의논하는 낮 시간의 토론이다. 마을 사람을 맡은 플레이어는 누구를 믿을 수 있고 누가 실제로 늑대 인간인지를 알아내려고 한다. 늑대 인간들은 살아남기 위해 거짓말하고, 조종하며, 혼란을 야기한다. 그로써 마을 사람들로 하여금 자기 무리 중 하나를 실수로 죽이게끔 유도하려는 것이다. 플레이는 섬세한 인식적 조작으로써 진행된다. 늑대 인간을 맡은 플레이어들은 정확히 누가 자기 적인지 알고 있다. 하지만 단순히

68　최근에 「궁극의 늑대 인간」(Ultimate Werewolf)이나, 「레지스탕스: 아발론」(The Resistance: Avalon) 등 그에 가까운 변종의 경우처럼, 이러한 게임들의 특별 규칙 세트가 판매용으로 출시되었다. 이것들 중 몇몇은, 특히 「한밤의 늑대 인간」(One Night Ultimate Werewolf)은, 기존 게임의 흥미로운 부분을 추리고 지루한 부분을 상당히 덜어 내서, 내가 어릴 적부터 플레이해 온 것보다 훨씬 나아진 버전이라고 할 수 있다.

진실에 가장 가까이 다가선 마을 사람을 죽이게 되면, 정체가 탄로될 것이다. 그렇기에 섬세하게 착각을 불러일으켜서 여러 마을 사람의 신뢰를 깎아내려야만 한다. 또 낮 시간 동안 늑대 인간들은 동료애를 숨겨야만 한다. 속임수와 거짓말을 통해서 실제로는 모든 것을 알고 있지만 아무것도 모르는 체해야만 한다. 불화와 혼란을 야기해야만 한다. 그러니 마을 사람을 맡은 플레이어들은 이 모든 행위를 꿰뚫어 보고 좋은 정보와 나쁜 정보를 분별해야 하는 것이다.

게임은 쉬운 편이다. 이 게임의 세계 전체가 여러 규칙에 의해서 구현되는 특정한 사회적, 인식적 관계로 구성된다. 이는 플레이어들에게 임의로 할당되는 단순화된 행위성으로만 이루어진 게임이다. 과제와 경험은 오로지 이 행위성 사이에서 발생하는 상호작용으로부터 비롯한다. 늑대 인간은 일군의 사회적 관계를 창조하기 위해 행위성의 매체를 사용하며, 이로써 활동을 촉진하고 게임의 성격을 형성한다. '늑대 인간'의 디자인은 소위 중첩된 매체(nested medium)를 활용하고 있다. '늑대 인간'은 사회성 매체에 접근하기 위해 행위성 매체를 이용한다. 여러 지정된 행위성이 복잡한 사회적 관계의 네트워크를 만들어 낸다. 그리고 이 게임은 이러한 사회적 관계를 이용하여 사회적 불확실성의 경험, 즉 정보의 혼돈을 빚으려는 자들과 이 혼돈을 꿰뚫어 보려는 자들 사이의 전쟁이라는 경험을 창조한다.

이 장에서, 나는 게임이 사회성 매체를 활용할 수 있는 여러 가지 방법과, 어떻게 게임이 우리의 사회적 경험을 변화시킬 수 있을지를 살펴볼 것이다. 나는 여러 게임에 들어 있는 특수하게 디자인된 협업 구조와, 게임이 도덕적 변화의 동력으로 기능할 역량을 살펴볼 것이다. 그리고 나는, 아방가르드 사회 예술의 목표를 고려할 때, 게임 디자이너의 기법과 그들이 행위성 및 사회성 매체를 활용하는 장인적 솜씨에 주목해야 함을 주장한다.

게임 속 협력에 관하여

멀티플레이어 게임에서 게임 디자이너는 플레이어의 행위성과 실천적 환경을 조작함으로써 플레이어들 간의 특정 실천적 관계를 만들어 낸다. 게임 디자이너가 문자 그대로 사회적 변화를 가져오는 것이다. 그러한 게임을 플레이할 때 우리는 타인과 맺는 사회적 관계를 변형하기 마련이다. 게임은 플레이어 간의 특정한 실천적 관계를 지정함으로써 때로는 협력 관계를 만들어 내기도 한다. 당신이 게임 전이나 후에 여기 있는 이 사람과 친구로 지내지 않을지라도, 게임을 하는 동안 여러분은 팀 동료이다. 실천적 관계를 정확히 구획하는 것이 특히 분명하게 나타나는 곳은 현대의 팀 기반 컴퓨터게임이다. 예를 들어 「팀 포트리스」나 「디펜스 오브 디 에인션츠」와 같이, 각기 특별한 힘을 지닌 팀원들이 행위성 면에서 다양한 역할을 맡는 팀 기반 멀티플레이어 슈팅 및 전투 아레나 게임을 생각해 보자. 플레이어 한 명은 가볍게 무장한 저격수이고, 다른 팀원은 포탑을 지을 수 있는 엔지니어이며, 또 다른 팀원은 중무장한 탱커 캐릭터이고, 또 다른 한 명은 동료 캐릭터를 치유하는 능력을 가진 위생병이다. 이 모든 행위성 사이의 보완적 디자인으로 인해서 플레이어들은 팀 내에서 특정 형태의 협력 관계를 구현하게 된다.

　「팬데믹」, 「반지의 제왕」〈Lord of the Rings〉, 「아컴 호러」〈Arkham Horror〉와 그 외의 다른 많은 제목을 가진 완전 협력 게임이 최근 급부상하기도 했다. 이러한 종류의 게임에서는 플레이어들이 다양한 상호 보완적인 역할을 맡아서 여러 가지 단체 임무를 수행하기 위해 협력한다.〈Zagal, Rick, and Hsi 2006〉협력 혹은 반半협력 테이블탑 게임이라는 획기적인 분야에서 몇 가지 최근 사례들을 가져와 보자. 첫째, 협력 추론 게임 「하나비」〈Hanabi〉는 정보의 사회적 분배에 관한 게임이다. 플레이어들은 스물다섯 종류의 카드로 된 덱에서 일정 수의 카드를 나누어 받는다. 카드는 다섯 개의 등급과 다섯 가지 색깔로 되어 있다.

게임의 목표는 아주 단순하다. 플레이어는 카드를 색깔에 따라 다섯 줄로 정리하면 되는데, 카드는 해당 줄에 올바른 순서에 따라 놓아야 한다. 빨간 카드끼리 1에서 5의 순서로 놓고, 파란 카드끼리 같은 순서로 놓고 하는 식이다. 꽤 쉬워 보이지 않는가? 물론 가장 훌륭한 묘미가 존재한다. 플레이어들이 자기 카드의 앞면을 절대 보아서는 안 된다는 것이다. 카드가 자신에게 안 보이도록 들고 있어야 하는데, 그리하여 여러분이 무슨 카드를 들고 있는지를 여러분을 뺀 다른 모든 플레이어들이 볼 수 있어야 한다. 그래서 여러분 차례가 되었을 때는 다른 플레이어 한 명에게 그 사람 손에 든 카드에 관한 힌트를 하나 주어야 하고, 그러고는 여러분의 카드를 절대 보지 않은 채로 한 장 내려놓아야 한다.

플레이어들은 각자에게 주어진 쥐꼬리만 한 정보만으로 스스로 무슨 카드를 들고 있는지를 추측해야 한다. 힌트의 내용은 정말 실낱같은 정보만을 허용하는 규칙에 의해 엄격히 제한된다. 처음에는 단순히 게임을 진행할 정보가 부족해서, 게임 자체가 불가능해 보일 것이다. 플레이어들은 서서히 문제의 진짜 깊이를 이해하게 된다. 우선 여러분은 자신에게 주어진 힌트를 기억하고 모아야 한다. 하지만 이 게임은 힌트 속에 많은 정보를 명시적으로 알려줄 수가 없도록 막아 놓았다. 여러분은 힌트 속에 암시된 정보까지도 생각해 보아야 한다. 다른 플레이어가 말한 바뿐만 아니라 그들이 말하지 않은 것에서도 추론을 해내야만 한다. 만약 여러분이 알 필요가 있었다면 다른 플레이어들이 무슨 말을 했을지, 또한 그들이 여러분에게 말해 주지 않은 무언가가 여러분 손에 든 카드에 대해 알려 주는 바가 무엇인지를 생각해 보아야 한다.

「하나비」는, 서로가 필요한 정보가 무엇인지를 어떻게 알아낼지, 집단 전체가 필요한 정보는 어떻게 다룰지, 제한된 의사소통 역량 내에서 협력은 어떻게 할지 등, 우리가 사회생활에서 겪게 되는 기본적인 인식적 딜레마의 결정체이다. 이는 서로에 대한 우리의 신뢰에 매우 집중해 보는 경험이다. 약간 우회하여 신뢰의 철학을 살펴보면 이를 더욱 분명하게 이야기해 볼 수 있다. 캐런 존스는 누군가를 믿음직하다고(reliable) 생각하는 것과 신뢰 가능하다고(trustworthy) 생각하는 것을 구분할 유용한 방법을 제공한다. 시계는 믿음직하다. 시계는 매일 같은 일을 하기 때문에 우리는 시계에 의지할 수 있다. 하지만 신뢰 가능한 사람은 그저 믿음직한 사람이 아니다. 신뢰 가능한 사람은 다른 사람들이 그 사람에게 의지한다는 점을 적극적으로 고려하고, 그러한 의존 때문에 자신의 행동을 수정한다. 신뢰 가능한 사람은 타인의 필요를 '예상하고', 물어보지 않더라도 그에 대응한다.(Jones 2012) 「하나비」는 우리가 신뢰 가능성이 얼마만큼이나 반성적이고 예상 가능한지에 대해 정확히 주목하도록 구성된 사회적 상호작용이다. 그런데 특정한 현실 세계의 체계를 재현함으로써 그리하는 것이 아니다. 이 게임은 상호의존성의 섬세한 네트워크에 주목하게 만들 참신한 실천적 활동을 창조한다. 이 게임을 잘 플레이하려면, 나는 여러분이 무슨 정보를 필요로 할지 예상하고 잘 건네주어야 한다. 그리고 여러분은 내가 이를 예상했다는 점을 신뢰해야 하고, 내가 준 정보뿐만 아니라 내가 주지 않은 정보도 사용해야 한다. 「하나비」는 고도로 농축된 인식적 의존성을 경험하게 한다. 이 게임은 우리의 능동적인 신뢰 가능성을 둘러싼 틀인 셈이다.

또 「스페이스 얼럿」(Space Alert)이라는 멋진 게임을 생각해 보자. 이 보드게임에서 우리는 손상을 입은 우주기지의 우주비행사를 플레이하며 힘을 합쳐 곤경을 벗어나고자 노력해야 한다. 플레이어들은 우주기지를 뛰어다니며 다양한 비상 상황에 대처해야 한다. 게다가, 비상 상황은 갖가지 복잡한 협력 행위를 요구한다. 이런 행위들은, 플레이어들이 옆방으로 이동하기, 레버를 당기기, 방을 떠나기, 엘리베이터를 타기 등과 같은 특정 캐릭터의 행위들을 몇 차례 앞서서 미리 결정해야 하는 프로그래밍 단계에서 선택된다.

그리고 플레이어들은 이 프로그래밍을 동시에 해야 한다. 프로그래밍 단계는 또 시간 제한이 있고 엄청나게 짧아서, 무슨 행동이 필요하고 그걸 하기 위한 최선이 무엇인지를 알아내기 위해, 또 동시에 협력도 하고 자기 행동도 계획하기 위해 필사적으로 노력하느라 결국에는 모든 플레이어가 서로에게 고래고래 소리치게 된다. 「스페이스 얼럿」은 어떤 면에서 「하나비」와 아주 흡사하다. 이는 어떤 정보가 필요한지 알아내고 운영하며 제한된 의사소통 역량 속에서 협력하는 게임이다. 하지만 「하나비」는 플레이어들에게 시간을 무제한으로 주고, 기억력, 추론 역량, 효과적으로 정보를 전달할 지혜의 한계를 시험한다. 반면 「스페이스 얼럿」은 속도, 효율성, 극도의 혼돈 상황 속 소통 능력 등을 시험한다. 비상 상황에서의 협력이라는 경험을 압축한 것이다.〔또한 엄청나게 웃기기도 하다.〕

　　게임 디자이너는 실천적 환경과의 개별적인 상호작용만을 디자인하는 것이 아니다. 게임 디자이너는 사회 구조까지도 디자인할 수 있다. 항상 그렇게 하는 것은 아니다. 심지어 멀티플레이어 게임에서도 말이다. 때로 게임은 그저 플레이어들에게 집단적 목표만 던져 주고 협력 상황을 거의 플레이어들의 손에 맡겨 놓기도 한다. 많은 온라인 롤플레잉 게임과 「마인크래프트」 같은 집단 제작 게임은 상대적으로 덜 구조화된 의사소통 및 협력 공간을 보장한다. 플레이어들은 대부분 자신의 사회를 원하는 대로 창조할 자유를 갖는다. 하지만 「하나비」와 「스페이스 얼럿」 같은 다른 많은 게임의 경우, 게임 디자인은 사회적 관계를 엄격히 구획하는, 엄격히 제한된 의사소통 및 협력 환경을 제시한다. 이러한 경우에 디자이너들은 플레이어들의 능력, 필요, 맹점의 교차적 네트워크를 창조함으로써 특정한 사회 구조 및 관계 패턴을 만들어 낸다. 디자이너들이 행위성 매체를 이용함으로써 사회성 매체까지도 활용할 수 있게 되는 것이다.

도덕적 변화 기술로서 게임

「하나비」와 「스페이스 얼럿」은 단순히 대안적인 사회적 배치를 재현하는 것이 아니다. 이것들은 게임이 진행되는 동안 우리가 서로와 상호작용하는 방식을 실제로 변화시킨다. 게임 자체가 사회적 변화인 것이다. 하지만 이 게임들이 갖는 사회적 변화 능력은 협력 게임을 떠나서 경쟁 게임에 대해 생각해 본다면 더욱 분명해질 것이다.

약간 우회해 보면, 게임이 우리의 사회적 관계에 관해서 지니는 힘을 이해하는 데 도움이 될 것이다. 게임에 대한 가장 기본적인 사실들 중 하나를 생각해 보자. 항상 느꼈던 익숙함이 진정한 철학적 기이함(oddity)을 가리고 있었을 것이다. 게임은 특이한 사회적 속성을 가지고 있다. 때로 우리는 즐거운 시간을 보내기 위해 서로와 엄청나게 심한 경쟁을 해야만 한다.[69] 게임 플레이는 꽤 심오한 종류의 사회적, 도덕적 변화를 수반한다. 내 배우자와 나는 함께 따뜻한 저녁을 차려서 식탁에서 서로의 하루에 대해 떠들고 아이를 재운다. 그러고는 가장 좋아하는 보드게임을 꺼내어 한 시간 정도 서로를 좌절시키고, 무너뜨리고, 깨부수기 위해 힘쓴다. 게임을 하는 동안 나는 이기기 위한 모든 것을 한다. 아내의 계획을 망치고 행동을 막기 위해 애쓰며, 또 아내도 내게 똑같이 한다. 그 이후에 게임 상자를 치우고는 게임이 웃기고 흥미로웠는지, 또 심지어 아름다웠는지에 대해 이야기를 나눈다. 게임을 하는 동안 내 배우자와 나는 서로와 경쟁한다. 하지만 우리가 좁게 보아 경쟁을 하고 있더라도, 더 포괄적인 관점에서 보면 사실 협력하고 있는 것이다. 우리는 우리 둘 다 원하는 멋진 고투의 경험을 할 수 있게끔 서로를 돕고 있는 셈이다. 이것이

69   이 부분은 내가 Nguyen and Zagal(2016)과 Nguyen (2017b, 2017c)에서 처음 개진했던 생각들을 담고 있다. 이 글들은 관련 문헌에 대한 더욱 상세한 연구를 포함하고 있다. 여기서 제시되는 버전은 게임 플레이에 연관된 행위적 메커니즘에 대한 개선된 이해를 포괄하고자 수정되었다. 이 버전이 나의 포지티브한 설명을 가장 잘 담고 있다.

사람들이 게임을 플레이할 때 서로와 맺는 유일한 관계는 아니다. 프로 체스 선수들과 프로 복싱 선수들은 사실 철두철미한 경쟁 관계에 있고, 상대편이 즐거운 시간을 보내게 해 주는 데는 아무런 관심이 없을 것이다. 하지만 많은 종류의 게임 플레이에 있어서 경쟁은 게임 안에 한정되어 있다. 게임 속에서 경쟁함으로써, 플레이어들은 더 큰 관점에서 흥미로운 시간을 보내기 위해 협력하는 것이다. 몇몇 게임들은 거의 마법과 같은 힘을 지닌다. 그 게임들은 상황이 잘 맞으면 경쟁을 협력으로 변화시킬 수 있다.

이러한 복잡한 현상은 일회용 목표와 일시적 행위성의 분석을 통해 아주 쉽게 설명할 수 있다. 분투형 플레이어에게 승리의 욕구는 일회용 목표이다. 분투형 플레이어는 고투의 경험을 위해서 승리의 욕구를 장착한다. 분투형 플레이어들이 게임에서 서로 적대하는 경우, 그들은 그저 일회용 목표를 성취하려는 서로의 시도만을 방해한다. 장기적 목표에 있어서 그들은 사실 서로를 돕고 있다. 여러분이 게임 속에서 어떤 분투형 플레이어와 적대하면, 여러분은 사실 서로가 현실에서 정말로 원하는 것, 즉 특정 종류의 가치 있는 고투를 얻을 수 있도록 돕고 있는 셈이다. 다르게 말해 볼 수도 있다. 분투형 플레이어들에게 있어서, 경쟁을 하고 있는 것은 일시적인 게임 내 행위성일 뿐이다. 그들의 행위성 전체는 고투를 창조하기 위해 협력하고 있다. 다만 일시적인 적대적 행위성에 이입함으로써 협력하고 있을 뿐이다.

어떤 이들은 경쟁적인 게임 플레이가 제로섬 활동이라고 주장해 왔다. 그러한 주장에 따르면, 만약 게임을 플레이하는 것의 가치가 승리에서 온다면 승자가 얻은 게임 플레이의 긍정적 가치는 패자가 느끼는 게임 플레이의 부정적 가치에 의해 상쇄된다.[70] 하지만 이러한

---

[70]   이러한 다양한 제로섬 비판과 그에 대한 표준적인 답변은 Kretchmar(2012)에서 보기 좋게 설명하고 있다.

사고방식은 분투형 플레이의 가능성을 간과한다. 분투형 플레이어는 승리를 크게 신경 쓰지 않는다. 고투를 체험하기 위해서 승리에의 일회적, 일시적 관심을 받아들일 뿐이다. 분투형 플레이어는 그렇기에 제로섬 활동에 갇혀 있지 않다. 그들에게 있어서 게임 플레이는 아주 생산적인 것이 될 수 있다. 만일 우리 모두가 좋은 고투를 즐긴다면, 분투형 플레이어들 사이의 경쟁은 변화의 동력으로 기능하여, 경쟁 활동을 모두에게 가치 있는 경험으로 바꿔 놓을 수 있다. 그러므로 우리는 게임을 '도덕적 변화 기술'로 이해할 수 있다. 게임은 혹독한 경쟁이라는, 흔히 부정적인 값이 매겨진 행동을 취하여, 이를 좋은 것으로 바꾸어 놓는다. 우리가 분투형 플레이어라면, 우리는 게임 플레이로부터 진정 원하는 것을 모두 얻을 수 있다. 반면, 순수한 성취형 플레이어의 경우 경쟁적 플레이는 완전히 제로섬의 문제이다. 성취형 플레이어들이 경쟁을 한다면, 그들은 실제로 장기적 목표를 성취할 서로의 시도를 방해하고 있는 셈이다.

하지만, 내가 여기서 설명하는, 경쟁을 협력으로 바꾼다는 의미에서의 변화는 많은 요소의 성공적인 배치를 필요로 한다. 이를 보기 위해 나의 설명을 게임이 가진 변화의 능력에 대한 다른 설명들과 비교해 보자. 첫째로, 혹자는 게임의 변화 능력을 계약에 입각하여 설명했다. 스티븐 와이머는 스포츠가 복싱에서의 펀치와 같이 경쟁적이고도 일견 폭력적인 행위들을 도덕적으로 변화시킨다고 주장한다. 하지만 와이머가 보기에 주요 요인은 내가 설명한 복합적인 동기 구조와 같은 것이 아니다. 그 대신 와이머에게 도덕적 변화의 주요한 동력은 합의라는 단순하고 익숙한 것이다. 와이머에 따르면, 여러분과 내가 복싱 매치를 하기로 동의한다면, 우리가 실제로 한 일은 내가 여러분을 공격하는 것과 함께 여러분이 나를 공격하는 것에 동의하는 계약을 맺는 일이다. 우리는 자신의 실력을 향상시키려는 기회를 얻기 위해 그러한 계약을 맺는다. 달리 말해, 게임은 서비스의 교환이다. 우리가 서로에게 이를테면 생물학적 체육 기구가 되어 주기로 합의하는 것이다. 이로써 내가 여러분을 공격할 때 나는 적극적인 선을 실천하는 것이다. 여러분과 계약한 의무 사항을 수행하는 것이기 때문이다.〈Weimer 2012〉

와이머가 완전히 이분법적인 변화의 도식, 그것도 특히나 느슨한 도식을 제시하고 있다는 점을 유념하자. 계약에 합의했다면 게임 내 공격들은 모두 좋은 것이고, 합의하지 않았다면 게임 내 공격들은 모두 나쁜 것이다. 하지만 이러한 관점은 게임이 가진 도덕적인 복잡성의 상당 부분을 간과한다. 내가 초보자들에게 창피를 주는 일을 극도로 즐긴다고 해 보자. 나는 특히나 자신만만한 초보자를 골라 게임을 하자는 합의를 받아 낸 뒤에, 모두가 보는 앞에서 그 사람을 깨부수어 모욕 주기를 좋아한다. 나는 그들이 이를 즐기지 않으리라는 것을 미리 알고 있지만, 나의 제의를 거절하지 않을 만큼 오만한〈혹은 거절을 잘 못하는〉초보자들을 고른다. 혹은 내 배우자가 거짓말과 조종을 포함하는 모든 게임을 싫어한다는 점을 내가 알고 있다고 상상해 보자. 내가 치사한 앙심을 품고, 바로 그러한 경멸스러운 종류의 사회적 조종이 요구되는 게임인 「디플로머시」를 하자고 제안한다. 나는 배우자가 절대 도전에 물러서지 않으리라는 것을 알고 그러는 것이다. 게임이 진행되면서 남은 저녁 시간 내내 배우자를 비참하게 만든다. 와이머의 관점에 따르면, 두 경우 모두 나는 게임을 플레이하면서 좋은 일을 하는 것이다. 플레이어들은 합의를 거쳐 계약을 맺었고, 이제 나는 계약상 의무 사항을 이행하는 것이다. 하지만 두 경우 모두 내가 상대방의 동의를 받았음에도 불구하고 내가 잘못을 저지르고 있다는 점이 나에게는 분명해 보인다.

도덕적 변화에 관한 나의 설명에 따르면, 적대적인 분투형 게임의 가치가 단순히 계약상 의무 사항을 이행하는 것으로 환원될 수는 없다. 오히려 그 가치는 플레이어가 '자신이 가치 있게 여기는 종류의 활동을 실제로 이룩하는 것'에서 온다. 도덕적 변화가 이루어지기 위해서는, 플레이어들이 즐거운 시간을 보내거나, 흥미로운 고투를

하거나, 하여간 무엇이든 그들이 욕구하는 것을 얻어야만 한다. 그리고
그렇게 욕구하는 고투를 획득하는 것은 보통 섬세한 일이어서, 그저
플레이어가 게임을 하는 데 합의했다고 보장되지 않는다. 첫째로,
보통은 기량이 비슷한 수준으로 맞추어져야 한다. 대부분의 게임에
있어서, 오직 도전 과제가 적당한 정도로 어려울 경우에만 분투가
바람직하다. 대부분의 사람들은 초보자를 짓뭉개거나 훨씬 뛰어난
상대편에게 쫄딱 깨지는 것에는 거의 관심이 없다. 둘째로, 플레이어와
게임 사이에 심리적인 궁합이 맞아야 한다. 우리 각자는 제각기
다양한 이유로 분투형 활동을 하고자 하고, 각자가 가치 있게 여기고
즐기는 분투 활동도 각기 다르다. 나는 엄청나게 빠른 속도의 진지한
「스타크래프트 2」 플레이 따위를 매우 싫어하지만, 체스에서의 결정
트리를 분석하는 일에는 군침이 돈다. 나의 배우자는 다른 플레이어의
면전에 거짓말을 해야 하는 게임은 경멸하지만, 나는 그런 게임을 매우
즐거워한다.

셋째로, 게임 자체의 디자인 또한 중요하다. 변화에서 중요한
점은 그것이 '기술적'이라는 점이다. 즉, 변화의 상당 부분을 담당하는
것은 플레이어의 의도나 심리적인 틀을 짜는 일뿐만 아니라 바로
게임 자체이기도 하다. 서로 다른 형태의 게임 디자인들은 특정
종류의 고투 활동을 발생시키는 일에 있어서 뛰어날 수도 있고, 별로
시원찮을 수도 있다. 체스, 농구, 「매직: 더 개더링」, 「스타크래프트
2」, 「팀 포트리스」 등은 게임 내 경쟁이 아주 흥미롭고 만족스러운
종류의 도전을 발생시킬 수 있게끔 디자인된다. 농구에서 가드 주변을
드리블하거나, 체스에서 악랄한 포크 전술을 빠져나오거나, 「팀
포트리스 2」에서 총격을 피하고 적절한 순간에 수류탄을 심는 것 등은
많은 사람들이 가치 있게 여기고 즐기는 부류의 도전이며 고투이다.
동시에, 우리는 도덕적 변화에 매우 서툰 게임 디자인도 여럿 떠올릴
수 있다. 우리 중 한 명이 울음을 터뜨릴 때까지 서로를 모욕해야 하는
모욕 게임이나, 한 명이 기절할 때까지 서로를 때려야 하는 때리기 시합

같은 것 말이다. (물론 어떤 몇 안 되는 사람들은 이러한 게임을 즐길 심리학적 준비가 되어 있겠지만, 대부분은 그렇지 않다.)

그러므로 경쟁에서 가치 있는 고투로의 변화는 그저 합의하에 게임에 돌입했다고 보장되는 것이 아니다. 오히려 긍정적 가치는, 게임 디자인이 좋고, 게임이 플레이어의 심리에 어울리며, 플레이어들이 기량 면에서 적당히 비슷한 경우 등 이러한 다른 요인들이 모두 잘 맞아떨어질 때에만 성취된다. 와이머의 관점이 도덕적 변화를 일으키는 책임을 플레이어 간의 계약에 따른 거래에서만 찾는 반면, 나는 그 책임이 '나누어져 있다'고 제안하는 것이다. 플레이어가 분투형 플레이에서 가지게 되는 동기 상태가 도덕적 변화를 가능케 하긴 한다. 하지만 세부적인 게임 디자인과 플레이어의 어울림이야말로 그 가능성을 실현하는 요인들이다. 게임은 도덕적 활동을 촉발하고, 그렇기에 게임 디자이너는 자기 디자인의 도덕적 기능에 대하여 좋은 쪽으로든 나쁜 쪽으로든 도덕적인 연관성을 일부 지닌다.

다음으로, 스포츠에서의 협력에 관한 로버트 사이먼의 설명을 살펴보자. 사이먼이 말하기를, 게임에서 명백한 경쟁은 사실 일종의 협력이다. 플레이어들이 서로의 실력 향상을 돕고 있는 것이기 때문이다. 핵심은 승리하는 것이 아니다. 승리는 누군가 자신의 실력을 적절히 향상시키고 있다는 신호일 뿐이다.(Simon 2014, 36) 내 생각에 사이먼의 설명은 적대적 플레이의 정신 현상을 어딘가 단단히 오해하고 있다. 사이먼의 설명은 협력의 의도를 철두철미하게 요구한다. 즉 우리가 상대의 실력을 향상시켜 주기 위해 상대를 돕겠다는 목표를 '염두에 두어야 한다'고 요구한다. 나는 우리가 때로는 다른 플레이어의 발전에 지속적으로 주목하는 그런 상호작용을 하기도 한다고 생각한다. 하지만 그러한 상호작용은 실제로 게임을 플레이하는 것이 아니라 '훈련'이라고 부른다. 게임 플레이는 그와는 아주 다르다. 사이먼이 간과하는 점은 분투형 플레이에서 가능한 2단 동기이다. 분투형 플레이에서 나는 상대의 안녕을 염두에 둘 필요가 없다. 나는 그저 게임의 제한 사항 내에서 상대의 게임 내 계획을 무너뜨리는 일에 몰두하고, 게임 디자인과 플레이어 간의 균형이 그러한 게임 내 폭력을 무언가 좋은 것으로 변화시켜 주리라 신뢰하기만 하면 된다. 즉 나는 일시적인 게임 내 행위성에 이입하고는 냅다 경쟁을 하러 나갈 수 있다.

흥미로운 점은 왜 이것이 성립 가능하냐는 것이다. 완전히 경쟁적 행위성에 이입하는 것이 도덕적으로 허용되는 것은, 우리가 그것이 관련자들에게 바람직한 경험을 가져다 줄 것임을 아는 경우이다. 그렇기에 우리는 협력에 대한 관심을 게임 자체와 게임의 환경에 '정신적으로 떠넘길' 수 있다. 그렇게 하는 경우, 우리는 시스템의 외부 요인들이 우리를 위해 변화를 수행해 주리라고 신뢰하는 것이다. 우리가 서로의 안녕을 위해 게임에 입장한다고 해도, 게임을 하는 동안 서로의 안녕을 내내 염두에 두고 있을 필요는 없다. 우리는 게임 자체 및 우리가 발견한 적절한 경기가 우리의 적대를 가치 있는 무엇으로 변환시켜 주리라고 신뢰할 수 있다. 이러한 설명에서 나타나는 중첩된, 변화적 특성은 이로써 사이먼의 단선적인 협력 모델이 포괄하지 못하는 무언가를 포괄한다. 이 설명은 게임이 어떻게 우리로 하여금 공격성의 충동을 분출하고 경쟁에서 오는 포악한 기쁨에 잠시 빠져들게 하면서도, 또 어떻게 도덕적으로 용인 가능한 방식으로 그럴 수 있는지를 설명한다. 그러나 우리에게는 또한 애초에 적절한 게임과 적절한 게임의 맥락을 선택할 책임이 있기도 하다.

마법의 원과 의지력

어쩌면 사이먼과 와이머의 관점을 게임에서의 도덕적 변화에 관한 의지주의(voluntarism) 관점이라고 부를 수 있을 것이다. 이는 변화가 오로지 플레이어의 정신적 작용에만 달려 있다는 관점이다. 게임에 관련된 또 다른 부류의 의지주의는, 소위 놀이를 둘러싼 '마법의 원'(magic circle)에 대한 다양한 논쟁 속에서 비롯되었다. 이 논쟁은 일상 현실과 도덕적으로 분리된

놀이라는 특수하게 구획된 공간이 존재한다는 요한 하위징아의
주장에서 시작되었다.(Huizinga 1955)[71] 케이티 세일런과
에릭 짐머먼은 대단히 영향력이 큰 게임 디자인 교재 『플레이의
규칙』(Rules of Play)에서 하위징아가 이야기하는 마법의
원을 중심 개념으로 삼고 있다. 이 책에서 그들은 마법의 원에 관해
더욱 분명하고 탄탄한 설명을 제시했다. 그들이 보기에 마법의 원은

1. 놀이를 위해 구획된 공간으로 일상 생활과 형식적으로
구분된다.
2. 공간과 시간으로 정확히 규정된다.
3. 이 경계를 넘을 때 플레이어는 새로운 세계에
진입하는데, 이 세계에서는 새로운 규칙이 권위를 가지며,
행위와 대상이 새로운 의미를 획득한다.(Salen and
Zimmerman 2004, 95-97)

대부분의 연구자들은 세일런과 짐머먼이 도덕성, 의미, 결과가
마법의 원을 전혀 투과하지 못한다는 보다 급진적인 관점을 취하고
있다고 생각한다. 이 이론에 의거하자면 게임 속에서의 잔혹 행위가
게임의 맥락 바깥에서는 어떠한 도덕적 무게도 지니지 않는다.[72]
게임 플레이가 근본적인 불투과성을 지닌다는 관점은 엄청난 비판에
직면했다. 예를 들어, 토머스 말러비는 도박과 같이 사회적으로
뿌리 깊은 관행들을 언급하며 이 경계가 상당히 투과성이 높다고
주장한다. 도박에서는 플레이가 이루어지는 경기장에 돈이 오고 간다.
또한 사회적인 자산—가령, 스포츠에서의 성공이 많은 공동체에서

[71] Nguyen(2017c)에서 나는 마법의 원 논쟁의 역사를 개괄하고 있다.
[72] 짐머먼 자신은 이후 이러한 독해를 반박하며, 이러한 독해는 일종의
허수아비에 불과하다고 주장했다.(Zimmerman 2012)

사회적 지위와 명성을 가져다준다—을 얻기도 한다.(**Malaby 2007**) T. L. 테일러는 특히「월드 오브 워크래프트」(**World of Warcraft**)와 같은 거대한 멀티플레이어 온라인 게임을 중심으로 온라인 게임 커뮤니티가 존재하고, 이러한 외부적인 토론의 장에서 이루어지는 수다가 게임 내 플레이를 중요하게 형성한다는 점을 지적함으로써 게임 플레이의 투과성을 주장한다.(**Taylor 2009, 2007**) 미아 콘살보는 온라인 게임에서의 골드 파밍(**gold farming**), 즉 고된 노동을 통해 캐릭터의 레벨을 높이거나 게임 내 아이템을 획득하여 현실 화폐를 주고 다른 플레이어에게 판매하는 행위를 지적한다.(**Consalvo 2009, 408-409**) 위와 같은 모든 이유들 때문에라도 급진적인 버전의 마법의 원 이론은 완전히 실패한 것으로 보인다.

그러나 어떤 이론가들은 최근 훨씬 그럴듯한 버전의 수정된 마법의 원 이론을 제시했다. 야코 스텐로스는 마법의 원이란 명시적으로 협의된 사회 계약, 즉 게임 내 사건들을 현실로부터 분리된 것으로 취급하자는 합의로 이해하는 것이 가장 적절하다고 주장했다.(**Stenros 2012, 15**) 이와 비슷하게, 안니카 바에른의 주장에 따르면, 게임 플레이는 행위를 재의미화하는 사회적 틀 속에서 이루어진다. 그러니까 그 틀이 내부의 행위가 가지는 의미를 변화시킨다는 것이다.(**Waern 2012, 5-9**) 두 설명 모두 유용하며, 많은 측면에서 내가 제시하는 구조적 설명과 양립 가능하다. 하지만 두 설명은 모두 의지주의에 해당하여, 플레이어의 해석적 정신 행위에만 모든 도덕적 변화의 부담을 지운다. 이러한 의지주의 설명에 의하면 우리는 의지의 노력을 통해 도덕적 변화를 달성한다. 적대적 행위가 쾌를 가져오는 행위로 변모하는 것은 게임 내 행위의 의미에 대한 플레이어의 정신적 재해석을 통해서인 것이다.

나는 의지주의가 게임의 도덕적 변화를 완벽히 설명할 수 있다고 생각하지 않는다. 의지주의 설명은 도덕적 변화의 행위성이 플레이어,

게임 디자인, 커뮤니티 구조에 걸쳐서 배치되는 방식을 충분히 포착하지 못한다. 이제 우리는 내가 제시한 설명이 의지주의적 설명과 어떻게 다른지를 보게 될 것이다. 나의 설명에 따르면 게임 플레이 환경의 구조적 특성, 즉 게임 디자인, 커뮤니티 구조, 플레이어의 연합 등의 특성들이 도덕적 변화에 있어서 결정적이다. 달리 말하면, 핵심은 플레이어만이 아니라 게임 자체이다.

나에게 한 악독한 직장 동료가 있다고 상상해 보자. 그는 기회가 될 때마다 나의 성격과 나의 업무를 지독하게 욕하는데, 공교롭게도 나는 반드시 그와 점심을 함께 먹어야만 한다. 나는 영리한 계획을 하나 떠올린다. 점심시간 동안 같이 즉석 농구 게임을 하자고 제안하는 것이다. 그러면 그의 공격성과 적대성이 나에게 훨씬 더 유쾌한 것으로 변화할 것이다. 그의 의도나 합의 때문이 아니라 그저 게임 자체의 디자인에 의해서 말이다. 그는 불투과성의 여러 규범에 대해 합의를 할 필요도 없고, 재의미화를 위한 상호적 시도에 참여할 필요도 없다. 아마도 그는 게임 플레이를 그저 나를 괴롭힐 또 다른 기회로 삼을 것이다.

스텐로스의 설명은 결정적으로 플레이어의 정신적 노력에 의존한다. 나는 의지의 힘을 이용해서 불투과성을 유지해야 하고, 게임에서 일어난 일이 게임 바깥에서 나에게 영향을 주지 않도록 막아야 한다. 하지만 그러한 도덕적 변화의 한계를 무엇으로 설명할 수 있을까? 고약한 나의 동료가 내 슛을 공격적으로 블로킹하면서 동시에 나의 모든 성격적 결함을 헐뜯으며 지독한 도발을 한다고 해 보자. 그의 의도는 두 종류의 행위 모두에서 고약하며, 나는 두 행위 모두에 대해 재의미화하려는 동일한 동기를 지니고 있다. 하지만 나의 동기는 그 자체만으로 불충분하다. 만일 도덕적 변화가 단순히 의지에 찬 행위를 통해, 즉 재의미화를 하겠다는 결정을 통해 이루어진다면, 나는 그의 모든 행위를 재의미화할 수 있어야 한다. 하지만 나는 자주 그러지 못한다. 그의 비난이 나에게 상처를 주기도 하고, 내가 너무나 원하고 있음에도 그에 대해 아무것도 하지 못할 수도 있다. 하지만 나를 꺾으려는 그의 신체적 노력은 게임 자체에 의해 변화된다. 농구는 그의 행위들이 새로운 경로를 따라가게 유도함으로써 그것들의 기본적 형태를 변화시킨다. 그는 공을 빼앗기 위해 움직이고, 그 행위는 내가 대처해야 할, 즐거움을 주는 행위가 된다. 슛블로킹의 도덕적 변화는 나의 의지에 따른 활동이 아니라 드리블, 슛, 가드에 관한 규칙의 특정 배열에서 온다. 여기서 변화는 행위에 대한 내적인 재의미화가 아니라 외부적인 변화이다.

농구가 지닌 커다란 도덕적 변화 능력을 피구의 다소 미미한 변화 능력과 비교해 보자. 내가 초등학교 시절에 피구를 하는 방식은 이러했다. 원을 그리고 서서, 바깥에 있는 사람들이 안쪽의 사람들에게 공을 던지는 것이다. 안에 있는 사람이 공에 맞으면 아웃되고, 바깥의 원에 와서 서야 한다. 적어도 나의 동네의 경우, 힘없는 친구들은 이 게임 디자인을 몹시 두려워했다. 불량배들이 자기 목표를 한번 정하면, 고래고래 욕을 해 대며, 우리에게 고무공 세례를 퍼부었기 때문이다. 이 경우에는 별다른 도덕적 변화가 일어나지 않는다. 고무공으로 머리를 맞는 것은 게임 안에서나 바깥에서나 마찬가지로 그저 수치스럽고 아프다. 이 경우를 지독한 내 동료가 농구를 하면서 나에 대해 취해야만 했던 행동과 비교해 보자. 그는 가드, 블로킹, 피하기 등의 움직임을 수행해야 하는데, 이 모든 움직임은 그의 지독한 행동이 아무런 틀 없이 방치되는 경우에 그가 했을 행동과 비교하자면 나에게 훨씬 큰 즐거움을 준다.

나는 두 게임 모두에서 마찬가지로 변화를 희망하고 또 행위의 의미를 재의미화하고자 노력할 테지만, 그렇다고 얼굴에 피구공을 맞는 일의 모욕감이 사라지지는 않는다. 농구를 그토록 도덕적 변화에 강한 도구로 만들어 주는 것은 농구의 규칙이지 재의미화하려는 플레이어의 정신적 노력이 아니다. 만일 도덕적 변화가 단순히 나의 해석 행위, 즉 쾌활한 '태도'를 갖추는 나의 행위의 문제였다면, 나는 두 게임 모두에서 그러한 변화를 완수할 수 있었어야 하고, 농구를 더 선호할 아무런 이유가 없을 것이다. 그러나 나는 피구에 비해 농구를 훨씬 더 선호하는데, 이는 농구의 게임 디자인이 도덕적 변화에 훨씬 적합하기 때문이다. 우리가 여기서 마주한 것은 철학자들이 하는 변인통제 사고실험〈controlled-variable thought experiment〉의 자연스러운 버전이다. 내가 가진 의도와 심리적 틀, 그리고 불량배들이 가진 의도와 심리적 틀은 피구와 농구 모두에서 동일하다. 달라지는 점은 게임 디자인뿐이다. 그렇기에 둘 중 어느 경우에 도덕적 변화의 효력이 증가한다면 이는 플레이어의 정신적 행위에서만 기인하지는 않는다. 이는 분명 게임 디자인에서 비롯한 것이기도 하다.

스텐로스, 바에른, 사이먼, 와이머 모두 놓치고 있는 점은 게임 디자인이 가진 도덕적 중요성이다. 이러한 이론들 중 어느 것도 서로 다른 게임 디자인이 각기 다른 정도의 도덕적 변화 효과를 일으킨다는 사실을 잘 해명하지 못한다. 게임 행위를 재의미화하는 플레이어의 정신적 행위에 주목함으로써 의지주의적 설명은 게임 디자이너의 도덕적 기여를 간과한다. 분투라는 동기 상태는 실제로 도덕적 변화에 필수적으로 요구되는 정신 상태이다. 하지만 아무리 필수적이어도 그것만으로는 충분하지 않다. 게임의 디자인 및 플레이 커뮤니티에서 보이는 사회적 특성 또한 결정적이다.

사회적 행위를 촉발하는 인공물로서의 게임

우리는 이제 게임이 가진 도덕적 변화 능력을 경유하여 중요한 것을 알게 되었다. 이제 보니 멀티플레이어 게임은 일종의 사회적 기술인 것이다. 이러한 게임은 전반적인 효과를 위해서 일시적으로 플레이어의 사회적 관계를 재구성한다. 이는 아방가르드 게임 실천에 새로 도입된 특별한 양념 같은 것이 아니고, 또 게임 실천과 동시대 예술 실천의 새로운 합체 같은 것도 아니다. 이는 멀티플레이어 게임 플레이의 본질

자체에 심어져 있는 것이다. 멀티플레이어 게임의 디자인은 행위성 매체를 조작한 것으로서, 무엇보다도 특정히 디자인된 관계 및 거기서 발생하는 개인 간의 사회적 실천 구조를 생산한다. 이것들이 때로 명시적인 협력 행위이기도 하고, 또 다른 경우에는 그러한 배치가 도덕적으로 변화된 경쟁 행위로 이어질 수도 있다.

이제 이를 일반화해 보자면, 나는 멀티플레이어 게임이 사회적 기술이며 우리의 사회적 관계를 어떤 목표 아래 재배치할 수 있다고 주장한다. 몇몇 게임에서 그 목표는 구조화된 경쟁으로부터 생산적이고 즐거운 활동을 창조하는 것이다. 그러나 곧 살펴볼 바와 같이, 그것이 유일한 목표는 아니다. 더욱 중요하게도, 사회적 엔지니어링이란 바로 그 자체, 즉 엔지니어링이다. 이는 게임 디자인의 규제된, 구조화된 측면에서 비롯한다. 게임 디자이너는 행위성을 특정하고, 그것을 통해서 행위자들의 사회적 구조를 조형한다. 여기서 내가 제안하는 바는, 게임에 관한 플레이어 중심적 관점을 벗어나자는 것이다. 게임 속 사회적 관계의 패턴이 전부 플레이어가 기여한 바로부터 나왔다고 생각할 수는 없다. 그러한 패턴은 자주 게임 디자인에 의해서 생성되거나, 적어도 게임 디자인으로부터 깊은 영향을 받아서 조형된다.

사회적 디자인의 손길이 게임에서 협력의 방향으로만 작용하는 것은 아니다. 게임은 놀랍도록 정확하고 복잡한 사회 구조 속에 경쟁자들을 배치하기도 한다. 예를 들어, 보드게임 「루트: 힘과 정의의 땅 우드랜드」〈Root: A Game of Woodland Might and Right〉에서 콜 월리의 놀라운 게임 디자인을 살펴보자. 「루트」는 정치 및 경제 전쟁에 관한 시뮬레이션이자, 사람들의 마음과 정신의 고투에 관한 시뮬레이션이다. 결정적으로 이 게임은 완전히 비대칭적이다. 모든 팀은 각자 다른 룰에 따라 플레이하고 각기 다른 목표를 겨냥한다. 사실상 다른 게임을 하는 셈이다. 「루트」는 COIN〈counter-insurgency〉 계열의 전쟁 게임, 즉 극도로 복잡한 일군의 모의 반란 진압 전쟁 시뮬레이션에 기반한다. 예를 들어 한 가지 **COIN** 게임 「호수에서의 총격전」(**Fire in the Lake**)은 베트남 전쟁 중의 베트남을 배경으로 하며, 미국, 남베트남군, 북베트남군, 베트콩 등 모든 팀이 완전히 비대칭적인 전쟁에 참여한다. 또 다른 **COIN** 게임은 탈레반을 축출하기 위한 미국의 노력을 시뮬레이션한다. 이 게임들은 거대하고 복잡하며 혹독한 시뮬레이션으로, 배우는 데도 몇 시간이 걸리고 플레이하는 데는 더 많은 시간이 걸린다. 「루트」는 이러한 체계들을 가져다가 쉽게 배울 수 있고, 또렷하며, 굉장히 즐거운 작은 게임으로 압축하면서도, 매혹적인 비대칭성의 상당 부분을 보존하고 있다. 또한 반란 진압 전쟁의 정치 경제학을 모델링하려는 해당 시리즈의 시도를 유지하면서도, 여기에 사랑스러운 숲속 생명체 테마를 더했다.

「루트」의 한쪽 팀은 숲속을 지배하는 부르주아 기업가이자 문자 그대로 뚱뚱한 고양이인 '고양이 후작'이다. 다른 팀은 '이어리족'으로, 이들은 짹짹거리며 규칙에 매여 사는 전쟁광인 늙은 귀족들이자 새이기도 하다. 또 다른 팀은 '우드랜드 연합'인데, 다람쥐와 쥐 등 (문자 그대로) 지하 생명체들의 느슨한 모임으로 자신들의 명분에 대해 사람들의 지지를 얻어 혁명을 일으키려는 자들이다.

고양이 후작 팀이 플레이하는 것은 기반 시설을 짓고 군대를 움직이는 게임이다. 이들은 건물을 짓고, 자원을 모으며, 군대를 만들고, 상대편을 잔혹하게 억압한다. 이들은 부유하고 강한 권력을 쥐고서, 많은 군대를 거느린다. 이 팀을 플레이하는 일은 고전적인 독일식 경제 게임을 플레이하는 것과 같다. 현상을 유지하며, 꾸준히 흘러들어 오는 쉬운 점수를 모으는 것이다.

이어리족이 하는 것은 계획 및 조직 게임이다. 이들은 자신의 모든 움직임을 미리 조직하고, 복잡한 계획을 세우며, 여기에 매 차례마다 새로운 요소를 더해야 한다. 계획을 한번 수립하면, 이들은 매 차례 계획 전체를 집행하여 엄청난 수의 행위를 수행한다. 그런데 이들은 매 차례마다 계획 전체를 집행해야만 하는데, 그래서 이미 짜 둔 계획에 들어 있는 어떤 요소도 제거하거나 수정할 수가 없다. 만약 어떤 차례에 계획의 아주 작은 일부라도 집행할 수가 없게 되면 이들은 위기에 빠진다. 계획 전체가 무너지고, 많은 점수를 잃으며, 처음부터 다시 계획을 세우기 시작해야 한다. 이는 유연하지 못한 독단적 체제와 엄청난 리더십의 불안정성으로 인해서 지속적인 체제 변동을 겪는 위태로운 사회를 시뮬레이션한다.

우드랜드 연합의 경우 보드 위에 어떠한 군대나 기지도 없이 시작한다. 이들은 천천히 사람들의 동조를 얻어 가며 보드 전체를 야금야금 잠식해 나가지만, 후작이나 이어리족이 그들의 군대를 무자비하게 이용하여 이러한 동조를 짓밟는다. 하지만 만일 우드랜드 연합이 자원을 충분히 모으면, 이들은 작은 혁명들을 일으킬 수 있고, 이를 통해 근처에 있는 모든 군대를 제거하고 연합의 기지를 세울 수 있게 된다. 그리고 이 기지에서는 연합의 전사들을 배출할 수 있는데, 이들은 다른 장소로 날쌔게 이동하고 숲속으로 숨어들어 사람들에게서 더 많은 동조를 불러일으킨다.

이 게임은 플레이어를 복잡한 관계의 네트워크로 빠져들게 하는 놀라운 능력을 자랑한다. 고양이 후작은 지배적 입장에서 시작하며 현상을 유지하고 변화를 억제함으로써 승리할 수 있다. 우드랜드 연합은 처음에는 극히 약하지만 약삭빠르기 때문에 내쫓기가 어렵다. 이들이 사람들에게서 충분한 동조를 얻게 되면 모든 것을 폭파하여 뒤엎을 수 있기 때문에, 다른 플레이어들은 이들이 기반을 넓히지 못하게 계속해서 짓눌러 막아야 한다. 이어리족을 플레이하는 것은 배꼽 빠지도록 재미있다. 무슨 일을 하려거든 이들은 시간이 지날수록 더 혼란스러워지는 엄청나게 복잡한 계획을 짜야 한다. 이들의 계획은 처음에야 엄청나게 강력하지만, 상황이 진행될수록 이어리족은 자신의 유연하지 못한 계획에 갇혀 버리며, 자기 체제가 망하는 것을 막기 위해 온갖 말도 안 되는 행동들을 수행하도록 강제된다.

이 게임은 모든 종류의 정치적, 경제적, 사회적 관계를 근사하게 시뮬레이션한 작은 사회를 창조한다. 고양이 후작과 이어리족은 불안한 동맹을 유지하며 우드랜드 연합의 모든 입지를 찍어 누르기 위해 협력해야 한다. 그러나 그들 또한 협력하는 와중에 상대가 약점을 드러내는 순간을 찾아 권력 다툼을 벌여야만 한다. 우드랜드 연합은 몰래 숨어들어 고양이 후작과 이어리족이 서로에게 창끝을 겨누도록 만들 기회를 노리는데, 그래야 전쟁 중의 혼돈을 이용하여 새로운 기회를 잡을 수 있기 때문이다. 이 게임은 적대적인 사회적 관계쌍을 절묘하게 창조하고, 플레이어들로 하여금 완전히 비대칭적인 능력과 관심으로 만들어진 사회에 빠져들게 한다. 날카로운 대립에 가깝지만 아무튼 사회적인 일군의 관계를 창조하는 것이다. 게임 디자이너는 독립적인 행위성들만 만든 것이 아니라, 행위성이라는 빌딩 블록을 이용하여 사회를 만들어 낸 것이다.

사회적 예술과 사회적 변화

그러면 이러한 사회성의 조종이 예술의 영역에도 들어맞을까? 아방가르드적 사회 예술의 분야로 돌아가 보자. 우리는 띠라와닛의 저녁 식사 작품을 포함한 관계 미학의 몇몇 사례를 이미 살펴보았다. 톰 핑클펄은 폴 라미네스 조너스의 「도시를 여는 열쇠」《Key to the City》와 같이 좀 더 두드러지는 사례를 제시한다. 이 사회적 예술 작품에서 관객들은 여권 크기의 책자에 개인 정보를 기입하고, 서로에게 '도시를 여는 열쇠'라는 진짜 물리적 열쇠를 수여한다. 다음 몇 주 동안, 참가자들은 책자에 나와 있는 도시 곳곳의 다양한 장소를 방문한다. 각 장소에서 관객들은 자신이 가진 열쇠가 어떤 문을 연다는 것을 발견한다. 그 문을 열면 한 미술관의 숨겨진 특별 공간이 나오기도 하고, 토르티야 가게의 지하 주방이 나와서 타코 만드는 방법을 배운 뒤 20분 동안 토르티야 가게의 운영을 돕기도 한다.《Finkelpearl 2012, 1-4》

많은 초창기 사회적 예술은 노골적으로 우정과 공동체에 관한 것이었다. 클레어 비숍은 타니아 브루게라의 「타틀린의 속삭임 #5」(**Tatlin's Whisper #5**)와 같은 보다 적대적인 형태의 사회적 예술의 중요성을 옹호한다. 이 작품에서 아무것도 예상하지 못한 관객은 전시 갤러리에 들어와서 분명한 권위를 행사하는 인물들, 가령 말을 탄 경찰관들을 마주친다. 이들은 관객들을 아무 장소로나 이리저리 몰아대며 지시를 내려 댄다. 비숍이 말하기를, 이러한 작품은 관객들에게 임의의 권위의 지배를 받게 되는 것이 어떤 느낌인지를 전달한다.(**Bishop 2004, 55-58, 67**)

마지막으로, 『아트파운드리』(**Artfoundry**)에서 리뷰한 히트 귀엔의 작품 「우정의 다리」(**Le pont des amies**)를 살펴보자.

관객들이 준비된 방으로 안내되고 사각의 테이블에 앉는다. 각 테이블마다 딱 한 명의 관객이 각 모서리를 차지한다. 마리나 아브라모비치가 관객과 가졌던 직접적인 눈맞춤을 참고하되, 다만 여기서는 작가가 진행 과정에서 완전히 빠지기를 선택했다. 참가자들이 서로를 응시하건 하지 않건 자기 마음이다. 누군가는 이것이 아브라모비치의 작품보다도 더 급진적인 예술가-관객 관계의 역전이라고 생각할 수 있지만, 참가자들은 이내 작가가 그들에게 일군의 행동을 지시하는 여러 지침을 받게 된다. 마주 보고 있는 참가자들이 짝을 지어 숫자에 관련된 과제를 하게 되며, 그 과정에서 다양한 숫자 플래카드를 교환한다. 이들은 협력해야 하되, 협력의 주제에 대해 직접적으로 말할 수는 없다. 이러한 지침들은 미술관 행위 예술의 새로운 '규범들'에 도전한다. 이들은 그 대신에 주어진 약호를 통해 자신들의 관심을

암시해야만 한다. 이러한 작업은 참가자로 하여금 가장 허약한 수단을 통해서 연결되게끔 한다. 언어의 취약성을 강조하면서도 인간의 의사소통 역량의 끈질김을 강조하는 것이다. 누군가는 라캉의 영향을 떠올릴 것이다. 약호를 배우고 임의적이고 불가사의한 의사소통 체계 속에 자신의 소망을 약호화하는 절차는 소위 공동체의 생활에서 사회적 거울 단계를 보여 준다. 작품은 더 나아가 퍼포머와 관객 사이의 분리를 없애고 파열하려는 조짐을 보인다. 우리는 예술가의 지시를 따르면서 이미 유명 퍼포머에서 이름 없는 비전문 퍼포머로 옮겨 갔다. 이제 휴이텐스는 비전문 퍼포머와 관객 사이의 분리를 제거하여, 관객 자신이 예술 작품에 진입하고 예술 작품이 되도록 지시한다. (Keune 2003)

이러한 종류의 사회적 지향을 띤 예술 실천은 최근 '관계 미학', '참여 예술', '공동체 예술', '사회적 예술', '사회적 실천 예술' 등 여러 이름으로 불리게 되었다. 이러한 부류의 실천을 '사회적 예술'이라고 부르도록 하고, 이 용어가 어떤 분명한 정의는 없지만 서로 관련 있는 실천들의 무리를 가리킨다고 이해하자. 이러한 흐름의 예술 작품은 보통 상호작용적, 참여적 사건으로 이루어진다. 아방가르드 예술 실천의 관점에서 볼 때 이러한 새로운 사회적 사건의 핵심은 무엇인가? 부리오가 설명하기를, 예술계는 이제 "좀 더 나은 방식으로 세계에 거주하기를 배우기"라는 새로운 프로젝트에 착수한다. 그리고 예술이 사회적 공간에서 다 함께 만나게 되는 대상들을 포함한다고 할 때, 예술은 가령 텔레비전이나 문학보다 그러한 일을 더 수행한다. 예술은 특수한 종류의 사회적 만남을 창조한다. 부리오는 예술이 "관계의 공간을 긴밀하게 한다"라고 말한다. "예술은 특수한 사회성을 생산하는 공간이다."(Bourriaud 2002, 13-16)

부리오에 따르면, 도시도 이러한 일을 하긴 하지만 나쁜 목표를 위해서 할 따름이다. 도시 조경은 특정 사회성을 만들어 내지만, 그러한 사회성은 기능적, 기계적, 자본주의적 목표에 맞추어져 있다. 부리오는 도시들이 우리를 기계화하고, 사람들 사이의 관계를 축소시킨다고 말한다. 예술은 다양한 사회적 관계를 만들어 낼 수 있다. 그리고 예술은 세계의 나머지 부분을 비판하고 반성하는 일에 국한될 필요가 없다. 예술은 변화를 직접 일으킬 수 있다. 예술은 우리가 거주할 진짜 마이크로유토피아를 바로 지금 만들어 낼 수 있다. 이러한 이유로 부리오는 띠라와닛의 요리 설치 작품과 같이 명랑한 공간, 작은 우정의 오아시스를 창조하는 일을 지지한다.(Bourriaud 2002, 13-18, 30-31; Bishop 2004, 54)[73] 예술, 특히 관계 미술은 특정 사회성을 부여한다고 부리오는 말한다. 그러한 사회성은 가치를 담고 있다. 그리고 우리는 그러한 가치를 일상 생활로 다시 전파시킬 수도 있다. 그러한 사회적 가치 부여야말로 관계 미학의 작업들을 특별하게 만들어 준다. 그것들은 이러한 특정 사회성을 고취한다.

그런데 나는 멀티플레이어 게임이 정확히 그런 일을 할 수 있고 또 그런 일을 오랜 시간 동안 해 왔다고 주장했다. 게임 디자이너는 행위성의 매체로만 작업하는 것이 아니라 멀티플레이어 게임에서는 사회성의 매체로도 작업할 수도 있다. 행위성을 설정함으로써 그들은 협력하거나 경쟁하는 특정 행위적 네트워크, 즉 일군의 관계들을 구현할 수 있다. 「하나비」, 「스페이스 얼럿」, 「팬데믹」, 「디펜스 오브 디 에인션츠」, 농구 등은 각각 행위성 형식을 특정함으로써 여러 형태의 사회성을 창조한다. 게임 디자이너가 사회적 패턴에 대하여 행사하는 통제의 정도는 게임마다 크게 달라진다. 예를 들어 농구의 경우 특정 사회성의 패턴을 느슨하게 제시한다. 농구 규칙은 가령 지역 방어나

---

73   부리오의 접근에 대한 유용한 비판으로는 적대적 사회 예술이 가진 사회적, 변화적 잠재력에 관한 비숍의 논의를 참조.(55-70)

대인 방어를 전혀 요구하지 않지만, 그러한 가능성은 게임의 전략적 필요와, 드리블 및 패스의 규칙 등 행위적 제한 사항들로부터 발생한다. 반면 「하나비」는 아주 정교하게 사회적 관계를 특정한다. 이 게임의 행위적 지침은 플레이어들의 사회적 관계를, 직접적으로, 주조한다.

그건 그렇고 사실 귀엔의 「우정의 다리」라는 작품은, 적어도 제도적으로 제시된 예술 작품으로는, 존재하지 않는다. 예술가와 『아트파운드리』리뷰는 내가 이 장의 목적을 위해서 꾸며낸 것이다. 내가 묘사한 것은 사실 콘트랙트 브리지(**contract bridge**)라는 게임이다.

게임은 그러니까 사회적 작품일 수 있다. 우선은 사회적 작품이란 사회적 관계가 작품의 매체 일부가 되는 작품이라고 해 보자.**74** 분명 띠라와닛의 저녁 식사 작품과 경찰이 군중을 통제하는 브루게라의 작품은 사회적 작품들이다. 띠라와닛의 저녁 식사 작품과 브루게라의 군중 통제 작품에서 관객들은 자기 자신을 맡아 행위한다. 내가 어떤 공간에 들어서서 다른 사람들과 저녁을 먹거나 말에 올라탄 경관을 맞닥뜨릴 때 나는 평소와 다를 바 없이 반응한다. 하지만 멀티플레이어 게임 또한 분명한 사회적 작품이다. 그리고 그것은 참여자들의 특정 행위성을 주조하는 등의 특수한 방식을 통해서 사회적 관계를 발생시킨다. 게임은 우리가 중요한 면에서 우리 자신이 아니게 되도록, 최소한 평소의 관습적인 자신에게서 벗어나도록, 디자인된 경험을 제공한다. 대개의 아방가르드 사회적 예술 실천을 보면, 사회적 관계가 자발적으로 발생하도록 하는 설정을 만들어

---

74 '사회적 작품'과 '사회적 예술'이라는 용어는 여러 방식으로 사용된다. '사회적'이라는 수식어는 관계적, 참여적 작품에서부터 사회 정치적 목적을 띤 예술까지 엄청나게 광범위한 대상을 가리키게 되었다.(**Jackson 2011, 11-16**) 나는 이 범위 중에서도 하나의 중요한 측면에 주목하겠지만, 그렇다고 내가 한정한 정의가 모든 범위를 빠짐없이 포괄한다고 보지는 않는다.

내곤 한다. 게임은 그와 달리 여러 형태의 관계를 내포하는 여러 행위성을 지정함으로써 우리를 특정 사회적 관계로 밀어 넣는다. 게임은 다른 여러 사회적 예술보다 훨씬 깊숙이 침투하는데, 왜냐하면 플레이어들이 특정된 행위성을 채택하도록 요구받기 때문이다. 그러나 이 침투성(intrusiveness)은 사실 예술가가 플레이어의 행위성을 위한 공간을 마련하는 동시에, 더 큰 예술적 통제력을 행사하는 방식이다.

게임이 또한 게임 바깥으로 전파될 수 있는 사회적 가치들을 모델링할 수도 있을까? 물론 그럴 수 있다. 하지만 우리가 모델링할 수 있는 다양한 종류의 가치를 유념하라. 부리오가 선호한 부류의 관계 미학 예술 작품은 흔히, '사회적'이라는 말의 매우 특정하고 구어적인 의미에서 바람직한 사회적 가치—우정의 가치, 대화의 가치 등—를 전달한다. 띠라와닛의 저녁 식사 작품에서 모델링하고 있는 가치는 저녁 식사, 친구들과의 만남과 같은 상황에서 가장 전파되기 쉽다. 그에 반해 게임에서 모델링되는 가치는 대개 인식적 및 실천적 공동체의 가치이다. 「하나비」에서 모델링하는 가치는, 가령 과학 실험에 참가한다거나 학술 논문 출간과 같은 집단적인 인식적 노력에 참여하는 등의 경우에 가장 전파되기 쉽다.

마지막으로, 게임이 "좀 더 나은 방식으로 세계에 거주하기를 배울" 수 있게 해 줄까? 만약 관계적 예술 작품이 그럴 수 있다고 믿는다면 게임도 당연히 그럴 수 있다. 내가 주장한 바와 같이, 게임은 우리의 행위적 화살통(agential quivers)에 더 많은 유형의 행위성을 집어넣는다. 하지만 게임은 또한 새로운 형태의 사회성 내에서 일어날 수 있는 새로운 행위성을 경험하게 해 준다. 「하나비」는 제한된 수단만으로 의사소통에 첨예하게 집중해 보도록 한다. 다만 이 경우에는 완전히 협력을 지향하는, 그러한 제약들을 힘을 합쳐 극복하자고 합심한 집단의 일원이 되는 것이다. 「루트」는 가령 구체제 속 부유한 인물이 되어 보도록 해 준다. 다만 이 경우

혁명가들과 보수적인 전쟁광들에 맞선 격렬하고 능동적인 고투에
참여해야 한다. 「루트」는 또한 그처럼 얽히고설킨 동일한 고투를
부유한 거인들 싸움에서 살길을 찾아야만 하는 절박하고 가진 것 없는
반란꾼의 관점에서도 경험하게 해 준다.

　　게임은 새로운 형태의 사회성에 접근할 수 있게 해 준다. 게임은
우리에게 새로운, 서로 다른 행위자 공동체에 거주해 보게 한다.
그리고 이전과 다른 행위적 관점에서 사회성의 그러한 새로운 형태들을
보여 준다. 게임은 우리가 아주 다양한 행위성에 따로따로 접근하도록
하지 않는다. 게임은 아주 다양한 사회적 배치를 접하게 하되, 다양한
역할을 맡아서 여러 사회적 배치를 경험시킨다. 게임은 여러 새로운
사회성에 대한 관점을 부여하면서도 또한 서로 다른 행위적 각도에서
그러한 사회성을 볼 수 있게 해 준다.

　　4장에서 나는 게임이 다양한 행위성을 제공할 수 있다고,
게임이 개인의 자율성을 뒷받침한다고 주장했다. 단기적 제약과 특정
행위성에 스스로 따르는 일은, 적절히 해내기만 하면, 실제로 우리의
자율성을 증진한다. 이제 이러한 설명을 확장해 볼 수 있다. 게임은
또한 다양한 사회성을 경험하게 하며, 특정 행위성이 특정 사회적
관계와 패턴을 만들어 낸다는 점을 보여 준다. 게임은 서로 다른 사회
구조 내에 조직된 새로운 행위성의 경험을 제공할 수 있다. 게임은
협력하는 팀 안에, 혹은 변화하는 동맹 관계 안에, 혹은 인식적으로
불안정한 사회적 공간 안에 처해 보는 경험을 제공한다. 만약 게임이
행위성의 라이브러리를 제공한다면, 멀티플레이어 게임은 '사회성의
라이브러리'〈library of socialities〉를 제공한다.
게임은 우리가 자신의 행위성을 어떻게 점유할지에 관해서뿐 아니라 이
모든 다양한 행위성으로부터 어떻게 서로 다른 사회성의 형식을 구축할
수 있을지에 관해서도 더 많은 선택지를 보여 줌으로써 우리의 자율성을
강화한다.

　　존 스튜어트 밀은 사회의 진보를 이루기 위해서는 각기 다른

선의 개념 아래에서 살아가는 삶이 어떠할지를 탐구해야 한다고 말했다. 그리고 우리는 경험적 탐구를 통해서 이를 해내야 한다. 밀이 말하기를, 우리는 "삶 속의 실험"을 수행해야 한다. 즉 새로운 선의 개념을 탐색할 새로운 삶의 형식을 시도해 보아야 한다. 실생활에서, 이는 근본적으로 다른 사회적 배치를 가지고 소규모 실험을 수행함을 의미한다. 거대 자본주의 아래서 살아가는 미국 시민들이 수행하는 소규모 공동체 생활도 이에 해당할 것이다.(Mill [1859] 1999; Anderson 1991; Muldoon 2015) 내가 주장하는 것은 게임이 또 다른 형식의 삶 속의 실험이고, 그중에서도 가장 빠르게 할 수 있는 개괄적 버전이라는 것이다. 우리가 일회용 목표 아래 상호작용하는 경우, 우리는 새로운 선의 개념 아래서 사회적 삶이 어떻게 이루어질지를 탐색하고 있는 것이다.

어쩌면 이것이 엄청난 비약처럼 들릴 수도 있겠다. 하지만 독자들에게 상기시키고 싶은 점이 있다. 우리 중 대부분은 인간의 인공물이 특정 경험을 만들어 낼 수 있으며, 그러한 경험을 통해 우리가 스스로를 발전시킬 수 있다고, 즉 이 세계에서 어떻게 살아갈지를 배우게 해 준다고 생각한다. 누스바움이 말하는 바와 같이 내러티브가 감정적 훈련을 제공하고 새로운 감정적 가능성을 보여 준다는 것은 그다지 이상한 생각이 아니다. 많이 읽고, 보고, 듣는 것은 우리가 더 완전하고 나은 사람이 되도록 도와준다. 우리는 내러티브를 통해서 다른 사람의 경험을 받아들일 수 있다. 그러한 경험은 우리의 남은 삶에 스며들어서, 이 세계에 대한 경험과 이 세계를 살아가는 방식을 형성할 수 있다. 그렇다면 게임—우리가 행위성을 플레이하고, 새로운 실천적 정체성을 장착하며, 전과 다른 능력과 목표를 받아들이고, 새로운 사회적 배치를 받아들이는 인간의 예술 형식—또한 그러한 일을 할 수 있다는 것이 왜 그토록 이상한 일이어야 하는가? 책, 영화, 음악 등 너무나 많은 구축된 인공물들이 우리가 직접 경험할 수 있는 것보다 광범위한 경험에 접근하도록 해 준다. 게임 또한 그 자체의 특별한 방식으로 우리 경험의 범위를 확장해 줄 수 있다는 것은 그다지 이상한 생각이 아니다.

게임은 우리가 가진 가장 오래된 인공적 실천 중 하나이다. 우리는 게임을 할 때 광범위한 새로운 행위성을 장착한다. 게임은 새로운 행위성 형식을 이해하도록, 그러한 새로운 형식을 내부로부터 이해하도록 해 준다. 우리가 이 모든 것을 받아들인다면, 게임이 새로운 사회 구조를 내부에서부터 탐구하게 해 줌으로써 우리의 사회 구조를 발전, 변형, 변화시키도록 도와줄 수 있다고 생각하는 것은 이상한 일이 아니다. 그러한 탐구는 우리의 사회 구조를 잘 다룰 수 있게 해 주고, 새로운 사회 구조 내에서 살아간다는 것이 어떤 것인지를 보여 준다.

9장
게임화와 가치 포획

지금까지 나는 게임이란 행위성의 예술이라는 찬사를 보냈다.
행위성이라는 매체가 실천성의 미적 경험을 형성하고 우리의 자율성을
발달시키는 데 사용되는 방식을 탐색해 왔다. 게임 디자이너는 목표,
규칙, 환경 등을 조작하여 행위성의 형식을 조형하고, 이를 게임 속에
기입한다. 게임을 할 때 우리는 그 행위성 형식을 채택한다. 즉 새로운
행위적 자세(**agential posture**)를 취한다.

　　이 장에서는 게임이 지닌 위험들, 특히 행위적 매체의 사용에서
비롯하는 위험들을 고찰한다. 나는 또한 현실 속의 게임과 같은
체계들이 지닌 위험을 탐구하는데, 그것들은 행위성에 있어서
게임 같은 전환을, 때로는 우리의 인지나 동의 없이도, 촉발할
수 있다. 나는 게임화(**gamification**), 즉 게임 같은
요소들을 실생활에 도입하는 일에 특히 주목한다. 여기에는
'의도적 게임화'(**intentional gamification**)가
포함되는데, 이는 비(非)게임 활동에서 사람들의 동기를 변화시키기
위해 게임에서 차용한 디자인 요소를 이용하는 것을 가리킨다.
예를 들어 핏비트(**FitBit**)[75]는 사용자가 운동을 하면
게임에서와 같은 보상을 제공함으로써 체력 단련이라는 과제를 좀
더 게임에 가깝게 만들게끔 디자인되어 있다. 또한 나는 '우발적
게임화'(**accidental gamification**)에 관해서도
고찰한다. 이는 다른 이유에서 현실에 게임 같은 특성을 도입했지만
어쩌다 보니 게임과 같은 방식으로 우리에게 동기를 부여하게 되는
사태를 말한다. 예를 들어, 학술 활동은 최근 들어 인용 수와 영향력

---

[75]　역주: 동명의 미국 회사에서 생산하는, 운동량 및 건강 상태를 모니터할
수 있는 스마트 워치 등 여러 스마트 기기들을 가리킨다.

지수 등 연구의 질에 관한 수량화된 지표에 따라서 측정되기에
이르렀다. 이러한 지표가 연구자들에게 명시적으로 게임화를
야기하도록 고안된 것은 아니다. 짐작하건대, 이는 정보를 분석해야
하는 관료적 필요성과, 교원 채용 및 승진에 관해 좀 더 객관적으로
보이는 결정을 내리려는 대학 행정부의 노력 등에서 기인한 것이다.
하지만 그러한 지표의 명료하고 단순하며 수량화된 특성은 또한 게임과
같은 동기를 일으킬 수 있다. 이 지표들은 아무래도 어떤 점수처럼
보이기 마련이다. 우리가 이를 온 마음을 다해 추구할 때면, 게임에서
오는 즐거움과 비슷한 것을 얻게 된다. 그리고 만약 우리가 현실
세계에서 게임적인 즐거움을 너무 간절히 얻고자 하면, 실천적인 추론을
할 때 그러한 단순화된 척도를 사용하는 일에 지나치게 몰입하게 된다.
일터에서 게임 같은 즐거움을 얻겠다고 그러한 지표들이 낳은 생소하고
명료한 용어들로 성공의 개념을 재정의하는 일에 몰입하는 것이다.
이것이 항상 좋은 일은 아니다. 나는 그러한 특성들이 게임 속 행위적
유동성에 있어서는 결정적이지만 그것들이 비(非)게임 영역에 섣불리
전파되면 도덕적, 사회적 재앙을 가져올 수 있다고 주장할 것이다.

　　게임 플레이에 들어 있는 행위적 유동성은 일군의 독특한
위험들을 야기한다. 그것들은 스포츠, 카드 게임, 보드게임, 비디오게임
등 온갖 게임에서 플레이어들을 위협한다. 이러한 위험들은 폭력적,
성적 재현을 담고 있는 콘텐츠의 위험을 늘어놓는 경향 속에서
대부분 간과되어 왔다. 하지만 폭력성 묘사의 문제들은 재현적
비디오게임(그리고 아마 몇몇 격투 스포츠)이라는 비교적 협소한
범주에서만 제기된다. 행위적 매체의 위험은 명료한 목표를 특정하는
어느 게임에서든지 발생할 수 있다. 이 위험은 폭력적인 비디오게임의
플레이어에게만큼이나 체스, 브리지, 「제국」, 「문명2」, 축구 등의
플레이어에게도 도사리고 있다.

　　그러한 행위적 위험을 이해하는 일은 특히나 중요한데, 왜냐하면
그것이 실생활 속 게임화에서도 수반되기 때문이다. 아마존이

생산성을 극대화하기 위해 노동자들에게 점수와 등수를 매겨 노동 환경을 게임화하는 경우, 여기서 도덕적 위험은 어떤 폭력의 재현에서 기인하는 것이 아니다. 위험은 명료한 목표와 수량화된 점수 체계에서 오는 이상하리만치 강력한 동기적 인력(motivational pull)에서 기인한다. 이 장의 목적은 게임에 대해 우리가 갖는 여러 우려와 관련하여 약간의 방향 조정을 하는 것이다. 게임의 윤리적 중요성과 사회적 위험에 관한 논의들은 주로 게임이 폭력적, 성적 콘텐츠를 담고 있는지에 집중해 왔다.[76] 나는 그보다 게임 및 게임 같은 체계가 단순화·수량화된 목표의 무반성적인 추구의 확산을 부추긴다는 점을 훨씬 더 우려한다. 나는 게임이 연쇄살인범보다 월스트리트의 투기꾼을 양성하리라는 점을 더 우려한다.

내러티브가 세밀하게 조정된 감정 표현을 통해서 실천적 지혜를 전파할 수 있기 때문에 우리의 도덕적 발달에 기여할 수 있다는 누스바움의 주장을 다시 떠올려 보자. 하지만 바로 그러한 역량이 내러티브를 아주 위험하게 만들기도 한다. 내러티브는 단순화된, 그릇된, 악랄한 감정을 전파하는 데 사용될 수 있다. 내러티브가 지닌 감정적 힘은 내러티브를 도덕적 발달과 악의적인 프로파간다 모두에 효과적이게끔 만든다. 나는 게임이 이와 비슷한 양날의 칼이라고, 다만 게임의 특별한 역능은 그것이 감정보다 행위성을 이용한다는 점에서 나온다고 주장한다.

한 가지 첨언하자면, 이 장에 나오는 상당수의 잠정 결론들은 인간 심리에 대한 경험적 주장에 의존한다. 나는 여기서 어떠한 경험적 확실성도 주장하지 않는다. 그보다 나는 나의 이론이 논구하는 특정한 위험들의 윤곽을 그려내고, 몇 가지 가설을 일화와 관찰을 통해 제시할 것이다. 나는 여기 나오는 나의 관찰이 충분하다고 생각하지 않는다.

---

[76] 철학 연구에서 최근의 사례로는 Luck(2009); Patridge(2011); Bartel(2012) 등을 참조.

우리에게는 추가적인 경험적 연구가 필요하다. 행위적 매체의 위험은 그 심각성에 비해 상대적으로 덜 탐구된 주제이다.

총체적 도구화

우리는 어떤 태도와 경향을 게임 내부로부터 바깥 세계로 전파하는가? 우선은 비디오게임 속 폭력성에서 발생 가능한 심리적 여파에 대한 논의들을 살펴보자. 『가상 세계의 윤리』(Ethics in the Virtual World)에서 개리 영은 그러한 연구에 대한 철저한 설문을 제공한다. 그는 비디오게임에서 폭력의 재현이 때로 생각만큼 유해하지는 않다고 결론짓는다. 가장 중요한 점은, 게임 속 사건들의 허구적 지위에 대한 인지가 심리적 여파의 대부분을 차단한다는 점이다. 영화와 텔레비전 속 사건들의 허구적 지위에 대한 인지가 그러한 매체에서 폭력을 관람함에 따른 심리적 여파의 대부분을 차단하는 것처럼 말이다. 비디오게임 속 사건의 허구적 지위를 인지하지 못하는 몇몇 사람들의 경우, 폭력형 비디오게임을 플레이하는 것이 실제로 현실에서 폭력적 행동의 가능성을 높일 수 있다. 하지만 나머지 사람들의 경우 거의 그럴 위험이 없다.(Young 2014) 나는, 폭력형 비디오게임이 가져오는 결과에 대한 연구가 여전히 진행 중이며 그 결과는 복합적이라는 조건 아래, 일단은 이것이 옳다고 전제할 것이다.

하지만 만약 영이 옳다면, 그러한 여파에 대한 방지책들은 게임의 허구적 측면에만 적용될 일이라는 점을 유념하자. 하지만 게임 플레이의 얼마만큼이 실제로 허구적인가? 예스페르 울은 유용하게도 비디오게임이 반은 허구적, 반은 실제적이라는 점을 일깨운다.(Juul 2005) 우리가 온라인 슈팅 게임을 플레이하는 데 내가 여러분을 쏘았다고 생각해 보자. 허구적 차원에서 나는 여러분을 쏘았고 죽였다. 하지만 비허구적 차원에서 나는 사실 여러분을 이기고 점수를 얻었다. 내가 여러분보다 한 수 앞서고, 여러분보다 빠르며, 여러분보다 이 게임을 '잘한다'라는 점은 전혀 허구적이지 않다. 게임 속 나의 승리는 실제적이다. 대부분의 플레이어가 비디오게임 속 폭력이 그저 허구라는 점을 이해한다고 해 보자. 이는 오직 허구적 콘텐츠의 익숙한 효과들만을 걸러 내는 데에만 쓸모가 있다. 우리는 여전히 게임 플레이의 비허구적 컨텐츠에 내재하는 위험에 처해 있을 것이다.

게임 플레이의 비허구적인 부분에서 위험한 점은 무엇일까? 대부분의 슈츠적 게임에서 길러지는 독특한 실천적 태도를 생각해 보라. 현실 세계에서 우리는 가치들 사이의 균형을 맞추어야 한다. 우선 우리 각자는 자기 자신의 다양하고도 경합적인 가치, 목표, 결과 사이의 균형을 맞추어야 하는데, 이것만으로도 이미 충분히 어려운 과제이다. 그러고는, 더욱 괴롭게도, 우리 자신의 관심과 남들의 관심 사이의 균형을 맞추어야 한다. 하지만 게임 속에서 우리는 복수성이 주는 고통에서 잠시 벗어날 수 있다. 잠시 동안, 우리는 오직 한 가지, 저 무언가를 추구하는 데 몰두하는 일만이 중요한 것인 양 행위할 수 있게 된다. 우리의 가치들이 단순화된다. 단순하고도 이기적으로 우리 자신의 목표만 좇으면 된다. 그리고 이 목표는 대개 단순하고 명료하며 극히 견고한 척도로써 제시된다. 우리는 우리의 욕구를 남들의 욕구와, 심지어는 우리 자신의 복합적인 욕망들과도 조정할 필요가 없다. 내가 말한 바와 같이, 이러한 실천적 명료성이 게임이 가진 상당수 매력의 토대를 이룬다.

우리는 게임 플레이에 특징적인 실천적 태도를 여러 가지 별개의 요소들로 나눌 수 있다. 먼저, 게임 플레이는 전심전력적으로〈all-consumingly〉도구적인 유형의 실천적 추론을 갖추라고 요구한다. 너무나 많은 게임에서 우리는 헌신적으로 목표를 추구하는 일에 몰두한다. 게임 속의 다른 모든 것은 도구화한다. 모든 자원과 모든 경쟁자를 오직 승리만을 추구하기 위해 사용하고 조작한다.[77]

77 하지만 전심전력적으로 도구적인 태도와 자기중심적 태도가 같지

내가 8장에서 주장했듯이, 이러한 총체적이고 편협한 도구화는 적절한 조건이 갖추어질 경우에만 도덕적으로 허용된다. 게임에서는 우리가 일시적으로 오직 하나만 가치 있게 여기는 동기 상태에 돌입하는 일이 허용된다. 결정적으로, 이는 우리가 다른 사람의 관심을 가치 있게 생각할 필요가 없음을 의미한다. 우리는 칸트주의자들이 말하듯이 그들을 존중과 존경으로 대할 필요가 없다. 조종하고, 이용하고, 파괴하는 것이 허용된다. 이러한 태도가 몇몇 게임에서 허용되는 것은 게임 속 상대편이 일시적이기 때문이고, 상대편이 이 고투에 대해 동의했기 때문이며, 게임의 디자인이 우리의 이기적인 공격을 상대편이 느끼기에 즐거운 고투로 변환해 줄 수 있기 때문이다.

그러나 이러한 태도가 게임 바깥으로 빠져나가 누군가의 삶에 영향을 끼친다면 커다란 위험을 초래한다. 우리가 게임이라는 맥락을 떠나서 현실 속 모든 자원과 사람을 그저 도구와 같이 대한다면, 이는 분명 도덕적으로 끔찍한 일이다. 게임은 전심전력의 태도를 드러내는 것이 모두에게 상호적인 즐거움을 줄 수 있도록 특수하게 디자인되고 세심하게 유지되기 때문이다. 분투형 플레이에서 우리는 오직 일회용 목표를 추구한다. 다른 사람들의 일회용 목표 추구를 방해한다고 해서 실제로 그들의 장기적 관심을 해치지는 않는다. 하지만 현실 속에서는 대개 이러한 요인들이 갖추어지지 않는다. 게임 바깥에서 사람들은 대개 일회용 목표를 추구하고 있지 않다. 다른 사람들의 계획을 하찮게 여기면 나는 그들을 진짜로 방해하게 된다. 그리고

않다는 점을 유념하는 것이 중요하다. 즉 가령 정의의 사도가 된다고 해서 그러한 태도에 빠질 위험에서 벗어나는 것이 아니다. 우리는 명백히 이타적인 목표를 위해서도 전심전력적으로 도구적인 태도를 취하기도 한다. 예를 들어 열대우림의 보존이나 공동체 유산의 보호 등을 위해 전심전력적으로 도구적인 태도를 지닐 수 있다. 문제는, 칸트의 익숙한 용어로 말하자면, 전심전력적으로 도구적인 태도는 다른 사람들을 그저 목표를 위한 수단으로 대하게 된다는 점에 있다. 그 목표가 얼마나 훌륭하건 아니건 상관없이 말이다.

현실은 대개 적대를 어떤 좋은 것으로 변환하도록 고안되어 있지 않다. 성숙한 게임 플레이어는 전심전력껏 도구화하는 태도를 게임 플레이 속의 일시적 행위성의 일부로 받아들이고 또 게임 이후에는 이를 벗어 둘 수 있는 역량을 갖추어야 한다. 만약 실패한다면, 즉 그러한 태도가 지속된다면, 그들은 도덕적 재난을 초래하게 된다.

우리가 이러한 전심전력껏 도구화하는 태도를 받아들였다가 이내 내려놓는 것이 어떻게 가능한 것일까? 분투형 플레이와 행위적 중첩이라는 설명 방식이 이를 말해 준다. 분투형 플레이어는 게임 자체를 위해서 승리에의 관심을 받아들인다. 그들은 승리에 헌신함으로써 도구화하는 태도를 암묵적으로 받아들인다. 하지만 도구화적 태도가 단순히 분투형 플레이의 일시적 행위성의 일부라면, 이 태도는 또한 일회적이어야 한다. 즉 우리가 승리에의 완전한 헌신을 내려놓을 때 이 태도도 내려놓을 수 있어야 한다.

우리가 실제로 그럴 수 있는가? 내 생각에, 온전한 대답을 내놓는 것은 심리학자와 다른 경험 연구자들의 일이다. 하지만 나는 많은 사람들이 전심전력의 태도를 게임의 맥락에 한정할 수 있다고 생각한다. 비록 이것이 복잡하고 정교한 기술이기는 하지만 말이다. 이것이, 적어도 일부 사람들에게는, 심리학적으로 가능하다는 증거가 존재한다. 전형적인 뒤끝 없는 사람을 생각해 보자. 뒤끝이 없다는 것은, 게임을 하는 동안 이기기 위해 열심히 플레이하지만 게임 바깥에서는 이기건 지건 신경 쓰지 않음을 말한다. 그러한 사람은 모두가 즐거운 시간을 보내거나, 재미있는 경기를 하거나, 아니면 가치 있는 고투를 체험하는지 등에 관심이 있다. 그런 사람은 동료들이 모두 즐거운 시간을 보내기만 한다면 흥미로운 패배를 반가워하고 또 기쁜 마음으로 패배한다. 그 사람에게 있어서 모든 것을 쏟아붓는〈all-out〉도구적 태도는 그 자체로 사회적, 미적, 도덕적 목표를 위한 일시적 수단일 뿐이다.

플레이에서 이러한 호인〈paragons, 好人〉이 존재한다는 것은, 적어도 누군가에게는, 모든 것을 쏟아붓는 도구적 태도가 심리학적으로 게임에만 한정될 수 있음을 나타낸다. 하지만 또한 전심전력의 태도가 플레이의 다른 일회적 요소들보다 다소 미묘하다는 점을 우려할 수도 있다. 게임의 허구적 요인들은 뚜렷하고 쉽게 내려놓을 수 있다. 승리에의 관심도, 게임의 규칙에 쓰인 바와 같이, 명백히 게임의 인공적 요소이다. 하지만 전심전력적으로 도구적인 태도는 게임의 규칙에 명시적으로 쓰여 있지 않다. 이는 대개 게임 목표가 지닌 본성에 내포되어 있을 따름이다. 이것은 알아차리기 약간 더 어려운 만큼 의도적으로 내려놓기도 더 어렵다. 하지만 이 모든 것은 경험적 주장이므로 추가적인 연구를 필요로 한다.

가치 명료성의 환상

실천적 태도에는, 내가 방금 이야기한 전심전력적인 도구적 태도를 넘어서는 또 다른 요소가 있다. 이는 좀 더 미묘하고 그렇기에 다루기가 더 어려울 공산이 크다.

게임 속에서 우리의 일시적 행위성이 견지하는 가치들은 대개 극히 명료하다. 이 명료성은 게임이 특정하는 목표에 기입되어 있다. 우리가 게임에서 받아들이는 이 가치들은 우리의 장기적인 가치보다 더 명료하고, 적용하기 더 쉬우며, 평가하기도 더욱 쉽다. 두 번째 위험은 그렇기에 우리가 게임 내부에서 갖는 동기적 명료성의 경험이 게임 바깥의 기대(expectations)에 영향을 준다는 점에 있다. 게임의 가치 명료성은 게임 바깥에서의 가치 명료성에 대한 기대를 불러일으킬 수 있고, 플레이어들로 하여금 게임과 같은 단순성을 띤 가치를 제시하는 현실의 체계에 이끌리도록 만든다. 그런데 많은 경우 이러한 이끌림은 우리를 표류시킨다. 왜냐하면 대부분 현실에서 옳은 가치가 꼭 가장 명료한 가치는 아니기 때문이다.[78] 게임은 우리에게

[78] 이것이 왜 그런지에 대한 훌륭한 논의로는, 현실적 경험의 미묘함에

가치 명료성의 환상을 부여할 수 있다. 그리고 만일 우리가 이 환상에 지나치게 매혹되면, 우리 자신의 가치를 자칫 과도하게 단순화해 버릴 수 있다.

내가 말하는 명료한 가치는 어떤 의미일까? 슈츠적 게임의 대부분에 있어서 목표는 다음과 같은 특징을 갖는다. 우선 그 목표의 '적용'이 분명하다. 현실에서 나의 가치들은 행복, 사려 깊음, 지혜와 같이 무형의 추상성을 띠곤 한다. 설령 내가 나의 행동이 가져올 결과를 안다고 해도, 그렇게 산출된 결과가 저러한 척도들로서 평가되어야 하는지를 알아내는 일은 쉽지 않다. 내가 중요한 마감을 지키기 위해 휴가를 포기했는데 그로 인한 결과가 작은 승진이었다고 해 보자. 이것이 내 행복의 순수 증가라고 볼 수 있는가? 대답하기 쉽지 않은 물음이다. 내가 학생들에게 매주 깜짝 퀴즈를 내면, 그들은 강의실을 나설 때 시험과 레포트 과제를 더 잘 수행할 수 있게 되며, 배운 내용을 더 수월하게 말할 수 있게 된다. 그들이 이로써 더 사려 깊고 지혜로워지는가? 풍부하고 미묘한 가치들은 때로 적용하기가 아주 어렵다.

하지만 내가 게임 내 결과물을 게임에서 지정된 목표에 입각하여 평가하는 것은 대개 놀랍도록 쉽다. 보통 게임에서의 목표들은 점수나 승패 조건을 척도로 표현된다. 게다가 점수와 승리의 기준은 명료하게 제시된다. 체스에서의 체크메이트는 논리적으로 확정 가능한 상태이다. 농구에서 공이 림 안으로 떨어졌는지 밖으로 떨어졌는지는 조금도 모호한 일이 아니다. 또한 우리가 게임에서 평가해야 하는 사태의 범위는 깔끔하게 정해져 있다. 우리는 끝나고 나면 그저 우리가 게임에서 낸 점수를 세기만 하면 된다. 현실에서와는 다른 셈이다. 현실에서는 나의 노력이 내가 죽고 한참 뒤에서야 완전히 결실을 맺을

주목하여 가치를 개선해 가야만 한다는 일라이자 밀그램의 설명이 있다.(Millgram 1997)

수도 있고, 그 효과가 내가 추적할 수 없을 만큼 온갖 방면으로 뻗어 갈 수도 있다.

둘째로, 게임 목표는 보통 '쉽게 통약가능하다'(**easily commensurable**). 여기서 통약가능성이란 서로 다른 사물을 어떤 공통의 척도로 측정할 수 있음을 의미한다.[79] 예를 들어 건조식품과 식료품은 대개 경제학적으로 통약가능하다고 여겨진다. 우리는 수학적 정확성에 의거하여 가령 존 롤스의 책 『정치적 자유주의』(**Political Liberalism**)의 새 판본이 오렌지 **25.7**개와 정확히 같은 가치를 지닌다고 확언할 수 있다. 하지만 이러한 종류의 통약가능성은 우리의 더 깊은 가치에 대해서는 적용되지 않거나, 아니면 적어도 그러기가 쉽지 않다. 우리의 더 중요한 가치들은 복수(**plural**)이고, 대개는 통약하기가 아주 어렵다. 나는 자식들의 행복, 직업적 성공, 내 학생들의 발전, 내가 지지하는 대규모의 사회적 프로젝트와 기관들의 진보 중 무엇을 추구할지 선택해야만 할 때가 많다. 만일 내가 하루 휴가를 내고 아들을 동물원에 데리고 갈 경우 내 아이가 느낄 행복의 가치와 그 하루를 연구에 쓸 경우의 가치를 대체 어떻게 비교하겠는가? 또 대체 어떻게 내가 이것들을 이민자들의 부당한 구금에 대한 항의 시위에 참여하는 것의 중요성과 비교하겠는가? 내가 가족, 철학, 다양한 정치적 의제들에 부여하는 가치는 모두 비교하기 극히 어렵다.

게임에서는 복수의 가치를 통약함에 있어 그러한 어려움이 거의 없다. 많은 게임의 경우 목표는 단 하나이다. 어떤 게임에서는,

---

79   루스 장(**Ruth Chang**)은 통약 불가능성과 비교 불가능성을 구분하는데, 비교 가능성이란 서로 다른 사물에 순위에 따른 순서를 부여할 수 있음과 관련된다.(**Chang 1997, 1-2**) 이러한 구분이 이 분야에서의 더욱 세밀한 작업을 위해 중요하긴 하지만, 나의 목적을 위해서는 중요하지 않다. 나는 논의의 간결성을 위해서 통약가능성에 입각하여 논의하겠지만, 내가 말하는 모든 것은 비교 불가능성에 대해서도 적용 가능하다.

목표가 체스에서 체크메이트를 만들어 내는 것과 같이 승패라는 이항 조건으로 표현된다. 다른 게임의 경우, 농구, 축구, 포커와 같이 그 단일한 목표가 단일 점수 체계로써 표현된다. 모든 단일 목표 게임에서 행위의 가치는 그 목표와의 관계에 비추어 평가될 수 있다. 오직 하나의 가치만 존재하므로, 하나의 가치 척도만 존재한다. 다른 종류의 게임에서는 여러 개의 목표가 있을 수 있다. 예를 들어, 최근 출시된 유로게임〈Eurogame〉[80]들의 경우에는 '승리에 이르는 다양한 경로'를 제공한다고 찬사를 받는 일이 자주 있다. 이는 매우 다양한 종류의 행위에 승점을 부여하는 독특한 점수 획득 메커니즘이 존재함을 의미한다. 예를 들어, 라이너 크니치아의 보드게임 「타지 마할」〈Taj Mahal〉에서 플레이어들은 상품 세트를 모으거나, 보드 위에 길게 이어진 궁전을 짓거나, 보드에서 보너스 타일을 모음으로써 이길 수 있다. 이러한 목표들 중 딱 하나만 추구하여 이길 수도 있고, 이 목표들의 조합을 추구하여 이길 수도 있다. 하지만 이 게임은 이러한 다양한 목표들에 대해 '승점'이라는 통약가능한 통화를 제공한다. 이러한 게임 대부분은 다양한 게임 내 목표들 사이의 명확한 교환 비율을 제시한다. 예를 들어, 농장 게임의 경우 양은 한 마리당 승점 4점, 소는 한 마리당 승점 5점, 밀밭은 각각 승점 10점에 해당한다고 말해 준다. 대부분의 게임 속에서, 가치는 명백하고도 쉽게 통약가능하다. 이는 한 가지 형태의 가치만 존재하기 때문이기도 하고, 여러 가치 사이의 명시적이고 수치화된 교환 비율이 설정되어 있기 때문이기도 하다.[81] 더 큰 가치의 경우에는 그렇지가 않다. 설령

---

80   역주: 유럽식 혹은 독일식 보드게임들을 아울러 일컫는 말이다. '미국식 보드게임'과 다르게, 운과 갈등보다는 자원의 획득과 경제적 계산에 치중하는 경향이 있다.

81   이는 게임 일반에 대한 관찰 결과이지, 모든 게임에 대한 필연적인 주장이 아니다. 예를 들어, 몇몇 현대의 롤플레잉 컴퓨터게임의 경우 여러 가지 목표가 뚜렷한 통약 방식 없이 존재하기도 한다. 예를 들어, 어떤 게임은

그러한 가치들이 원칙적으로 통약가능하다고 하더라도, 이 통약이 어렵고 고통스러운 과정일 때가 많다.

셋째로, 게임 결과가 통약가능할 경우, 그것은 또한 '순위를 매길 수 있기도'⟨rankable⟩ 하다. 우리의 노력이 단일한 가치에 모두 집중되는 경우조차 그 결과의 상대적 가치는 비교하기가 힘들다. 예를 들어, 내가 철학적 진리에 도달하는 것을 가치 있게 여긴다고 하자. 내가 한동안 이 한 가지 가치에 집중한다고 한들, 서로 다른 성취의 상대적 중요성의 순위를 매기는 것은 여전히 어려울 것이다. 완벽한 엄밀성 아래 작은 통찰을 얻어 낸 논문과, 보다 느슨하고 저돌적인 논변에 기초하여 크고 넓은 통찰을 제시하는 또 다른 논문을 대체 내가 어떻게 비교하겠는가? 철학적 성공은 순위를 매기기 어렵다. 그와 반대로 게임의 결과는 대개 순위를 매기기 쉽다. 많은 경우, 통약가능성과 정렬 가능성⟨rankability⟩은 명시적인 수치화로써 이루어진다.

수치화와 정렬 가능성은 게임의 필수적인 특성이 아니라는 점을 유념하자. 예를 들어, 아무런 수치화된 점수 체계가 없는 「슈퍼 마리오 형제」의 새로운 버전이 있다고 상상해 보자. 여기서 목표는 온갖 구덩이로 된 장애물과 적을 피해서 게임의 결말에 이르는 것이다. 말하자면 「점수 없는 슈퍼 마리오 형제」라는 이 상상의 게임은 여전히 이해할 수 있는 활동이며, 또 여전히 슈츠적 게임으로 간주될 것이다. 또 여전히 멋진 플레이 경험이 될 것이다. 하지만 「점수 없는 슈퍼 마리오 형제」의 여러 퍼포먼스 사이에 순위를 매기기는 어려울 것이다. 여러분과 내가 거의 같은 장소에서 실패했다는 것, 또는 우리

여러분의 경험치와 돈을 측정할 수도 있고, 다른 길드와 비교하여 여러분의 길드가 거둔 상대적 성공을 신경 써야 할 수도 있다. 하지만 유념할 점은, 이러한 경우에서조차 다양한 게임 목표의 후보들이 상충하는 일은 드물다는 점이다. 경험치, 돈, 다른 길드에 맞선 승리 등을 추구하는 일이 대개는 양립 가능하다는 것이다.

모두 게임을 끝냈다는 점을 알 수는 있겠으나, 우리의 퍼포먼스들을 정확하게 비교하기는 어려울 것이다. 우리는 굼바를 밟는 것과 쿠파 트루파를 밟는 것의 상대적 가치에 대해,[82] 혹은 그들을 죽이는 것과 우아하게 지나치는 것 중 무엇이 더 가치 있을지에 대해 토론해야 할지도 모른다. 우리는 스타일이나 능숙함 같은 무형의 것에 도움을 청해야 할 수도 있고, 퍼포먼스가 지닌 다양한 특성들에 어떤 순위를 매겨야 할지에 대해 논쟁해야 할 수도 있다. 그러나 실제로 출시된 「슈퍼 마리오 형제」는 점수 체계를 제공하여 단일한 가치 척도에 따라 다양한 게임 결과에 대한 수치화된 측정을 가능케 한다. 서로 다른 퍼포먼스들의 순위를 매길 수 있는, 접근 가능하고 쉽게 적용할 수 있으며 매우 정확한 방법을 제공하는 것이다. 이로써 우리는 고득점자 목록을 만들고, 상대적인 성취를 아무 거리낌 없이 비교하며, 누가 '역대 최고 플레이어'인지를 반박의 여지 없이 선포할 수 있게 된다. 물론 우리는 스피드런에서 하듯이 새로운 점수 체계 또는 목표를 만들어 낼 수도 있다. 또한 각자의 플레이의 스타일리시함과 아름다움을 비교하기 시작할 수도 있다. 얼마 안 되는 플레이어들이 실제로 그렇게 한다. 하지만 대부분의 플레이어들은 기꺼이 게임에 내장된 기성의 가치 체계만을 이용하여 퍼포먼스를 평가하고 거기서 나오는 순위를 받아들인다. 게임은 명료하고 사용 가능한 순위 정렬 방식을 제공한다. 왜냐하면 플레이어들이 그러한 명료한 순위를 원하기 때문이다.

　　게임 목표의 적용 가능성 및 통약가능성 그리고 게임 속 성취의 정렬 가능성 등 이러한 다양한 특성들을 게임이 가진 '가치 명료성'(value clarity)이라고 부르자. 가치 명료성이 게임의 필수적 특성은 아니다. 우리는 특별한 가치 명료성이 없는 게임도 쉽게 상상할 수 있다. 예를 들어, 우리는 한 달 동안 헐벗은 채로

82　역주: 굼바와 쿠파 트루파는 「슈퍼 마리오 형제」에 등장하는 몬스터의 이름이다.

숲속에 살아야 하는 식의 생존 게임을 플레이할 수 있다. 이 게임의 목표는 가장 맛있는 음식을 요리하고 가장 편안하고 근사한 집을 지으며 가장 화려한 수제 의복을 제작하여 나타나는 것이라고 하자. 자발적 제약과 장애물이 가능케 하는 활동 자체를 위해서 그것들을 받아들인다는 점에서, 이는 분명히 슈츠적 게임이다. 하지만 목표들은 그 적용에 있어서 명료하지 않다. 즉 목표는 복수이고, 목표의 가치는 쉽게 통약되지 않는다. 그리고 여러 가지 성공의 경우가 순위에 따라 쉽게 정렬될 수도 없다. 이러한 게임을 '미묘한 가치 게임'(subtle value games)이라고 부르자.

내가 생각하기에 이러한 미묘한 가치 게임이 몇 가지 있다. 나는 비공식적으로 이루어지는 스케이트보딩이 대개 미묘한 가치 게임처럼 플레이된다고 생각한다. 스케이트보더들은 대개 스타일리시함과 높은 난이도의 기술을 추구하지만, 이러한 목표들은 쉽게 평가되거나 통약되지 않는다. 즉흥 코미디도 이러한 게임의 하나일 텐데, 왜냐하면 '웃기기'라는 목표는 쉽게 평가하거나 그에 순위를 매길 수가 없기 때문이다. 일반적으로 미적 요소가 게임 내 목표에 포함되는 비공식적인 경쟁들이 흔히 미묘한 가치 게임에 해당한다. 그처럼 가치가 불명료한 게임 실천이 성립하는 이유는 승자를 결정할 필요가 없기 때문이다. 스케이트보더들은 가장 멋진 기술을 앞다투어 선보이느라 온 오후를 다 보내고도, 누가 실제로 이겼는지 결정적으로 합의하지 않은 채로 만족스럽게 집에 갈 수 있다. 하지만, 그러한 종류의 활동들이 공식적인 경쟁이 되면, 대개 해당 활동의 본성이 바뀌는 것을 보게 된다. 때로는 올림픽 피겨스케이팅에서 볼 수 있듯이, 뛰어난 감각을 지닌 것으로 알려진 심사 위원을 내세움으로써 문제를 해결하고자 한다. 그러한 실천의 경쟁적 요소가 공식화되면, 실천 자체가 미묘한 목표보다 명료한 목표를 강조할 수 있도록 변형되곤 한다. 그와 같이 스케이트보딩이 프로 경기로 바뀌고 스케이트보딩 시합이 더욱 공식적인 것으로 됨에 따라서, 미적인 요소로부터 점프 높이와 회전 숫자와 같이 더 명료하고 수치화하기 쉬운 목표로 강조점이 옮겨 갔다.〈**Peralta 2001**〉

그렇다면 왜 대다수의 게임이 그러한 가치 명료성을 띠는가? 게임이 게임이기 위해서 가치 명료성을 띠어야 하는 것은 아니다. 적어도 슈츠적 정의에서라면 말이다. 하지만 게임의 행위적 조작으로 인해서 게임이 가치 명료성을 띠는 것이 가능해진다. 그리고 우리가 그러한 명료성을 극히 만족스러워하기 때문에, 우리는 대개 그 기회를 유리하게 활용하고 싶어 한다. 우리는 이미 가치 명료성이 왜 그토록 만족감을 주는지에 대한 많은 이유를 밝혀냈다. 가치 명료성은 삶의 평가적 복잡성으로부터 우리를 벗어나게 해 주고, 평가와 통약의 어려움으로부터 우리를 보호해 준다. 가치 명료성은 기능적 아름다움의 경험을 증진하는데, 왜냐하면 어떤 행위의 목표가 명료할수록 그 행위의 기능적 아름다움도 명료해지기 때문이다. 가치 명료성은 서로 다른 행위성을 소통하는 데 결정적 역할을 하며, 그렇기에 자율성을 발달시키는 데에도 기여한다. 목표는 새로운 행위성의 세부 사항의 일부이기에, 행위성의 목표가 명료하고 정확하게 특정되면 참신한 형태의 행위성을 발견하는 일이 더 수월해진다. 내가 주장하는 바에 따르면, 대부분의 게임이 가치 명료성을 띠는 이유는 게임이 가치 명료성이 주는 만족을 얻을 가장 쉬운 장소 중 하나이고, 게임이 가치 명료성에 힘입어 많은 발달상의 장점을 가지게 되기 때문이다.[83]

83   곤살로 프라스카는 게임이란 퍼포먼스가 수치화되는 활동이라고 말했고, 또 벨리마티 카르훌라티〈Veli-Matti Karhulahti〉는 비디오게임을 퍼포먼스를 평가하는 대상들이라고 정의했다.〈**Frasca 2007, 73; Karhulahti 2015**〉 내가 여기서 제시하는 사례들은 그러한 설명과 대비된다. 그와 달리 나는 보다 단순한 슈츠적 개념—게임은 자발적 장애물을 포함한다는—이 문제의 핵심에 더 닿아 있다고 생각하며, 그러한 장애물에 맞선 퍼포먼스를 평가하는 것은 현대 게임의 흔한 특성이기는 하지만 본질적인 특성이 아니라고 주장한다. 물론 이 문제는 그저 의미론적인 문제일 수도 있다. 세계는 개념적 공간을 분할하는 많은 방식을 다룰 수

하지만, 가치 명료성에 대한 기대를 게임 바깥으로 전파하는 것은 그 자체로 위험을 초래한다. 그리고 이는 모든 것을 쏟아붓는 도구적 태도의 위험보다 더 교묘한 위험에 해당한다. 바로 이 교묘함이 위험을 더욱 증가시킬 수 있다. 게임이 다 끝난 뒤 게임 목표를 폐기하는 일은 해당 목표를 폐기되어야 할 무엇으로 볼 수 있는 약간의 반성적 인식을 요구한다고 생각하는 것이 타당하다. 폭력형 게임 내에서 허구적 폭력을 저지르는 행위가 지닌 목표는 가장 쉽게 폐기할 수 있는 목표이다. 거의 모든 플레이어가 게임 안에서 누구를 죽이는 것은 오직 허구이며, 누군가를 죽이는 데 찬성하는 태도를 게임 바깥으로 가져와서는 안 됨을 알고 있다. 그리고 또한 많은 플레이어가 전심전력적인 도구적 태도는 게임의 일시적 인공물임을 이해할 것이다. 그러한 태도를 게임의 맥락 내에 한정해야 한다는 점 또한 비교적 명백하다. 하지만 가치 명료성은 게임이 지닌 보다 미묘한 특성이다. 가치 명료성이 게임이라는 구성된 행위적 환경이 지닌 특별한 성질이라는 점은 잊어버리기 쉽다. 이 때문에 가치 명료성에 대한 기대를 실수로 게임 바깥의 현실로 가져오기가 더욱 쉬워진다. 게임은 가치 명료성의 환상을 제시할 수 있으나, 많은 플레이어가 자신이 즐기는 것이 환상이라는 점을 전혀 깨닫지 못할 수 있는 것이다.

그렇다면 게임의 가치 명료성에 대한 기대를 비(非)게임 현실로 옮겨오는 것의 위험에는 무엇이 있는가? 우선은, 그것이 우리가 어떤 장기적 가치와 목표를 지녀야 할지를 결정하는 선택에 영향을 줄 수 있다. 어찌되었건 우리의 가치는 미리 확립되어 있지도 않고,

있으니 말이다. 그래도 나는 테이블탑 게임 혹은 온라인 롤플레잉 게임에서 점수를 없애는 일을 쉽게 상상할 수 있고, 그렇다고 해도, 거기에 여전히 목표와 장애물이 존재한다면, 그것들을 여전히 게임이라고 생각하는 것이 내게는 자연스러울 것이다. 실제 행위 기반 롤플레잉 게임 「수화」는 훌륭한 사례가 된다. 그리고 우리는 그러한 게임을 컴퓨터로 실행하는 것도 쉽게 상상할 수 있다.

단순히 어딘가에서 발견할 수 있는 것도 아니다. 우리는 스스로 가치를 결정하고 이를 자신에게 설득해야 한다. 만약 가치 명료성을 기대하게 되면, 우리는 가치를 인위적으로 명료하게 만들어 제시하는 부류의 사회적 환경과 제도에 이끌리게 된다. 우리는 게임에서 얻는 것과 동일한 만족을 주는 가치 체계와 가치 이론을 받아들이고 싶어질 수 있다. 우리의 가치 체계가 적용 가능하고, 쉽게 통약가능하고, 순위 매겨질 수 있기를 기대하고, 이로써 더 미묘한 가치 체계를 이용하기를 꺼려 하게 될 수 있다. 달리 말해, 우리는 게임과 상당히 닮은 체계, 제도, 사회적 관습, 활동에 이끌리고, 자신의 삶이 게임 플레이와 흡사해지도록 스스로의 목표를 조정하려는 유혹에 빠질 수 있다. 비(非) 게임 현실에서도 게임과 같은 수준의 가치 명료성을 주는 체계에 이끌리게 될 것이다.

그것이 그렇게 나쁜 일인가? 제인 맥고니걸과 다른 게임화 활동가들은 그렇지 않다고 주장한다. 맥고니걸에 따르면, 우리는 게임 플레이에서의 놀라운 몰입 능력을 이용할 수 있도록 인생을 게임화해야 한다. 직업, 교육, 체력 단련 등을 게임화함으로써 우리는 해당 활동을 수행할 동기를 증진할 수 있을 뿐 아니라, 활동 자체를 더욱 재미있게 만들 수 있다.[84] 하지만 나는 전혀 맥고니걸처럼 낙관적이지 않다. 내 생각에 맥고니걸과 다른 게임화론자들은 게임화가 목표물의 성격을 어느 정도로 바꾸어 놓는지를 간과한다. 게임화는 우리의 행위 동기를

[84] 게임화의 긍정적 이론에 관한 대중적인 관심의 원점이 아마도 McGonigal(2011)일 것이다. 의도적 게임화론자(intentional gamifiers)와 사회공학자들이 적용하는 기법들을 보려면, Chou(2014)의 영향력 있는 게임화 매뉴얼을 보라. 게임화에 관한 학술 연구의 백과사전적 선집으로는 다음을 보라. Steffan P. Walz andSebastian Deterding, ed., The Gameful World: Approaches, Issues, Application (Cambridge, MA: MIT Press, 2014). 내 생각에, 가치 포획에 관한 나의 논의는 이러한 글들에서 논의하는 명시적 게임화보다 더 큰 현상을 염두에 두고 있다.

강화할 수 있지만, 그렇게 하기 위해서는 목표를 바꾸어야 한다. 우리가 게임에서 느끼는 가치 명료성을 현실로 전파하는 일은 우리의 목표 의식과 자율성을 은밀하게 훼손한다. 많은 종류의 게임화가 다분히 치명적이다. 그리고 게임 속 가치 명료성에 반성 없이 빠져드는 것이 지닌 위험 중 하나는, 그것이 비(非)게임 현실에서의 과도하게 게임화된 체계를 고안하고 사용하도록 부추길 수 있다는 점이다.

게임화와 가치 포획

첫째로, 비(非)게임 현실의 능동적, 의도적 게임화를 생각해 보자. 대부분의 사람들이 사용하는 '게임화'라는 용어는 동기 상태를 변화시키기 위해 다양한 게임 디자인의 요소를 비(非)게임 현실에 의도적으로 적용함을 가리킨다. 게임화의 일반적인 사용은 생산 활동에 대한 동기를 증가시키기 위함이다. 예를 들어, 핏비트와 스트라바(Strava)와 같은 체력 단련 추적기는 체력 단련 루틴에 수치화, 게임 같은 성취, 보상, 경쟁 등을 도입한다. 그러한 체력 단련 추적기는 가령, 하루에 몇 걸음을 걸었는지 등에 대한 수치화된 보고서를, 여러분의 하루 걸음 수를 다른 사람들의 걸음 수와 비교하는 순위표와 함께 제공한다. 리프트와 우버 등 차량 이용 어플들은 더 많은 거리를 운전하면 드라이버 배지와 성적을 제공한다. 디즈니는 접객 노동을 게임화한 것으로 유명하다. 디즈니는 세탁 담당 직원의 실시간 노동 생산성 추적기를 도입하여, 개별 노동자가 얼마나 많은 이불, 침대보, 수건을 빨고 접는지를 측정하고 개인별 생산성 통계를 번쩍거리는 점수판에 공공연하게 게시했다. 노동자들이 생산성 기준에 '부합함', '떨어짐', '전혀 못 미침'에 따라서 그들의 이름이 초록, 노랑, 빨강으로 표시되었다. 색깔 표시는 노동자들에게도 전달되어서, 자신들이 어떤 생산성 순위에 속해 있는지에 대한 실시간 피드백을 제공했다.

이 시스템이 한번 자리를 잡으면, 노동자들은 서로 경쟁을 시작한다. 생산성은 치솟는다. 동시에, 이들은 일터에서 더 많은 상해를 겪게 된다. 화장실 갈 시간을 건너뛰기 시작한다. 노동자들은 게임 같은 요인들이 주는 동기적 인력을 무시하기가 어려웠다고 말한다. 그들은 게임 같은 목표에 의해 강한 동기를 부여받는 것을 느꼈다. 그들이 그런 강한 동기를 받는 것을 분명 싫어할 때조차도 말이다. 노동자들은 이 체계를 '전산 채찍'이라고 부르기에 이르렀다. 이와 비슷한 명시적 게임화 체계는 아마존 같은 다른 일터 혹은 페이스북, 트위터 등 소셜미디어 플랫폼에 도입되어 왔다. 그리고 빈센트 개브리엘이 주장하기를, 그러한 게임화는 외부에서 우리에게 부과되는 악독한 통제 메커니즘을 나타낸다. 이는 힘이 센 기관이 노동자들에게 강제로 동기를 부여하여 이득을 취하는 한 가지 방법이다.(Gabrielle 2018)

그런데 나는 명시적이고 자기의식적인 게임화가 보다 거대한 현상의 일부일 뿐이라고 생각한다. 가치 또는 목표를 단순명료하게 선언하는 것은 게임 디자인 요소를 의도적으로 도입하지 않더라도 우리의 동기 및 의사결정 과정을 장악할 수 있다. 그처럼 게임과 흡사한 모든 요소와 동기가 의도적으로 도입되는 것도 아니고, 외부적 강제에 따라 생기는 것도 아니다. 우리는 우리 스스로를 게임화할 수도, 우연히 게임화할 수도 있다.

'게임화'라는 용어의 사용은 엄청나게 확산되어 왔고, 그리하여 그저 겉에서만 게임과 유사한 몇몇 특성들을 포함하는 온갖 게임 디자인 기법의 적용까지도 지칭하게 되었다.[85] 나는 이 용어에서 한 발짝 떨어지려 하는데, 이는 내가 단 하나의 구체적 측면에만

---

85 이 용어를 비교적 모호하게 사용하는 용법들에 대한 아주 좋은 논의로 Deterding(2014)을 들 수 있다. 또한 '게임화'라는 용어가 (프랑크푸르트가 사용한 기술적 의미로) 헛소리이자, 장사를 하려는 논객들이 사용하는 유행어일 뿐이라는 보고스트의 주장도 참고하라.(Bogost 2014)

집중해 보고자 하기 때문이다. 그것은 바로 가치 명료성의 동기적 추출(**motivational draw**)이다.

내가 이제 '가치 포획'(**value capture**)[86]이라고 부르게 될 한 가지 현상을 생각해 보자. 가치 포획은 다음과 같은 경우에 발생한다.

1. 우리의 가치가 처음에는 풍부하고 세밀하다.

2. 그러한 가치의 단순화된(종종 수치화된) 형태를 만나게 된다.

3. 그러한 단순화된 형태가 추론과 동기에 있어서 우리가 가지고 있던 보다 풍부한 가치를 대체한다.

4. 우리 인생이 전보다 나빠진다.[87]

가치 포획의 사례는 아주 많다. 가치 포획에는 명시적인 게임화의 사례들도 포함되지만, 다른 종류의 척도와 지표로부터 나오는 결과들 또한 포함한다. 여러분이 핏비트와 같은 체력 단련 추적기를 사용하기

---

86   역주: '**value capture**'는 보통 경영학에서 사용하는 용어로서 가치의 창출(**value creation**)과 짝을 이루는 개념으로 '가치 획득'이라고 번역된다. 하지만 여기서는 본래의 가치가 단순화된 가치로 대체되는 현상에 대한 저자의 조심성을 반영하여 '가치 포획'이라고 옮긴다. 다만 저자가 말하듯이, 가치 포획이 외부의 강제에 의해서만 일어나는 일은 아니다.

87   여기 서술되어 있는 논변은 가치가 본래 풍부하고 때묻지 않았으며, 그렇기 때문에 더 낫다고 전제한다. 나에게는 이것이 아주 그럴듯한데, 이에 대한 설명으로는 **Nussbaum**(1986, 특히 51-82와 290-317)을 참조. 혹시 인간의 가치가 풍부하고 세밀할 때 가장 낫다는 점을 수긍하지 않는다면, 내가 제시한 논변을 다음과 같이 변형해 볼 수 있다. 즉, 가치 포획이란 우리가 가치를 형성하고 이를 우리 자신에게 제시하는 과정에 추가적인 단순화 요소를 더하려는 경향을 말한다.

시작할 때는 자신의 건강을 위해서 하루에 걷는 걸음 수를 기록했지만, 시간이 지나면서 그저 많은 걸음 수를 추구하게 될 수도 있다. 혹은 학계에 들어갈 때는 지식과 진리에 대한 사랑에서 들어간 것이지만, 대학원에서 나올 때는 오직 유명한 저널의 출간 기록과 측정 가능한 연구 영향력 지수만을 중시하고 있을 수도 있다. 혹은 소통과 연결을 위해 트위터를 시작했는데 많은 '좋아요'와 '리트윗' 숫자만을 중시하게 될 수도 있다. 결정적으로, 이 모든 경우에서 가치의 단순화된 형태를 사용하는 것이 애초 활동의 본성과 방향을 심각하게 변화시킬 수 있다. 만약 내가 공적 담론과 이해를 증진하기 위해서 트위터를 하고 있다면, 나는 깊은 생각을 담은 트윗을 올리고자 할 것이다. 만약 내가 '좋아요'와 '리트윗'을 극대화하기 위해 트위터를 한다면, 나는 빠르게 퍼질 만한 트윗을 올리는 것을 목표로 삼게 된다. 가령 명료한 도덕적 분노의 표현처럼 말이다.[88]

　　가치 포획이라는 개념은 왜곡된 유인(**perverse incentives**) 개념과는 다르다는 점을 유념하자. 왜곡된 유인이란, 의도하지 않은 결과를 가져오는 유인으로서, 유인을 만들어 낸 사람이 의도한 목적을 약화시킨다. 왜곡된 유인은 유인이 주어지는 사람들에게 내면화되지 않고서도 작용할 수 있다. 예를 들어 전 국민의 글쓰기 실력을 향상시키고자, 학생들이 표준화된 글쓰기 시험을 얼마나 잘 봤는지에 따라 고등학교 선생님들에게 보너스를 지급하여 이를 달성하고자 한다고 해 보자. 그리고 선생님들이 시험을 잘 치르기 위한 특별 전략을 가르치는 데 많은 시간을 할애하고, 하지만 그것이 다른 상황에서의 글쓰기에 적용되지는 않는다고 해

88　도덕적 분노를 표현하는 트윗이 실질적으로 크게 확산된다는 점이 최근의 연구에서 보인다. 비록 이데올로기적 버블(**ideological bubbles**, 비슷한 사회문화적 이데올로기를 공유하는 공동체의 범위─역주)을 넘어서는 확산은 실제로 줄어들지만 말이다.(**Brady et al. 2017**)

보자. 이 정책의 장기적인 결과로, 학생들이 표준화된 글쓰기 시험을 치르는〈gaming〉 실력은 크게 향상되지만 실제 글쓰기 실력은 나빠진다. 이것은 왜곡된 유인이지만, 그렇다고 선생님들의 가치를 변화시키도록 작용하지는 않는다. 선생님들은 여느 분별 있는 현대 시민과 같이 더 높은 봉급을 중시했을 뿐이다. 왜곡된 유인은 이미 존재하는 가치에 대하여 잘못 형성된 지렛대를 사용할 뿐이다.

　반면, 가치 포획의 경우에는 단순화된 가치가 나의 실천적 추론에 있어서 최우선적인 길잡이의 자리를 '차지한다.' 나의 가치, 혹은 적어도 내가 스스로에게 나의 가치를 제시하는 방식이 변화한다. 나는 즉시 핏비트에서 많은 일일 걸음 수를 중시하게 되거나, 혹은 많은 걸음 수에 따라서 나의 건강을 생각하게 된다. 여기서 우려할 점은 내가 비생산적인 방향으로 유인된다는 점이 아니라, 나의 가치가 단순화된 가치의 유혹적인 명료성에 의해 변형된다는 점이다.[89]

　만약 우리가 목표물의 세부 사항을 단순화함으로써 동기를 강화한다면, 우리는 훨씬 더 열렬하고 맹렬하게 잘못된 목표물을 좇게 될 수 있다. 그리고 나는 우리가 이제는 왜 이런 일이 생길 수 있는지를 정확히 설명할 도구를 가지고 있다고 생각한다. 가치 포획은 알고 보니 게임 같은 동기와 디자인을 비〈非〉게임 맥락에서 부적절하게 사용한 경우인 것이다. 게임이 주는 기쁨은 우리의 가치를 앞으로 문제가 될 정도로 단순화하고자 하는 동기를 부여한다. 우려할 점은 가치 포획이 우리의 행위적 유동성을 오용하고 우리가 그 상태에 갇힐 수 있다는 점이다.

단순화된 가치는 왜 존재하는가?

첫째로, 세상에는 왜 단순화된 가치가 존재할까? 그것은 여러

89　이 부분은 게임과 가치 단순화에 관한 미겔 시카르트의 아주 통찰력 있는 논의에 엄청난 지적 빛을 지고 있다.〈Sicart 2009〉

이유에서 비롯되었을 것이다. 예를 들어 빈센트 개브리엘은 게임화의 도구가 다양한 형태의 억압과 통제를 조성하는 데 사용된다고 비판한다. 그가 말하기를 기업과 다른 권력기관들은 권력과 이익을 위해서 그러한 기술을 활용하여 노동자들의 건강을 희생해 가면서까지 그들의 동기를 제어한다. 윌리엄 데이비스는 행복과 안녕에 대한 개인의 통제력을 길러 주겠다고 약속하는 긍정 심리학 분야에 대해 이와 비슷한 비판을 제기한다. 긍정 심리학의 가장 중요한 방법론 중 하나가 자기 자신의 행복 상태에 대한 즉각적이고 수치화된 피드백을 제공하는 것이다. 긍정 심리학은, 보통 생산력 향상에 대한 높은 에너지와 욕구에 입각하여 행복의 측정값을 제시하고 이 측정값이 동기에 강한 영향을 미치게 함으로써, 자본주의적 이해관계가 우리의 동기 상태에 침투할 수 있는 수단을 제공한다.(Davies 2015)

데이비스와 개브리엘은 분명 중요한 것을 말하고 있다. 권력기관 및 집단은 분명 억압의 도구 중 하나로서 유혹적일 만큼 단순한 가치의 산출을 활용한다. 게다가, 그러한 억압에 기반한 형태의 소외는 가치 포획이 가진 유해함의 가장 분명한 사례이기도 하다. 우리로 하여금 스스로의 이익에 반하여 행동하게 만들고자 외부적 힘에 의해 만들어진 가치를 우리가 받아들이는 경우, 우리가 위해를 입고 외부 이익에 의해 자율성이 축소된다는 점은 쉽게 확인할 수 있다.[90]

그러나 권력기관이 가치 포획을 억압적으로 사용하는 것이 사태의 전부는 아니다. 내가 또한 우려하는 점은, 우리가 우리 자신에게 가치 포획을 가할 수 있다는 점, 그리고 다른 목적에서 수립된 수치화된 체계에 의해 우리가 우연히 포획될 수 있다는 점이다. 만약 단순화된

---

[90]   자신의 동기 집합에 가해진 외부적 영향에 의해서 우리가 위해를 입을 수 있다는 점과 관련된 설명은 기형적 욕망과 순응적 선호 형성에 관한 페미니즘 연구에서 찾아볼 수 있다. Nussbaum(1986)과 Superson(2005) 참조.

가치가 문제가 될 정도로 유혹적인 것이 그저 그것이 명료하기 때문이라면, 가치 포획이 꼭 어떤 의도적이고 악의적인 기획의 결과물이라고 할 필요는 없다. 우리의 가치는 어떠한 단순화된 가치의 경우에서든지 포획될 수 있으며, 그처럼 가치를 단순화시켜 제시하는 일이 일어나는 이유는 여러 가지이다. 일례로, 어떤 이는 자신의 동기를 극대화하려는 독립적인 시도에서 자기 삶에 게임과 같은 목표와 체계를 도입할 수도 있다. 예를 들어 많은 사람들이 체력을 강화하기 위해 매일매일 하는 운동을 수치화하고자 노력한다. 나 자신도 자기 계발서에서 배운 대로 단순한 메커니즘을 실행하기 위해 노력해 왔다. 매일의 할 일 목록을 작성하고, 하루가 끝날 때 몇 개의 항목을 완수했는지에 따라 나에게 점수를 매기는 식이다.[91]

그러나 단순화된 가치는 완전히 다른 이유에서도 우리 삶에 도입될 수 있다. 그중 어떤 것은 동기를 조정하려는 어떠한 의도적인 노력과도 무관하다. 일례로, 대규모 기관들의 경우, 경영의 목적에서 기관의 다양한 기능에 대한 수치화된 측정이 필요할 때가 있다. 규모가 큰 기관의 높은 자리에 있는 경영자의 경우 다양한 부서를 놓고 가령 생산성, 고객 만족도, 노동자 만족도 등을 비교할 수 있어야 한다. 이는 가치의 수치화를 필요로 한다. 어떤 경영자는 예를 들어 우선 도쿄와 로스앤젤레스 지점의 부서들의 생산성 수치를 합산하고, 모든 지점의 생산성 수치를 합산하여 연도별 기관 생산성을 비교해야 할 수 있다.(Perrow 1972, 6-14) 수치화된 측정은 일반적으로 커다란 이점을 가져온다.

테오도어 포터는 일반적으로 수치화가 정보의 풍부함을 활용 가능성(usability)과 맞바꾼다고 주장한다.(Porter

---

91   이는 데이비드 앨런(David Allen)의 "할 일 해치우기"라는 방법론의 일부로서, 인정하건대 이는 사용자 대부분에게 대체로 유용한 형태의 게임화이다.

1995, 1-72) 수치화된 측정은 맥락을 없애 버린다. 한편으로 맥락을 없애는 것은 눈앞에 있는 풍부한 정보 내용을 축소한다. 다른 한편, 그로 인해 여러 맥락에 걸쳐서 쉽게 이해할 수 있고 활용 가능한 정보가 만들어진다. 그리고 합산하기 쉬운 정보가 만들어진다. 학생의 성취 평가를 예로 들어 보자. 우리는 질적 기준에 따라 학생의 성취를 평가할 수 있다. 가령 선생님이 각 학생의 습득 능력, 습관, 기술, 지적 성격 등에 관한 짧은 에세이를 쓸 수 있다. 그러한 질적 평가는 풍부한 양의 정보와 세부 사항을 기록할 것이다. 하지만 그러한 많은 질적 평가를 하나의 숫자로 평균 내기는 아주 어려울 것이다. 행정가가 시간의 흐름에 따른 학생들의 성취를 평가하거나, 학생의 성취를 강화하기 위한 여러 학교들의 능력에 대한 총괄적 평가를 제시하기는 어려울 것이다. 반면, 등급은 성공에 대한 수치화된 표현이고, 그러한 수치화는 다양한 수학적 계산을 가능케 한다. 우리는 학생들의 많은 등급을 '학점 평점'으로 합산할 수 있다. 여러 학과들과 대학들의 평균 학점도 비교할 수 있다. 등급과 학점 평점을 여러 가지 맥락에 대입해 볼 수도 있다. 가령 학생의 예술적 성취에 대한 미술 선생님의 풍부한 질적 평가가 저 멀리 떨어진 행정가에게는 이해하기 어려울 수도 있다. 하지만 등급은 휴대 가능하고 맥락에서 자유로운 정보 묶음으로 끼워 맞추어진 평가이다. 물론 포터가 덧붙이는 바와 같이, 바로 이처럼 맥락을 없앤 탓에 그러한 수치화된 척도가 실제보다 더 객관적인 것처럼 보이기도 한다. 학점 평점은 객관적인 척도인 것처럼 보이지만, 복합적이고 흔히 주관적인 평가 절차를 통해 산출되는 것이 보통이다. 하지만 최종적으로 산출된 숫자에는 그러한 절차가 감추어져 있다. 이러한 이유로, 포터가 주장하기를, 수치화된 측정은 행정가들이 의사결정을 회피하거나, 그러한 조치가 어떤 외부적, 객관적 증거에 기초하여 취해졌다고 주장하기 위해 사용되기도 한다.(**Porter 1995, 6-8**)

또한 수치화된 측정은, 우리가 온갖 이유에서 원하는 바와 같이,

순위 매기기를 쉽게 만들어 주기도 한다. 지표(indicator)를 생각해 보자. 샐리 엥글 메리가 말하기를, 지표란 복잡한 사태를 단순하게 수치화하여 표현하는 것이다. 지표들은 협상, 조정, 가공 등의 복잡한 절차를 통해 산출되지만, 이러한 복잡성을 숨기고 있다.(Merry 2016, 9-38) 지표의 사례로는 가령 『U.S. 뉴스 앤드 월드 리포트』(U.S. News & World Report)에서 발표하는 우수 대학 순위표, 미국 국무부에서 전 세계 국가들을 성매매 참여에 따라 등급 매긴 「인신매매 보고서」(Trafficking in Persons Report), 유엔 개발 계획에서 발표하는 인간 개발 지수(HDI) 등이 있다. 인간 개발 지수는 특히나 분명한 지표의 전형이다. 인간 개발 지수는 각 나라의 인적 개발 수준을 총괄적으로 평가할 수 있게끔 하나의 점수와 그 점수에 기반한 순위를 제시한다. 그 숫자는 기대 수명, 교육 수준, 생활 수준 등을 포함한 다양한 척도의 총합이다.(2018년 점수에 따르면 노르웨이가 0.953으로 1위, 그 뒤가 0.933점을 받은 홍콩, 그리고 0.924점의 미국이다. 최하위는 0.354점의 니제르이다.) 그러한 지표들은 정치적으로 유용하다. 유엔은 성공적으로 인권을 보호하고 국가 내 폭력 사태를 막기 위해 국가별 순위를 매긴 여러 지표를 사용할 수 있다. 낮은 순위는 해당 국가에게 망신을 주어 조치를 취하도록 하는 데 사용되곤 한다.

여기서 작용하는 많은 힘이 동기에 대한 의도적 게임화와는 크게 상관이 없다는 점을 유념하라. 그럼에도 불구하고 여기서도 가치 포획은 여전히 발생할 수 있다. 어떤 대학 행정가는 학생의 학습을 촉진하고자 일을 시작하지만, 시간이 지남에 따라 오직 『U.S. 뉴스 앤드 월드 리포트』 대학 순위에서 학교의 등수를 올리는 일에 급급해진다. 학생들은 지식을 얻기 위해 학교에 가지만 학점 평점을 극대화하는 일에 온 신경을 쏟게 된다. 정치인들은 국민들을 돕기 위해 정치에 뛰어들지만 다양한 유엔 지표에서 국가의 등수를 높이는 일에만 집중하게 된다. 그리고 이러한 부류의 가치 포획은 행위자의 가치를 조종하려는 외부의 힘에 의한 악의적인 시도가 없더라도 일어날 수 있다. 그보다, 명료하고 단순한 가치 척도가 폭넓은 기관과 관료제의 기능을 수행하고자 생겨나지만, 그 단순성으로 인해서 오히려 가치 포획에 이르는 지름길이 될 수도 있다.

사실 사람들이 어떤 활동의 실제 목표가 아니라 그 활동의 성공을 측정하는 외부적인 척도를 움직이려고 선택을 내리는 경우를 가리키는 용어가 있다. '체계를 갖고 놀다'(gaming the system)라는 말이 그 구어적인 용어이다. 예를 들어 보자. 『U.S. 뉴스 앤드 월드 리포트』에서는 유급 비율에 큰 가중치를 부여한다. 하지만 유급 비율을 갖고 놀 수 있다. 가령, 교육을 통해 가장 큰 수혜를 입을 수도 있는 위험성 높은 학생의 입학을 거절하는 것이다.[92] 학생들은 가장 큰 교육 혜택을 제공할 수 있는 수업보다 쉬운 수업을 선택함으로써 학점 평점을 갖고 놀 수도 있다. 하지만 가치 포획은 그냥 체계를 갖고 노는 것 이상의 일이다. 체계를 갖고 노는 일은 대개 사람들이 자기 이익을 위해서 척도와 가치 사이의 간극을 의도적으로 활용할 때 벌어진다. 가치 포획은 그들이 그 불완전한 척도를 내면화하여 자신의 목표를 변형할 경우에 일어난다.

이로써 어째서 가치 포획이 의도적인 억압의 수단이 아닐 경우에조차 대개 나쁜 일인지를 설명할 첫 번째 관문이 나왔다. 몇몇 경우에 가치의 수치화는 타당한 이유에서, 혹은 적어도 대놓고 악의적이거나 억압적이지는 않은 이유에서 이루어진다. 수치화된 척도들은 이용하기 쉽고, 여러 맥락에 대입할 수 있으며, 합산하기 좋다. 그것들은 대규모 데이터의 수집과 분석을 가능케 한다. 하지만 이는 단순화를 통해 이루어진다. 그러한 척도들은 유용하지만 그저

---

92   대학들이 순위를 게임처럼 취급하기 위해 실제로 사용하는 기법들에 대한 음울한 연구로는, Pérez-Peña and Slotnik(2012)와 Espeland and Sauder(2016)를 참조.

축약된 것임을, 즉 보다 거대하고 세밀한 것을 유용하게 전달할 수 있도록 단순화한 것임을 언제나 기억해야 한다. 하지만 우리의 가치가 포획되면, 우리의 동기는 단순화된 척도에 사로잡히게 된다.[93] 가치 포획은 우리가 가치의 풍부함과 더 이상 접점을 찾지 못하게 만드는 것이다.

더구나, 여기서 이야기하는 수치화가 제도적 절차로부터 그리고 대량생산 기술에 의해서 일어날 경우, 그렇게 약호화되는 가치들은 우리에게 맞춰지지 않는다. 우리가 그러한 가치를 내면화하는 경우, 우리는 기성의 무언가를 내면화하는 것이다. 우리가 스스로를 규제할 가치들에 대해 상당한 재단을 가할 수 있다면 대개 훨씬 나을 것이다. 밀그램의 표현을 빌리자면, 적절한 가치가 무엇인지, 그리고 특히 '여러분'에게 적절한 가치가 무엇인지가 언제나 분명한 것은 아니다. 적절한 가치는 성격, 여러분이 속한 문화, 여러분의 직업적 역할 등 너무 많은 조건에 따라 달라진다. 우리는 그러한 가치를 따를 경우 우리의 삶이 어떻게 흘러갈지를 주의 깊게 생각하여 우리의 가치를 세밀하고 예민하게 조정해야 한다.(Millgram 1997) 하지만 우리의 가치가 가치의 제도적 표현에 의해 포획되면, 그것들에 대해 개인화된 재단이 통하지 않게 된다. 그렇게 포획된 가치들은 외부적, 공적 본성으로 인해 우리의 즉각적 통제를 벗어난다. 우리가 잘 다듬어진 명시성과 넓은 활용도에 사로잡힌다면, 우리는 점점 더

---

93   어떤 이들은 여기서 굿하트의 법칙(Goodhart's Law)을 떠올릴 수도 있겠다. 즉 척도가 목표가 되면, 그것은 더 이상 좋은 척도가 아니게 된다는 것이다. 이는 체계를 갖고 노는 일에 대해 사고할 때 좋은 원칙이 되어 주지만, 굿하트의 법칙이 주목하는 문제는 유인이 더 큰 목적을 놓치는 경우이다. 즉 사람들로 하여금 옳은 일을 하게 만드는 것이 그 취지인 셈이다. 내가 생각하기에 가치 포획은 그릇된 유인뿐 아니라 내면화된 과잉단순화(internalized oversimplifications)를 포함하기에 그보다 훨씬 더 은밀하다고 할 수 있다.

기성의 가치를 고수하게 될 것이다.

기성의, 잘 다듬어진, 단순화된 가치들은 사용하기 쉽다.
무엇보다 그것들은 모든 종류의 단순화된 가치가 주는 온갖 즐거움,
즉 게임과 비슷하게 가치 명료성에서 오는 즐거움을 지닌다. 하지만
바로 그 공공연함〈publicity〉이 또 다른 일군의 매력을 더한다.
우리가 그러한 가치로 측정될 수 있는 성공을 거둔다면, 우리의 성공은
다른 이들에게 너무도 쉽게 이해될 수 있다. 내가 더 많은 소득이나
더 많은 트위터 팔로워를 좇는다면, 나의 성공은 어떤 공통된 가치
척도로서 명확하게 나타날 수 있다. 하지만 그렇게 기성의 가치에 우리
삶을 종속시키는 대가는 매우 크다. 왜냐하면 우리가 우리의 심리와
상황에 맞는 섬세한 눈금으로 그 가치를 재단할 수 없기 때문이다.

목표를 도구화하기

내가 정의한 바에 따르면, 가치 포획은 유해한 가치 이동〈value
shift〉을 수반한다. 이제 두 가지 질문이 떠오른다. 첫째, 가치
이동의 메커니즘은 어떤 것인가? 그리고 둘째, 그러한 가치 이동이
우리 삶에 정말 유해하거나 나쁜가? 여러분의 가치는 그냥 여러분의
가치라고 생각할 수도 있다. 만약 여러분이 그것을 바꾼다면 이제
새로운 가치가 그냥 여러분의 새로운 가치일 것이다. 여러분은
그러므로 가치를 바꾼다고 해서 해를 입지 않는다. 만약 내가 초밥을
싫어하는 사람에서 초밥을 좋아하는 사람으로 바뀐다고 해도, 나는
아무것도 잃지 않는다. 아마도 나는 일종의 개인적 변화를 겪었겠지만,
그렇다고 어디가 상하거나 한 것이 아니다. 가치 포획에 그러면 무슨
유해성이 있다는 것인가?

이는 상당 부분 가치에 대한 우리의 설명에 달려 있다. 우리의
안녕을 이루는 것이 객관적인 무엇이라고 생각해 보자. 그리고 우리의
내적 가치가 단순히 그러한 객관적 안녕의 표시라고 해 보자. 우리의
가치는 단순히 우리에게 달려 있는 것이 아니라, 객관적 사태에

들어맞아야 한다. 우리는 무언가 정말 좋은 것을 가치 있게 여기게 되어 있다. 그러한 이론 아래서는 왜 가치 포획이 문제적인지를 보이기가 쉽다. 예를 들어 인간의 안녕에 대한 토머스 허카의 아리스토텔레스적 설명을 생각해 보자. 허카에 따르면, 좋은 삶을 이루는 특징들에 관하여 인간 본성으로부터 도출된 객관적인 목록이 존재한다. 그러한 특징에는 합리성, 자율성, 다양한 신체적 역량들이 포함된다.(Hurka 1996) 여러 가지 인간적 좋음(human goods)이 미묘하다는 점을 유념하자. 즉 그것은 평가하기 어렵고, 통약하기도 힘들며, 대개는 그 성취를 순위 매기기도 어렵다. 그리고 이 목록이라는 것이 객관적이기 때문에, 누군가는 잘못된 것들에 가치를 부여해 버릴 수도 있다. 우리가 좋음에 대한 표현을 과도하게 단순화하면 게임과 같은 동기들로부터 보상을 받기 마련이다. 만약 인간적 좋음들이 우리에게 실제보다 단순하게 표현된다면, 우리는 삶을 게임 같은 쾌로 채울 수 있게 된다. 그러한 설명에 입각한다면, 가치 포획의 잘못된 점을 쉽게 설명할 수 있다. 가치 포획은 기만적인 믿음 형식이다. 허카에 따르면 우리의 가치는 정말 중요한 무언가를 따라야 한다. 하지만 가치 포획은 정말로 좋은 무엇이 아니라 쾌락, 위안, 미적 만족과 같은 이유로 우리의 가치가 변화하도록 압박한다. 무엇이 정말 중요한지에 관한 믿음의 형성에 있어서 엉뚱한 요인이 작용하게 만드는 것이다.

다르게 표현해 보자면, 우리가 분투형 플레이에 참여할 때, 우리는 고투가 주는 즐거움을 극대화하기 위해 우리가 가치 있게 여기는 대상을 뒷전으로 미루기도 한다. 분투형 태도는 우리로 하여금 미적, 쾌락적 이유로 목표를 도구화하라고 요구한다. 게임 속에서 일시적 목표를 도구화하는 것은 그러한 목표가 일회용이기 때문에 문제가 없다. 하지만 우리의 장기적인 목표는 일회적이지 않다. 농구의 경우, 고투의 즐거움 때문에 림에 공 넣기를 가치 있게 여기는 것은 아무 문제가 없다. 왜냐하면 림에 공을 넣는 것은 농구라는 활동 바깥에서는 아무런 가치도 갖지 않기 때문이다. 하지만 게임 바깥에서라면 우리는 다른 사람들을 소중히 여겨야 한다. 왜냐하면 그들이야말로 진정으로 가치 있기 때문이다. 삶은 게임이 아니다. 게임 목표는 자유로이 부유하지만, 우리의 장기적 목표들은—적어도 어떤 객관적인 가치 이론들에 따르면—세상의 진정한 가치에 기초해야만 한다. 그리고 만약 이것이 사실이라면, 스스로의 만족을 위해 목표를 도구화하는 일은 일종의 기만적 추론이 된다.

　　이와 유사한 우려가 인간 행복에 관한 욕망 기반 이론들에 대해 제기된다. 어떤 사람의 좋음이란 곧 그 사람이 욕망하는 것을 얻는 것이라고 생각해 보자. 그러한 이론에 따르면, 여러분이 스스로의 안녕을 증진하려면 여러분의 욕망을 충족시켜야 하고, 전체의 안녕을 증진시키려면 타인들의 욕망을 충족시켜 주면 된다. 하지만 스스로 무엇을 욕망하는지를 여러분이 오해할 수 있고,[94] 또 남들이 무엇을 욕망하는지를 여러분이 당연히 오해할 수 있다. 만약 우리가 가치 있게 여겨야 할 무엇이 욕망의 충족이라면, 가치 포획이 끼치는 해악은 여전히 쉽게 이해 가능하다. 여기서 생각하는 이러저러한 욕망의 과잉 단순화된 표현을 채택한다는 것이 바로 그 해악이다. 가령 이런 식으로 말해 보자. 나는 내 욕망을 충족하고 싶다. 나는 나의 소득을 내 욕망을 충족할 수 있는 내 역량의 척도로 취급한다. 그래서 나의 좋음에 대한 표현으로서 나의 소득을 가치 있게 여기기 시작하고, 그것을 늘리기 위해 할 수 있는 모든 일을 한다. 아니면, 우리는 어떤 나라의 국내총생산(**GDP**)이란 곧 국민의 욕망을 충족시킬 역량의 척도와 같다고 생각하고, 이내 **GDP** 자체를 가치 있게 여기기 시작하여 할 수

94　누군가는, 무엇이든 여러분이 욕망한다고 스스로 생각하는 것이 바로 여러분이 욕망하는 것이라고 주장함으로써, 이러한 주장을 반박한다. 이 주장은 명백히 틀렸다. 간결한 반론으로는 **Ashwell**(2012) 참조. 그러한 반박에 대한 설명으로는 **Moran**(2001, 1-35) 참조.

있는 모든 것을 동원하여 그것을 늘리고자 한다. 하지만 당연히 **GDP**는 인간 욕망의 충족과 동일하지 않고, 나의 소득은 내 욕망의 실제 충족과 동일하지 않다.

자율적 가치와 임시방편적 조치

지금까지의 논변은, 중요한 것은 어찌되었건 세계의 객관적 특성이라는 관점과, 그러한 객관적 특성을 파악하는 것이 내 가치가 할 일이라는 관점에 기반해 있다. 하지만 그와 다르게, 우리의 가치가 우리 자신에게 달렸다고, 그러니까 우리가 가치에 관해서 자율성을 갖는다고 생각해 보자. 우리가 우리의 가치를 선택하고 바꿀 수 있다고, 또 이러한 힘을 행사하는 것이야말로 그러한 가치가 정말 우리 것인지를 판단할 때 본질적인 역할을 맡는다고 생각해 보자. 더구나, 우리에게는 우리 가치를 바꿀 이유가 많다. 예를 들어, 나는 내 가치가 더 일관성을 띠게끔 만들고 싶어 할 수 있다. 내가 나의 가족과 일 모두를 가치 있게 여긴다고 해 보자. 내가 이러한 가치 충돌을 힘들어 하여 언제나 긴장 상태에 있음을 발견하고, 더 큰 균형감을 가질 수 있도록 일을 줄이기로 결심할 수 있다. 아니면, 나는 내가 원하는 사람이 되고자 가치들을 바꿀 수도 있다. 예를 들어 나는 보다 친절하고 부드러운 사람이 되기 위해 그런 쪽으로 내 가치를 바꾸려 노력할 수 있다. 나의 가치 변화가 내 자신의 가치로부터 시작되고 그에 따라 방향이 설정된다면, 이는 자율적이라고 할 수 있을 것이다.[95]

우리는 또한 우리 자신의 가치가 동기에 끼치는 영향력을 종종 개선해 보려 하곤 한다. 예를 들면, 대학원에 다닐 때 나는 중독성

---

[95] 아그네스 칼라드〈Agnes Callard〉는 최근 후자에 해당하는 부류의 자기 계발에 대한 훌륭한 설명을 제시했다. 이 설명은 자율적인 자기 변화에 관한 잘 알려진 일부 난제, 특히 우리가 어떻게 아직 완전히 가지고 있지도 않은 가치에 따라 방향을 설정할 수 있느냐는 난제를 해결한다.〈Callard 2018〉

컴퓨터게임을 플레이하는 일보다 철학자가 되는 것을 훨씬 가치 있게 여겼다. 하지만 나의 의지는 언제나 약했고, 나는 자꾸만 철학 공부보다 컴퓨터게임에 빠져들었다. 나는 철학이라는 가치에서 더 큰 동기를 얻기로 마음먹었고, 이를 위해 결심을 세우고 지키기 위한 온갖 습관과 역량을 개발해야 했다.(그중 가장 먼저 할 일은 내가 가진 모든 「문명II」 판본을 지우고 파괴하는 것이었다.)

그 모든 경우, 내 가치 혹은 그 가치가 동기에 끼치는 힘에 변화를 일으키는 일은 자기 개선의 한 방식일 뿐이다. 이는 내 자율성을 가로막는 장벽이 아니다. 그러한 자기 개조는 오히려 자율성의 핵심 표현이다. 그리고 결정적으로 많은 형태의 게임화가 그러한 자기 개선의 도구로 동원된다. 자기-게임화(Self-gamification)는 유약한 의지를 고치는 한 가지 방법이다. 가령 내가 중국어를 배우고 싶은데, 그러한 행위에 뛰어들 동기가 내게는 없다고 하자. 언어 학습 프로그램 듀오링고(Duolingo)는 내가 동기를 얻게끔 도와줄 게임화된 요소들을 사용하겠다고 약속한다. 듀오링고는 진전에 따른 점수, 명료한 목표물, 게임화된 보상 등을 제시하는데, 이 모든 것이 나로 하여금 내가 가치 있게 여기는 무언가를 실제로 추구하는 데 필요한 행위들을 수행하게끔 동기를 부여한다. 아마도 중요한 것은 단순화된 가치 자체가 아니라 그 원천이다. 즉 외부에서 우리에게 강제된 단순화는 디즈니가 노동자들의 생산성을 게임화한 것과 같이 자율성을 훼손하지만, 자신이 선택한 단순화는 자율성을 개선한다.

하지만 그러면 우리가 스스로의 결정에 의해 자신의 자율성을 훼손할 여지를 간과한다. 게임화는 분명 때로 의지의 유약함을 해결하고 자율성을 강화할 도구가 되어 주기도 한다. 듀오링고 같은 시스템은 자율성을 강화하는 게임화를 특히 잘 보여 주는 사례이다. 왜냐하면 언어의 학습이라는 이 시스템의 목표가 비교적 명료한 목표이기 때문이다. 언어의 학습은 본성상 명료하고 단순한 목표이며, 별다른 내용적 손실 없이도 게임과 같은 일군의 목표들로 쉽게 변환된다. 언어 학습의 게임화는 목표를 달성하는 데 아주 적합한 것으로 보인다. 하지만 더 미묘한 가치를 게임화하는 경우라면 의도적인 자기-게임화조차 자율성의 손실로 이어질 수 있다.

소위 말하는 '임시방편적 조치'(heuristic drift)에 대해 생각해 보자.[96] 우리의 가치는 많고 복잡하다. 우리 중 대부분은 스스로의 행복, 스스로의 여러 계획, 자신이 속한 다양한 공동체와 기관의 번영 등을 가치 있게 여긴다. 개별 가치는 대개 적용하기 미묘하고, 그것들이 모이면 이는 더욱 어려워진다. 이에 대처하기 위해서 우리는 종종 '임시방편적 행위 원칙' 혹은 '임시방편적 가치 표현' 즉 여러 상황에 곧장 적용해 볼 수 있는 단순한 원칙과 표현들을 사용한다.[97] 일상 생활을 헤쳐 나가려면 이 임시방편이 필요하다. 만약 우리가 항상 모든 종류의 풍부하고 복잡한 가치들을 염두에 둔 채로 사고해야만 한다면, 우리는 아무런 행동도 할 수 없을 것이다. 생각하기와 결정하기는 자원 집약적 활동이다. 우리는 우리 가치 체계의 복잡성과 세계의 복잡성에 대처하기 위해 임시방편을

---

96 역주: 'heuristic'이라는 용어는, 모든 경우의 수를 철두철미하게 고려한 최적의 판단을 내릴 수 없을 경우, 시행착오를 감수하더라도 문제를 실질적으로 해결할 수 있는 임시방편을 사용함을 의미한다. 이 용어는 '발견법', '체험법' 등으로 번역하거나 '휴리스틱'이라고 음차하여 사용하기도 한다. 하지만 직관적이고 자주 사용되는 말을 선택하기 위해 이 책에서는 이를 ('Ad hoc'라는 용어와 혼동이 가능함을 무릅쓰고) '임시방편', '임시방편적' 등으로 옮겼다.

97 실천적 추론에 대한 많은 설명에서 이러한 임시방편에 관한 다양한 설명들이 등장한다. 마이클 브래트만(Michael Bratman)의 정책 개념, 리처드 홀튼(Richard Holton)의 특히 결심이라는 특수한 하위 종류로서 의도 개념, 그리고 의도에 대한 크리술라 안드레우(Chrisoula Andreou)의 논의 등이 여기 포함된다. Bratman(1999, 56-91); Holton(2009); Andreou(2009) 참조. 앞으로 나올 설명은 이들의 논의의 일반적 윤곽에 기대고 있지만, 논쟁적인 세부 사항을 다루는 일은 피하고자 한다.

사용한다. 임시방편에 따른 선택은, 정확성과 사용 가능성 등 두 가지 사항을 고려하는 가운데 이루어져야 한다. 어떤 가치에 대한 이상적인 임시방편이란 장기적으로 따라갔을 때 해당 가치의 더 큰 충족으로 이어질 수 있는 사용 가능한 가치의 표현일 테다. 내가 건강을 위해 운동을 해야 하지만, 매일 어떻게, 언제 운동할지를 결정하는 과정에서 자주 주저앉는다고 해 보자. 그래서 나는 매일 아침 식사 전에 30분간 운동을 하겠다는 단순한 계획을 세운다. 이 계획은 건강이라는 목표 가치를 위한 임시방편적 행위 원칙이다. 대부분의 경우 나는 이것이 계획이니까 그냥 수행한다. 하지만 더 큰 목적에 비추어 볼 때, 나는 이따금 한발 물러서서 이러한 임시방편이 실제로 내가 정말 가치 있게 여기는 것을 달성시켜 주고 있는지를 생각해 보고, 내 계획을 평가 및 조정해야 한다.

물론 이러한 사고의 구조는 일시적 게임 행위성과 분명 어느 정도 닮아 있다. 그리고 게임 같은 사고방식은 내 임시방편적 원칙의 형성과 평가에 영향을 미친다. 내가 건강을 위해서 핏비트를 착용하기 시작했다고 해 보자. 나는 동기 부여를 강화하기 위해 누가 매일 가장 많은 걸음 수를 기록할지를 놓고 내 친구들과 경쟁을 하기로 설정한다. 누가 가장 많은 걸음 수를 기록할까? 나는 이내 핏비트의 측정 방식에 따라 친구들을 이기는 일에 집착한다. 그런데 사실 알고 보니 매일 많은 걸음을 걷는 것이 나의 건강에 좋은 방법이 아니었다고 해 보자. 나의 신체 이력으로 보아 아마도 달리기, 요가, 웨이트트레이닝으로 이루어진 균형 잡힌 프로그램이 나에게는 더 도움이 되었을 것이다. 그런데 요가와 웨이트트레이닝은 핏비트로 측정되지 않기 때문에, 내게 그것들을 하고자 하는 동기가 생기지 않는다. 나의 가치적 임시방편(value heuristic)이 핏비트의 게임 같은 가치 명료성에 포획된 것이다. 이 경우 핏비트가 제공하는 측정 방식이 건강에 관한 좋은 임시방편적 표현이 아니라는 점을 알게 되었지만, 그럼에도 나는 그러한 측정 방식을 임시방편으로 고수함에 따라 얻을 수 있는 게임 같은 보상 방식에 이끌리게 된다. 핏비트가 제공하는 가치 명료성은 유혹적이다. 이는 나를 목표로부터 멀어지게 만들고, 나의 임시방편을 형성, 평가, 조정하는 방식에 대해 유해한 압력을 가한다. 가치 명료성은 이런 식으로 나의 자율성을 훼손할 수 있다. 왜냐하면 그것이 나의 가치에 적합한 임시방편을 세우려는 시도와 충돌하고, 나의 가치를 추구하는 행위를 펼치는 일을 방해하기 때문이다.

상황이 이런 식으로만 흘러가는 것은 아니다. 나는 게임 같은 쾌를 콕 집어서 성공적으로 획득하고자 고의적으로 게임화를 할 수도 있다. 예를 들어, 나는 건강과 분투의 미적 즐거움이라는 두 가지 가치를 모두 충족하는 하나의 활동에 참여하는 데 관심이 있다. 또 누군가는 그러한 한 쌍의 목표를 위해서 암벽등반, 마라톤 혹은 또 다른 경쟁 활동에 뛰어드는 일을 쉽게 상상할 수 있다. 그럴 경우, 게임의 쾌는, 행위자가 의도한 비율만 지켜진다면, 행위자의 자율적 계획의 일부일 따름이다. 그런데 가치 포획의 경우는 이와 다르다. 가치 포획은 게임 같은 쾌의 압력이 우리 가치에 의도치 않은 영향을 미칠 때 일어난다. 가치 포획은, 내가 게임의 쾌와는 다른 이유에서 임시방편을 세웠지만, 게임 같은 쾌가 나의 동기 체계에 침입하여 내 임시방편의 구조에 뜻밖의 힘을 행사하는 경우에 일어난다.

바로 이것이 가치 포획의 실제 사례들에 대한 타당한 설명인 듯싶다. 내 생각에, 핏비트에 가치 포획된 누군가가 높은 핏비트 점수를 어떤 심오한 의미에서 '가치 있게 여긴다'라고 진지하게 말하지는 않을 것이다. 그들은 신체 건강, 체력, 안녕, 장수를 가치 있게 여긴다. 다만 사용하기 쉬운 일상적 대용물(proxy)로 핏비트 점수를 생각할 뿐이다. 여기서 우려되는 바는, 핏비트가 게임과도 같은 명료함 덕분에 대용물 치고는 다소 지나치게 착착 붙는다는 점이다. 그것은 보다 세밀하고 풍부한 대용물의 사용을 억제한다. 그리고 시스템이 아주 접근하기 쉽고 이미 만들어져 있는 경우, 즉 사용하기 쉬운 상품으로 포장되어 있는 경우, 그러한 사용의 용이함 때문에 나는 내 임시방편을 세심하게 갱신하고 유지하는 복잡한 과정에서 멀어지도록 유혹받을 수 있다. 핏비트의 가치 명료성 그리고 그로부터 나타나는 쾌 덕분에, 그러한 측정 방식은 행위자의 동기적 심리에 대하여 예상보다 강한 동기를 부여할 수 있게 된다.

내 생각에 여기서의 문제는 일종의 의지의 유약함이다. 이를 '의지의 유혹'이라고 불러 볼 수 있다. 중요한 것은, 임시방편의 형성 방식들이 사실은 의지의 유약함과 여타 인지적 한계를 극복하기 위해 고안된, 의지력의 기술이라는 점이다. 하지만 임시방편적 조치의 경우에서 그러한 노력들은 가치 명료성이 가져오는 게임과 같은 쾌로 인해 엉뚱한 경로로 들어서도록 유도된다. 내가 내 의지를 행사하는 한 가지 형식으로서 자주 행사하는 역량들은 엉뚱한 목적을 향하도록 틀어져 버린다. 임시방편적 조치에 있어서, 나의 가치는 변화하지 않는다. 오히려 내가 나의 가치를 일상적이고 활용가능한 형식으로 스스로에게 표현하는 방식에 포획되어 나의 실제 가치로부터 멀어지게 된다. 임시방편적 조치는 나의 자기 통제 노력이 보다 게임 같은 목표물을 향하도록 방향을 꺾음으로써 나의 자율성을 침해하는 것이다.

자기 변화와 엉성한 가치들

가치 포획이 자율성을 훼손할 수 있는 또 다른 경우는 내 가치의 여지를 축소시킬 때이다. 게임 같은 쾌가 주는 유혹이 비(非)게임 영역으로 전파되면, 나는 스스로의 가치를 사고하는 내 어휘의 풍부함을 포기하고, 가치에 관한 내 역량을 협소화시킬 수 있다.

여기서 나는 자기-지식에 관한 리처드 모런의 아주 풍부한 분석을 끌어오고자 한다. 아주 복잡한 설명이지만 빠르게 스케치해야 할 듯싶다. 모런이 말하기를, 우리는 스스로가 지닌 많은 태도와 아주 특별한 관계에 놓여 있다. 한편으로, 우리는 우리 태도에 대해 특별한 권한을 지닌다. 나는 남들이 내가 행복하다는 것을 발견하듯이 어떤 신호를 읽어 냄으로써 내가 행복하다는 것을 발견하지는 않는다. 다른 한편, 상담이나 자기 성찰, 숨겨 왔던 사랑, 증오, 욕망을 통해 파헤쳐 보면 우리는 자신의 태도를 착각할 때도 있다. 그러니까 내 태도와 나의 관계는 온전히 자기 구성적이거나 자발적이지 않다. 왜냐하면 내가 그것들을 착각할 수도 있기 때문이다. 하지만 그 관계는 또한 매우 특별한데, 왜냐하면 나는 내 태도가 갖는 내용에 대해 어느 누구보다도 많은 권한을 지니기 때문이다. 모런에 따르면, 이러한 두 가지 특성에 관한 적절한 설명은 우리가 가진 태도의 상당수가 '자기 해석'(self-interpretation)의 결과라는 것이다. 예를 들어 자긍심이라는 태도는 두 가지 요소를 지닌다. 첫째, 적절한 현상적 토대를 가지고 있어야 한다. 내가 자신을 향한 적절한 긍정적 느낌을 갖지 않고서는 자긍심이라는 태도를 가지고 있다고 할 수가 없다. 그렇기에 내가 적절한 현상적 토대를 가지고 있지 않다면, 내가 자긍심을 느낀다고 착각하는 것일 수 있다. 하지만 그러한 정신 현상의 존재만으로는 충분하지 않다. 왜냐하면 내가 그것을 무시할 수도 인정할 수도 있기 때문이다. 정말로 자긍심을 갖기 위해서는 자긍심이 적절한 느낌이라고 내가 결정해야 한다. 자긍심의 태도는 내가 느낀 모종의 정신적 현상을 통해 일부 구성되고, 또 일부는 그러한 현상에 대한 나 자신의 결단으로써 구성된다. 자긍심을 느끼는 것이란 부분적으로 그러한 다양한 감각을 자긍심이라고 해석하는 일이다. 내가 자긍심을 느끼는 이유는 부분적으로 내가 자긍심이 적절한 태도라고 생각하기 때문이다.

이러한 설명은, 내 태도를 만들어 냄에 있어서 내가 자기의식적으로 참여하는 역할을 맡는다는 생각으로 이어진다. 나의 태도 중 상당수가 일부 자기 구성적이다. 내가 어떤 태도를 실제로 갖기 위해서는 스스로 그러한 태도를 갖는다고 해석해야 한다는 점에서 그러하다. 그런데 이것이 의미하는 것은, 내가 어떤 태도를 가질 수 있는지는 스스로 그 태도를 가지고 있음을 나 자신이 이해할 수 있는지에 달려 있다는 점이다. 내가 자긍심을 가지기 위해서는 내가 반드시 자긍심의 개념을 지녀야 하고, 내가 자기 해석의 절차 중에 그 개념을 얼마든지 사용할 수 있어야 한다. 그리고 당연히, 가치판단의 태도는 이런 식으로 부분적으로 자기 구성된다. 새뮤얼 셰플러가 지적하는 바와 같이, 무언가를 가치 있게 여긴다는 것은 대상에 대한 적절한 정서적 반응을 보이면서도, 또한 그 대상을 가치 있게 여기는 것이 적절하다는 결정을 내리는 것을 의미한다.(Scheffler 2011)

그런데 가치 명료성의 유혹이 내가 가진 가치의 어휘를 감소시키는 결과를 가져올 수도 있음을 유념하자. 그렇기에 이 유혹은 내가 세계에 대해 취할 수 있는 가치 평가적 입장(valuational stances)의 범위를 축소시킨다. 달리 말하자면 다음과 같다. 내가 방금 이야기했던 임시방편적 조치가 그 자체로 나의 현실적 가치를 바꾸지는 않는다. 하지만 자기 해석에 입각하여 생각해 보면, 내 임시방편이 수행하는 단순화가 결국에는 내 가치에 대한 변화를 가져올 수도 있다. 만약 단순화된 임시방편을 지속적으로 사용하여 스스로의 가치판단적 태도를 서술하는 데 효과를 발휘할 개념적 어휘가 감소한다면, 기능적인 가치판단적 태도의 실제 범위가 줄어들 것이기 때문이다. 만약 내가 보다 협소한 범주를 임시방편적으로 점차 사용하게 되면, 그리고 그러한 유혹성이 나로 하여금 거의 그러한 틀 안에서만 사고할 수 있게 만든다면, 나는 보다 세밀한 가치 개념들을 쉽고 빠르게 사용할 능력을 잃을 것이다. 그것들은 내가 사용할 수 있는 자기 서술적 개념의 목록에서 빠져 버릴 수도 있다. 그리고 만일 내가 자기 해석을 수행할 때 나 자신이 그러한 태도를 가질 수 있다는 생각을 못 하게 되면, 나는 더 이상 그 태도를 가지지 않게 될 것이다. 그러면 자율성의 상실로 이어질 가능성이 매우 높다. 이것은 곧 내가 세계에 대해 나타내는 가치판단적 반응의 유연성과 다양성이 장기적으로 감소함을 의미한다. 그에 더하여 유념할 점은, 이것이 설령 내가 자율적으로 내 삶을 자기-게임화했을지라도 발생할 수 있는 일이라는 점이다. 자기-게임화의 과정은 자율적일 수 있으나, 내 가치의 범위를 좁히는 결과에 이를 수 있다. 우리가 우리 자신의 가치를 더욱 '엉성하게' 만들고, 세계에 대하여 예민하고 세밀하게 반응해 다양한 평가를 내릴 역량을 무디게 하는 셈이다.

이러한 자기 해석의 논의는 우리가 스스로의 가치를 엉성하게 만들게 되는 하나의 메커니즘일 뿐이다. 내 생각에, 단순화된 가치로 된 임시방편을 지속적으로 사용하다가 내가 가진 가치에 있어 장기적인 변화를 맞이하는 다른 많은 메커니즘들이 존재한다. 가령 단순한 습관에 의존하는 것도 그 한 가지이다. 다만 일반적으로 이야기하자면 다음과 같을 것이다. 가치 명료성이 주는 게임 같은 쾌가 독특한 방식으로 나의 동기 구조에 압력을 가한다. 만약 행동하기, 결정하기, 수행하기 등 삶 속의 일상적 노력들이 단순화된 가치의 가호 아래 이루어진다면, 그것들은 나에게 가치 명료성에서 오는 쾌를 줄 것이다. 내가 일상생활 중에 보다 풍부한 가치를 단순한 가치로 대체하고, 또 보다 풍부한 가치 집합을 협소한 가치 집합으로 대체해야 할 이유가 생기는 것이다. 만약 내가 실제로 나의 가치를 그런 방향으로 변환한다면, 혹은 내 가치에 대한 임시방편적 표현들을 보다 단순하고 빈약한 형태로 변환한다면, 나는 가치 명료성에서 오는 쾌를 얻게 된다. 하지만 설령 그러한 절차가 자율적으로 수행된다고 해도, 그 결과는 자율성의 상실이다. 이제는 세계에 대해 반응할 때 사용할 가치평가적 태도가 별로 다양하지 않게 되었기 때문이다. 바로 이것이 다름 아닌 자율성의 상실이다.

과잉 단순화의 요청

그러니 이러한 도식을 그릴 수 있다. 인생은 입이 떡 벌어지게 혼란스러울 정도로 많은 수의 세밀한 가치로 이루어진 어지러운 소용돌이이다. 충분히 민감한 가치 평가를 내리는 행위자가 인생을 살아가는 데에는 힘든 판단을 내리고, 어려운 결정을 하며, 가슴 아픈 비교를 하는 일이 따른다. 여러 가치를 추구하는 실천적 행위자로서 우리는 그러한 혼란스러운 가치 지평 속에 우리의 위치와 목적을 이해하고자 애쓰고 투쟁해야 한다.

하지만 게임의 경험은 깨끗이 단순화된 가치 지평 중 하나이다. 게임은 우리에게 가치 명료성을 제공한다. 이는 어마어마한 미적 즐거움과 심리적 안정을 제공한다. 그리고 그러한 단순화와 명료화가 꼭 나쁜 것은 아니다. 듀이가 주장하기를, 예술은 실천적 삶의 소용돌이로 뛰어들어 실천적 경험의 결정체를 창조한다. 예술은 대개 통일성을 창조하지 않는다. 어떤 의미에서는, 게임 속 삶의 가치 명료성과 조화로운 행위성이 음악의 부자연스러운 조화로움이나 픽션의 내러티브적 명료성과 통일성에 비해 더 나쁘다고 할 수 없다. 하지만 우리가 필요에 의해 게임 바깥으로 가치 명료성을 전파하는 경우에는 그것이 문제가 된다. 게임 속에서는 그러한 명료성이 커다란 치료 효과가 있고, 만족을 주며, 유용하고, 심지어 아름다울 수도 있으나, 우리는 가치 명료성의 환상을 게임 바깥으로 전파하려는 유혹에 저항해야만 한다.

물론 가치 포획의 위험은 게임과 무관하다. 누군가는 게임을 전혀 하지 않고도 단순화된 가치 체계의 유혹에 빠질 수 있다. 하지만 게임의 존재는 가치가 단순화된 가치 체계에 포획될 위험을 증가시킨다. 만약 우리의 기대가 게임 세계에서 일상 세계로 이행하지 않도록 관리하는 일에 실패한다면, 우리는 가치 명료성의 기대를 가지고 현실로 나와 버릴 수 있다. 그러면 이로 인해 단순화된 가치 체계를 자꾸만 더 찾아다니게 될 것이다.

10장
분투의 가치

게임화와 가치 포획에 대한 이런 비판들을 피해 갈 방안이 있을까?
나는 다름 아닌 게임 플레이 자체가 지닌 본성 깊숙한 곳에 답이 있다고
생각한다. 게임화와 가치 포획은 협소화된 도구적 태도가 게임의
맥락 너머로 확대되려 할 때 발생한다. 게임에서 게임 밖 일상으로의
이행을 잘못 처리할 경우, 즉 가치 포획에 대한 기대를 자제하는 데
실패할 경우 가치 포획은 보다 쉽게 발생한다. 하지만 여기서도 분투형
플레이의 동기 구조가 가치 포획에 저항하기에 아주 쓸 만한 도구를
제공한다. 분투형 플레이는 게임의 협소함에서 한발 물러나 보다 넓은
관점에서 실천적 몰입을 반성할 도구를 제공한다.

분투형 플레이의 동기 구조는 게임 경험이 갖는 가치에 대한
특정 형태의 반성을 촉진한다. 분투형 플레이에서 승리는 궁극의
목적이 아니다. 우리는 아주 특수한 목표를 위한 수단으로서 승리에
관심을 갖는다. 동기 구조에 들어 있는 이런 희한한 비틀림은 반성을
요청한다. 즉 한발 물러나서 '저 목표를 추구하는 일이 가치 있었는가?
아름답거나, 재밌거나, 그럴 가치가 있었는가?' 따위의 질문을 던져
보게 한다. 이 한발 물러남 속에 나타나는 정신적 전환은 미적인
분투형 플레이에서 특히나 두드러진다. 이는 미적 태도가 명료한 목표
추구에의 실천적 몰입이라는 협소화된 게임 내 상태와 많은 측면에서
상반되기 때문이다. 미적 감상은 정답이 없고 미묘하다. 미적 감상은
단순하고 확정적인 법칙을 적용함으로써 이루어지지 않는다. 미적 감상
시 우리는 놀라움 및 미묘함과 마주하게 된다. 우리는 경험이 지니는
복합성 및 뉘앙스와 감각적으로 씨름한다. 그렇기에 미적인 분투형
플레이는 플레이어가 아주 다른 두 가지 정신 상태 사이를 오가도록
유도한다. 우리는 게임에서의 딱 짜인 실천적 태도로부터 미묘하고
감각적인 미적 감상 태도로 옮겨 가야 한다. 미적인 분투형 플레이는

협소화된 실천적 상태에 진입했다가 이내 다시 한발 물러나는 식의 특수한 형식의 행위적 유동성을 촉진한다.

이 짤막한 종결부에서는 게임의 가치에 관해 알게 된 바를 요약해 볼 것이다. 그리고 분투형 플레이, 특히 미적인 분투형 플레이가 행위적 유동성의 발달과 그 유동성을 관리하는 역량에 있어서 특별한 역할을 수행한다는 점을 보일 것이다. 나는 무엇보다 이러한 관리 능력이 협소화된 게임 내 상태의 확산에 맞설 방안이라고 제안할 것이다. 잘 관리된 행위적 유동성을 갖춘다면 우리는 일시적인 행위성들과 행위적 유형들을, 거기에 빠져 버리지 않고도 적절히 사용할 수 있게 된다. 그리고 미적인 분투형 플레이가 우리의 행위적 유동성을 잘 관리하는 방법을 가르쳐 줄 강력한 도구라고 나는 주장할 것이다.

나는 분투형 플레이가 발달 훈련으로서만 가치 있다고 주장하는 것이 아니다. 게임의 가치에 있어서 나는 다원주의자이다. 게임은 미적인 가치를 제공할 수도 있고, 동시에 우리의 역량과 능력을 단련할 수도 있다. 다만, 우리 자신의 행위성과 유희하는 것을 포함하는 활동이 미적인 경이와 발달적 가치 모두를 산출한다는 점, 그리고 이 서로 다른 형태의 가치들은 게임이 행위성을 가지고 노는 방식으로부터 발생한다는 점이 아주 놀랄 일은 아니라는 것이다.

분투형 플레이와 반성

지금까지 알게 된 바는 다음과 같다. 게임 내 정신 상태⟨in-game mental state⟩는 대개 협소화, 집중화되어 있다. 우리는 명료하게 특정된 목표에 대한 실천적 추구에 몰입한다. 그러한 협소화된 상태에서 오는 좋은 점이 많이 있다. 협소화⟨narrowing⟩는 기능적 아름다움을 더 쉽게 경험하게 해 준다. 어떤 행위의 아름다움은 그 행위의 목표가 명료할 때 보다 또렷하다. 협소화는 새로운 행위적 유형을 획득하여 우리가 가진 목록에 추가하게 해 준다. 행위성이 명료하게 특정되어 있고 또 거기에 우리가 온 마음을 다해 몰두하는 것이 허락된다면, 우리는 행위성을 보다 쉽게 접할 수 있다. 그러니 협소화는 그 자체로 기쁨이고 위안이다. 그것은 풍부하고 미묘하며 상충하는 가치들의 지평 속에서 인생이 겪는 고통스럽고 어려운 고뇌로부터의 해방인 것이다.

위험한 것은 게임의 이러한 협소화된 행위적 상태가 게임 바깥으로 새어 나가 플레이어의 비(非)게임 동기를 형성할 수 있다는 점이다. 게임은 가치 명료성의 환상에 우리를 노출시킨다. 우리로 하여금 다양한 쾌와 만족감을 협소화된 상태와 결부시키도록 유도하는 것이다. 이러한 쾌와 만족감으로부터 습관화(habituation)의 위험이 비롯한다. 우리는 적절하지 않은 가치를 채택하려는 유혹, 즉 보다 온전한 가치를 놓쳐 버릴 대용품에 스스로를 내맡기고 싶다는 유혹에 빠진다. 플레이어들은 그러한 습관화에 저항하는 법을 어떻게든 알아내야 한다. 우리는 그러한 협소화된 상태로부터 스스로를 관리하고 거리를 둘 역량을 길러야 한다. 이것이 특히 중요한 이유는 협소화된 행위적 상태가 오직 게임에만 존재하는 것이 아니기 때문이다. 그런 상태는 직업적 역할을 수행할 때나 실천적인 집중의 순간들처럼 현실에서도 벌어지며, 이때 거의 비슷한 만큼의 동기적 고착성(motivational stickiness)이 나타난다. 그러한 협소화된 행위적 상태는 매우 유용하다. 우리는 보조 행위성(subagency)에 이입하여 정밀한 목표를 추구하다 보면 많은 일을 해내곤 한다. 실천적 임무가 아주 힘들어지면, 작은 일이라도 해낼 유일한 방법은 일련의 협소화된 행위성 유형들을 활용하는 것뿐일 수 있다. 다만 우리는 그러한 협소화된 상태를 관리하고 통제 아래 활용하며 그로부터 빠져나올 역량을 기를 필요가 있다.

성취형 플레이에는 그러한 협소화된 상태가 퍼지는 것을 억제할 어떠한 내재적 방책도 들어 있지 않다. 사실 성취형 플레이가 그러한 협소화된 상태의 확산을 오히려 강화할 수 있다. 성취형 플레이어는 승리 자체를 위해서 혹은 승리로부터 따라오는 부산물을 위해서 승리를 가치 있게 여긴다. 만약 성취형 플레이어가 승리를 그 자체로 중시한다면, 이때 플레이어는 승리의 가치에 직접 결부되어 있는 것이다. 만약 성취형 플레이어가 승리를 외적인 이유에서 중시한다면, 이때 승리는 플레이어가 정말 가치 있게 여기는 무언가와 연장선상에 놓여 있는 셈이다. 성취형 플레이는 절대로 플레이어에게 게임의 기준에서의 승리에 골몰하는 일로부터 한발 떨어지라고 하지 않는다. 그 반대로, 성취형 플레이에서 승리는 플레이어의 장기적 목표를 구성하거나, 그 연장선상에 놓여 있다. 그 결과, 성취형 플레이의 가치에 대한 평가는 대개 매우 간단하다. 많이 이길수록 좋은 것이다. 게임 속 협소한 기준에서의 성공은 성공 그 자체와 다름없다. 성취형 플레이는 게임 자체의 기준에 따라 승리를 추구하는 일이 지닌 타당성을 강화한다.

반면 분투형 플레이는 그러한 정당화에 있어서 훨씬 복잡한 관계에 놓여 있다. 승리에의 관심을 갖는 것은 그저 고투의 가치를 얻기 위한 도구에 불과하다. 분투형 플레이는 우리로 하여금 승리의 가치와는 아무 상관없는 기준으로 승리에의 관심을 평가하도록 이끈다. 분투형 플레이는 우리에게 지금 추구하고 있는 목표에서 한발 물러서서, 활동 전체에 들어 있는 더 깊은 가치를 질문하라고 주문한다. '이것은 좋은 목표인가? 이 목표를 추구하는 것이 내가 선택하기에 좋은 삶의 형태인가?' 따위의 질문을 이끌어 내는 것이다.

분투형 플레이는 승리와 가치 사이에 동기적 거리를 부여한다. 분투형 플레이는 우리에게 게임 속에서 특정된 승리라는 예리한 기준을 폐기할 것을 주문한다. 우리는 특별히 지정된 목표에의 몰입으로부터 빠져나와서 '이게 가치가 있나? 저 활동이 내가 시간을 보낼 좋은 방법이었나?' 하고 자문한다. 바로 그 '가치'(worth)의 개념은 게임이 제공하는 것 외에 다른 기준으로 도출되어야만 한다. 온전히 자기의식적이고 반성적인 성취형 플레이어라고 해서 동기의 차원에서부터 그러한 급격한 회전을 줄 필요는 없다. 다만 온전히 자기의식적이고 반성적인 분투형 플레이어라면 가치를 평가할 기준에는 변화를 주어야 한다. 분투형 플레이의 가치는 승리 자체와 연장선상에 놓여 있지 않다. 분투형 플레이의 가치는 딴 곳에 있다.

미적인 분투형 플레이와 세밀한 가치 평가

하지만 분투형 플레이를 한다고 해서 우리가 저절로 게임의 단순화된 목표들에 대해 보다 세밀한 척도에 입각하여 반성을 하게 되는 것은 아니다. 우리가 분투를 평가하는 척도 또한 단순화될 수 있다. 예를 들어 내가 체력 단련에 관심을 가지고 있으며, 나는 체력 단련을 체질량지수(Body Mass Index, BMI) 감량이라는 척도로 환산하여 생각한다고 해 보자. 나는 그 목적을 이루고자 게임 목표를 받아들일 수 있는데, 가령 BMI를 낮추기 위해 마라톤에 참가하는 식이다. 이 경우, 명료하고 수치화된 게임 목표—마라톤에서 좋은 순위를 기록하기—가 그와 구분되면서도 마찬가지로 명료하고 수치화된 게임 외적인 목적—BMI 감량—안에 위치하는 셈이다.

　　하지만 미적인 분투형 플레이는 다르다. 미적인 요소는 세밀하다. 미적 평가는 그 본성상 단순화를 거부한다. 정확히 왜 그러한지를 파악할 여러 가지 방법이 있다. 프랭크 시블리의 설명은 여기서 어떤 기준점을 제공한다. 시블리가 말하기를, 미적 판단은 본질적으로 비기계적이다. 미적 판단의 적용은 단순한 규칙 혹은 원칙에 따라 결정되지 않는다. 왜 그럴까? 시블리가 말하기를, 미적 속성들은 인식론적으로 독특하다. 미적 속성은 비(非)미적 속성에 의존하지만, 어떤 미적 개념이 비(非)미적 속성에 적용될지를 결정할 수 있는 필요조건 혹은 충분조건은 존재하지 않는다. 어떤 선이 근사하다는 사실은 선의 물리적 위치 등 단순한 비(非)미적 특성들에 의존하지만, 정확히 어떤 비(非)미적 특성이 근사함을 필연적으로 일으켰는지를 결정적으로 특정할 방법은 없다.(Sibley 1959) 미적 개념의 적용은 지극히 불가사의하다. 무언가의 미적 요소가 어떤 것일지를 그것의 비(非)미적 요소로부터 결코 확실하게 추론해 낼 수는 없다. 그것은 우리가 스스로 찾고 바라보아야 한다. 특히나, 미적 개념이란 어느 정도 평가적이기에, 이는 우리의 미적 평가가 지극히 불가사의함을 의미한다.

메리 마더실은 이와 아주 유사한 주장을 제시한다. 마더실이 말하기를, 취미(taste)의 원칙이란 존재하지 않는다. 어떤 대상에 대한 묘사로부터 우리가 긍정적인 미적 판결을 내릴지를 추론할 수는 없다.[98] 혹은 아놀드 아이젠버그는 다음과 같이 말한다.

> 읽는 이로 하여금 작품을 보기도 전에 "그 말이 맞다면 나는 이 작품을 훨씬 좋아하게 될 것이다"라고 말하게 만들, 순수하게 기술적인(descriptive) 진술이란 세상 어느 비평에도 존재하지 않는다.(Isenberg 1949)

마더실은 취미에 관한 어떤 원칙을 정식화하려던 모든 시도가 역사적 실패로 귀결되었음을 유념하자고 말한다. 당연하게도, 아주 단순하고 접근하기 쉬운 특징들에 기초하여 취미의 원칙을 정식화하려는 시도는 실패하기 마련이다. '균형 잡힌 것은 모두 아름답다' 따위의 원칙 같은 것은 없다. 더구나, 보다 복잡한 취미의 원칙을 정식화하려는 시도는 모두 결국 반박되어 왔다. 추정된 규칙에 맞지 않지만 긍정적인 판단을 끌어내는 새롭고도 예상치 못한 예술 작품이 언제나 나타나기 때문이다.[99] 나의 말로 표현하자면, 미적 평가는 가치 명료성을 띠지

98　이 주장의 최초의 서술을 보려면, Mothersill(1984, 84-86; 주장의 옹호로는 100-144) 참조. 그녀는 자신이 옹호하는 주장이 칸트에게서 나왔다고 말하지만, 나는 그녀의 주장이 더 넓은 설득력을 지니며, 이는 특히 칸트의 체계에 동의하지 않는 이들에게도 해당된다고 생각한다.
99　이는 마더실의 논변 중 사소한 부분일 뿐이다. 이 분야에 익숙한

않으며, 보다 세밀한 가치의 적용을 필요로 한다.

이런 류의 사고방식은 여러 가지로 변주될 수 있지만, 여기서 세부 내용을 늘어놓고 싶지는 않다. 중요한 것은 미적 평가의 기저에 놓인 인지적 태도가 결정적으로 게임 플레이의 협소화된 상태와 구분된다는 점이다. 게임 플레이는 명확히 지정된 목표를 성취하는 데 모든 노력을 기하게 되는 상태, 즉 도구적으로 몰입된 상태를 받아들이는 것으로 대개 이루어진다. 게임 내 판단은 가치 명료성에 기반하여 내려진다. 그리고 미적 평가는 세밀한 가치에 기반하여 여러 특징을 알아보고 평가를 내리는 과정이다. 우리가 게임에서 이기려는 태도에서 게임 경험의 미적 특징에 대해 반성하는 태도로 전환할 때, 우리는 평가적 협소성(evaluative narrowness)을 폐기해야 한다. 태세를 전환하여, 명료한 가치에 따라 행위하는 경험에 대해 보다 세밀한 가치에 입각하여 반성해 보아야 한다.

협소성 관리하기

미적인 분투형 플레이는 엄밀하게 미적인 이유에서 그 자체로 가치 있다. 하지만 미적인 분투형 플레이가 또 다른 유용한 결과를 가져올 수도 있다. 미적인 분투형 플레이는 유연하고 자기 관리에 능한 행위자가 될 역량을 길러 줄 수 있다. 미적인 분투 경험을 추구하는 데서 나온 부산물로서 우리는 다소 협소화된 여러 평가 형식 사이의

독자들은 이 영역을 알아챌 것이다. 최근 연구들 중에서 이러한 주장의 변주들이 미학의 비추론주의(noninferentialism)와 개별주의(particularism) 논쟁에서 나타났다. 당연히 나는 해당 논쟁에서 비추론주의와 개별주의 측을 지지한다. 최근 추론주의에 대한 옹호가 있었다.(Dorsch 2013; Cavendon-Taylor 2017) 하지만 설령 그렇게 옹호된 온건한 형태의 추론주의를 받아들인다고 해도, 나의 주장은 여전히 일정 형태로 구제될 수 있을 것이다. 나는 미적 판단이 특정된 게임 조건에 비추어 성공을 평가하는 식보다는 훨씬 더 세밀하게 작동한다고 주장하기만 하면 된다.

정신적 전환도 실천하게 되는 것이다.

물론, 특정 게임을 플레이하는 것이 특정 기술과 역량의 발달에 있어 명확한 기능을 수행할 수도 있다. 암벽등반은 균형 감각과 신체 제어 능력을 발달시키고, 체스는 계산의 역량을 발달시킨다. 나는 이미 아주 다양한 게임을 플레이하는 것이 발달상의 이점을 가져다 준다고 제안한 바 있다. 다양한 행위성 형식을 오감으로써 우리는 행위적 유동성을 실천한다. 내가 여기서 제안하는 것은 특히 미적인 분투형 플레이가 추가적인 발달상의 이점을 가져다준다는 점이다. 미적인 분투형 플레이에 참여하는 것은 우리가 행위적 유동성에 대해 '반성하도록'(reflect on), 그리고 특정 행위성 유형의 협소화된 평가적 태도에 치중하지 않는 방식으로 반성하도록 우리를 훈련시킬 것이다. 미적인 분투형 플레이는 우리로 하여금 우선 협소한 목표에 몰입하고 이내 다시 물러나 열린 마음으로 예민하게 활동 전체의 가치에 대해 생각해 볼 것을 요청한다.

미적인 분투형 플레이는 그렇기에 우리로 하여금 한 쌍의 중요하면서도 상충하는 인간 역량을 실천하도록 만든다. 우선, 어떤 종류의 분투형 플레이든지 협소화된 행위성 유형에 이입할 수 있는 역량을 키워 준다. 둘째로, 미적인 분투형 플레이는 한발 물러나서 그러한 협소한 상태의 가치를 더 넓고 덜 인위적으로 명료화된 관점에서 반성할 수 있는 역량을 키워 준다. 그리고 알고 보면 이 두 번째 반성적 역량은 협소화된 행위성 유형의 고착성에 맞서 우리를 보호해 줄 수 있다.

요가 선생님이 언젠가 나에게 우리는 모두 한 쌍의 상충하는 역량을 키울 필요가 있다고 말해 주었다. 우리는 유연해져야 하면서도, 동시에 강인하게 그 유연성을 통제할 필요가 있다. 더 큰 유연성만 있다면 세계가 우리를 마음대로 밀치고 다치게 하기 쉬워질 뿐이다. 그녀가 말하기를 이것이 바로 우리가 유연성뿐 아니라 강인함과 힘을 키워 줄 요가 수행을 해야 하는 이유이다. 자유는 유연성과 통제력의 균형으로부터 온다.

  내가 제안하는 바는, 미적인 분투형 플레이가 그에 상응하는
한 쌍의 역량들을 길러 줄 방법을 제공한다는 것이다. 우선, 그것은
일시적 행위성에 이입할 능력을 키워 준다. 그런데 또한 그러한 이입을
관리하고 통제할 역량을 길러 주기도 한다. 미적인 분투형 플레이는
우리가 구획화되고 명료한 가치의 경험에서 나오는 일시적 행위성의
인력에 맞서서 스스로의 가치와 관심을 고수할 수 있게 해 준다. 미적인
분투형 플레이가 행위적 유동성과 그 유동성을 관리할 역량 모두를 키워
주는 것이다.

  누군가는 다음과 같은 의문을 가질 수도 있다. 만약 게임이
우리에게 주는 것이 게임 자신으로부터 비롯되는 위험에 대한 불확실한
보호책뿐이라면, 애초에 왜 게임을 하는가? 하지만 우리를 고착성과
유혹성을 띠는 행위성 유형에 노출시키는 것이 게임만은 아니다.
우리의 직업적 역할들과 제도들 또한 그럴 수 있다. 또 우리는 인지적
유한성을 극복하고자 얼마든지 게임이나 제도를 거치지 않고도 협소한
행위성 유형을 구축하고 채택해 봄직하다. 하지만 그러한 유형들은 그
자체의 협소성 덕분에 심리적인 매력을 지닌다. 고착성 있는 행위성
유형의 함정은 바로 행위적 유동성이라는 역량이 지닌 본성에서
비롯한다. 우리는 여러 실천적인 이유에서 협소화된 일시적 행위성에
이입하는데, 그러한 협소화된 행위성들은 가치 명료성이라는 유혹적
경험을 제공한다. 그것들은 즐거움을 느끼게 할 정도로 고착성을 띤다.
우리가 한번 그러한 행위성에 진입하고 나면 그것을 떠날 이유에는
무엇이 있을까? 우리는 거리 두기라는 반성적 습관, 그러니까 고착성
있고 유혹적인 하위 행위성들로부터 떨어져 나와 가치 명료성의
세계로부터 한발 물러서는 등의 반성적 습관을 길러 두어야 할 필요가
있다.

  게임으로 인해서 우리는 모종의 보호를 받는 가운데 그처럼
유혹적인 작은 행위성들에 집적거릴 수 있다. 나의 희망은 다음과

같다. 만약 여러분이 미적인 분투형 플레이에 오랜 시간 참여했다면, 여러분은 가치 명료성이 주는 쾌에 푹 빠졌다가 이내 빠져나오는 많은 연습을 한 셈이다. 여러분은 조금 가볍게 이입을 걸쳐 보는 일에 익숙해져 있을 것이다. 그러면 이제 인생이 훨씬 집요한 행위성 유형과 더욱 심각하고 강력한 가치 명료성을 건네는 경우, 그러니까 돈, 성적, 트위터 '좋아요', 연구 영향력 지수에 내재된 또렷하고 명료한 가치 체계가 여러분에게 손짓하는 경우에도, 여러분은 행위성에 있어서 민첩함과 통제력이라는 적절한 습관을 길러 두었을 것이다.

게임, 플레이, 삶

우리가 게임을 플레이할 때, 우리는 새로운 목표, 가치, 실천적 집중력을 채택한다. 우리는 세계 속 실천적 행위자가 되어 보는 다양한 방식들을 가지고 논다. 이때 우리는 잘 설계된 구조적 방식에 따른다. 우리는 이러한 행위성들을 기록하고 주고받기 위해 인공물을 만든다. 게임은 행위성을 매체로 하여 작동한다. 그러므로 게임이 우리의 행위성 발달에 어떤 역할을 담당한다는 것은 놀라운 일이 아니다. 게임은 우리가 행위성을 확장하고 통제하는 법을 배우는 방법이자 협소화된 행위성으로의 이입을 실천하는 방법일뿐 아니라, 그러한 이입에서 한발 물러나 그것의 관리를 실천하는 방법이기도 하다. 그리고 게임은 우리가 스스로의 행위성과 실천성의 조형된 미적 경험을 발견할 수 있는 장소이기도 하다. 게임의 가치는 행위성 예술이 꽃피우는 가능성에서 찾아야 한다.

　　게임의 가치를 둘러싼 논의는 미적인 것과 실천적인 것 사이의 긴장으로 뒤덮여 있다. 미적 참여가 지닌 협소화되지 않은, 집중되어 있지 않은, 개방적인 본성과, 실천적 참여가 지닌 집중된, 합목적적인, 폐쇄적인 본성 사이에 어떤 불일치가 있는 것처럼 보인다. 나는 게임 속 실천적 참여와 미적 참여 모두가 서로 다른 행위적 층위에서 벌어지는 것으로 이해함으로써 이 긴장을 해결하자고 제안했다. 행위성의 내적 층위에서, 즉 일시적인 게임 행위성 속에서 우리의 태도는 완전히 실천적이다. 행위성의 외적 층위에서 우리의 태도는 미적이다. 이러한 해결책은 알고 보니 단순히 이론적 어려움에 대응할 영리한 방법에 불과한 것이 아니었다. 이는 미적인 분투형 플레이를 특별하게 만들어 주는 요인의 핵심에 해당한다. 미적인 분투형 플레이는 우리에게 여러 행위성을 넘나들고, 완전히 상충하는 여러 유형을 오갈 것을 요구한다. 또한 우리에게 보다 넓은 관점에서 협소화된 행위성 유형을 평가할 것을 요구한다.

협소화된 행위성 유형이 가진 위험은, 만에 하나 우리가 게임을 아예 만들어 내지 않았더라도 우리를 위협했을 것이다. 행위성 유형을 받아들이라는 압력은 자연스러운 압력으로서, 나를 압도하는 실천적 세계 속 유한한 실천적 행위자로 살아야 할 필요로부터 비롯한다. 인지적으로 유한한 모든 행위자는 때로 자신의 관심을 특정 능력과 접근법으로 좁혀야 한다. 그러한 행위성 유형은 또한 가치와 성공의 경험을 단순화시키고, 이로써 우리의 실천적 존재 방식을 협소화한다. 그리고 행위성 유형은 게임의 경우와 똑같이 유혹적이다. 행위성 유형들은 우리에게 일종의 가치 명료성을 제공한다. 행위성 유형들이 수량화된 가치 표현과 결합하는 경우, 또 그것들이 우리에게 제도화된 기성의 틈새로 다가올 경우, 그것들은 특히나 유혹적으로 다가오게 된다.

하지만 미적인 분투형 플레이는 행위성을 그 반대 방향으로 작동시킬 것을 우리에게 주문한다. 미적인 분투형 플레이는 우리에게 협소화된 행위성에서 한발 물러나고 그 가치 명료성을 포기하여 가치에 관한 어렵고 섬세한 질문을 던지라고 주문한다. 미적인 분투형 플레이에서 우리는 두 가지 상충하는 태도를 종합할 것을 요구받는다. 우리는 그 태도들을 겹쳐 놓고 여러 층위 사이로 옮겨 다님으로써 그렇게 한다. 미적인 분투형 플레이는 우리에게 행위성 유형들에 푹 빠지되, 그것에 사로잡히지 말 것을 촉구한다. 한발 물러나서 가치 명료성의 유혹과 쾌를 폐기한 뒤 세밀함을 회복할 수 있는 역량을 계발하도록 우리를 유도한다. 그리고 미적인 분투형 플레이는 우리에게 이를 계속해서 반복하라고, 즉 빠져들었다 빠져나오고, 좁혔다가 넓히고, 명료하게 만들었다가 다시 복잡하게 만들라고 요구한다.

그러니까 게임은 위험이자 기회이다. 게임은 예리하게 다듬어진 가치를 제공할 뿐 아니라, 우리가 그러한 예리한 가치에 들어갔다 빠져나오는 식의 플레이 유형을 제공하기도 한다. 게임은 행위성을 기입해 둔 것이지만, 여러 행위성 사이의 전환을 실천할 수 있게 해 준다. 게임은 특정 행위성에 순응하라고 주문하지만, 우리는 많은 게임을 플레이함으로써 스스로의 행위성을 점유하고 그리고 그러한 점유를 평가하는 방식에 대하여 보다 깊이 있는 통제력을 획득할 수도 있다. 게임은 우리로 하여금 자기 자신의 행위성의 다양한 표현들 사이를 들락거리면서 행위성이 지닌 형태를 가지고 노닥거리도록 만든다.

'플레이'의 개념과 자주 연관되는 것은 가벼움, 심각하지 않음, 변화 가능성 등의 특징들이다. 그리고 내가 분투형 플레이에 관해 제시한 여러 주장은 어떻게 보면 그러한 개념에 잘 들어맞는다. 우리가 분투형 플레이, 특히 미적인 분투형 플레이에 참여할 때, 우리는 자신의 행위성을 가볍게 걸치는 방법을 배운다. 특정한 정신의 실천적 틀에 너무 집착하거나 명료한 목표를 너무 고수하지 않을 방법을 배운다. 푹 빠져들었다가도 다시 빠져나오고, 몰입했다가도 다시 거리를 두는 방법을 배운다. 스스로의 실천적 태도를 가지고 노는 방법을 배운다. 실천적 세계를 보다 가벼운 발걸음으로 살아갈 방법을 배우는 것이다.

감사의 말

이 책을 쓰는 일은 굉장한 여정이었고, 정말 많은 사람들의 도움 없이는 할 수 없었을 것이다. 가장 먼저, 멜리사 휴스에게 감사한다. 그녀는 이 책에 들어 있는 모든 아이디어에 대해 나와 대화해 주었을 뿐 아니라 나는 이 책에 나오는 거의 모든 게임을 그녀와 플레이했다.

또한 나는 다음 사람들이 보내 준 지지와 학문적 도움에 감사한다. 데이비드 아그라스, 케라 바넷, 크리스토퍼 바텔, 로메인 바이지, 아일리 브레스너핸, 토머스 브레츠, 팀 브라운, 노엘 캐럴, 러네이 콘로이, 앤서니 크로스, 에이드리언 커리, 에바 데들즈, 존 다이크, 데이비드 에브리, 데이비드 이건, 데이비드 프리델, 크리스티나 거먼, 하비에르 고메즈라빈, 앤드루 그레이스, 안드레아스 그레거슨, 로라 게레로, 맷 해버, 셔우드 하트만, 바버라 허먼, 브리트니 호프먼, 토머스 허카, 앤드루 카니아, 벨리마티 칼라흐티, 알렉스 킹, 피에르 라마슈, 케빈 란드, 애니타 라이팔, 올리 타피오 레이노, 세라 레넌, 도미닉 로페스, 서맨사 마테른, 크리스 매클레인, 셸비 모저, 섀넌 무세트, 조너선 노이펠드, 라이언 니컬스, 스테퍼니 패트리지, 재클린 래디건호프먼, 낸치 래디건호프먼, 첼시 랫클리프, 마이클 리지, 닉 리글, 존 롭슨, 데릭 로스, 마이크 쇼, 그랜트 태비노어, 캐서린 톰슨존스, 리자이나 리니, 가이 로어보, 스테퍼니 로스, 브록 러프, 존 세젱, 닉 슈비터만, 에즈기 세츨러, 로이 셰아, 알렉시스 쇼트웰, 마크 실콕스, 에릭 스텐실, 맷 스트롤, 브랜든 터울, 크리스토퍼 요크, 세르바스 반더베르크, 다니엘 벨라, 크리스 와이절, 메리 베스 윌리아드, 애덤 윌슨, 제시카 윌슨, 호세 자갈, 엘리엇 잔스 등이 그들이다. 또한 유타 대학교 카페클라츠에 참석해 준 학생들, 여러 수업에서 나와 함께 게임 관련 자료를 공부했던 모든 학생들, 또 내가 이 책에 들어 있는 내용의 다양한 버전을 발표할 때 참석해 준 모든 청중들에게 감사한다. 내가 이 모든 생각을 이어 나가는 과정에서 이들에게 정말 많은 방면에서 도움을 받았다.

이 프로젝트는 아주 오래전 두 씨앗에서 출발했다. 캘빈 노모어는 내게 슈츠의 『베짱이』(**The Grasshopper**)를 소개해 주었다. 조너선 진저리치와 나는 등산 여행길에 게임의 철학적 측면에 관해 이야기를 나누기 시작했고, 이 대화는 여러 해 넘게 이어져 우리 둘 모두의 장기적인 프로젝트로 뻗어 나갔다. 피터 올린과 옥스퍼드 대학교 출판부가 이 책을 위해 기울인 모든 노력에도 감사한다. 그리고 끝없는 학문적 동료애와 지지를 건네고, 나조차 확신하지 못할 때에도 이것이 진짜 철학임을 믿어 준 일라이자 밀그램에게 특별한 감사의 인사를 전한다.

역자 후기

이 책 『게임: 행위성의 예술』(Games: Agency as Art, 2020)의 저자 C. 티 응우옌(Christopher Ba Thi Nguyen)은 미국 유타 대학교의 철학과 교수이다. 그의 철학은 음모론과 에코체임버, 트위터와 페이스북, (넓은 의미의) 포르노 등 우리 일상과 동시대 문화의 문제적 현상들을 대상으로 한다. 그러면서도 이러한 참신한 주제에 어울리는 철저하고 체계적인 논변을 제시하여 실용적인 결과를 생산한다. 학술 논문뿐 아니라 언론 기고, 블로그, 대중 강연, 팟캐스트, 트위터 등 다양한 채널을 통해 아이디어를 나눔으로써 독자를 스스로 만들어 나가는 이론가이기도 하다.

응우옌의 첫 단행본인 이 책은 나오자마자 미국 학계의 많은 관심을 받았다. 책의 원천이 된 논문 「게임 그리고 행위성의 예술」(Games and the Art of Agency, 2019)이 미국 철학회의 2020년 논문상을 수상한 데 이어, 단행본 출간 이듬해에는 같은 학회의 2021년 도서상을 수상했다. 또 『스포츠 철학』(The Journal of the Philosophy of Sports) 등 국제적인 철학 저널에서 이 책을 주제로 특집호를 마련하여 저자 응우옌을 비롯한 많은 철학자들이 이 책을 주제로 토론을 펼치는 자리를 마련하기도 했다.

『게임: 행위성의 예술』은 게임의 고유한 면모와 가치의 해명을 목표로 한다. 이를 위해 1부에서는 게임을 분석하고 그에 연관된 개념들을 체계적으로 이해하는 철학적 밑 작업을 진행한다. 2부에서는 게임을 미학의 논의 속에서 살펴보는데, 여기서 등장하는 주제는 가령 게임과 관계 미학의 관계, 게임과 컴퓨터 예술의 차이, 게임과 의도주의 오류 등이다. 마지막 3부에서는 게임의 사회적, 도덕적 효과를 고찰하고 게임에 대한 부정적이고 비관적인 견해들을 비판적으로 검토한다.

잠시 책 내용을 요약해 보자면, 게임은 행위성의 예술, 즉 행위성을 매체로 사용하는 예술이다. 게임이라는 예술을 통해 우리는 특정한 행위성을 직접 체험할 수 있다. 어떻게 그러는가? 우선 게임은 우리에게 우리의 장기적인 목적과 무관한 '일회용 목표' 및 정교하게 디자인된 장애물과 능력을 제시한다. 이는 플레이어에게 특정한 역량과 제한 즉 행위성을 장착시키기 위함이다. 플레이어는 이를 통해 역전된 동기를 부여받고는 이제 주어진 장애물을 극복하기 위해 자발적으로 애를 쓴다. 그리고 자신의 자발적인 분투 활동 자체로부터 산출된 미적인 만족과 효과를 만끽한다. 이러한 게임 감상 활동이 바로 '미적인 분투형 플레이'이다. 이것이 중요한 이유는 이 행위성의 메커니즘이야말로 게임이라는 인간의 관행—프로 스포츠 혹은 일인용 컴퓨터게임뿐 아니라 취미로 즐기는 보드 게임, 심지어 술 게임과 바보 게임까지 포괄하는—을 예술로 볼 가장 정당한 근거이기 때문이다. 게임 디자이너가 특수하게 디자인한 행위성을 게임에 담아 플레이어에게 전달하면, 플레이어는 게임을 통해 그 행위성을 경험하고 감상하며 심지어 배우기도 한다. 게임은 행위성 예술이다.

다음으로 나의 감상을 두 가지 말해 보자면, 우선 『게임: 행위성의 예술』은 '결투'를 피하지 않는 호방하고 재미있는 책이다. 응우옌의 이 흥미로운 이론적 여정은 많은 선행 연구를 딛고 있다. (버나드 슈츠처럼) 너무 많은 공격에 시달려 온 이론을 성심성의껏 구제하여 사용하기도 하고, 널리 퍼진 관점들과 격하게 대립하기도 한다. 예를 들면 '게임을 그 인접 예술에 빗대어 이해하고 평가하는 관점', '게임을 논의할 때 특정 부류의 게임을 중심에 두는 관점', '폭력성이나 선정성 따위를 근거로 게임을 비판하는 관점' 등이 후자이다. 이 '상대팀'에 맞서 응우옌이 쌓아 올리는 여러 겹의 논변을 따라가 보면 이 책의 크고 작은 가닥을 잡을 수 있다.

또 『게임: 행위성의 예술』은 빠르고 가볍다. 게임의 진면모를 보이겠다는 고전적인 목표를 견지하는 반면에 '모든 것을 설명하겠다'며 달려들지 않는다. 모든 것을 설명하기 전까지 용건을 말 안 하고 버티면 독자는 소진된다. '총정리'는 독자에게 별로 줄 것 없는 '훈장님들'이 생각하고 대화하기를 회피할 때 사용하는 핑계일 따름이다. 반면 응우옌은 행위성, 자율성, 예술의 정의 등 때로 가늠하기 어려운 커다란 주제 앞에서 논쟁의 역사와 지형도를 더듬느라 시간을 끌지 않고 최소한의 짐만 꾸려서 길을 나선다. 장황한 사설 뒤에 숨지 않는 용감하고 쾌적한 책이 흔하지 않은 만큼 『게임: 행위성의 예술』은 두고두고 참조할 만하다. 이러한 미덕은 번역을 하며 저자와 주고받은 메일에서도 느낄 수 있었다. 원서에서 찾은 몇 가지 오류 등에 대해 질문했을 때 빠르고 명쾌하게 도움을 준 C. 티 응우옌 교수에게 감사를 전한다.[100]

이 책을 처음 본 것은 2021년 초였고 어쩌다 몇 달 뒤 나는 번역 출간 제안서를 작성하고 있었다. 워크룸 프레스는 제안서의 유일한 수신자였는데, 놀랍게도 번역 출간을 결정해 주었다. 이 책은 멋진 책이지만 원서의 외양은 '교재'의 테두리를 벗어나지 않는다. 그러니 이 책이 한국에 소개된다면 번역 못지않게 책으로서의 매력을 높여서 더 넓은 독자가 찾게끔 해야 한다고 생각하던 차였다. 워크룸 프레스는 원고에 대한 깊은 이해와 이제껏 본 적 없는 솜씨를 바탕으로, 번역만으로는 불가능했을 어떤 '차원 이동'을 구현해 주었다. 박활성

100 더하여, 응우옌 교수는 자신의 또 다른 글 「예술은 게임이다: 왜 중요한 건 〈예술과의〉 고투인가」(Art Is a Game: Why the Struggle (with Art) Is Real)의 번역문 공개도 허락해 주었다. 『게임: 행위성의 예술』이 예술로서의 게임을 다룬다면, 「예술은 게임이다」는 반대로 예술을 게임에 비유한다. 재미로 옮긴 글을 많은 사람들이 열심히 읽는 것을 보고 단행본 번역까지 결심하게 되었다. 「예술은 게임이다」의 전문은 나의 웹사이트(economic-writings.xyz)에 게시되어 있고, 나와 이여로가 쓴 『시급하지만 인기는 없는 문제: 예술, 언어, 이론』(2022)에서는 이론의 중요한 재료로 사용된다.

편집자와 김형진 디자이너에게 감사를 전한다.

나는 책 읽기를 별로 좋아하지 않지만 최근 들어서 책이라는 매체에 대해 점점 더 많이 생각한다. 이상한 말이지만 이 책이 책으로 제작되어 유통된다는 점이 믿기지 않을 때가 있다. 책은 가장 많은 층을 지니면서도 손가락과 두 눈만으로(혹은 손가락만으로) 쉽게 돌아다닐 수 있는 일종의 건물이다. 나는 작년 가을부터 올해까지 이 건물을 상상하고 만지작대며 살았다. 이 책을 찾아내고 번역할 수 있게 되어 기뻤지만 번역의 과정은 길었다. 그 긴 시간 동안 포기하지 않고 최선을 다해 번역을 마쳤다는 만족감이 크다. 혹시 있을 흠결에도 불구하고 나의 이 첫 번역서를 예뻐할 수 있을 것 같다. 이 예쁜 책을 이제는 이곳저곳의 독자들이 마음 가는 대로 즐기기를 기대한다.

참고 문헌

Aarseth, Espen J. 1997. _Cybertext: Perspectives on Ergodic Literature_. Baltimore: Johns Hopkins University Press.

Alexander, Christopher. 1977. _A Pattern Language_. New York: Oxford University Press.

Anderson, Elizabeth. 1991. "John Stuart Mill and Experiments in Living." _Ethics_ 102 (1): 4–26.

Andreou, Chrisoula. 2009. "Taking on Intentions." _Ratio_ 22 (2): 157–169.

Annas, Julia. 2008. "Virtue Ethics and the Charge of Egoism." In _Morality and Self-Interest_, edited by Paul Bloomfield, 205–224. Oxford: Oxford University Press.

Arjonta, Jonne. 2015. "Real-Time Hermenetuics: Meaning-Making in Ludonarrative Digital Games." PhD thesis, University of Jyvaskyla.

Ashwell, Lauren. 2012. "Deep, Dark … or Transparent? Knowing Our Desires." _Philosophical Studies_ 165 (1): 245–256.

Bacharach, Sondra, and Deborah Tollefsen. 2010. "We Did It: From Mere Contributors to Coauthors." _Journal of Aesthetics and Art Criticism_ 68 (1): 23–32.

Baker, Chris. 2013. "Playing This Board Game Is Agony. That's the Point." _Wired_, December 23.

Barandiaran, Xabier E., Ezequiel Di Paolo, and Marieke Rohde. 2009. "Defining Agency: Individuality, Normativity, Asymmetry, and Spatio-Temporality in Action." _Adaptive Behavior_ 17 (5): 367–3 86.

Bartel, Christopher. 2012. "Resolving the Gamers Dilemma." _Ethics and Information Technology_ 14 (1): 11–16.

Best, David. 1974. "The Aesthetic in Sport." _British Journal of Aesthetics_ 14 (3): 197–213.

Best, David. 1985. "Sport Is Not Art." _Journal of the Philosophy of Sport_ 12 (1): 25–40.

Bird, Alexander. 2014. "When Is There a Group That Knows? Distributed Cognition, Scientific Knowledge, and the Social Epistemic Subject." In Essays in Collective Epistemology, edited by Jennifer Lackey, 42–63. New York: Oxford University Press.

Bishop, Claire. 2004. "Antagonism and Relational Aesthetics." October 110: 51–79.

Bogost, Ian. 2010. Persuasive Games: The Expressive Power of Videogames. Cambridge, MA: MIT Press.

Bourriaud, Nicolas. 2002. Relational Aesthetics, translated by Mathieu Copeland, Fronza Woods, and Simon Pleasance. Dijon: Les presses du réel.

Bradford, Gwen. 2015. Achievement. New York: Oxford University Press.

Brady, William J., Julian A. Wills, John T. Jost, Joshua A. Tucker, and Jay J. Van Bavel. 2017. "Emotion Shapes the Diffusion of Moralized Content in Social Networks." PNAS 114 (28): 7313–7318.

Bratman, Michael. 1979. "Practical Reasoning and Weakness of the Will." Nous 13 (2): 153–171.

Bratman, Michael. 1999. Intention, Plans, and Practical Reason. Cambridge, MA: Harvard University Press.

Bratman, Michael. 2014. Shared Agency: A Planning Theory of Acting Together. New York: Oxford University Press.

Browne, Pierson. 2017. "Engineering Evolution: What Self-Determination Theory Can Tell Us about Magic: The Gathering's Metagame." First Person Scholar, February 15.

Budd, Malcolm. 2003. "The Acquaintance Principle." British Journal of Aesthetics 43 (4): 386–392.

Bunnell, Peter. 1992. "Pictorial Photography." Record of the Art Museum, Princeton University 51 (2): 11–15.

Burge, Tyler. 1993. "Content Preservation." Philosophical Review 102 (4): 457–488.

Burge, Tyler. 2007. Foundations of Mind. Oxford:

Clarendon Press.

Buss, Sarah. 2012. "Autonomous Action: Self-Determination in the Passive Mode." Ethics 122 (4): 647–691.

Buss, Sarah. 2013. "Personal Autonomy." In Stanford Encyclopedia of Philosophy (Winter 2016 edition), edited by Edward Zalta. https://plato.stanford.edu/arc hives/win2016/entries/personal-autonomy/.

Callard, Agnes. 2018. Aspiration. Oxford: Oxford University Press.

Cardona-Rivera, Rogelio E., and R. Michael Young. 2014. "A Cognitivist Theory of Affordances for Games." DiGRA '13 Proceedings of the 2013 DiGRA International Conference: DeFragging Game Studies. http://www.digra.org/digital-library/publications/a-cognitivist-theory-of-affordances-for-games/

Carroll, Noël. 2003. The Philosophy of Horror: Or, Paradoxes of the Heart. New York: Routledge.

Carter, Marcus, Martin Gibbs, and Mitchell Harrop. 2012. "Metagames, Paragames and Orthogames: A New Vocabulary." In FDG '12 Proceedings of the International Confernce on the Foundations of Digital Games. https://dl.acm.org/citation.cfm?id=2282346.

Cavendon-Taylor, Dan. 2017. "Reasoned and Unreasoned Judgment: On Inference, Acquaintance and Aesthetic Normativity." British Journal of Aesthetics 57 (1): 1–17.

Chalkey, Dave. 2008. "Reiner Knizia: 'Creation of a Successful Game'." Critical Hits (blog), July 3. http://www.critical-hits.com/blog/2008/07/03/reiner-knizia-creation-of-a-successful-game/.

Chang, Ruth. 1997. Incommensurability, Incomparability, and Practical Reason. Cambridge, MA: Harvard University Press.

Chou, Yu-Kai. 2014. Actionable Gamification: Beyond Points, Badges, and Leaderboards. Milpitas, CA: Octalysis Media.

Collingwood, R. G. 1938. The Principles of Art.

London: Oxford University Press.

Consalvo, Mia. 2009. "There Is No Magic Circle." Games and Culture 4 (4): 408–417.

Cordner, C. D. 1984. "Grace and Functionality." British Journal of Aesthetics 24 (4): 301–313.

Crowther, Paul. 2008. "Ontology and Aesthetics of Digital Art." Journal of Aesthetics and Art Criticism 66 (2): 161–170.

Darley, Andrew. 2000. Visual Digital Culture: Surface Play and Spectacle in New Media Genres. London: Routledge.

Davies, David. 2003. "Medium in Art." In The Oxford Handbook of Aesthetics, edited by Jerrold Levinson, 181–191. Oxford: Oxford University Press.

Davies, David. 2004. Art as Performance. Cambridge: Cambridge University Press.

Davies, William. 2015. The Happiness Industry: How the Government and Big Business Sold Us Well Being. London: Verso, 2016.

Deterding, Sebastian. 2014. "The Ambiguity of Games: Histories and Discourses of a Gameful World." In The Gameful World: Approaches, Issues, Applications, edited by Steffan P. Walz and Sebastian Deterding, 23–64. Cambridge, MA: MIT Press.

Dewey, John. [1934] 2005. Art As Experience. New York: Perigree-Penguin.

Dickie, George. 1964. "The Myth of the Aesthetic Attitude." American Philosophical Quarterly 1 (1): 56–65.

Dicki George. 1974. Art and the Aesthetic: An Institutional Analysis. Ithaca, NY: Cornell University Press.

Dor, Simon. 2014. "The Heuristic Circle of Real-Time Strategy Process: A Starcraft: Brood War Case Study." Game Studies 14 (1). http://gamestudies.org/1401/articles/dor.

Dorsch, Fabian. 2013. "Non-inferentialism about Justification: The Case of Aesthetic Judgments." Philosophical Quarterly 63 (253): 660–682.

Elster, Jon. 1977. "Ulysses and the Sirens:

A Theory of Imperfect Rationality." *Information (International Social Science Council)* 16 (5): 469–526.

Eskelinen, Markku. 2001. "The Gaming Situation." *Game Studies* 1 (1): 68. http://www.gamestudies.org/0101/ eskelinen/.

Espeland, Wendy and Michael Sauder. 2016. *Engines of Anxiety: Academic Rankings, Reputation, and Accountability*. New York: Russell Sage Foundation.

Finkelpearl, Tom. 2012. *What We Made: Conversations on Art and Social Cooperation*. Durham, NC: Duke University Press.

Fischer, J., and M. Ravizza. 1998. *Responsibility and Control: A Theory of Moral Responsibility*. Cambridge: Cambridge University Press.

Flanagan, Mary. 2013. *Critical Play: Radical Game Design*. Cambridge, MA: MIT Press.

Frankfurt, Harry G. 1971. "Freedom of the Will and the Concept of a Person." *Journal of Philosophy* 68 (1): 5–20.

Frankfurt, Harry G. 2009. *On Bullshit*. Princeton, NJ: Princeton University Press.

Frasca, Gonzalo. 1999. "Ludology Meets Narratology: Similitude and Differences between (Video)Games and Narrative." *Parnasso* 3:365–371.

Frasca, Gonzalo. 2003. "Simulation versus Narrative." In *The Video Game Theory Reader*, edited by Mark J. P. Wolf and Bernard Perron, 221–236. New York: Routledge.

Frasca, Gonzolo. 2007. "Play the Message: Play, Game and Videogame Rhetoric." PhD diss. IT of University Copenhagen.

Gabrielle, Vincent. 2018. "Gamified Life." *Aeon Magazine*, October 10.

Gaut, Berys. 2010. *A Philosophy of Cinematic Art*. Cambridge: Cambridge University Press.

Gilbert, Margaret. 2013. *Joint Commitment: How We Make the Social World*. Oxford: Oxford University Press.

Goldman, Alan H. 2006. "The Experiential Account of Aesthetic Value." *Journal of Aesthetics* and Art Criticism 64 (3): 333–342.

Hardwig, John. 1985. "Epistemic Dependence." Journal of Philosophy 82 (7): 335–349.

Hardwig, John. 1991. "The Role of Trust in Knowledge." Journal of Philosophy 88 (12): 693–708.

Holton, Richard. 2009. Willing, Wanting, Waiting. Oxford: Oxford University Press.

Hopkins, Robert. 2011. "How to Be a Pessimist about Aesthetic Testimony." Journal of Philosophy 108 (3): 138–157.

Huizinga, Johan. 1955. Homo Ludens: A Study of the Play-Element in Culture. Boston: Beacon Press.

Humphreys, Christmas. 1999. Concentration and Meditation: A Manual of Mind Development. Boston: Element Books.

Hurka, Thomas. 1996. Perfectionism. Oxford: Oxford University Press.

Hurka, Thomas. 2000. Virtue, Vice, and Value. Oxford: Oxford University Press.

Hurka, Thomas. 2006. "Games and the Good." Proceedings of the Aristotelian Society, Supplementary Volumes 80 (1): 217–235.

Irvin, Sherri. 2005. "The Artist's Sanction in Contemporary Art." Journal of Aesthetics and Art Criticism 63 (4): 315–326.

Iseminger, Gary. 2004. The Aesthetic Function of Art. Ithaca, NY: Cornell University Press.

Isenberg, Arnold. 1949. "Critical Communication." Philosophical Review 54 (4): 330–344.

Jackson, Shannon. 2011. Social Works: Performing Art, Supporting Publics. New York: Routledge.

James, Aaron. 2014. Assholes: A Theory. New York: Anchor Books.

Johansson, Stefan J. 2009. "What Makes Online Collectible Card Games Fun to Play?" In DiGRA Conference, West London, UK.

Jones, Karen. 1999. "Second-Hand Moral Knowledge." Journal of Philosophy 96 (2): 55–78.

Jones, Karen. 2012. "Trustworthiness." Ethics 123 (1): 61–85.

Juul, Jesper. 2005. _Half-Real: Video Games between Real Rules and Fictional Worlds_. Cambridge, MA: MIT Press.

Juul, Jesper. 2013. _The Art of Failure: An Essay on the Pain of Playing Video Games_. Cambridge, MA: MIT Press.

Kageyama, Toshiro. 2007. _Lessons in the Fundamentals of Go_. San Francisco: Kiseido.

Kania, Andrew. 2018. "Why Gamers Are Not Performers." _Journal of Aesthetics and Art Criticism_ 76 (2): 187–199.

Karhulahti, Veli-Matti. 2015. "Defining the Videogame." _Game Studies_ 15 (2). http://gamestudies.org/1502/ articles/karhulahti.

Keller, Simon. 2007. "Virtue Ethics Is Self-Effacing." _Australasian Journal of Philosophy_ 85 (2): 221–231.

Kemp, Gary. 1999. "The Aesthetic Attitude." _British Journal of Aesthetics_ 39 (4): 392–399.

Keune, Stan. 2003. "Hit Guyenn's Bridge-Building Social Art Masterpiece." _Artfoundry_ 42 (1): 25–28.

Kirkpatrick, Graeme. 2011. _Aesthetic Theory and the Video Game_. Manchester, UK: Manchester University Press.

Konzack, Lars. 2009. "Philosophical Game Design." In _The Video Game Theory Reader_ 2, edited by Bernard Perron and Mark Wolf, 33–44. New York: Routledge.

Kretchmar, Scott. 2012. "Competition, Redemption, and Hope." _Journal of the Philosophy of Sport_ 39 (1): 101–116.

Kwon, Miwon. 1997. "One Place after Another: Notes on Site Specificity." _October_ 80, 85–110.

Leino, Olli Tapio. 2012. "Death Loop as a Feature." _Game Studies_ 12 (2). http://gamestudies.org/1202/articles/death_loop_as_a_feature.

List, Christian, and Philip Pettit. 2011. _Group Agency: The Possibility, Design, and Status of Corporate Agents_. Oxford: Oxford University Press.

Livingston, Paisley. 2003. "On an Apparent Truism in Aesthetics." _British Journal of Aesthetics_ 43 (3): 260–278.

Lopes, Dominic McIver. 2010. _A Philosophy of Computer Art_. New York: Routledge.

Lopes, Dominic McIver. 2014. _Beyond Art_. Oxford: Oxford University Press.

Lopes, Dominic McIver. 2018. _Being for Beauty: Aesthetic Agency and Value_. New York: Oxford University Press.

Luck, Morgan. 2009. "The Gamers Dilemma: An Analysis of the Arguments for the Moral Distinction between Virtual Murder and Virtual Paedophilia." _Ethics and Information Technology_ 11 (1): 31–36.

Majewski, Krystian. 2014. "Android Netrunner: The Game Designer's Game." _Game Design Scrapbook_. http://gamedesignreviews. com/scrapbook/android-netrunner-the-game-designers-game/.

Malaby, T. M. 2007. "Beyond Play: A New Approach to Games." _Games and Culture_ 2 (2): 95–113.

Margolis, Joseph. 1980. _Art and Philosophy_. Atlantic Heights, NJ: Humanities Press.

McElroy, Justin. 2014. "Octodad: Dadliest Catch Review: Father Knows Best:" _Polygon_, January 30.

McGonigal, Jane. 2011. _Reality Is Broken: Why Games Make Us Better and How They Can Change the World_. New York: Penguin Books.

Meier, Sid. 2012. "Interesting Decisions." Conference presentation, Game Developers Conference 2012, March 1–6, San Francisco. http://www.gdcvault.com/play/1015756/ Interesting.

Merr Sally Engle. 2016. _The Seductions of Quantification: Measuring Human Rights, Gender Violence, and Sex Trafficking_. Chicago: University of Chicago Press.

Mill, John Stuart. [1859] 1999. _On Liberty_, edited by Edward Alexander. Peterborough, CAN: Broadview Press.

Millgram, Elijah. 1997. _Practical Induction_. Oxford: Oxford University.

Millgram, Elijah. 2004. "On Being Bored Out of Your Mind." Proceedings of the Aristotelian Society 104:165–186.

Millgram, Elijah. 2015. The Great Endarkenment: Philosophy for an Age of Hyperspecialization. Oxford: Oxford Universi Press.

Montero, Barbara. 2006. "Proprioception as an Aesthetic Sense." Journal of Aesthetics and Art Criticism 64 (2): 231–242.

Moore, Marianne. 1961. A Marianne Moore Reader. New York: Viking Press.

Moran, Richard. 2001. Authority and Estrangement: An Essay on Self-Knowledge. Princeton, NJ: Prince ton University Press.

Moser, Shelby. 2017. "Digitally Interactive Works and Video Games: A Philosophical Exploration." PhD diss., University of Kent.

Mothersill, Mary. 1984. Beauty Restored. New York: Adams Bannister Cox, 1991.

Muldoon, Ryan. 2015. "Expanding the Justifactory Framework of Mill's Experiments in Living." Utilitas 27 (2): 179–194.

Mumford, Stephen. 2012. "Emotions and Aesthetics: An Inevitable Trade-Off?" Journal of the Philosophy of Sport 39 (2): 267–279.

Mumford, Stephen. 2013. Watching Sport: Aesthetics, Ethics and Emotion. New York: Routledge.

Murakami, Haruki. 2009. What I Talk about When I Talk about Running. New York: Random House.

Nanay, Bence. 2016. Aesthetics as Philosophy of Perception. Oxford: Oxford University Press.

National Public Radio. 2014. "Stuck in the Machine Zone: Your Sweet Tooth for 'Candy Crush'." All Tech Considered, NPR, June 7. https://www.npr.org/ sections/ alltechcons idered/2014/06/07/319560646/stuck-in-the-machine-zone-your-sweet-tooth-for-candy-crush.

Nguyen, C. Thi. 2010. "Autonomy, Understanding, and Moral Disagreement." Philosophical Topics

38 (2): 111–129.

Nguyen, C. Thi. 2011. "An Ethics of Uncertainty." PhD dss., University of California, Los Angeles. Retrieved from ProQuest Dissertations and Theses database. UMI No. 3532448.

Nguyen, C. Thi. 2017a. "The Aesthetics of Rock Climbing." Philosopher's Magazine, no. 78 (3rd Quarter): 37–43.

Nguyen, C. Thi. 2017b. "Competition as Cooperation." Journal of the Philosophy of Sport 44 (1): 123–137.

Nguyen, C. Thi. 2017c. "Philosophy of Games." Philosophy Compass 12 (8): 1–18.

Nguyen, C. Thi. 2017d. "The Uses of Aesthetic Testimony." British Journal of Aesthetics 57 (1): 19–36.

Nguyen, C. Thi. 2018a. "Cognitive Islands and Runaway Echo Chambers: Problems for Expert Dependence." Synthese. https://doi.org/10.1007/sl 1229-018-1692-0.

Nguyen, C. Thi. 2018b. "Echo Chambers and Epistemic Bubbles." Episteme. https://doi.org/10.1017/epi.2018.32.

Nguyen, C. Thi. 2018c. "Expertise and the Fragmentation of Intellectual Autonomy." Philosophical Inquiries 6 (2): 107–124.

Nguyen, C. Thi. 2018d. "Games and the Moral Transfor mationof Violence." In The Aesthetics of Videogames, edited by Grant Tavinor and Jon Jobson, 181–197. New York: Routledge.

Nguyen, C. Thi. 2019a. "The Right Way to Play a Game." Game Studies 19 (1). http://gamestudies.org/1901/ articles/nguyen

Nguyen, C. Thi. 2019b. "The Forms and Fluidity of Game Play." In Suits and Games, edited by Thomas Hurka, 54–73. Oxford: Oxford University Press.

Nguyen, C. Thi. 2019c. "Autonomy and Aesthetic Engagement." Mind. https://doi.org/10.1093/mind/fzz054.

Nguyen, C. Thi. 2019d. "Games and the Art of Agency." Philosophical Review 128 (4): 423–

462.

Nguyen, C. Thi, and Jose Zagal. 2016. "Good Violence, Bad Violence: The Ethics of Competition in Multiplayer Games." DiGRA/FDG '16-Proceedings of the First International Joint Conference of DiGRA and FDG. http://www.digra.org/digitallibrary/publications/good-violence-bad-violence-the-ethics-of-competition-in-multiplayer-games/.

Nussbaum, Martha C. (1986) 2001. The Fragility of Goodness: Luck and Ethics in Greek Tragedy and Philosophy. Rev. ed. Cambridge: Cambridge University Press.

Nussbaum, Martha C. 1992. Love's Knowledge: Essays on Philosophy and Literature. New York: Oxford University Press.

Osborne, Harold. 1964. "Notes on the Aesthetics of Chess and the Concept of Intellectual Beauty." British Journal of Aesthetics 4 (2): 160-163.

Parfit, Derek. 1984. Reasons and Persons. Oxford: Oxford University Press.

Parsons, Glenn, and Allen Carlson. 2008. Functional Beauty. Oxford: Oxford University Press.

Patridge, Stephanie. 2011. "The Incorrigible Social Meaning of Video Game Imagery." Ethics and Information Technology 13 (4): 303-312.

Peralta, Stacy, dir. 2001. Dogtown and Z-Boys. New York: Sony Pictures Classics.

Pérez-Peña, Richard and Daniel E. Slotnik. 2012. "Gaming the College Rankings." New York Times, Jan 31. https://www.nytimes.com/2012/02/01/education/gaming-the-college-rankings.html.

Perrow, Charles. (1972) 2014. Complex Organizations: A Critical Essay. 3rd ed. Brattleboro, VT: Echo Point Books and Media.

Pettigrove, Glen. 2011. "Is Virtue Ethics Self-Effacing?" Journal of Ethics 15 (3): 191-207.

Porter, Theodore M. 1995. Trust in Numbers: The Pursuit of Objectivity in Science and Public

Life. Princeton, NJ: Princeton University Press.

Railton, Peter. 1984. "Alienation, Consequentialism, and the Demands of Morality." *Philosophy and Public Affairs* 13 (2): 134–171.

Rawls, John. 2005. *Political Liberalism*. New York: Columbia University Press.

Riggle, Nicholas Alden. 2010. "Street Art: The Transfiguration of the Commonplaces." *Journal of Aesthetics and Art Criticism* 68 (3): 243–257.

Robson, Jon, and Aaron Meskin. 2016. "Video Games as Self-Involving Interactive Fictions." *Journal of Aesthetics and Art Criticism* 74 (2): 165–177.

Rockwell, Geoffrey M., and Kevin Kee. 2011. "The Leisure of Serious Games: A Dialogue." *Game Studies* 11 (2).

Rosewater, Mark. [2002] 2013. "Timmy, Johnny, and Spike." *Magic the Gathering*, December 3. https://magic.wizards.com/en/articles/archive/making-magic/timmy-johnny-andspike-2013-12-03.

Rosewater, Mark. 2006. "Timmy, Johnny, and Spike Revisited." *Magic the Gathering*, March 20. https://magic.wizards.com/en/articles/archive/making-magic/timmy-johnny-andspike-revisited-2006-03-20.

Saito, Yuriko. 2010. *Everyday Aesthetics*. Oxford: Oxford University Press.

Salen, Katie, and Eric Zimmerman. 2004. *Rules of Play: Game Design Fundamentals*. Cambridge, MA: MIT Press.

Scheffler, Samuel. 2011. "Valuing." In *Reasons and Recognition: Essays on the Philosophy of T. M. Scanlon*, edited by R. Jay Wallace, Rahul Kumar, and Samuel Freeman, 25–40. Oxford: Oxford University Press.

Schellekens, Elisabeth. 2007. "The Aesthetic Value of Ideas." In *Philosophy and Conceptual Art*, edited by Peter Goldie and Elisabeth Schellekens, 71–91. Oxford: Oxford University Press.

Schmidtz, David. 2001. "Choosing Ends." In Varieties of Practical Reasoning, edited by Elijah Millgram, 237–257. Cambridge, MA: MIT Press.

Schüll, Natasha Dow. 2012. Addiction by Design: Machine Gambling in Las Vegas. Princeton, NJ: Princeton University Press.

Scully-Blaker, Rainforest. 2014. "A Practiced Practice: Speedrunning through Space with de Certeau and Virilio." Game Studies 14 (1). http://gamestudies.org/1401/articles/scullyblaker.

Sharp, John. 2015. Works of Game: On the Aesthetics of Games and Art. Cambridge, MA: MIT Press.

Sibley, Frank. 1959. "Aesthetic Concepts." Philosophical Review 68 (4): 421–450.

Sicart, Miguel. 2009. "The Banality of Simulated Evil: Designing Ethical Gameplay." Ethics and Information Technology 11 (3): 191–202.

Sicart, Miguel. 2014. Play Matters. Cambridge, MA: MIT Press.

Sidgwick, Henry. 1907. The Methods of Ethics. Indianapolis, IN: Hackett.

Simon, Robert L. 2014. Fair Play: The Ethics of Sport. Boulder, CO: Westview Press.

Smith, Quintin. 2014. "Quinns' Favorite Drinking Games." Shut UP & Sit Down, December 5. https://www.shutupandsitdown.com/quinns-favourite-drinking-games/.

Smith, Quintin. 2015. "How Netrunner Took Over My Life—and Why It Should Take Over Yours Too." The Guardian. https://www.theguardian.com/technology/2015/may/14/netrunner-took-over-my-life-and-why-it-should-take-over-yours-too.

Smuts, Aaron. 2005. "Are Video Games Art?" Contemporary Aesthetics 3. https://contempaesthetics.org/newvolume/pages/article.php?articleID=299.

Smuts, Aaron. 2007. "The Paradox of Painful Art." Journal of Aesthetic Education 41 (3): 59–76.

Smuts, Aaron. 2009. "Art and Negative Affect."

Philosophy Compass 4 (1): 39–55.

Sripada, Chandra. 2016a. "Free Will and the Construction of Options." *Philosophical Studies* 173 (11): 2913–2933.

Sripada, Chandra. 2016b. "Self Expression: A Deep Self Theory of Moral Responsibility." *Philosophical Studies* 173 (5): 1203–1232.

Stang, Nicholas F. 2012. "Artworks Are Not Valuable for Their Own Sake." *Journal of Aesthetics and Art Criticism* 70 (3): 271–280.

Stear, Nils-Hennes. 2017. "Sport, Make-Believe, and Volatile Attitudes." *Journal of Aesthetics and Art Criticism* 75 (3): 275–288.

Stenros, Jaakko. 2012. "In Defence of a Magic Circle: The Social and Mental Boundaries of Play." In *Proceedings of DiGRA Nordic 2012 Conference: Local and Global – Games in Culture and Society*. http://www.digra.org/wp-content/up loads/digital-library/12168.43543.pdf.

Stewart, Bart. 2011. "Personality and Play Styles: A Unified Model." Gamasutra, September 1. https://www.gamasutra.com/view/feature/134842/personality_and_play_styles_a_.php.

Stocker, Michael. 1976. "The Schizophrenia of Modern Ethical Theories." *Jounal of Philosophy* 73 (14): 453–466.

Stolnitz, Jerome. 1960. *Aesthetics and the Philosophy of Art Criticism*. Boston: Houghton Mifflin.

Strohl, Matthew. 2012. "Horror and Hedonic Ambivalence." *Journal of Aesthetics and Art Criticism* 70 (2): 203–212.

Strohl, Matthew. 2019. "Art and Painful Emotion." *Philosophy Compass* 14 (1): 1–12.

Suits, Bernard. [1978] 2014. *The Grasshopper: Games, Life and Utopia*, 3rd ed. Peterborough, CAN: Broadview Press.

Superson, Anita. 2005. "Deformed Desires and Informed Desire Tests." *Hypatia* 20 (4): 109–126.

Tavinor, Grant. 2009. *The Art of Videogames*. Oxford: Wiley-Blackwell.

Tavinor, Grant. 2017. "What's My Motivation? Video Games and Interpretative Performance." Journal of Aesthetics and Art Criticism 75 (1): 23–33.

Taylor, T. L. 2009. Play between Worlds: Exploring Online Game Culture. Cambridge, MA: MIT Press.

Taylor, T. L. 2007. "Pushing the Borders: Player Participation and Game Culture." In Structures of Participation in Digital Culture, edited by Joe Karaganis, 112–130. New York: Social Science Research Council.

Thomson-Jones, Katherine. 2016. "Movie Appreciation and the Digital Medium." In Current Controversies in Philosophy of Film, edited by Katherine Thomson-Jones, 36–54. New York: Routledge.

Upton, Brian. 2015. The Aesthetic of Play. Cambridge, MA: MIT Press.

Vella, Daniel. 2016. "The Ludic Muse: The Form of Games as Art." CounterText 2 (1): 66–84.

Ventre, Matt. 2016. "Netrunner Finally Has Its Magic Moment." Medium. https://medium.com/@mventre/netrunner-finally-has-its-magic-moment-fd81c8402a93.

Waern, Annika. 2012. "Framing Games." DiGRA Nordic '12: Proceedings of 2012 International DiGRA Nordic Conference.

Waller, Bruce N. 1993. "Natural Autonomy and Alternative Possibilities." American Philosophical Quarterly 30 (1): 73–81.

Walton, Kendall L. 1990. Mimesis as Make-Believe: On the Foundations of the Representational Arts. Cambridge, MA: Harvard University Press.

Walz, Steffan P., and Sebastian Deterding, eds. 2014. The Gameful World: Approaches, Issues, Application. Cambridge, MA: MIT Press.

Watson, Gary. 1975. "Free Agency." Journal of Philosophy 72 (8): 205–220.

Weimer, Steven. 2012. "Consent and Right Action in Sport." Journal of the Philosophy of Sport 39 (1): 11–31.

Wilson, Douglas. 2011. "Brutally Unfair Tactics

Totally Ok Now: On Self-Effacing Games and Unachievements." Game Studies 11 (1). http://gamestu dies.org/1101/articles/ wilson.

Wimsatt, William Kurtz, and Monroe C Beardsley. 1946. "The Intenti onal Fallacy." Sewanee Review 54 (3): 468–488.

Wolf, Susan. 1993. Freedom within Reason. New York: Oxford University Press.

Wollheim, Richard. 1980. Art and Its Objects. 2nd ed. New York: Cambridge University Press.

Wolterstorff, Nicholas. 2015. Art Rethought: The Social Practices of Art. New York: Oxford University Press.

Woods, Stewart. 2012. Eurogames: The Design, Culture and Play of Modern European Board Games. Jefferson, NC: McFarland.

Young, Garry. 2014. Ethics in the Virtual World: The Morality and Psychology of Gaming. New York: Routledge.

Zagal, José P., Jochen Rick, and Idris Hsi. 2006. "Collaborative Games: Lessons Learned from Board Games." Simulation and Gaming 37 (1): 24–40.

Zangwill, Nick. 2007. Aesthetic Creation. Oxford: Oxford University Press.

Zhu, Feng. 2018. "The Freedom of Alienated Reflexive Subjectivity in the Stanley Parable." Convergence (website). https:// doi.org/10.1177 /1354856517751389.

Zimmerman, Eric. 2012. "Jerked Around by the Magic Circle: Clearing the Air Ten Years Later." Gamasutra, February 7. https://www. gamasutra.com/view/feature/135063/jerked_ around_by_the_magic_circle_.php.

찾아보기

C. 티 응우옌

유타 대학교 철학과 부교수. 캘리포니아대학교 로스앤젤레스에서 박사
학위를 받았다. 사회 구조와 기술이 어떻게 우리의 합리성과 행위성을
형성하는지에 초점을 두고 연구하는 그의 글은 게임을 비롯하여 전문
지식, 집단 행위자, 커뮤니티 예술, 문화 전용, 미적 가치, 에코체임버,
매체 선정성, 신뢰 등 다양한 주제를 아우른다. 한때『로스앤젤레스
타임스』에 음식 칼럼을 기고하기도 했다. **@add hawk.**

이동휘

서울대학교 미학과와 동 대학원에서 미학을 공부했다.『시급하지만
인기는 없는 문제: 예술, 언어, 이론』을 함께 쓰고,『게임: 행위성의
예술』을 번역했다. 워크룸 프레스에서 편집자로 일한다.
https://economic-writings.xyz

게임: 행위성의 예술
C. 티 응우엔 지음
이동휘 옮김

초판 1쇄 발행 2022년 12월 29일
4쇄 발행 2024년 9월 10일

발행. 워크룸 프레스
편집. 박활성
디자인. 워크룸
제작. 세걸음

워크룸 프레스
서울특별시 종로구 자하문로19길 25, 3층
전화 02-6013-3246
팩스 02-725-3248
이메일 wpress@wkrm.kr
workroompress.kr

ISBN 979-11-89356-89-7 (03690)
값 19,000원

GAME OVER

TRY AGAIN?

YES
NO